中国社会科学院 学者文选

蒋一苇集

中国社会科学院科研局组织编选

中国社会科学出版社

图书在版编目（CIP）数据

蒋一苇集／中国社会科学院科研局组织编选. —北京：中国社会
科学出版社，2006.1（2018.8 重印）
（中国社会科学院学者文选）
ISBN 978-7-5004-5416-8

Ⅰ.①蒋… Ⅱ.①中… Ⅲ.①蒋一苇—文集②企业管理—文集
Ⅳ.①F270-53

中国版本图书馆 CIP 数据核字（2006）第 000243 号

出 版 人	赵剑英	
责任编辑	王　曦	
责任校对	石春梅	
责任印制	王　超	

出　　版	中国社会科学出版社	
社　　址	北京鼓楼西大街甲 158 号	
邮　　编	100720	
网　　址	http：//www.csspw.cn	
发 行 部	010-84083685	
门 市 部	010-84029450	
经　　销	新华书店及其他书店	

印刷装订	北京市十月印刷有限公司	
版　　次	2006 年 1 月第 1 版	
印　　次	2018 年 8 月第 2 次印刷	

开　　本	880×1230　1/32	
印　　张	16	
字　　数	383 千字	
定　　价	99.00 元	

出 版 说 明

一、《中国社会科学院学者文选》是根据李铁映院长的倡议和院务会议的决定，由科研局组织编选的大型学术性丛书。它的出版，旨在积累本院学者的重要学术成果，展示他们具有代表性的学术成就。

二、《文选》的作者都是中国社会科学院具有正高级专业技术职称的资深专家、学者。他们在长期的学术生涯中，对于人文社会科学的发展作出了贡献。

三、《文选》中所收学术论文，以作者在社科院工作期间的作品为主，同时也兼顾了作者在院外工作期间的代表作；对少数在建国前成名的学者，文章选收的时间范围更宽。

中国社会科学院

科研局

1999 年 11 月 14 日

目　录

关于企业领导制度和企业管理

关于企业本位论

关于职工主体论

关于两级按劳分配

关于经济民主论

关于对外开放

编者的话

　　蒋一苇同志，福建省福州市人，1920年2月14日生于湖北省武汉市。抗日战争时期当过航空机械士，后在广西大学数理系肄业。抗日战争时期至解放战争时期，在重庆参加地下活动，在党的领导下从事文化工作，先后主编《科学与生活》月刊、《彷徨》杂志等刊物。1947年4月与陈然、刘镕铸等同志一起创办《挺进报》任编辑。同年7月《挺进报》被中共重庆地下市委接收并作为市委机关报秘密出版发行。1948年1月加入中国共产党并担任《挺进报》特支宣传委员，1948年4月，《挺进报》遭破坏后，幸免于难，转移至香港，在生活书店（后合并到三联书店）负责科学图书编辑工作。

　　1949年3月到北京工作，主编《科学技术通讯》、《机械工人》等刊物。1950年任科学技术出版社社长兼总编。1952—1959年在第一机械工业部任《机械工业》编辑室主任，政策研究室主任，并兼任全国科学技术普及协会常委兼宣传部副部长。1959年，下放到郑州第二砂轮厂劳动和从事企业管理工作。1964年以后，在石家庄电机制造学校、河北省机电学院担任企业管理教学工作。

1978 年，调中国社会科学院工业经济研究所从事经济研究工作，先后任副所长、所长，并兼任经济管理出版社社长、《中国经济年鉴》总编辑、国务院学位委员会经济学科评议组成员、中国工业经济协会副会长、中国企业管理协会常务理事、中国企业管理教育研究会理事长、中国社会科学院研究生院博士生导师、《经济管理》刊授联合大学副校长。他还担任了清华大学、中国人民大学、天津财经学院、上海财经大学等高等院校的经济管理专业的兼职教授。

1985 年，卸任工业经济研究所所长后，任重庆市社会科学院院长、《改革》杂志主编、综合开发研究院常务副理事长、中国工业经济管理研修中心基金会会长兼研修中心管委会主任、深圳无线电工贸公司企业委员会主任。

1988 年，被选为全国七届人大代表、七届人大法律委员会委员。

蒋一苇同志从 20 世纪 50 年代起就从事企业管理的研究和教育工作。从 1978 年党的十一届三中全会以来，他一直活跃于经济改革的理论探索和积极投身于社会主义经济体制改革的实践，为推动我国的改革开放事业，日以继夜、孜孜不倦、不遗余力地进行工作。他的一系列论著和观点，对我国经济体制改革的进展发挥了重要作用。蒋一苇的经济学思想有三个显著的特点：一是始终坚持改革的方向；二是具有创见性，不人云亦云，不恪守教条，敢于突破传统观念的束缚；三是具有实践性和可操作性，把经济理论研究的认识世界、揭示规律的功能，同指导实践、改造世界的功能结合起来。因此，蒋一苇同志的许多论著和观点，不仅在经济理论界有着广泛的影响，而且在实际经济部门和企业界也产生了很大反响。

蒋一苇同志在概括自己的改革观时指出："整个社会主义特

色是民主经济或者说经济民主，因此我的观点总的是经济民主，其中的基础是企业本位论，而企业内部则是以职工为主体，这三者就构成了我经济体制改革的主要观点。"

《企业本位论》是蒋一苇同志 1979 年发表的一篇著名论文。这篇论文的基本论点是：（1）在经济体制改革过程中，扩大企业自主权是必要的，但是还没有解决问题的本质。经济改革的理论前提必须明确企业的性质和地位。（2）企业应当具有独立的经济权益，企业保持独立性，并不违反社会主义原则。（3）企业必须是一个能动的有机体，而不是一块块缺乏能动性的砖头。国民经济力量的强弱不仅取决于它所拥有的企业数量，更重要的是取决于每个企业的活力。（4）经济改革必须要使企业成为具有独立物质利益、自主经营并对其经营效果负责的有机体。可以说，《企业本位论》是蒋一苇经济思想的理论基石和核心。《企业本位论》的贡献在于，它为我国社会主义企业经济学和企业经营管理学奠定了基础，它使人们对社会主义商品经济条件下企业的地位和性质有了更明确的认识和理解。《企业本位论》的实践意义，则在于为我国经济体制改革的方向和重点提供了更重要的理论依据和政策思路，即经济体制改革不仅仅是政府的简政放权和让利，而应当把增强企业活力，使企业成为自主经营、自负盈亏的商品生产者和经营者作为经济体制改革的中心环节。蒋一苇同志不仅坚持和宣传企业本位论的主张，而且在实践中积极地推行和实施这一主张。例如，80 年代初，在蒋一苇等同志的倡导和推动下，促成了首钢承包经营责任制的实现。80 年代中期以来，蒋一苇等同志为增强国有大中型企业活力进行了坚持不懈的努力。这些努力，对于深化国有企业改革，起到了重要的推动作用，受到了企业界的普遍欢迎和高度评价。

蒋一苇同志的《职工主体论》，分析了社会主义企业与资本主义企业中人与人之间关系的区别，阐明了工人阶级在社会主义时期的历史任务。资本主义企业的主体是人格化了的资本——资本家，即资本家在企业中处于统治和主宰的地位，工人则是被雇佣的劳动者。职工是企业的主体，这是社会主义企业的一个重要特征。在社会主义企业中，应当使职工真正拥有当家作主的权、责、利。

为了实现职工在企业中的主体地位，蒋一苇提出，必须实行广义的企业民主管理，即：（1）劳动制度民主化，企业职工可分为正式工、合同工和临时工三种类型，通过"劳动公约"的形式，规定各类职工的权利和义务。（2）产权制度民主化，即对传统的社会主义公有制形式进行改革，实行全民、集体、合作三者混合的公有制形式。（3）经营制度民主化，即使职工对企业生产经营中的重大问题拥有决策权。（4）分配制度民主化，即企业获得的消费基金，在企业内部进行再分配，其分配的形式应由企业及其劳动集体民主决定，国家不应作统一规定。（5）领导制度民主化，必须改革和完善产权组织形式、经营权的组织形式、民主管理体系以及集中指挥体系。随着社会主义市场经济的发展，特别是企业人事、劳动和工资制度的进一步改革，怎样体现工人阶级的主人翁地位，怎样使职工更加关心企业的命运，积极参加企业的经营管理，在认识上和实际工作中都面临着许多新情况和新问题。蒋一苇同志提出的职工主体论思想及其实现方式，对于社会主义市场经济条件下处理企业与职工的关系，在理论上和实践上都有现实的指导意义。

实行经济民主，是蒋一苇同志的一贯主张。发表在1989年《改革》杂志第一期上的《经济民主论》，是蒋一苇经济民主论思想的系统概括。经济民主论的基本内容是：（1）社会主义公有制的本义是以经济民主取代经济专制，以公平分配取代剥削。
（2）在一定意义上说，经济改革的过程实际上也是经济管理从
高度集中转向经济民主的过程。（3）社会主义商品生产单位的
主体必须是自由平等的生产者的联合体，这种联合体包括三种
所有制形式，即全民所有、集体所有、企业职工所有。在公有
制为主体的前提下，不排斥私有经济的存在。（4）企业实行自
主经营、自负盈亏，以一个独立的商品生产者的身份参与市场
交换和平等竞争。（5）企业的分配，实行"两级按劳分配"的
办法，即企业新的价值在作了各种社会扣除之后，在企业内部
按劳动贡献的大小进行分配。（6）社会的经济民主包括三个方
面的内容：一是行业的经济民主，按自愿的原则组织行业协会，
作为政府与企业之间的桥梁；二是城市经济民主，指由当地的
各类行业协会组成联合会，协调各行业之间的关系以及共同关
心的事务；三是全国经济民主，指由各地区的行业协会组成全
国性的行业协会，为本行业的企业开展服务和咨询。（7）处理
经济民主与政治民主的关系。首先是实现政资分开和政企分开，
国家对企业的生产经营活动实行间接调控；二是实行党政分开，
企业的党组织主要发挥思想政治工作的领导和核心作用；三是
要充分发挥工会组织的作用，工会可以作为企业职工代表大会
的日常工作机构。《经济民主论》比较系统地阐述和归纳了蒋
一苇关于经济体制改革，特别是企业改革的主张。他从企业制
度的重新构造，到中观和宏观管理方式的转变，以及党组织、
工会组织在企业中的作用和任务，都提出了具体设想，这些设
想根据马克思主义关于社会主义的基本原理并与我国社会主义
商品经济的实际情况相结合，在理论上有创新，在实践上可操
作。

　　蒋一苇同志还对社会主义商品经济条件下的企业管理理论进

行了探索性和开拓性的研究，提出了"两制四全"的企业管理理论。这一系统管理理论成为我国企业管理理论中的一个重要学派。

"两制"的含义是：（1）建立既有民主又有集中的企业领导体制，中心是实行厂长负责制，但企业重大决策要经过企业职工代表大会。（2）实行责权利相结合的企业生产经营责任制，以克服企业和职工"吃大锅饭"的弊端。

"四全"的含义是：（1）全面计划管理。（2）全面质量管理。（3）全面经济核算。（4）全面劳动人事管理。

"两制四全"理论的贡献主要在两个方面：一是提出了我国工业企业管理新的理论框架和体系，为工业企业管理的学科建设做了一件很有意义的基础性工作；二是促进了企业管理制度的改革和管理体系的完善或重新构造。"两制四全"论集中反映在由他主编的《中国社会主义工业企业管理研究》一书中。

当有人怀疑80年代以来经济体制改革的方向，怀疑商品经济是社会主义经济的本质特征的时候，蒋一苇旗帜鲜明、坚定不移地坚持改革的正确理论。他发表在1990年第1期《改革》杂志上的《论社会主义商品经济与资本主义商品经济》一文中指出："商品经济不是资本主义所特有的经济运行方式，它可以为资本主义服务，也可以为社会主义服务……那种认为凡是和资本主义沾边的东西，我们都不能要，这只能是一种'恐资幼稚病'的表现。我们不能因患这种幼稚病而作茧自缚。"他还指出，价值规律、供求规律、竞争规律是商品经济的共性，"既然商品经济运行方式存在着共性，那么社会主义商品经济采取资本主义商品经济的某些运行方式和方法，就不奇怪，而且是不可避免的"。蒋一苇同志的这些论点，同凡事都要问姓"社"还是姓"资"的"左"的观念针锋相对，表现了一位献身于改革大业的经济学家敢于坚持真理的精神。

蒋一苇同志在从事经济理论研究的同时，还积极地参与改革的社会活动，他不愧是一个实事求是的理论家，同时又是一个头脑冷静、富于创业精神的实践家。在 80 年代初，他和一些志同道合的同志一起创办了《经济管理》刊授联合大学，为地方和企业培养了近三万名管理干部。他还创办了《中国经济年鉴》，创办了经济管理出版社，后来又创办了《改革》杂志，创办了综合开发研究院等等，做出了一系列创造性的工作，对我国企业管理的发展，对于企业管理学科、工业经济学科、国民经济管理学科的形成和发展，对于企业管理有关法律的制定，一句话，对促进有中国特色的社会主义的伟大实践，他都做出了公认的积极的贡献。

蒋一苇同志在治学上非常勤奋，非常严谨，在承担一系列行政工作和组织社会活动的同时，对每一时期改革的重大理论和政策问题，都及时地关注和研究。他勤于学习，勤于思考，能及时地提出自己的观点和见解。他在治学上另一个显著的特点是对一些重大问题能够提出自己的独立见解，并一直坚持自己经过深思熟虑的见解。当然，他也能够根据实践的检验，及时修正自己的观点，吸收他人的正确意见，使自己的观点不断地完善。

蒋一苇同志这种勤奋思考、勤奋治学、敢于坚持真理的精神是值得我们学习的。

本文集分七个部分，收录了蒋一苇同志的 40 篇论文（讲话）。中国社会科学院副院长陈佳贵同志、工业经济研究所所长吕政同志非常重视这本文集的编辑工作，他们根据蒋一苇同志生前出版的《我的经济改革观》一书确定了文集的框架结构。工业经济研究所原副所长裴叔平同志对入选的每篇文章进行了技术处理。蒋一苇的夫人陈曦同志为本书提供了蒋一苇著作目录、蒋一苇简历年表。

　　由于篇幅限制，本书只能反映蒋一苇同志生前经济学研究成果和学术贡献的一个侧面，以缅怀这位具有创新精神的理论家和实践家。

中国社会科学院工业经济研究所科研处

2005 年 8 月

关于社会主义经济体制改革

要勇于跨出体制改革的第一步[*]

我国现行的经济体制必须改革，这是肯定无疑的。党的十一届三中全会早已肯定了这一点，五届人大二次会议正式确定了"调整、改革、整顿、提高"的八字方针，把经济体制改革作为当前一项根本方针提出来，而且预期在今明两年进行小改、小革，同时作好调查研究，制定全面改革的方案。全国人民对中央的这个部署是衷心拥护的，热忱地期待着改革的早日实现。现在是三年调整的第一年，大半年已经过去了，改革的步伐究竟迈出了多少步，这是全国人民十分关注的事情。

经济体制改革是件大事，是一个牵一发而动全身的大问题，应兴应革，一定要采取科学的态度。因此，决心要坚定，态度要积极，步子要稳妥。为了稳妥，必须先从小改、小革做起；即使是小改、小革，也要先在个别或少数的地方、企业进行试点，不断总结经验，然后全面推广。坚持这样的方针和步骤，我们就能做到改而不乱，尽可能少出偏差。但是，如果稳妥到连试点都不

---

* 以"本报评论员"名义发表于 1979 年 10 月 10 日《人民日报》。

敢试，第一步都迈不出去，那还有什么改革可言？

　　现在我们看到两种情况：一则以喜，一则以忧。喜的是从四川传来令人振奋的消息，他们从今年初，就开始在100个工业企业、40个商业企业里试行扩大企业自主权，都已经收到成效。新华社8月30日发自成都的消息，对此作了生动的报道。只举一例来说吧：他们规定试点企业完成规定的经济技术指标，可从计划利润中留成（最多5%），还可以从超额利润中留成20%。用这种给经济利益的办法调动企业的积极性，一试就灵。喊了多年经济核算，一直很难核算起来，如今，企业里似乎人人成了"算账派"，有了经济头脑。今年头7个月，84个试点的地方企业中，有55个获得了超额利润。

　　有人总是担心给企业利润留成稍多一点，会影响国家的财政收入。四川的经验说明什么呢？据了解，今年头7个月，全省企业上缴利润和去年同期比并无增长，而100个试点企业却增长了21%。由此可以看到勇于实践的可喜成果。

　　可是，许多地方的情况并不像四川那样。今年3月，国家经委召开了一个企业改革的试点会议，决定在北京、上海、天津三市选八个企业试点。当时被选上的企业都兴高采烈，决心在体制改革中当先驱。可是，时间已经不算短，这些企业扩大自主权问题却没有真正迈开步子。卡壳卡在哪里呢？一曰：这几个企业都有一个产品方向与生产规模的问题，企业提出了改革的建议，谁来拍板？因为无人作主，以致悬而未决。二曰"利润留成"，这是企业最关心的问题。财政部门按"规定"进行测算，算来算去，企业可能得到的奖励基金，竟比去年的实际水平还要降低。企业领导感到这样试点，无法向职工群众交代，纷纷表示不再参加试点。此外，还有许多问题，企业提出了一些尝试性的办法，也难得到有关部门的支持。目前体制的一个突出问题是企业的"婆婆"多。改革涉及各个方面，没有一个对各项改革措施都能"拍板"决定的统一领导，企业想进行一点改革是困难的。

为了稳妥才进行试点。既是试验，当然希望其成功，也应允许其失败。好的可以推广，不好的可以改正。这才叫试验。如果前怕狼，后怕虎，不允许突破现行的章法，那还搞什么改革呢？八万个全民所有制企业，八个试行，恰恰是万分之一，即俗话常说的"万一"。万一试出点偏差，即使产生了很大的不良后果，也只是万分之一范围内的后果。如果在万分之一的"点"内什么也不能动、不敢动，那又叫什么改革试点呢？

上面这一正一反的情况告诉我们，经济体制的改革必须勇于跨出第一步。这第一步，就是要允许在规定的"点"里大胆地"试"。这是当前有必要大声疾呼的问题。

经济体制的改革，是党中央的一项重大决策，也是我国经济生活中的一场革命。既然要改，就必然要突破一些传统的观念和习惯的做法，首先遇到某些人的思想阻力。随着改革的深入，还会触及某些人的权力和既得利益，阻力可能更大。目前仅仅是小改、小革的试点，如果连这一小步都跨不出去，今后全面的改又从何谈起？

改革一定要慎重，要经过深入调查研究，并经过试验，不断完善，逐步推行。但是一个新事物的诞生和成长，事先考虑得再周到，也不可能万无一失。而且，旧的矛盾解决了，又可能出现新的矛盾，这是事物发展的客观规律。如果不看主流，不辨方向，只是在枝枝节节里顾虑重重，出点毛病又大惊小怪，或者本来不赞成，一旦出了毛病，就当秋后算账派，用这种态度对待改革，任何改革也是断然搞不成的。

我们希望各部门、各地方都能像四川省那样，坚决贯彻三中全会和五届人大二次会议的精神，珍惜时间，采取积极果断的步骤，勇于跨出体制改革的第一步。这是形势的要求，也是全国人民热切的希望。

充分发挥竞争在社会主义
商品经济中的积极作用[*]

竞争是一般商品生产的客观规律

在社会主义经济中要不要有竞争，可不可以搞竞争？这个问题在理论界展开过热烈的讨论。它表现了三中全会以来思想解放、百家争鸣的大好局面。但是，一步实践胜过一打理论。随着经济体制的初步改革，试行计划调节与市场调节相结合，竞争已经登上了经济舞台，并且立即显示出它的优越性与生命力。许多企业由于计划任务减少，不得不进入市场"找米下锅"。一进入市场，就不免遇到竞争对手。过去只讲生产，不讲销售，品种多少、质量好坏，反正由国家统购包销，赚钱赔本也反正由国家包干。对顾客用户可以置之不理，"皇帝的女儿不愁嫁"。办工厂的，成为"官工"，办商店的则成为"官商"。一进入市场，这些都不行了。产品要找销路，销路就要求用户，用户有选购的自由，适销对路、价廉物美的产品才吃得开，否则只好停工停产，

<hr>

* 1980 年在某企业对全体干部一次讲话的记录稿。

奖金没有了，甚至连工资都开不出去。怎么办？于是，书记、厂长都亲自出马找销路，对用户登门拜访，主动服务，改进品种花色，提高产品质量，按期交货，包修、包退、包换……过去靠三令五申而推行不开的事，现在都"自动化"起来了。什么道理？道理就在于有了竞争。

我国现行的经济管理体制必须改革，这一点已被公认。一年多以来，在理论上一个重大突破，就是承认在我国目前的社会主义阶段，不但不能取消或限制商品经济，而是要大力发展商品经济。当然，社会主义的商品经济和资本主义的商品经济，是有本质区别的。但是，既然要实行商品生产，属于一般商品生产的客观规律，也就不可避免地要在社会主义的商品生产中发生作用，这是不由人们主观意志所决定的。就像男婚女嫁就不免要生孩子一样，它是客观发展的必然规律。

竞争不是资本主义商品生产的特有规律，而是"一般商品生产的基本特性"①。作为一般商品，总是具有使用价值与价值的二重性。一定的使用价值，它具有多少价值呢？它的价值量不决定于个别劳动量，而决定于社会平均的必要劳动量。马克思指出："不同的个别价值，必须平均化为一个社会价值，即上述市场价值，为此就需要在同种商品的生产者之间有一种竞争，并且需要有一个可供他们共同出售自己商品的市场。"②马克思这里所指的，是一般商品生产的共同规律。可见，不论是简单的小商品生产，还是资本主义的商品生产，或者社会主义的商品生产，没有竞争也就不可能形成商品经济。

---

① 列宁：《帝国主义是资本主义的最高阶段》，第79页。
② 马克思：《资本论》，《马克思恩格斯全集》第25卷，人民出版社1974年版，第201—202页。

　　过去，我们一说竞争，就是资本主义的竞争，马上就联系到资本家唯利是图，为了攫取利润，他们不择手段，损人利己，在市场上进行你死我活、弱肉强食的生死搏斗等等。在资本主义的私有制下，这些现象都是客观存在的事实，而且是和竞争相联系的。但是两种现象的联系，不见得就构成必然的因果关系。资本主义的这些"罪恶"，主要原因究竟是来自资本主义的私有制度，还是来自竞争呢？商品生产有它的历史发展过程。竞争对商品生产的发展究竟是起了积极作用，还是消极作用呢？列宁在谈到资本主义商品生产代替小商品生产的时候，曾说过："资本主义早已把那种能使竞争在相当广阔的范围内培植进取心、毅力和大胆首创精神的独立的小商品生产排挤掉了。"① 这段话，至少指出竞争在小商品经济中起了重大的积极作用。至于在资本主义经济中，列宁认为已把竞争排挤掉了，这个论断可能有所片面，照我看，资本主义的生产力能够继续得到巨大的发展，仍然要归功于竞争。

　　从资本家的本性来说，与其说他愿意竞争，不如说他更愿意垄断。如果有可能垄断市场，他就可以毫无忌惮地猎取暴利。在竞争中逐鹿，对资本来说是被迫而行的。竞争与垄断，应当说，竞争起着推动历史前进的作用，而垄断则"必然要引起停滞和腐朽的趋向"②。这是历史的辩证法。我们知道，矛盾是事物发展的内在动力，没有矛盾就没有事物的运动，甚至可以说，没有矛盾就没有任何生命，竞争，正是一般商品经济矛盾运动的一种形式。商品的使用价值，要通过竞争才能日新月异，并带动科学技术的飞速发展；商品的价值，也只有通过竞争，才能使社会必

　　① 《列宁选集》第3卷，第392页。
　　② 《列宁选集》第2卷，第818页。

要劳动日益降低，劳动生产率不断提高。如果商品是独此一家，别无分号，市场被绝对垄断，没有矛盾，经济也就不可能生动活泼地发展。在遥远的将来，到了共产主义社会，商品经济也许完成了它的历史使命，那时经济发展的内在动力是什么矛盾，那是理论上可以探讨的问题。至于今天，在我们社会主义的现阶段，商品生产既是不可避免地要存在，而且要大大发展，我们就不能不遵循经济发展的客观规律，充分发挥竞争在经济发展中的积极作用。

企业与企业之间要有竞争

当前我国经济体制问题的焦点，可以概括为：死一点，还是活一点好？大家一致公认，必须把经济搞活。

要把经济搞活，就必须变国家的集中管理为国家的统一领导。集中管理与统一领导并非同一概念。社会主义经济实行国家统一领导，才能克服资本主义社会生产的无政府状态，这正是社会主义优越性的一个具体体现。但是统一领导并不等于就必须实行集中管理。在国家统一领导下，实行社会主义的商品经济，承认企业是社会经济活动的基本单位；承认企业是独立的商品生产者；承认企业具有自身的独立经济利益；承认企业在遵守国家经济政策、法令的条件下，除了严格履行对国家应尽的义务外，有获得企业自身利益的权利；在国家的计划指导下，企业有生产经营的自主权。只有这样，企业才能成为一个生机勃勃的经济实体，从而使整个国民经济活跃起来。

承认企业具有独立的经济利益，企业与企业之间就必然有收益的差别。这种差别也必然是通过竞争而实现的。企业生产经营成果的好坏，集中表现在它为满足社会需要所提供的商品或服务的质和量上。贡献越大，收益应当越多。实质上这是社会主义按劳分配原则的体现，而且是首要的体现。如果说平均主义是阻碍经济发展的重要原因，那么企业与企业之间"吃大锅饭"，经营好坏、赚钱赔本一个样，是最大的平均主义，不首先解决这个问题，我们的经济是活不起来的。

有的同志认为社会主义制度下，只能讲竞赛，不能讲竞争。前面已经分析过了，竞争既然是一般商品生产的客观规律，除非你不搞商品生产，要搞就不可能不讲竞争。但是，社会主义毕竟不同于资本主义。社会主义的公有制，决定了企业之间既有个别的利益，又有共同的利益。因此企业与企业之间，既有为各自利益的竞争关系，也有为提高共同利益的竞赛关系。竞争与竞赛的不同，在于竞争必须与物质利益相联系，而且最终要表现为"优胜劣败"的结果。怕讲竞争的同志，所顾虑的恰恰是这两点：怕讲物质利益会把企业引入"唯利是图"的歧途；怕讲优胜劣败会出现"一些人失败，另一些人的胜利"的悲惨景象。这些顾虑是完全没有必要的。这些同志忘了我们毕竟是社会主义社会，我们的商品经济是在社会主义国家统一领导下的商品经济。国家的政策、法令将保护竞争，保护企业的合法权益，但也将监督非法的营利；允许企业之间由于生产经营好坏而有收益差别，也将以经济手段调节收益差别的过于悬殊。唯利是图的倾向可能在某些企业中出现，但它不可能不被纠正，更不可能成为普遍现象。企业优胜劣败的表现形式也不会和资本主义一样。企业在竞争中的小失败将是收益减少，表现为少劳少得；大失败也是要被淘汰的，表现形式将是"关、停、并、转"，企业的领导人要承担经济以至法律责任，全体职工也要受到一定的经济损失。但是在国家统一安排下，还不会像资本主义那样，企业一旦破产，经理自杀、工人流离失所等等。但是，尽管如此，竞争还是带有相当大的强制性。在社会主义的现阶段，由于精神和物质都还不具备共产主义的条件，光讲自觉性的竞赛，不讲强制性的竞争，就不可能有效地鼓励先进、鞭策落后，这是一个唯物主义者不能无视的现实。

人与人之间也要有竞争

竞争作为社会主义商品经济发展的推动力，不仅表现在商品与商品、企业与企业之间，同样也应表现在人与人之间。这样的提法，可能马上会引起一些同志的疑问，那么人岂不也成了商品么？

资本主义的商品经济，一个重要的特征就是劳动力也成为商品。在资本主义制度下，劳动者一无所有，只能出卖劳动力。劳动力之间的竞争，形成劳动力的市场价格。资本家则按劳动力价格购买劳动力，从而剥削劳动力所创造的剩余价值。社会主义的商品经济，劳动力在公有制的社会主义企业中，不是商品，而是自由平等的生产者联合体。这个界限是必须严格划分的。但是，并不能由此进而作出推理，认为在社会主义制度下，不存在或不能允许存在劳动者之间的竞争。

社会主义公有制消灭了剥削，不存在按劳动力的市场价格购买劳动力的问题。劳动者作为企业集体成员而共同劳动，他们所创造的价值，除了一部分以税收或上缴利润的形式上交给国家之外，其余则在企业内部按劳分配。上缴的部分，归根到底也将是劳动者所共有。因此劳动者的收入并非劳动力的市场价格。但是劳动者之间仍然有竞争。这表现为两个方面：一方面，企业实行按劳分配、多劳多得的原则，劳动者收入，要根据劳动能力和实际贡献大小而分配，劳动者要努力提高自己的能力和实际的劳动效果，才能得到更大的收入。另一方面，企业集体为了提高自身的竞争能力，必然要择优选用它的成员：企业招收职工时要择优录用；企业分配职工时要择优使用；企业精简职工时要择优留用。也就是说，办得好的企业，职工的待遇高，因此它可以吸收更多的质量高的劳动力；从劳动者来说，能力强、劳动态度积极的，也将得到待遇优厚的工作岗位。这种竞争是否符合社会主义原则呢？应当说它是完全符合按劳分配原则的。而且，只有通过这样的竞争，才能有效地调动人的积极性，并且有力地促进人才的培养和成长，从而有利于社会主义经济的高速度发展。

劳动者之间的竞争，当然也有"优胜劣败"的问题。小失败，表现为个人的收入少；大失败，则可能被企业集体辞退而成为失业者。有人认为"铁饭碗"才是社会主义的优越性。一个全民所有制的职工一旦被录用，不论表现好坏，都永远由国家包下来，企业能进不能出，待遇能升不能降。这种"铁饭碗"制度实际上是一种保护落后的制度。社会主义既然实行按劳分配，就说明饭碗本来不应该是"铁"的，而应当是"橡皮"的，有弹性的，才能体现多劳多得、少劳少得。至于职业保障问题应当是有条件的。在企业内部对少数特有贡献的职工，可以授予终身职，以作鼓励。对品质不好或不称职的职工，劳动集体应当有辞退的权力。至于被辞退或精简的劳动者，他们的生活保障，应当根据国家经济条件，采取社会保险的办法予以解决，不应当由企业来负担。国家对失业和待业的劳动者给予一定的生活保障，并组织职业训练，为他们创造就业门路，这些工作做得好，才是体现社会主义优越性的合理途径。

竞争不会产生副作用吗？

上面只说竞争的必然性和它的好处，难道竞争就没有坏处，就不会产生某些副作用吗？任何事物总是一分为二的，不能说竞争就不会带来任何不好的情况，特别是在体制改革的开始阶段，各方面的工作还没有跟上，出现这样和那样的偏差和问题是可以预料的。但是，我们看问题要看本质、看主流。对矛盾的两方面要抓住主导的方面，对出现的某些问题，要作具体分析。许多问题，采取一些积极措施，正确引导，也是不难解决的。

例如，去年以来市场调节兴起，竞争刚刚露头，就出现了企业之间的技术保密问题。这究竟是好现象还是坏现象呢？技术壁垒影响先进产品、先进技术的迅速交流与推广，显然是会对经济发展不利的。但是也要看到，过去技术上的发明创造缺乏专利保护，对鼓励先进也是不利的。要使发明创造既得到物质鼓励和精神鼓励，又有利于交流和推广，正确的途径应当是由国家制定"专利法"，企业之间可以有偿地转让或租让专利权。这样不但在国内而且在国际上起保护竞争的作用，归根到底对技术发展是有利的。诸如此类的问题可能还很多，但在体制改革中，通过制定必要的经济政策、经济立法，或者由国家运用经济手段加以调节，都是可以解决的。

竞争既然是一般商品生产的客观规律，它就是不可避免的，只能因势利导，充分发挥它的积极作用，避免它的消极作用。如果因噎废食，则任何改革都将改不成。

谈计划与控制[*]

一　必须正确理解社会主义计划经济

关于计划与市场问题,是当前理论界热烈讨论的一个重要课题,也是贯彻执行调整、改革、整顿、提高方针必须解决的一个重大的实践问题。

党的十一届六中全会在《关于建国以来党的若干历史问题的决议》中,论述到我国经济体制时指出:"必须在公有制基础上实行计划经济,同时发挥市场调节的辅助作用。要大力发展社会主义的商品生产和商品交换。"最近陈云同志对计划经济问题又作了许多重要的指示,这些都是对我国三十多年社会主义经济建设的经验教训所作的重要总结,也是今后经济建设道路的重要的指导思想。

我们按照马克思主义的理论,进行社会主义的革命与建设,要完成的历史任务是多方面的。但是其中一个根本的环节就是实现生产资料公有制。只有在公有制的条件下,才有可能实行按劳

---

* 1982 年 4 月 8 日在北京地区理论座谈会上的发言。

分配，改变劳动人民被剥削、受奴役的状况，从而调动亿万人民的劳动积极性，最大限度地发展生产力；也只有在公有制的基础上，才能建立社会主义的统一经济，有计划按比例地发展生产和满足需要，克服资本主义那种社会生产无政府状态所引起的危机和极大的浪费。因此社会主义经济必然要实行计划管理，这是一条不可动摇的根本原则。

现在的问题是对计划经济应当如何理解？如何具体实行才对发展生产有利？

对于计划经济，马克思主义并没有给我们勾画出一个具体模式。马克思主义经典作家不可能也不会这样做。合理的计划经济形式，只能在实践中不断总结经验而形成。正如党的十一届六中全会《决议》所指出的："社会主义生产关系的发展并不存在一套固定的模式，我们的任务是要根据我国生产力发展的要求，在每一个阶段上造出与之相适应和便于继续前进的生产关系的具体形式。"

实行计划经济，在国际上有半个世纪的历史，在我国也有三十多年的历史，既有经验，也有教训。现在应当认真总结这些经验教训。对计划经济从概念到具体办法，进行广泛的探讨，找出一个适应我国生产力发展要求，又便于继续前进的具体形式。

二　在理论上要明确几个概念问题

孙冶方同志最近在《论坚持以计划经济为主市场调节为辅》一文里，强调要弄清概念问题。他说："我这篇短文章从概念谈起，又以谈概念结束。这好像有'从概念到概念'的味道了。我认为，研究问题是要从实际出发，而不能从概念出发的。这是完全对的。然而，我要再次重复说明：如果概念不清，那也是说不清任何问题、搞不好任何学问的，包括经济学在内。"我完全赞同这点意见。我们在理论探讨中，特别是要研究新情况、新问题，常常会遇到概念不清的情况，说的是一个词，各人理解的含义不一样，结果争论半天，各说各的，或者互相误解，或者说的不是一回事。

我们对中央文件和中央领导人的讲话，要善于领会他的精神实质和基本指导思想，不能要求中央领导人在用词上都十分确切，因此也不能简单套用领导人讲的某些词句。恰恰相反，理论工作者有责任以科学的态度，用比较确切的概念，合乎逻辑地去阐述和发挥中央所作出的原则规定。不论理论工作者本人的水平是高还是低，这样做不是对中央决定或中央领导人讲话的不尊重，而是对党负责的态度，是理论工作者的党性的表现。

我是理论界的新兵，水平是很低的。但是我感到在计划经济问题上，有许多概念是不清的。例如，党的十一届六中全会决议说："必须在公有制基础上实行计划经济，同时发挥市场调节的辅助作用。"这段话比较恰当。把这段话引申为"以计划经济为主，以市场调节为辅"就很不合逻辑了。因为计划经济的含义广，它不能和市场调节相并列。如果说"以计划调节为主，市场调节为辅"，虽然也有不确切之处，但还勉强说得过去。而说计划经济为主则说不通。

这里涉及到一系列概念问题：什么是计划？什么是市场？什么是计划调节？什么是市场调节？以及什么是计划经济？什么是计划管理？等等。

在现实生活中往往会形成一种从经验得来的概念。当我们要改变现实的时候，这种习惯的概念往往会阻碍我们对事物本质的探讨。例如，我们的计划管理是沿袭苏联的一套做法，采取指令性计划直接控制经济单位的活动，因此一说"计划"就意味着那个指令性的计划，指令性计划起着调节生产与流通的作用，因此它又等于"计划调节"，甚至就等于"计划经济"。一说"市场"就意味着是"自由市场"，而自由市场是不在指令性计划范围之内的，因此也就不在计划之内，不在计划经济之内。于是计划与市场成为平行的两大块，一个大块，一个小块，拼合成为社会主义的经济整体。这样一种由习惯形成的概念体系，在理论上是否科学，在实践上有什么矛盾，是值得商榷的。

按照我个人的粗浅理解，我国经济公有制已占主导地位，整个社会经济有可能形成社会主义的统一经济，并实行计划管理，因此说它是计划经济。应当说整个社会主义经济是计划经济，而不是什么计划经济为主的问题。

有人会说，全国经济活动那么复杂，怎么能都纳入计划呢？这又涉及什么是计划的问题。如果计划就等于指令性计划，当然不可能把一切生产和流通，具体到各类产品的品种、规格都纳入计划。计划的本义是人们对客观活动的一种预测、设想和指导，它的内容可粗可细。可以对一部分必要的内容计划细些，大部分内容粗一些。在公有制的基础上，逐步建立这样一种全面的规划不是不可能的。

实行计划经济，就是对全国的经济活动进行计划管理，所谓市场调节的部分也不例外，也可以用计划来管理，但管理的程度、方法可以不同。这里又涉及什么是计划管理的概念问题。

所谓计划管理主要有两个职能：一是制定计划；二是为实现计划目标而对经济活动进行控制。计划管理、计划、控制是三个不同的概念。计划加上控制构成计划管理。计划是对客观活动的预测和要求，控制是实现计划目标而对客观活动采取的调节手段。

计划可以是全面的，内容可以有粗有细。控制可以有不同的手段，大致可以分为直接控制与间接控制两种手段。拿生产的控制来说，国家对一些影响国计民生的重要物资，可以采取直接控制的办法，例如采取指令的形式。这些生产既然要直接控制，反映在计划上，当然也要规定得细一些。但是其他物资的生产，也不能不管，但在计划上规定得粗一些，或者规定一定的幅度。对于这些物资生产，也不是不控制，而是采取间接控制的办法，也就是主要运用经济杠杆来控制，使其尽可能按计划预测的目标而生产。当然，这并不是说，间接控制运用经济杠杆，直接控制就完全不考虑经济的调节手段。直接控制部分也要运用价值规律，调动完成指令任务的积极性。

就市场来说，不能认为市场就是自由市场。正如孙冶方同志所说："市场不是一个空间的概念；而是指产、供、销的关系，指买卖关系，也就是指流通过程或流通环节。"社会主义实行计划经济，一部分重要物资由国家直接控制生产，同时控制它的流通、分配。这部分物资的流通不能说不是"市场"。陈云同志把这部分市场叫"国家市场"是有道理的。也就是说这部分市场是国家直接控制的市场。国家控制这部分物资，可以按计划进行直接分配，也可以由国家的物资和商业部门投放到市场，由消费者自由选购。

在计划经济制度下，自由市场也不同于资本主义的自由市场，它除了要受国家政策法令的约束之外，国家控制的物资也进入自由购销的市场。如果说自由市场对供求能起市场调节作用，那么国家运用手里掌握的物资，还能发挥调节市场的作用。

如果以上这些观点能够成立。"计划"与"市场"就不是一对对立的范畴。实行社会主义计划经济，应当有一个完整的统一计划，既包括直接控制的部分，也包括间接控制的部分。如果要说谁为主，不能说以计划经济为主，也不能说以计划为主，只能说对统一计划的实现,以直接控制为主,以间接控制为辅。是否必须以直接控制为主,也还有待商榷。至于市场,社会主义经济是一个统一的市场,既包括国家直接控制的市场,也包括国家间接控制的自由市场。如果说谁为主、谁为辅,只能说以国家直接控制的市场为主,间接控制的自由市场为辅(是否必须以直接控制的市场为主,也有待进一步商榷)。构成矛盾的两个方面,不是计划与市场,实质上要解决的问题是直接控制与间接控制的矛盾统一。

三　在实践上要解决国家对经济活动的控制方法问题

党的十一届三中全会以来,我们进行经济管理体制改革的试验,实行对外开放、对内搞活经济的方针,扩大了企业的自主权和地方的经济管理权限,改革了流通体制,发挥了市场调节作用。大家都承认,改革的方向是正确的,成效是显著的。全国经济形势能有今天这样的局面,和进行改革从而极大地调动了企业和广大职工群众的积极性是分不开的。

但是,在搞活经济的同时,宏观的控制办法没有相应跟上,在生产、流通和分配的各个环节上,都出现某些失控现象是不奇怪的。当前一个亟待解决的问题就是控制问题,也就是要改革和改善计划管理的问题。

前面说了,计划管理包含着两个职能:一是制定计划,一是为实现计划而进行控制。就制定计划而说,要制定一个全面的、符合经济发展客观比例要求的计划,还需要作很大的努力,逐步提高计划工作本身的质量。而当前更迫切要求的,是要在搞活经济的基础上,制定出一套宏观控制的办法。

一说加强宏观控制、加强计划管理,就想到恢复过去的一套完全靠指令的计划管理办法，谁要是有不同的看法，就被认为是否定计划经济，这就很难研究新情况、新问题，更难提出新观点了。

国家在制定了社会经济发展计划之后，为了实现计划必须进行控制和调节，要做的事很多，主要要控制什么呢？我认为一是控制物资的生产与流通，一是控制国民收入的分配。而这两方面的控制，又都必须采取直接控制和间接控制两种手段。

在物资的生产与流通方面，国家对一些关系国计民生的重要物资，可以实行直接控制。但是，直接控制是否靠"指令性"计划指标就能实现呢？历史经验证明，光有纸面上的指标数字，并不能完全解决控制问题。计划与控制是两个概念，以为有了指令性计划就等于实现了控制，也是一种概念的混淆。控制要有具体的办法。过去下指令性计划，靠核算指标完成情况来评价企业的生产成绩。但用指标考核，问题是很多的。为了完成产值，可以盲目生产产值高的产品；产品的质量，靠指标也是很难反映质量的实际情况的，因为产品的使用价值是多种多样的，质量标准很难用一个统一的数据来表现。再说，国家对企业下指令性指标，可以说是一种有权而无责的行政手段。往往计划部门只下一个笼统的产值或产量指标，具体的品种、规格是什么？销售的对象在哪里？需要的生产条件谁解决？并没有明确规定，而且计划指标多头掌握，部门管产量，地方要产值，财政部门要利润，互不衔接，这种指令性计划只能叫企业作难。

真正要实现物资生产与流通的直接控制，国家的指令性计划应当既下给生产部门，也下给流通部门，由国家的物资或商业部门按国家计划向企业订货，明确产品的品种、产量、交货期，对产品质量实行验收制（产量大的产品可以运用数理统计方法进行抽检）。企业进行生产所需要的条件，包括统配材料的供应、能源的供应、统配设备的补充等，也要给予保证。以上权利与义务用合同形式定下来。这样，对企业来说，有责任按质、按量、按期保证完成国家的订货任务，物资与商业部门，也要代表国家履行对企业的责任。通过签订合同，把行政性的指令变为产供销部门之间的经济行为，体现出责、权、利相结合的管理体制。

直接控制的物资由国家统购统销，或计划收购，其他物资则可以选购、代销，或由企业自销。对于这些物资，可以通过价格、税收等进行间接控制。

国民收入分配的控制，主要是三个方面：一是积累与消费比例的控制，二是积累的分配，三是消费的分配。

积累的分配，国家要直接控制重点建设项目的投资；积累中要有一定比例部分，作为企业生产建设基金，由企业自行支配。这部分资金所有权仍属国家，企业只有使用权，主要用于技术改造，使用的范围、限额等等可由国家作出规定。一部分可以由银行作为中短期贷款，扶持符合计划要求的小型建设。对企业支配的建设资金和贷款，都只能是间接控制，可以运用经济杠杆调节，促使生产发展适应计划目标的要求。

消费的控制，从宏观经济来看，要在确定积累与消费比例的基础上，对整个消费基金作出合理的分配。其中分配到企业的部分，是包括工资、奖励和日常福利费用在内的企业消费基金。至于由企业支配的用于盖宿舍等福利建设基金，则是国家社会福利基金划归企业支配的部分，所有权仍属国家，企业只有使用权，但应当是有偿使用。例如住房建设，建成后要以折旧偿还。职工住房要按价值支付房租，企业则可以给予房租补贴，这种补贴在企业福利费用中开支，又成为企业消费基金的一部分，企业消费基金总额占整个国民收入的比重是多大，国家要进行控制，但只能采取间接控制办法。具体到每个企业，可以实行消费基金总额与企业经济效益挂钩，或规定占企业所创造的新增价值（净产值）的一定比例等等，由国家作出规定。通过这个具体比例的控制，来实现国家计划中国民收入分配的要求。至于职工个人收入在企业内部如何按劳分配，可以完全由企业自主，国家不加干预。

以上这些具体的意见，当然只是一些不成熟的设想。举这些例子，只是说明"计划"与"控制"不是一个概念。计划中可以也应当有指令性的部分，但有了指令性计划不等于解决了宏观控制的问题。要解决宏观控制问题，需要研究一系列直接控制和间接控制的办法。在社会主义计划经济制度下，计划作为预测性的共同目标，国家正确地运用直接控制与间接控制的两种手段，调节整个国民经济的活动，完全有可能做到既有基层单位的自主性，又有国家的集中统一领导；做到活而不乱，统而不死。这就要求理论界和实际工作部门通力合作，解放思想，实事求是，认真总结三十年来计划工作和三年来体制改革的经验，走出一条实行社会主义计划经济的新路子。

经济体制改革是社会主义
制度的进一步完善和发展[*]

　　党的十一届三中全会提出了改革经济体制的任务，经过五年的实践，我国经济发生了举世瞩目的变化。农村的改革取得了巨大的成功，城市的改革虽然还不配套，也取得了显著成效。但是，对这一场正在进行中的伟大的历史变革，应当如何理解、如何认识，国内外都有不同的看法。资本主义国家的某些学者和新闻记者，他们戴着有色眼镜看问题，一方面赞扬我们的改革，一方面总认为我们的改革是"自由化"，是向着资本主义靠拢。国内有些对社会主义忠心耿耿的好同志，也忧心忡忡，为改革的方向而担忧。究竟我们的改革是背离了社会主义，还是社会主义制度的进一步完善？是倒退，还是进步呢？这是当前必须回答的一个重要问题。

　　马克思主义者相信人类社会必将从旧的生产方式走向各尽所能、按需分配的共产主义社会，这绝不是一种宗教的信念，而是对人类社会发展进行了历史的分析而得出的科学结论。马克思主

　　* 1984 年 8 月为重庆企业管理师资培训中心所写的讲稿。

义经典作家按照生产关系必须适应生产力发展的原理，又提出了在资本主义与共产主义之间，要经过一个共产主义的初级阶段，即社会主义的过渡阶段，建立了科学社会主义的学说。这些建立在深厚的科学论证基础上的基本理论和科学预见，迄今还没有任何历史事实可以动摇。

但是，人类的历史是一个十分复杂的过程。我们不可能也不应该要求马克思主义奠基人，在一百年前对历史进程的每一细节作出具体的勾画。社会主义作为一个过渡的历史阶段，究竟要经历一段多么长的历史时期？要采取哪些过渡形式？在不同的历史条件和具体国情下，要走一条什么样的社会主义道路？等等这些都只能在实践中予以回答。

十月革命的胜利，诞生了第一个社会主义国家——苏联，开始了社会主义建设的实践。作为开路先锋的第一个社会主义国家，在前进的道路中既有成功的经验，又有失败的教训，是不足为奇的。继十月革命之后，出现一批社会主义国家。这些国家在建国初期，由于缺乏社会主义建设的经验，很自然地都以苏联为榜样，采取了苏联经济体制的模式。但是经过一段社会实践，由于各国的具体国情不一，也由于苏联模式本身的缺陷，从50年代开始，东欧一些国家，先后不同程度地开始了经济体制的改革，探索具有本国特色的社会主义道路，这是社会主义运动客观发展的历史规律。

社会主义制度使广大劳动人民从剥削制度下解放出来，成为生产的主人，从而调动了极大的社会主义积极性，在社会主义国家统一领导下，有计划地进行经济建设，从而克服了资本主义生产的盲目性。这些社会主义的优越性是无可置疑的。我国从新中国建立以来，在经济建设上虽然经历多次的折腾，从1950年到1979年的30年间，工农业总产值平均每年增长

9.4%，其中农业平均增长 4.5%，工业总产值平均增长
13.3%，这样的经济成长速度仍是世界少有的。但是，这绝不
等于说我们社会主义的优越性已经得到充分的发挥。由于缺乏
经验，加上"左"的错误，使我们本来可以取得更加宏伟的成
就而未能取得。其中一个关键的问题，就在于经济体制不能适
应生产力的进一步发展。

经济体制和社会经济制度并非同一的概念。我们的社会经济
制度是社会主义制度，它包含着生产资料公有制、实行计划经济
与按劳分配等基本特征。经济体制则是实现这些基本制度的具体
政策和组织措施。实行经济体制改革，决不是改变社会主义制
度，而是通过总结社会主义的实践经验，按照经济发展的客观规
律，从实际出发，探寻一条符合我国具体国情、更能发挥社会主
义优越性的发展道路和有效的管理体系。外国某些学者和新闻界
人士，往往把我们所说的"体制"和"制度"混为一谈，是一
种只看现象，不察实质的误解。

党的十一届三中全会以来，在解放思想、实事求是的思想路
线指引下，我们在理论上展开了广泛的讨论，在实践上进行了多
方面的试验，改革的浪潮一浪高过一浪，涌现了大量的新生事
物。在大胆探索的道路上，每一项革新行动，每一项具体的政策
措施，不能说都是完全成功、完全合理的，整个改革也还没有形
成一套完整的方案。但是，从五年来改革实践的基本经验看，所
走的道路，完全没有背离社会主义的基本原则，而是朝着进一步
完善社会主义制度的方向前进。

五年来城乡改革的基本经验，大致可以概括为以下四个方
面。

一　坚持社会主义公有制,在公有制的基础上,发展多种经济形式和多种经营方式

实行公有制,使绝大多数劳动人民成为生产资料的主人,是社会主义制度的主要特征。我国经过三大改造,在全国建立了雄厚的公有制经济基础,对促进生产力的发展起了决定性的作用。但是也由此而产生了一种"左"的片面思想,盲目追求"一大二公",认为经济组织的规模越大越好,公有化的程度越高越好,企图在生产力水平还很低的条件下,向单一的全民所有制实行"穷过渡",为早日实现共产主义创造条件。在这种"左"的思想指导下,急急忙忙取消国家资本主义成分;大搞"割资本主义尾巴",限制甚至禁止个体经济的存在,在公有制内部,也限制城镇集体经济的发展,对已有的集体经济则实行"集体按全民办",对农村集体经济则扩大规模,实行"公社化"。这些凭主观意愿的激进措施,背离了马克思主义关于生产关系必须适应生产力发展客观要求的基本原则,其结果必然导致严重束缚生产力的进一步发展。

社会主义作为一个过渡的历史阶段,时间的过渡必然表现为空间的并存。在相当长的历史时期里,所有制结构必然是多种形式在空间内并存,而且经济生活的复杂性,还要求同一种所有制采取多种不同的经营方式,才能把整个经济搞活,推动生产力的迅速发展。共产主义绝不可能凭主观愿望,采取"拔苗助长"的办法来实现,它只能是在生产力高度发展、物质财富极大丰富的条件下,才可能逐步实现。人类社会最终必然走向共产主义,但这是一个很长很长的历史过程。在这个历史长河中,我们按照经济发展的客观规律所采取的每一项有效措施,都是向共产主义

迈进的一步；背离客观发展规律的每一项"形左实右"的措施，都只能是倒退，而不是进步。

几年来体制改革的一项重大突破，就是彻底打破"一大二公"的教条束缚。在坚持公有制的基础上，发展了城镇集体经济和个体经济；在农村则缩小了集体经营的规模，逐步建立起以承包责任制为特征，以农户为本位的新型的农村集体经济。随着改革的深入发展，出现了各种形式的经济联合体，使所有制结构更加多样化；全民所有制经济也朝着多种经营方式发展，实行了不同形式的盈亏责任制或自负盈亏。过去我们把全民所有制企业叫做"国营"企业，似乎"国有"就必须"国营"，因此由国家直接承担企业的经营管理，使企业成为缺乏自主活力的附属物。现在这个概念发生了变化。实质上，所有权和经营权是可以分离的。全民企业除了少数必须全国统一经营，实行"全民所有，国家经营"外，大多数企业可以实行"全民所有，集体经营"，一些小型企业还可以实行集体承包或个人承包经营。这一系列的改革，适应了我国现有的生产力水平，促进了生产力的迅速发展，但它丝毫没有动摇公有制基础，恰恰相反，而是巩固和壮大了公有制基础。

党的十一届三中全会以来，我们不但实行对内搞活经济，而且实行了对外开放政策，改变了过去闭关锁国状态。

一个现代国家的经济是不可能孤立于世界经济之外的。我们在一个经济基础比较薄弱的国家里进行社会主义现代化建设，在平等互利的条件下，利用国际资本所积累的资金与技术，是加快现代化进程的重要条件。和国际资本打交道，当然只能按资本主义的经济规律行事，在经济合作中允许国际资本获得必要的利润。但从国家的长远利益来看，对我们是有利的。

实行对外开放政策，除了加强对外贸易的发展外，几年来我们采取合资经营、合作经营以及允许外资独资经营等形式，开始引进外资，引进资本主义的先进技术。在所有制结构上，实际上重新出现了国家资本主义成分、以引进外资为目标的经济特区，还形成一些国家资本主义占主要地位的国家资本主义地区。

邓小平同志提出了"一个国家，两种制度"的方针，我国宪法也明确规定了特别行政区的设置，这是对国家制度的重大改革。将来香港回归，台湾统一后，在我们国土内不但允许国家资本主义地区（经济特区）存在，还允许少数资本主义地区的长期存在。

对于这些重大的改革与发展应当如何理解呢？是否意味着改变了我国社会主义性质呢？不会。因为就全国范围来说，公有制的成分仍然占主导地位，国家的社会主义性质也就没有改变。少量国家资本主义和资本主义地区的存在，有利于国家的统一，有利于开展对外经济的交流与合作，有利于加快"四化"建设的进程，归根到底是有利于社会主义经济的发展和壮大，有利于振兴中华民族。从理论上来讲，它符合社会主义社会的过渡性质。在公有制基础上实行多种经济形式和多种经营方式，是这种过渡的客观要求。

二　坚持社会主义计划经济,在国家计划指导下,大力发展社会主义的商品经济

实行计划经济，使国民经济有计划、按比例地发展，也是社会主义制度的一项重要特征。我国从 1953 年开始了有计划的经济建设，使我国在不长的时期内，逐步建成一个部门齐全的国民经济体系，体现了计划经济的巨大优越性。但是在计划管理体制上，沿袭了苏联的一套高度集中，单纯依靠行政手段的办法。在

观念上，把计划经济和计划管理等同起来，又把计划管理和指令性计划等同起来。似乎社会主义实行计划经济，就必须把整个国民经济活动用指令性的指标统起来，指令性的指标越多，对经济活动管得越细、越死，似乎计划经济的水平就越高。这种出于主观意愿的设想，事实上从来都做不到。在我们这样一个幅员广大的国土上，企图把千头万绪的整个国民经济活动，都由中央集中的计划统起来，只能是一种空想。多年来实践的结果，除了把工农业生产统死之外，不但没有实现按比例发展经济，而且一再出现整个国民经济比例失调的严重状况。

苏联模式的计划经济的重要特征，是否定社会主义社会仍然存在商品经济，排斥市场机制和价值规律的作用。马克思主义创始人曾经设想，建立起公有制的社会主义社会，可能消灭商品。几十年的社会主义实践证明，这一设想是不符合实际的。特别是在我们这样一个经济基础薄弱、商品生产非常不发达的国度，不但必须存在，而且要大力发展商品生产与商品交换。要发展商品经济就必然要运用市场机制和发挥价值规律在调节经济中的作用。

几年来，在理论上关于计划经济与商品经济的关系，展开了激烈的争论。在改革的实践上，则沿着发展商品生产与商品交换的方向不断前进。农村实行各种承包责任制后，出现了专业户、重点户，商品经济得到大幅度的发展。城市工商业从扩大企业自主权开始，企业逐步成为相对独立的商品生产者和经营者。通过改革流通体制，开展市场调节，也大大促进了商品经济的发展。国家逐步改变单纯依靠指令性计划调节经济的办法，开始运用各种经济杠杆，实际上也就是运用价值规律调节经济。所谓对内搞活经济，实质上是在国内发展商品生产与商品交换；所谓对外开放，实质上是在国际上发展商品生产与商品交换，归根到底可以说都是发展社会主义的商品经济。

有些同志受旧的观念和多年习惯势力的束缚，把计划经济和商品经济看成是矛盾对立的两个范畴。实质上，计划经济的对立面是自由经济，而不是商品经济；商品经济的对立面是自给自足的自然经济，而不是计划经济。社会主义实行计划经济，是就国家对国民经济的组织与控制而言；我们说社会主义仍然存在商品经济，则是就社会主义经济运动的客观规律而言的。社会主义国家有可能用计划指导社会主义商品经济的发展，计划与商品之间并不存在着相互排斥的对立矛盾。

有的同志还把商品经济和资本主义经济等同起来，对发展商品经济产生了发展资本主义的顾虑。实际上，商品经济并非资本主义所独有的经济形态，它是在原始共产主义后期就产生，不过到了资本主义社会才得到充分的发展。商品经济可以有资本主义的商品经济，也可以有社会主义的商品经济。两者之间有其共性的地方，但更有本质的区别。例如，资本主义社会劳动力也成为商品，社会主义的劳动者是生产的主人，实行按劳分配，劳动力就不是商品。

计划经济与商品经济既然不是对立矛盾的两个范畴，计划与市场同样也不是对立矛盾的两个范畴。如果我们不把计划和指令性计划等同起来，社会主义的计划经济，就是要用计划来指导整个国民经济的发展。国家计划可以分为指令性和指导性两部分。指令性计划对国民经济活动的关键性内容进行直接的控制，在此之外，应当都包含在指导性计划范围之内，并运用经济杠杆进行间接的控制。

就市场来说，社会主义社会既然仍然存在商品经济，所有的商品必然都要通过市场进行交换和流通，这就形成一个无所不包的社会主义的统一市场。国家对某些关键性的商品进行部分的直接控制，是国家对部分市场的直接控制，形成"国家市场"；国家不直接控制的部分，允许自由流通，则形成"自由市场"。社会主义的统一市场是包含着这两种市场在内的统一市场，不能把国家市场看成是商品经济之外的产品交换。

五年来的理论探讨和改革实践，使我们逐步摆脱苏联模式的计划经济概念，越来越清楚地看到，我们可以走出一条适应大力发展社会主义商品生产与商品交换的社会主义计划经济道路，真正达到有计划按比例发展社会主义经济的目的。

三　坚持社会主义按劳分配原则，实行两级按劳分配，解决两个"吃大锅饭"的问题

实行按劳分配是社会主义的基本原则之一。我国实行社会主义，消灭了剥削制度，在全民和集体经济中，对劳动者的消费品分配，原则上是实行按劳分配。但在具体做法上，存在着实际上背离按劳分配原则的平均主义，形成所谓"吃大锅饭"的现象。农村中依靠行政命令的集体劳动和评工记分制，不能调动农民的积极性。城市全民所有制企业缺乏生产经营的自主权，国家对企业实行统收统支，企业与企业之间经营好坏一个样，与职工利益没有直接的联系；职工的工资不但由国家规定统一的标准，而且定级、升级也要在国家财力许可的情况下，按国家规定的办法统一调整。职工劳动成果大小对劳动收入不发生直接的影响，干好干坏一个样。这样就形成了企业吃国家的大锅饭、职工吃企业的大锅饭的现象，严重损害了职工的劳动积极性。城市集体企业由于广泛实行"集体企业按全民办"的办法，也同样存在着平均主义的倾向。

打倒"四人帮"以后，在理论上彻底批判了各种否定和歪

曲按劳分配的谬论。在农村改革中，实行各种承包责任制，正确地解决了国家、集体、农民三者的利益分配关系，农民"交够国家的、留够集体的、剩下都是自己的"，使农民的收益和自己的劳动经营成果直接挂钩，从根本上打破了平均主义，体现了社会主义的按劳分配原则。在城市改革中，由于扩大企业的自主权，实行各种形式的盈亏责任制，企业有了与经营成果相联系的独立经济利益，开始打破企业与企业之间完全吃大锅饭的状况；企业内部实行奖励制度，推行经济责任制，也开始打破职工与职工之间吃大锅饭的状况。但是，这仅仅是个开端。在城市工商业的体制改革中，如何更合理地解决国家、企业与职工个人三者之间的利益分配，还有许多具体问题有待进一步研究解决。当前正在进行中的利改税和工资奖励制度的改革，就是要探索解决这一问题的合理途径。

正确处理国家、企业和职工个人三者利益的分配，不完全是消费资料的分配问题，在国家与企业之间还存在着积累的再分配问题。但是仅就消费资料的分配而言，也还存在着国家（或社会）对企业、企业对职工这两个层次的分配问题。在社会主义制度下，这两级分配无疑都应当贯彻按劳分配原则，也就是说，要实行"两级按劳分配"，以解决两个吃大锅饭问题。

关于"两级按劳分配"，这几年在理论界是有争论的。但是体制改革的实践经验证明，必须实行"两级按劳分配"，才能使职工个人利益不仅和个人劳动贡献挂钩，而且和企业的生产经营成果挂钩，更有效地调动广大职工的社会主义积极性。

马克思主义创始人提出按劳分配原则，曾经设想社会主义社会取消商品，职工的劳动可以直接成为社会劳动的一部分，因此社会可以直接对职工个人进行按劳分配。历史实践已经证明社会主义社会还必须存在商品生产与商品交换，按商品等价交换原则，社会只能承认商品的社会平均的必要劳动，劳动者的个人劳动不能直接成为被承认的社会劳动。因此社会也不可能对劳动者个人进行按劳分配。职工的个人劳动只能凝聚在商品中，作为企业集体劳动的成果向社会提供，社会也只能承认企业所提供的有效商品中所凝聚的社会平均的必要劳动量。因此在社会主义的商品经济中，贯彻按劳分配原则必然要采取社会对企业，然后企业对职工个人的两级按劳分配。这是马克思主义按劳分配原则在现实经济生活中必然的发展。

我们过去讲按劳分配，不讲对企业的按劳分配，只讲对职工个人的按劳分配，是和过去高度集中的经济体制相联系的。过去的全民所有制企业被认为是必须由国家直接经营的经济单位，不是一个相对独立的经济实体；全民所有制企业的职工，也被认为是国家的职工，因此对职工的报酬也完全由国家直接管理。体制改革使企业的性质发生变化，企业成为相对独立的经济实体，企业生产经营的责权利要由企业的全体职工来承担，企业集体所创造的新增劳动，一部分以税利形式上交国家，一部分用于发展生产，其所有权仍属于全民。这两部分，是劳动者向国家提供马克思所说的几项必要的"扣除"，余下的部分是劳动者留给自己的消费基金。这一部分的大小，应当和职工集体所提供的新增的劳动量成比例，这部分消费基金，也可以认为是国家（或社会）对企业职工集体的按劳分配。它和马克思主义创始人所阐述的按劳分配原则是完全一致的，所不同的只是社会对劳动者个人的分配，改变为社会对劳动集体的分配，这是社会主义仍然进行商品生产的客观要求。

现在在工资奖励制度的改革上，已经提出了奖金"上不封顶，下不保底"的原则。工资奖励制度的彻底改革，必将实行企业消费基金（包括工资、奖金、福利费用等一切用于职工个人和集体消费的基金总额）与企业的经济效益挂钩，上不封顶，下不保底，以体现多劳多得、少劳少得的按劳分配原则。

两级按劳分配，同时也意味着对消费基金的两级管理。国家只控制企业消费基金总额及其随企业经济效益高低而浮动的比例。至于企业消费基金总额在企业内部采取什么形式实现对职工个人的按劳分配，应当由企业职工集体自主决定。

实行两级按劳分配是克服两个"吃大锅饭"的弊端，和正确处理国家、企业、职工个人三者利益关系的重要内容。但是，国家与企业之间，还必须解决积累的再分配问题。企业收入以税利形式上缴国家，其中包括向国家提供了用于扩大再生产的积累。企业作为相对独立的生产经营者，应当有一定的改善生产经营条件的自主权，因此除了向国家提供用于重点建设的积累资金外，企业应当有一部分留利用于发展生产。这部分留利对全民所有制企业来说，有使用支配权，但它的所有权仍然属于全民，实质上是国家积累资金的再分配。在正确处理国家、企业、职工三者利益关系中，必须充分考虑这个问题，才有利于企业的技术进步，有利于"四化"的实现。

四　坚持社会主义的民主集中制，把自下而上的民主管理和自上而下的集中领导相结合，实现社会主义的经济民主

我们的目标是要建设一个具有高度民主、高度文明的社会主义社会。高度民主既包含政治民主，又包含经济民主。从某种意义上说，经济民主又是政治民主的基石。

经济管理体制的改革，是经济体制改革的重要组成部分。我国过去的经济管理体制的主要弊病在于权力过于集中。几年来改

革所采取的一系列措施，就其本质来说，实质上是逐步扩大社会主义的经济民主。在农村，从尊重生产队的自主权开始，到建立以农户为经营单位的各种承包责任制，使广大农民有了生产经营的自主权；在城市，扩大工商企业的自主权，并在企业内部加强职工的民主管理，建立责权利相结合的经济责任制，使广大职工有了更大的当家作主权利。在中央与地方的关系上，也扩大了地方的经济权限，进行了发挥中心城市作用以及市管县等改革试验。当前还提出了"简政放权"的措施，为进一步全面改革经济领导体制而创造条件。这一系列的改革步骤，都是朝着发展社会主义经济民主的方向迈进。

社会主义比资本主义具有更大的优越性，其根本点就在于社会主义以公有制为基础，使劳动人民在政治上、经济上有真正当家作主的权利，从而迸发出无限的积极性与创造性，这是社会主义具有强大生命力的源泉。另一方面，也由于公有制的建立，消除了私有制的分散性和自发性，使社会主义经济有可能在高度民主的基础上，为劳动人民的整体与长远利益而建立必要的集中领导和统一管理。这两者都是社会主义本质所决定的优越性。但是这个优越性只是一种可能性。要把这种可能性转化为现实性，取决于具体的组织措施。关键在于如何正确处理上述的民主与集中的关系。社会主义各国几十年的历史实践，在这方面既有教训，也有经验。我们当前的任务是要总结国内外的历史经验和我国五年来改革的实践经验，按照民主集中制的原则，建立一套具有中国特色的社会主义经济民主制度。

民主与集中是一对矛盾的两个方面。从社会主义的本质要求来说，民主应当是矛盾的主要方面。过去体制的主要弊病恰恰是忽视了这一主要方面，过分强调集中的一面，束缚了社会主义本来应有的极大的活力。因此在经济管理体制的改革中，必须强调发扬民主，在高度民主的基础上实行必要的集中统一。在步骤上，要以基层经济单位为基础，自下而上，从基层到中层、到中央，分层次地逐级建立民主集中的管理制度，最后形成一套完整的、既有民主又有集中的管理体系。

五年来，我们在建立民主集中的管理制度上，已经作了多方面的试验，并取得一些好的经验，从中可以看到一个民主集中制管理体系的发展趋势。以城市工商业为例，按层次来说：

第一，要建立企业的民主集中制。企业实行职工民主管理，使职工成为企业真正的主人，是社会主义企业的重要特征，也是社会主义经济民主的基础。社会主义企业又是社会化大生产的集体，企业的生产行政必须有高度集中的统一指挥，因此在民主管理的基础上，要建立以厂长（经理）为首的行政指挥系统，实行厂长（经理）负责制。我国企业的职工民主管理采取职工代表大会形式，经验证明是行之有效的。职工代表大会与厂长（经理）负责制相结合，构成企业的民主集中制。

职工代表大会与厂长（经理）之间的关系，全民所有制企业与集体所有制企业有所不同。在集体所有制企业，厂长由职工代表大会选举或聘任，职工代表大会与厂长（经理）是领导与被领导的关系。在全民所有制企业，由于所有权的不同，企业的发展方向和主要领导人要由国家所设置的行政主管机关决定。因此国家任命的厂长（经理）具有双重责任。他既对国家负责，又对职工代表大会负责，但以对国家负责为主。因此，厂长（经理）的任免，可以由职工代表大会选举或聘请，但必须经上级主管部门批准；也可由上级主管部门委派，但经过一段工作时间，要由职工代表大会认可。厂长（经理）与职工代表大会之间如有意见分歧，由上级主管部门裁决。

企业实行社会主义的民主集中制，对调动广大职工的积极性，充分发挥职工群众的主人翁责任感有重大作用。有些同志以为社会主义企业只要贯彻按劳分配原则，就能够充分调动职工的积极性。这种看法是不全面的。按劳分配固然是调动积极性的重要因素，如果仅仅实行按劳分配，特别是仅仅实行对职工个人的按劳分配，不能使职工以主人翁的态度关心整个企业的成败，共同承担对国家、对社会的责任，树立集体主义的思想，就不可能充分调动职工的社会主义积极性。只有认真实行民主管理，确立职工在企业的主人翁地位，对企业的生产经营管理有决策权，对领导干部有选择权和监督权，使权责一致，才能彻底消除雇佣观念，把企业作为自己献身的事业。

第二，要建立企业联合体的民主集中制。随着社会主义商品经济的日益发展，生产的社会分工和各种形式与内容的经济联合必然迅速发展。农村在实行各种承包责任制以后，出现了大批专业户、重点户，紧接着又出现了各种形式的经济联合，表现了商品经济发展的这一客观规律。几年来，城市工商业也进行改组联合，但大部分是由上级行政机关采取行政命令而组建的各种公司，存在不少问题。1980年国务院曾经作出"保护竞争，促进联合"的决定，明确规定企业的联合必须遵守"自愿互利"的原则，这一决定没有得到贯彻执行。今年国务院作出《关于进一步扩大国营工业企业自主权的暂行规定》，再一次规定企业有参与或选择联合的自主权，这是符合社会主义经济民主原则的。我们既然承认企业是相对独立的商品生产者，在法律上是独立的法人，企业与企业的联合就应当有自由选择的自主权。也只有这样做，才能保证企业联合符合经济发展的客观需要和提高经济效益的原则。

企业联合的内容是多方面的，可以是生产的专业化协作，可以是供销方面的经营联合，也可以是技术、情报以及资金等方面的联合。联合的形式，可以是松散的联合，也可以是紧密的联合，以至发展到合并为一个大的经济实体。联合的内容与形式都应当由参与的企业在自愿互利的基础上，平等、协商来决定。

企业如果合并为一个经济实体，形成一个规模更大的独立企业，实行统一对外、统一核算、统负盈亏，是一个独立的法人，那么这个大企业不论叫公司也好、叫总厂也好，都和一般企业一样，它的民主集中制则应采取职工代表大会和厂长（经理）负责制相结合的形式。

企业的联合如果是一个由各个企业自愿加入的联合体，各个企业仍保留自己的独立的法人地位，这个联合体不论叫公司也好、叫其他名称也好，它的民主集中制就应采取董事会、理事会或管理委员会的形式，对联合体实行董事会等领导下的经理负责制，每个企业都应当是董事会等的成员，参与联合体的决策，同时执行联合体的决定。至于每个企业的本身，仍然实行职工代表大会与厂长（经理）负责制相结合的民主集中制。

第三，实行放权简政，发挥大小经济中心统一组织生产与流通的作用。党中央、国务院提出了"放权简政"的方针，是改变经济管理权限过于集中的重大步骤。所谓"放权"，最重要的一点是实行政企分开，把企业的生产经营权，包括内部管理权和对外联合权下放给企业，使企业真正成为相对独立的经济实体。同时，把中央和省管辖的企业的行政主管权下放给中心城市或县，发挥经济中心的作用。

大中城市、县，以至农村的集镇，都是大小不同的经济中心。把全民所有制企业的主管权下放给城市或县，不能继续采取政企不分的老办法而把企业管死，必须划分政企的职能，确立企业的自主权，同时通过企业的自由联合，打破部门、地方的界限，发展经济的横向联系。这样做，城市或县才能发挥经济中心统一组织生产与流通的作用。

中心城市或县对企业的管理也要按照民主集中制的原则，充分发扬社会主义的经济民主。其中一个重要的措施是建立行业民主管理协会，由企业自愿加入，选举理事会，实行民主管理。行业民主管理协会既不是一个经济实体，又不是政府机构。它是以企业为会员的民主自治组织，可以在生产协作、技术开发、人才培训、经验交流、市场调查等许多方面为企业提供服务，同时也可以承担政府的咨询，接受政府委托，拟定行业发展规划、制定行业技术标准等等。它作为企业的民主自治组织和政府的行业管理部门形成一个民主集中的管理体制。

在行业民主管理的基础上，将来还可能在城市里建立各行业的民主联合组织，例如成立经济联合会，由各个行业协会的代表参加。这个经济联合会就成为城市中综合的经济民主机构，和城市政府的综合管理部门形成更高一层的民主集中的管理体制。

五年来经济体制改革所取得的基本经验，大致可以归纳为以上四个方面。这些经验说明，我们的改革丝毫没有背离社会主义的基本原则。我们发展了多种经济形式与多种经营方式，但并没有动摇公有制的基础，而是适应社会主义社会过渡性质的客观要求，改变了盲目追求"一大二公"和"穷过渡"的做法，以促进社会主义经济更快地发展。我们改革计划管理体制，实行指令性计划与指导性计划并存，在计划指导下发展社会主义商品经济，并没有否定计划经济，而是更有效地发挥计划经济的作用。我们改革分配制度，实行两级按劳分配，不但没有否定社会主义的按劳分配原则，而是进一步完善按劳分配制度，克服过去实际上背离按劳分配原则而搞平均主义的弊端。我们实行政企分开，简政放权，克服过去权力过分集中的弊端，按民主集中制原则管理经济，是社会主义的经济民主的进一步发扬。这一切都说明，经济体制改革是社会主义制度的进一步完善和发展。不久我们党将召开十二届三中全会，对经济体制改革将作出重大决定。在中国共产党的正确领导下，依靠全国各族人民的智慧和努力，我们一定会走出一条具有中国特色的社会主义道路，为马克思主义在实践中发展作出重要的贡献。

全面深化改革,要建立一套民主的、科学的决策程序*

当前的中心任务是治理整顿,这是毫无疑义的,但是全面深化改革是治本问题,也不容忽视,要有一个近期远期相联系的通盘考虑。

十年改革取得巨大成就,这是无可否认的事实。有的人把当前遇到的困难,说是改革造成的,这是不符合事实的。但是也必须承认,十年的改革实践有成功的一面,这是主要的一面,也有失策、失误的一面,需要认真总结经验教训。我认为有一个问题值得重视,就是我们进行改革,还缺乏一套民主的、科学的决策程序。现在改革进入了全面深化的新阶段,问题要比第一阶段复杂得多,更需要建立起一套民主化、科学化的决策程序,才能减少失误,避免大的失误。

所谓决策民主化,既是为了集思广益,也是为了调动亿万人民的积极性,使改革成为全民的事业,所谓决策科学化,就是要使改革尽可能符合客观的发展规律,要从理论到实践构成一套科

* 1989 年 3 月 24 日为七届人大二次会议所写的建议。

学的体系。

一

从十年的实践经验看，我认为由于缺乏一套民主的、科学的决策程序，在改革的决策和指挥上，至少存在着十大缺陷：

第一，就事论事，缺乏系统的理论指导。改革初期缺乏经验，只好走一步，看一步，"摸着石头过河"，现在十年过去了，面临的问题越来越复杂，已经走到河中间，还靠"摸着石头过河"肯定不行了。十年来我们党在理论上有两大突破：一是提出了实行社会主义商品经济；二是提出了社会主义初级阶段论，这对马克思主义的发展做出了很大贡献。但是我们没有下工夫把这两大理论系统化、具体化，用以指导改革的每一个环节。实际工作部门的某些同志还习惯于就事论事，甚至存在着忽视和轻视理论的经验主义倾向，这是妨碍改革深化的一个重大缺陷。

第二，"革"出多门，形不成一个全面配套的改革规划。现在改革的决策主要靠有关行政部门提方案，作决定。行政人员有丰富的行政工作经验，但也有他们的先天弱点：一是经验的局限性，二是很难突破老框框，三是维护部门或地方利益。因此议来议去。都有否决权，最后是折中、妥协，或者各行其是，"革"出多门，互相矛盾，整个改革形不成一个配套的全面规划。

第三，具体的政策措施出台，缺乏专家学者的客观论证。有的政策措施也征求专家学者意见，但只是走一走群众路线，听听而已，符合口味的吸收一些，并不是一种必须通过的诠证程序。

第四，政策措施出台后，只能说好，不能说毛病。报纸电台报喜不报忧，总结经验都是"成绩是主要的"，掩盖了许多隐患。

第五，领导人轻易肯定一些口号，或者对个别人的意见不作论证就写批语。这些口号、意见只是一句话，往往概念不清，内涵不明，传到下面则各取所需，各行其是，或者搞形式主义。

第六，上面制定政策措施习惯"齐步走"、"一刀切"，忽视区别对待，下面习惯"一窝风"、"一哄而起"，互相攀比。

第七，试点流于形式，既不是"点"，又不允许"试"，实际上是用一个既定的模式自上而下往下贯，失去试点的本意。

第八，正确的决策有上文，无下文，一阵风过去，无疾自终，不能贯彻始终，甚至朝令夕改，政策多变。

第九，改革措施在贯彻中往往走样，或者流于形式，旧酒装新瓶，以改革之名行复旧之实。

第十，只讲立法，不讲执法。政策措施的出台往往否定了已有的法律规定。

以上这些现象的存在，归根到底是由于我们还没有建立起一套民主化、科学化的决策程序。这个问题不解决，改革是很难有序进行的。

二

我认为今后重大的改革措施出台，应当采取以下的决策程序：

第一，提出改革项目。

第二，组织有专家学者参加的系统调查研究。

第三，对调查研究的材料进行综合分析，展开讨论，百家争鸣，各抒己见。

第四，如果有各自坚持的不同观点，可以按不同观点分别提出不同的改革方案。

第五，选出两个以上的不同方案，分别选点进行试验。

第六，对试点结果进行比较分析，择优或组合，形成新的实施方案。

第七，对实施方案广泛征求意见，重大的改革方案可以开展全民讨论，或交人大常委会审议。

第八，综合各方面的意见修改实施方案。

第九，在较大的范围内试行实施方案。

第十，总结经验，普遍推行，需要相应立法的报请立法。

三

为了实行以上民主化、科学化的决策程序，并有计划地推进全面深化改革，我认为还有必要采取以下组织措施：

第一，最高决策机构对改革的决策和布署要系统化、经常化。党中央是改革的最高决策机构，中央财经领导小组应当对全面深化改革的重大决策和规划经常抓、系统抓，而不是只对某些具体政策作专题研究。

第二，在党中央最高决策的指导下，国家体改委应当充分发挥改革规划和决策的组织者作用。

国家体改委应当广泛吸收各方面的理论工作者和实际工作者，老中青结合，建立若干专门委员会和综合委员会，组成一支民主化、科学化决策的基干队伍或智囊团，而不是像现在这样，只是在行政部门之间做组织协调工作。

第三，在当前集中力量抓治理整顿的同时，要立即着手制定近期与远期相联结的全面深化改革规划。

首先要组织相当大的力量，认真总结我国十年改革的经验教训，要系统研究其他社会主义国家进行改革的经验教训。在总结经验的基础上，可以把应当肯定的原则归纳几十条，定为"社会主义商品经济的基本秩序"，如同"宪法"一样，作为今后各项改革出台必须遵循的基本准则。

其次是制定改革规划。规划主要是解决什么时候"做什么"，而不是解决"怎么做"的问题。可以按照各项改革的内在逻辑关系，规定出由此及彼、相互配套的改革项目、改革重点及其先后顺序和时间预计等等。至于每项改革的具体方案不必写在规划中，这些方案的制定要按照上述的决策程序进行。

第四，充分发挥舆论的作用，报刊电台等舆论工具不仅要宣传改革，还应该成为广泛探讨改革的园地，允许发表各种不同的意见，只有全国人民都来关心改革，探讨改革，改革才能真正成为全民的事业。

中国改革的成败，不仅关系到全民族的前途，也关系到国际共产主义运动的命运，现在是决定成败的关键时刻，需要在党中央、国务院领导下，动员全国人民，继续高举改革的旗帜，在十年改革的基础上更上一层楼。

论社会主义商品经济与
资本主义商品经济[*]

　　我国十年改革所取得的伟大成就，是有目共睹、举世公认的，由于缺乏经验、改革不配套以及某些决策上的失误，出现了当前以通货膨胀为中心的一时困难，这也是改革上第二台阶的一种困难。为了克服困难，党和国家提出了治理整顿和深化改革的重大决策，并已取得初步成效。

　　在当前这种形势面前，对十年改革如何评价，对当前困难如何认识，是一个重要问题。有人认为当前困难是十年改革造成的，从而怀疑改革，甚至否定改革。这种认识显然是完全错误的。我认为，与其说当前困难是改革造成的，不如说当前困难是改革还改得不够造成的。所谓改革改得不够，包含着几层意思：一是改革不全面，不配套；二是许多改革还未到位，还不彻底；三是某些改革措施有失误。如果是这种认识，对改革的态度就会是积极的，进取的，而不是消极的，企图回到老路上去。

---

　　* 原载《改革》1990 年第 1 期。

简单地说不要回到老路上去也不行。要使十年改革的历史进程不至于功亏一篑，需要对改革的目标、方向，从理论与实践相结合上进行再认识。只有"理直"才会"气壮"，才能坚定不移地把我国的改革朝着既定的目标进行到底。

我国改革的总目标可以概括为一句话，即要走出一条具有中国特色的社会主义道路。就经济体制来说，目标是什么？经营多年实践的探索和理论上的探讨，党的十二届三中全会做出了结论，即在公有制基础上建立有计划的社会主义商品经济。确立这样一个改革目标，是我们党对马克思主义的重大发展，也是对我国和社会主义各国实践经验的科学总结。十年改革所取得的光辉成就，证明了这一改革方向的正确性。正因为这样，邓小平同志最近多次讲话，在强调坚持四项基本原则、坚持改革开放的同时，也强调了党的十一届三中全会以来的基本路线和基本方针、政策都不变。

实行有计划的商品经济，是党所确定的基本方针之一。为了坚持贯彻执行这一基本方针，有必要深化对它的理解和认识。下面谈几点个人对此的粗浅见解，供大家进一步探讨。

一　商品经济是资本主义所特有的经济运行方式吗？

确定我国社会主义经济是建立在公有制基础上的有计划商品经济，是经过长期争论的结论。对这一结论持怀疑态度的同志，一个重要的思想是把商品经济和资本主义联结在一起，甚至认为搞商品经济就是搞资本主义，或者实行商品经济就势必导向资本主义。对这种疑虑，在多年的争论中已经有了明确的回答。但是，在今天对十年改革进行全面反思的时候，还有必要再一次作出回答。

　　只要我们重温一下人类社会经济发展的历史，不难看到商品经济是由来已久的经济运行方式。在原始共产主义社会的后期，由于生产力的提高和社会分工的发展，就开始出现商品的生产与交换，也就是商品经济的萌芽形态。随着社会的发展，在各个历史时期，包括奴隶社会、封建社会，商品经济都沿着它内在的客观规律而不断发展；到了资本主义社会，商品经济进入了高级形态，成为社会经济运行的基本方式。但这绝不等于说，商品经济就是资本主义所特有的经济运行方式。现在的问题是，从资本主义进入社会主义社会，商品经济是否继续存在，甚至还要进一步发展？

　　过去在理论上曾经认为，资本主义商品经济是商品经济发展的最高阶段，也是最后阶段；随着资本主义生产方式的消亡，商品经济也将结束它的历史使命。这一理论上的推断，已被半个多世纪的社会主义实践所推翻。事实证明，社会主义社会还不是"各尽所能、各取所需"的共产主义社会。在社会主义这个过渡的历史阶段里，社会分工还存在，人们还必须进行商品生产和商品交换，因此在资本主义商品经济之后，延伸出社会主义的商品经济阶段，是无法避免的历史逻辑。

　　有一种论证社会主义还必须实行商品经济的说法，说"商品经济是人类历史不可逾越的一个阶段"。这对于一个商品经济不发达的国度来说是有道理的。但是，运用这个道理来说明在社会主义社会仍然要实行商品经济，还不能成为充分的理由。说"不可逾越"，意味着是一种"补课"的性质，似乎补了这一课，最终还是要进入无商品的社会。人类未来的社会——共产主义社会是否就必然是无商品社会，这个大理论还需要进行更深入的探讨，而且只能是预测性的推理。现实的问题是，在很长的社会主义阶段，有没有可能实现无商品社会？对于商品经济已经十分发

达的国家，如果进入社会主义社会，它不存在"补课"问题，
是否就可以实现无商品社会呢？从可以预见的前景来看，没有这
种可能。一是从一个国家内部来说，既然还处于"各尽所能，
按劳分配"的社会主义阶段，就不可能不实行商品生产与商品
交换；再一个是从整个世界来看，在相当长的历史时期内，必然
是"一球两制"或"一球多制"，国际间的经济活动也必然是商
品经济的活动。这两个因素决定了社会主义历史阶段只能是商品
经济的延伸和发展。

历史已经证明，商品经济是一种中性的、客观的经济运行
方式，它可以从属于不同生产方式的各种社会。既有原始共产
主义社会的商品经济，又有奴隶社会、封建社会、资本主义社
会的商品经济，为什么不可以有社会主义的商品经济呢？说资
本主义商品经济是商品经济发展的高级阶段，这是无可非议
的。但是，没有理由认为商品经济发展到资本主义阶段，就到
了最后阶段。如果我们坚信社会主义社会是比资本主义更加进
步的新社会，就应该相信社会主义的商品经济也将是更进步、
更完善的商品经济。尽管它今天刚起步，还很不完善，甚至要
经历一个很曲折的成长过程，但是，历史将证明这个推断是正
确的。

我的结论是，社会主义实行商品经济是历史的必然。商品经
济不是资本主义所特有的经济运行方式，它可以为资本主义服
务，也可以为社会主义服务，而且社会主义将开创比资本主义商
品经济更加完善的社会主义商品经济。那种认为凡是和资本主义
沾了边的东西，我们都不能要，这只能是一种"恐资幼稚病"
的表现。我们不能因患这种幼稚病而作茧自缚。

二　社会主义商品经济和资本主义
商品经济有没有共性？

如果我们肯定商品经济是中性的事物，有它自身的客观规律，那么社会主义商品经济不但和资本主义的商品经济有共性，而且和各个历史时期的商品经济都会有共性。

商品经济来源于社会分工，人们把自己生产的产品作为商品到市场去交换别人的商品，互相满足了各自的需要。在这种最原始的商品生产与交换的经济运行中，已经孕育了商品经济的若干规律。首先是等价交换的价值规律；其次是竞争的规律；最后由于竞争而引出的供求规律，使价格围绕着价值而上下浮动；等等。这些规律在高级形态的商品经济中，仍然是基本的规律，这就构成商品经济的共性。不同性质的社会，只要实行商品经济，都必然要遵循这些规律而运作，而且这种共性使不同社会之间，有可能按照共同的商品经济规律而进行国际间的商品交换。

既然商品经济的运行方式存在着共性，那么社会主义商品经济采取资本主义商品经济的某些运行方式和方法，就不奇怪，而且是不可避免的。试想，我们怎么可能规定出独特的社会主义价值规律，或者独特的社会主义竞争规律和供求规律呢？如果真有这种独特的规律，又怎能打开国门进入国际市场，并在国际市场上占有我们所应有的一定地位呢？

商品经济发展到资本主义阶段，已经远远超越了原始的简单的商品经济形态。商品的内容大大扩充了，运行方式也大大复杂化了；物质形态的商品升华到价值形态的商品，以及精神形态的商品；市场的概念也大大扩展了，出现了像证券市场、金融市场等等极其复杂的商品经济运行方式。这些运行方式对社会经济的健康发展，有它有利的方面，也有它有害的方面；既有共性的东西，也有以私有制为基础的资本主义特性的东西。这些都需要具体分析，并加以鉴别，取其利，去其弊，从而建立社会主义的商品经济。

三 社会主义商品经济与资本主义 商品经济的根本区别何在？

社会主义商品经济与资本主义商品经济既有共性，又有个性，它们之间的根本区别在什么地方？这是一个重大的理论问题和实践问题。只有正确回答这个问题，我们才有理由在商品经济之前冠以社会主义这一限制词。

关于社会主义商品经济的特征，有几种解释：最普遍的一种说法是，认为商品的内容不同，例如，说在社会主义制度下，土地、矿山等资源不是商品，劳动力不是商品等等；再一种说法是，认为与资本主义最大的区别在于所有制不同；还有一种说法是运行机制不同，认为社会主义商品经济的重要特征，在于它是一种有计划的商品经济。这些说法都有一定的道理，但又不完全确切。例如，说有计划是社会主义商品经济的特征，可是资本主义商品经济也并非完全无计划。而且上述这些个别具体的特征即使能成立，也很难概括成一个总的概念，来说明社会主义商品经济与资本主义商品经济的根本区别。

1989年我在《经济民主论》一文中，曾大胆提出一种解说，这里再一次提出，以供大家商榷。我认为商品经济是一种经济运动形式。马克思主义哲学——辩证唯物论认为，世界任何事物都是物质的运动。没有不在运动中的物质，也没有非物质的运动。商品经济作为一种运动形式，必然也具有物质与运动的两重性，也就是说，商品经济的运动，既有它的运行机制，又有它的运行载体，这两者不可分离地结合在一起，才形成商品经济的运动。就像太阳系一样，它是一种天体的运动体系。构成太阳系的运动，首先要有太阳、行星、卫星等运动的载体，同时还要有这些载体的运行规则，天文学者可以准确地测算出它的运行轨道以及运行的周期。这两方面缺一都不成其为太阳系。商品经济作为一种经济运动体系，也同样同时存在这两个方面的规定性。商品经济的运行机制，即由商品交换所形成的市场机制，有其自身的规律（或规则），包括价值规律、竞争规律、供求规律等等。这些运行机制是商品经济的共性，不论是社会主义商品经济，还是资本主义商品经济，都要在这种共性的规则中运转。这样说，社会主义商品经济与资本主义商品经济是不是就没有区别呢？有区别。其根本区别不在于它的运行机制，而在于它的运行载体。

所谓商品经济的运行载体，即参与商品经济运动的不同层次的各种实体。其中，最基本的实体是直接参与市场活动的商品生产者和经营者，即工业企业、农业企业、商业企业、运输企业等等经济实体。但这些实体只是整个国民经济的细胞体，整个国民经济的强大和健康发展，还有赖于把这些实体按商品经济的客观规律，组成一个充满生机与活力的商品经济体系，因此作为国民经济组织者的国家，也是一种载体，是商品经济运行中更高层次的一种载体。企业作为最基本的运行载体，它是由人与物两种要素组成的。物是死的，人是活的。人是企业的能动的要素，因此企业中的从业者，包括所有者、经营者、生产劳动者也是商品经济运行的载体。国家—企业—从业者，这三个不同层次的载体，就像太阳系中的太阳—行星—卫星一样，构成商品经济运行体系。商品经济的运行规则（机制）是共性的，不必要也不可能有社会主义与资本主义的区别，而商品经济的运行载体，包括国家、企业、从业者，必然而且必须区分社会主义与资本主义。党的十三大指出，社会主义商品经济与资本主义商品经济的主要区别在于所有制不同，这一论断是十分正确的。所有制是企业这个最基本的经济运行载体的最基本的特征。从这一特征出发，带来了作为国民经济组织者——国家这一载体的特征，也决定了企业内部从业者，包括所有者、经营者和劳动者的特征。这些特征的综合，构成了社会主义商品经济与资本主义商品经济的根本区别。

国家、企业、从业者这三个载体的社会主义特征是什么？这些特征和商品经济有无矛盾？下面还要作些具体分析。

四　公有制和商品经济矛盾吗？

企业作为商品经济基本的运行载体，可以是资本主义企业，也可以是社会主义企业。社会主义企业的一个重要特征，是实行生产资料公有制。社会主义经济是以公有制为基础的有计划商品经济。我们党确立这样一个命题，无疑是认为公有制与商品经济是可以相容的。但是，这一论断并不都被人们所接受。有的人用"左"的观点看问题，认为商品经济是私有制的产物，社会主义既然以公有制为基础，就不应该也不可能实行商品经济；有的人用右的观点看问题，同样也认为公有制与商品经济不可能相容，由此得出的结论是要搞商品经济就只能实行私有化。前者反对搞商品经济，后者赞成搞商品经济，但两者却有一个共同的观点，都把公有制和商品经济看成是水火不相容的对立物。

公有制和商品经济是否不能相容？无论从理论上说还是从实践上看，都不能得出两者必然绝对对立的结论。

商品经济的运行机制，要求企业作为独立的商品生产者和经营者，拿自己所生产或所经营的商品，进入市场进行商品交换。在市场上，企业是以商品所有者的身份出现，至于企业本身的生产资料归谁所有与市场无关。买方绝不关心也不会过问你是私有制企业还是公有制企业，它所关心的只是商品的质量和价格。资本主义国家以私有制为基础，但也存在少量公有制企业，包括国有企业或职工持股的集体企业，它们可以并行不悖地在资本主义商品经济的轨道上运行。社会主义国家的公有制企业，在国际市场上，也毫无阻碍地和外国的私有制企业做生意。从理论上和实践上我们都无法找到公有制与商品经济截然对立的根据。

　　社会主义之所以要以公有制取代私有制，是为了更好地解放生产力。具体的目的归纳起来有两个：一是以公有制为基础，在宏观上有利于从社会整体利益出发，更合理地利用资源，协调国民经济的发展；再一个是在微观上，使劳动者成为生产资料的主人，把"物统治人"的现象改变为"人统治物"，从而充分发挥人的积极性、主动性和创造性。不幸的是，半个多世纪的社会主义实践，虽然取得许多重大成就，却还没有找到实现上述两个目的的有效方式，误以为采取高度集中统一，完全依靠指标、定额和行政命令的"产品经济"方式，可以达到上述的目的。其结果是形成一种僵化的经济体制，既损害了企业的积极性，也损害了劳动者的积极性，这就驱使社会主义各国在真正的马克思主义者的推动下，或先或后都走上了寻求改革的道路。我们党把这条道路归结为"在公有制基础上实行有计划的商品经济"，是总结国内外的历史经验的结论，是对马克思主义的重大发展。

　　以公有制为基础即以公有制企业为基础。实行商品经济，企业必然要成为自主经营，自负盈亏，自我积累，自我发展的独立的商品生产者和经营者，这就使企业从行政机关的附属物解放出来，成为有生机与活力的经济实体。企业的这一转变，是发展社会生产力的重要前提。但是,企业作为独立的商品生产者和经营者,以及由此而产生的企业行为机制,都不是社会主义企业的特征,它是商品经济中的企业的共性。作为社会主义企业的主要特征,则是生产资料的公有制。

企业的所有制性质,对企业的商品经济中的行为机制,不会有什么影响,但对企业内部的生产关系却起着决定作用。

社会主义公有制包含多种形式,既包括属于全体劳动人民共有的全民所有制(国有制),又包括属于企业全体劳动者共有的企业集体所有制,还包括属于企业劳动者个人所有的合作所有制,以及公有性质的社团所有制。社会主义企业可以是单一形式的公有制,也可以是上述多种形式的混合公有制。国有制的建立有利于国家进行宏观调控,集体所有制和合作所有制的建立则有利于劳动者与生产资料的直接结合,使劳动者真正感受到主人翁地位。过去我们在"一大二公"的"左"的思想支配下,把公有制划分等级,认为全民所有制是高级形态,甚至有意无意把公有制等同于国有制,这种片面性并不利于充分发挥公有制的优越性。正确的道路应当是,使多种公有制形式都得到发展,并且各得其所、配合运用,既有利于国家的宏观调控,又有利于调动企业劳动者的主人翁责任感,使劳动者成为生产资料的主人,实现马克思所指出的,由"物统治人"向"人统治物"的转化。社会主义企业能体现出这样的特色,社会主义的商品经济才会优胜于资本主义的商品经济。

五　社会主义实行商品经济,劳动力也必须是商品吗?

劳动者也是商品经济运行的载体之一。如上所述,我们认为社会主义商品经济与资本主义商品经济的根本区别不在于运行机制，而在于它的运行载体，那么社会主义的劳动者和资本主义的劳动者，也必然而且必须有质的区别。这就涉及劳动力是不是商品的问题。

有的同志从社会主义的原则出发，认为社会主义实行商品经济，和资本主义商品经济的重大区别就在于劳动力不是商品。另外一些同志从商品经济的共同规律出发，认为社会主义实行商品经济必然要形成各种商品的市场，生产的诸要素都将通过市场进行交换，其中包括劳动力市场的建立。劳动力既然要在市场上交换，怎么可能不是商品呢？而且认为劳动者的自由流动是实行商品经济的重要条件之一。持前一种观点的同志，无法否定建立劳动市场的必要性，但未能说明社会主义劳动市场的特性及其作用；持后一种观点的同志则难以说明社会主义劳动者与资本主义的雇佣劳动者的区别。

我认为，要回答这个问题，首先不能笼统地说我国劳动者的劳动力是不是商品。我国社会主义还处于初级阶段，虽然公有制占主体地位，还允许少量私有制作为补充成分而存在并适当发展。一个劳动者如果自愿受雇于私有企业，不论待遇高低，都是出卖劳动力的行为，受雇之后成为雇佣劳动者。在这种场合，他的劳动力是商品也是无可置疑的。问题是，一个劳动者就业于公有制企业，是否也是出卖劳动力？如果是，它的买方又是谁？

公有制企业的生产资料属于劳动者（全民所有部分属于全国劳动者；集体所有部分属于企业劳动者集体；合作所有部分属于企业劳动者个人），企业的性质应当像马克思所说的，是"自由平等的生产者的联合体"。劳动者就业于公有制企业，是加入这个企业的劳动集体。是劳动集体与个别劳动者之间的双向选择的结果。个别劳动者可以自由选择加入哪一个劳动集体，劳动集体也有权根据一定条件选择自己的伙伴。劳动者经过双向选择而加入到这个劳动集体之后，就成为这个企业劳动集体中平等的成员，而不是企业的雇佣者。这一点，应当是社会主义企业最重要的特征。

社会主义实行商品经济，客观上需要也必然会形成便于劳动者自由流动的劳动市场。劳动者在市场上既可以选择到公有制企业去，也可以选择到私有制企业去。前者是一种"入伙"行为，后者才是出卖劳动力的行为。这两种行为的区别，在于劳动力价格的形成机制。出卖劳动力，即以劳动力作为商品出售，它的价格受市场供求规律的影响。雇主与雇员之间围绕市场价格而达成雇用价格的协议，完成了买卖行为。劳动者选择公有制企业，也会考虑可能得到的报酬、福利等物质利益条件，但公有制企业实行两级按劳分配，劳动者的收益首先取决于企业集体的劳动创造，其次取决个人的劳动贡献。因此，公有制企业劳动者收益不取决于劳动力的市场价格，而取决于加入这一劳动集体之后的共同努力，有福同享，有祸同当；在集体内部的个人收益差别，则取决于个人在集体劳动中所做的贡献。

显然，在社会主义社会中，不同所有制企业的劳动者，同样都通过劳动市场而选择劳动岗位，但性质可以截然不同。而且劳动者选择就业岗位考虑到的因素很多，包括职业的兴趣、专长的发挥、人际关系等等，为了达到其他目的，也可能选择待遇低的工作岗位。因此，那种认为社会主义实行商品经济，劳动者要通过劳动市场而选择劳动岗位，就断定公有制企业的劳动力也是商品，显然是不妥当的。

六 计划与市场是对立的吗？

国家作为国民经济的组织者与管理者，也是商品经济运行的重要载体。这一重要的载体在社会主义商品经济与资本主义商品经济之间，必然有很大的区别。

任何现代国家对整个国民经济的运行与发展，不可能不进行必要的管理与组织，但是以公有制为基础的社会主义经济，国家有可能也有必要发挥更大的组织与管理作用。

国家管理国民经济，一般都要制定一定的国民经济计划，并采取一定的政策措施来推动计划的实现。现代的资本主义国家程度不一地都对国民经济的发展实行某种计划控制。社会主义国家过去实行高度集中的、无所不包的计划管理体制，因此被称为计划经济的国家。这就产生一个极大的误解，似乎计划经济是社会主义特有的经济形式，商品经济则是资本主义特有的经济形式，两者截然分开，也截然对立。在这种观念的影响下，如果主张社会主义国家实行商品经济，似乎就背离了社会主义原则，就是搞资本主义化。多年来在理论上为此而展开争论，直到党的十二届三中全会，才得出结论：社会主义经济可以在公有制基础上实行有计划的商品经济。但是，在观念上仍然存在许多混淆不清的认识，其中突出地表现在对计划与市场的关系的认识上，同时也涉及社会主义国家管理经济的职能问题。

计划与市场是截然对立的两个事物吗？要回答这个问题，需要正本清源，把计划和市场这两个概念的实质弄清楚。

实行商品经济必然要有市场。广义的市场概念指的是商品交换的行为，狭义的市场概念则指的是商品交换场所。实行商品经济，就要进行商品生产和商品交换，它是一种客观的经济运行方式，有它自身的客观规律，即价值规律、竞争规律、供求规律等等，这些规律都在市场活动中体现，因此可以把它概括为市场机制。这种机制会对商品价格以至商品生产、产业结构等等发生调节作用，因此又把这种调节作用称为市场调节。这一切，只要实行商品经济，都是无可避免的客观现象。商品经济既然不是资本主义所特有的经济运行方式，以上这些市场机制也不是资本主义所特有的机制。

计划和市场是完全不同性质的两个概念。计划不是一种经济运行方式，它只是人们对经济运行的一种预测或预期的目标，是属于意识形态的东西。毛泽东同志在《实践论》中就明确指出过，计划、设计等等都属于意识形态的范畴。市场是经济运行的客观存在，计划则是对经济运行进行预测和引导的主观行为，因此这两个概念不是并列的范畴。从主客观的关系来说，国家是主体，计划是主体的行为，商品经济所形成的市场则是行为的对象。这三者关系可以构成一个简单的语句：国家——计划和调控——市场，这里面国家是主语，计划和调控是谓语，商品经济或市场则是宾语。国家可以用计划管理的方法调控商品经济与市场，也可以用计划管理的方法调控产品经济与产品的直接分配。商品经济与产品经济是并列的范畴，如果要说对立，它们之间是同格的对立物；而商品经济或市场作为"宾语"和作为"谓语"的计划与调控，并不存在对立的关系，而只是一种从属的关系。不弄清这些概念的实质，就无法避免逻辑上的混乱。

我们把社会主义商品经济，加上了"有计划的"形容词，是强调了社会主义国家要善于运用计划来调控商品经济的运行。这是必要的，也是符合逻辑的。国家对商品经济进行计划管理，包括制定计划和采取经济的、法律的、行政的各种调控手段，促使计划目标的实现。这里还要弄清几个概念问题，即计划不等于指令性计划，它既包括指令性计划，也包含指导性计划，因而计划就是覆盖整个国民经济的行为。因此，把整个国民经济分割为计划经济与市场经济两大块，也是不合逻辑的。我们说把部分商品放开，让它随行就市完全受市场机制调节，似乎这部分商品就不在计划覆盖之内了，其实不然，确定把哪些商品放开？例如，曾经规定把 50 种小商品放开，这 50 种的规定也就是一种计划行为，而且放开后也应当受指导性计划的指导，因此它们仍然在国家计划的覆盖之内。

商品经济及其派生的市场，作为经济运行方式，也应该是覆盖整个国民经济的。市场可以有两种，一是国家直接控制的市场，即陈云同志曾经说过的"国家市场"；一是国家间接控制的市场，即陈云同志曾经说过的"自由市场"，这两种市场是可以伸缩的，取决于国家政策，但两者的总和，构成整个社会主义统一的市场，因此市场也是覆盖一切的。

根据上述的概念，计划与市场都是覆盖一切的，计划与市场不能是板块式的拼合，而只能是覆盖式的重合；两者之间不存在对立的关系，而只能是控制与被控制的关系。因此用"有计划商品经济"来标明社会主义商品经济的一种特色，完全是合乎逻辑的。

实行社会主义商品经济，首先我们是确定了按商品经济的运行机制来组织整个国民经济，这是社会主义各国付出了几十年的"学费"才得到的结论。这个结论来之不易，如果再动摇、再反复，会使十年改革的成果付之东流，对建设具有中国特色的社会主义将带来难以估价的损失。现在的问题是在十年改革经验的基础上，如何适应商品经济的客观规律，建立一套新的以商品经济为对象，不同于以产品经济为对象的计划调控体系，使我们的改革能跨上第二台阶，取得新的突破。

党的十三大提出了"国家调节市场，市场引导企业"的宏观调控原则的构想。这是理论界与实际工作部门经过多年探讨而得出的一个思路。现在有些同志怀疑这个提法，认为过分强调了市场作用。我认为从理论上分析，这个命题是能够成立的。如果有缺陷，只是这个提法不够全面。从总体来说，社会主义实行商品经济，市场是覆盖一切的，国家的宏观调控，主要应当是调控市场，并通过市场来引导企业的行为。但是国家的调控职能，并不限于只调控市场。国家还可以运用国有资产直接调控企业。当然，这种直接调控企业，不是直接干预企业的自主经营。这种直接调控主要表现为几个方面：一是在生产上对少数重要商品，实行国家订货。这种国家订货不同于现行体制对企业下达指令性任务，应当是由物资或商业部门，根据国家计划并按照权责一致的原则和生产企业签订订货合同，规定任务量、交货期；同时保证企业的生产条件，以及合理的价格等等。企业则有优先接受国家订货的义务。再一个是国家投资公司运用国有资产所获得的利润，按计划进行再投资，以实现经济结构的合理调整。完全靠市场机制来调整经济结构，盲目性大，周期长，损失也大，国家运用国有资产的投资，可以更及时、更有效地进行结构调整，这是社会主义的一大优越性。此外，国家还可以对重要的企业进行控股，按照所有权与经营权分离的原则，对这些重点企业的经营方针，作出方略性的决策。国家采取以上这些调控方式直接调控企业，当然不同于"国家调控市场，市场引导企业"，但是这些调控方式是按照商品经济的内在规律而进行的，因此它也不同于政企不分，用行政命令直接管理企业的旧体制。

七　简要的结论

社会主义商品经济在运行机制上，可以完全遵循商品经济的内在规律而行事。在这方面没有必要区别于资本主义，因此可以大胆地吸取资本主义的各种有效的、成功的经验，使我们有可能在前人经验的基础上更上一层楼，逐步创建起更加完好的商品经济体系。

　　社会主义商品经济在运行载体上，必然有自己的社会主义特色，它主要表现在社会主义劳动者的地位与作用，社会主义企业的性质和特征，以及社会主义国家在宏观控制上的特色。坚持和发扬这些特征，就会充分发挥出社会主义潜在的优越性，走出一条有中国特色的社会主义道路。

　　国际共产主义运动正处在一个历史转折的关头。伟大的中国人民在中国共产党的领导下，取得十年改革的伟大成就，积累了可贵的经验，这是以邓小平同志为总设计师和全党、全国人民共同努力的成果。我们应当万分珍惜这来之不易的成果，坚定不移地在坚持四项基本原则的前提下，继续高举改革开放的旗帜，为发展马克思主义，为开拓社会主义的前进道路而争取做出历史性的贡献。

论计划经济与市场调节的具体结合[*]

    计划经济与市场调节如何结合，是我国经济体制深化改革的一个重大理论问题，也是一个亟待解决的现实问题。

    计划与市场这两者之间能否结合，在理论上有着不同的观点，关键在于对计划与市场这两个概念有着不同的理解和认识。目前国内多数学者都还是认为两者可以结合，问题是如何具体结合。

    党的十二届三中全会确定我国在公有制基础上实行有计划的社会主义商品经济。这一命题的确立，实际上也已明确了计划与市场的关系。因此探讨计划经济与市场调节如何结合，实际上是如何具体实施有计划的商品经济问题；计划与市场的关系，实际上是计划与商品经济的关系问题。根据这样的认识，下面谈几点我对计划与市场具体结合的构想。

一　计划与商品经济

    在提法上，把计划与市场的关系问题，变为探讨计划与商品

---

*　原载《改革》1991 年第 1 期。

经济的关系问题，我认为更容易把道理讲清楚。

我和许多同志一样，认为商品经济不是一种与阶级关系相联系的社会制度。历史事实证明，商品的生产与交换起源于原始共产主义末期，从奴隶社会到封建社会，以至资本主义社会，都存在商品经济。它是建立在社会分工基础上的一种经济运行方式，是一种客观的物质运动形式，因此有它自身的客观规律。从原始共产主义后期萌芽的简单商品经济，一直发展到资本主义的商品经济，它是沿着自身的发展规律，从简单的低级形态发展到复杂的高级形态。因此可以预期社会主义历史阶段的商品经济，将是比资本主义商品经济更为完善的商品经济的新阶段。那种把商品经济和资本主义画等号的观点，是没有历史根据的。

实行商品经济不可能没有市场。所谓市场机制即商品经济的运行机制，是商品经济客观规律的具体表现。其中主要是价值规律，也包括竞争规律、供求规律等，使市场价格围绕价值而上下波动。这些客观规律是商品经济的必然规律，只要实行商品经济就必然存在这些客观的、共性的必然规律。

计划，就计划本身而言，它是一种意识形态。这一点，毛泽东同志在《实践论》中就作了明确的界定。它是人们的主观设想。这种主观意识必须反映客观实际，才可能转化为现实，否则就会成为空想，甚至幻想。

计划作为人们的主观设想，要付诸实施，必须采取一系列对经济客观运动的调控措施。它不是主观意识，而是按照主观意识而采取的主观行为。这种行为也必须符合客观的发展规律，才能推动经济发展，否则就会受到客观规律的惩罚，历史上不乏这种先例。

计划方案（设想）和调控措施（行为）加在一起，应当称之为"计划管理"。

　　计划管理和商品经济，也可说是计划与市场之间的关系，它们不是平行的、并列的关系。计划管理是一种主观的思想与行为，商品经济则是管理的客观对象，它们之间相当于语法中的"谓语"与"宾语"的关系，前者影响或推动后者，两者是序列或涵盖的关系。

　　计划管理必然有它管理的对象。这对象可以是过去的"产品经济"，也可以是现在和今后的社会主义的"商品经济"。有计划的商品经济就以商品经济为对象进行计划管理。但是用计划来调控商品经济，必须遵循商品经济的规律。这就使计划管理完全不同于以产品经济为对象的计划管理。因此实行有计划的商品经济，并非要否定计划，但要求计划管理从以产品经济为对象转化为以商品经济为对象，要求按照商品经济的客观规律，有计划地调控国民经济的活动与发展。这才是当前要探讨的问题实质所在。

二　商品经济的客观规律

　　商品经济规律的核心是价值规律。它是通过市场的竞争机制和供求规律来实现的。它起对国民经济活动的调节作用即"市场调节"。这种调节作用主要有两个方面：

　　一是对生产的调节作用。商品在市场上进行竞争，供大于求引起卖方之间的竞争，商品价格就会降落；求大于供引起买方之间的竞争，商品价格就会上升。通过这种价格的涨落，将调节商品生产的品种、规格、产量和质量，并刺激生产技术的进步。

　　二是对产业的调节作用。某一产业短缺，商品价格高，资本利润率也就高；某一产业过剩，资本利润率也就低落。通过利润率的升降，必然调节不同产业的兴衰，随之也调节了整个资源的配置。

以上这两种调节作用，可以是完全凭市场自发地调节，也可以受到政府或垄断集团某些人为的干预。尽管资本主义国家以自由市场经济为标榜，实际上纯粹自发的市场经济已经很少见。一些发达的资本主义国家政府，都不同程度地对国民经济进行宏观的调控。

社会主义国家实行有计划的社会主义商品经济，当然不同于自发的市场经济。社会主义经济以公有制为基础，拥有强大的国有资产，因此社会主义国家可以运用国有的经济实力，同时运用各种经济杠杆，有计划地参与和影响商品经济的运行，从而引导国民经济高效而协调地发展。那种认为只有私有化才能实行商品经济的观点，和那种把商品经济和资本主义画等号的观点一样，都是把商品经济和社会制度混淆在一起了。

三　遵循商品经济规律,用计划调控国民经济的若干构想

社会主义社会在公有制基础上实行有计划的社会主义商品经济，即按照商品经济的客观规律，用计划调控国民经济的活动与发展。这种调控可以分为直接调控与间接调控两种方式，具体的设想如下：

(一)　直接调控方式

第一，采取国家直接订货的办法，调控重要物资商品的生产。现行体制是国家采取下达指令性计划的办法，调控重要物资商品的生产。这种办法实际上是运用行政命令组织生产，它是以计划管理产品经济的方式的延续，和商品经济的规律是矛盾的。改革的途径应当按照商品经济的规律，把指令性计划改为由国家

物资和商业部门，按计划向生产企业直接订货。国家可以择优选购或订货，和生产企业签订合同，企业有义务优先完成国家合同。在合同中规定品种、规格、数量、质量、价格以及交货期等等，也保证给予生产企业以必要的生产条件。这样就把指令性的行政行为变为商品生产与交换的商业行为。

国家的物资与商业部门对重点生产企业或重点建设工程，则实行重点供货，也通过供货合同变为商业行为。

这样做，物资与商业部门还将发挥商品"蓄水池"的作用，通过对重要物资商品的吞吐、储备，以调节市场的供求和物价。我们说要运用经济杠杆调节经济，其实，物资杠杆是经济杠杆中极为重要而有效的一支杠杆，20 世纪 50 年代我国就曾经运用这支杠杆，促进了经济的稳定与发展。

第二，采取国家直接投资的办法，调控基本建设，调整产业结构和资源配置。完全靠市场的自发作用来调整资本的投向，一般要经历一个很长的调整周期并付出很大的代价。社会主义社会实行公有制，国家拥有雄厚的国有资本，依靠这个实力，可以有计划按比例地直接调整产业结构，克服经济中短线、缺门的"瓶颈"，还可以集中力量发展资本密集、技术密集的产业。但是国家直接投资也要把目前指令性的行政行为改变为讲求投资效益的商业行为。应当建立各种类型的投资公司，作为经营资金的企业，按照国家计划和产业政策的要求进行投资，并保证完成资金利润率的指标，以回收的利润进行再投资。

国家的投资公司可以有两类：一是对公用事业的投资。各种公用事业也要企业化经营，利润率可以低一些，但也要有盈利。二是对盈利性企业的投资，主要对象应当是高科技和资金密集型的重点企业。这些企业不一定都由国家全部投资，也可以采取多种集资形式，形成混合所有制的企业。

第三，采取控股的办法，运用股权直接调控重点企业。关于"国家调控市场，市场引导企业"的提法，我认为有它合理的一面，但有缺陷，即似乎国家只能调控市场，不可以直接调控企业。其实国家对重点企业实行投资和控股，也就是对企业的直接调控。但是这种直接调控不同于政企不分，直接干预企业的生产经营活动。它是按照所有权与经营权的两权分离原则，由投资公司对被投资的企业实行控股，行使股东权，对企业的发展方向、重要的人事任免、利润分配以及关停并转等重大决策进行控制。企业作为独立的法人，运用法人对资产的占有权而进行自主经营、自负盈亏。

第四，除以上直接调控方式外，国家还可以采取必要的行政手段，对国民经济的活动进行直接的调控。例如，对某些生产、建设、进出口等实行许可证制度；对某些特殊商品实行专卖；对物价采取临时的限价措施；等等。但是随着商品经济的健康发展，这类行政手段应当尽量少用或不用。

（二）间接调控方式

第一，各种经济杠杆的综合运用。国家运用经济杠杆从宏观上调控国民经济活动，最关键的环节是控制货币的投放，这是整个经济的总阀门。其次则是对银行利率、税收税率、外汇汇率等的控制。随着商品经济的进一步发展，证券与股票市场将成为经济生活中的重要环节，社会主义国家不但要管理证券与股票市场，还有条件运用国家的特殊基金，直接调控证券与股票市场，以达到间接调控国民经济的目的。对物价的管理与控制，方向应当是逐步放开，形成市场价格；要调控，最好是运用物资吞吐为杠杆，尽量不用行政手段。

第二，发挥计划的指导作用。通过以上改革，国家计划中指令性部分，都将被国家直接订货、国家直接投资等所取代，与此同时要充分发挥计划对经济活动的指导作用。国家要制定预测性的经济计划，指导各行各业的发展。这种计划虽然没有指令作用，但由于科学预测的准确性，会逐步树立起权威，使各个经济实体体会到不遵守它就会吃亏，从而自觉接受计划的指导。与此同时，国家还应当运用国家的力量，向各行各业提供准确的经济信息和咨询服务。这样做，计划的作用不是削弱了，而会更加有效地引导国民经济的健康发展。

四　建立社会主义的经济民主体系

把依靠自上而下行政命令的产品经济改造为有计划的社会主义商品经济，从某种意义来说，就是实现社会主义的经济民主。它是社会主义优越性的基础。

社会主义商品经济与资本主义商品经济既有共性，又有根本区别。商品经济的运行机制和它的基本规律是它们之间的共性。社会主义商品经济与资本主义商品经济的区分，不在于属于共性的运行机制，而在于经济组织的特征。社会主义经济组织必须体现社会主义的生产关系。

社会主义企业中的劳动者不是雇佣者，因此劳动力也不是商品。劳动者的收入取决于劳动者个人和集体的劳动贡献，通过按劳分配而取得收入。收入的高低不是由劳动市场所形成的劳动力价格决定。劳动者不但是国家的主人、社会的主人，而且首先是生产的主人。

社会主义企业是社会主义的商品生产者和经营者。作为商品生产者和经营者，它的行为和资本主义企业可以是一致的。但在企业的组织上有根本的区别：资本主义企业以资本为主体，劳动者是被雇用的客体；社会主义企业则以职工为主体，正如马克思所说的，它是"自由平等的生产者联合体"。因此社会主义企业内部必然要实行经济的民主集中制，要在职工民主决策的基础上，建立高度集中的厂长（经理）负责制。职工群众对企业有权有责，利益共享，风险共担，企业成为全体职工的命运共同体，从而充分发挥出他们的积极性、主动性和创造性。

在企业的经济民主基础上，还要建立民主自治的行业协会，它和政府的行业管理部门之间，构成民主集中的关系，再进一步，各个城市和地方还应建立行业联合会的民主自治组织，它和政府的综合管理部门之间，构成又一个层次的民主集中关系。

列宁曾经说过：要把民主集中制运用到经济领域上来，通过不同层次的民主集中制，使社会主义的经济组织形成一套经济民主的经济体系。社会主义商品经济就有了自己的鲜明特色。依靠有社会主义特色的经济组织，运用商品经济的客观规律，实行有计划的社会主义商品经济，在民主基础上集中统一，使上下左右协调一致，有这样一个有利条件，把计划经济与市场调节有机地结合起来，是完全做得到，也行得通的。

社会主义的前途与中国的改革开放[*]

感谢中央领导的信任，去年 7 月曾两次邀我参加经济问题座谈会，我因出差在外未能到会。回京后，曾写了一份"汇报提纲"，谈了我对企业改革的一些看法。这次又邀请我参加这个座谈会，我非常高兴能有机会向领导陈述一些个人浅见。但不巧，这几天又住院检查，可能还要动手术，万一参加不了，请把我的发言提纲在会上念一念，以供领导参考。

苏联、东欧发生剧变，对我们这一代人来说，感触最深。我今年 71 周岁，经历过第二次世界大战，曾亲眼看到十几个社会主义国家的建立。但做梦也不会想到，到了我们晚年，竟然有几个社会主义国家，包括苏联在内发生了剧变。此时此刻，以历史唯物主义的观点，实事求是地分析一下苏东剧变的教训，从中求得什么是社会主义正确道路的启示，实在是太必要了。下面谈几点我个人的见解：

造成苏东剧变的原因很多：有内因，有外因；有近因，有远

* 为 1991 年 12 月 6 日中共中央召开的专家座谈会上的发言提纲。蒋一苇去世后发表于《改革》1993 年第 2 期，题目是《改革》编辑部加的。

因；有诱发原因，有根本原因。关键是如何在这个纷纭繁杂的现象中，找出它的根本问题，才有助于我们在今后的航程中掌握正确的航向。

现在，我们在宣传上有一种意见，强调苏东剧变是帝国主义对我们进行"和平演变"的结果。这的确是造成剧变的重要因素之一。但是如果光讲这一点，或者过分强调这一点，说服力是不够的。因为人们很容易反问："帝国主义会演变我们，我们为什么不能演变他们呢？"这就需要从更深层次的问题找原因。

我们也可以把某些人的倒行逆施看成是主要原因。当然这类人物的言行起了重大作用，但过分强调这个作用也说不太通：为什么东欧、苏联的人民群众多数支持和赞成这种变化？是什么客观条件驱使他们选择了歧途？

"和平演变"、"自由化"等意识形态问题是丝毫不能忽视的重大问题。但是分析一个重大历史现象，还不能把它当成决定性的根本原因。经济基础决定上层建筑，事实胜于雄辩，根本原因还必须从现实的经济生活、政治生活等方面去寻找。

1989年以来，我反复思考这个问题。从各种材料分析，我认为造成苏东剧变的根本原因有两条：一是经济上不去，这是最根本的一条；二是在政治上严重脱离劳动人民群众。

社会主义国家曾经普遍采取苏联的体制模式，这种模式不能说绝对不好。解放初期集中运用有限的资源，进行有计划的重点建设，也起过一定的积极作用，但是它排斥商品经济等等，造成经济僵化，束缚了企业和广大劳动群众的积极性、主动性、创造性。东欧某些国家虽然进行了体制改革，但并没有找到一条计划与市场相结合、真正能发挥社会主义优越性的路子，特别是苏联长期反对改革，也阻碍东欧的改革。而资本主义国家从60年代以来，生产、科技有很大发展，两相比较，差距明显，这个现实给人民群众心里留下了阴影，才使"和平演变"有隙可乘。

我国之所以能顶住这股逆流，关键就在于十多年来，我们坚持"一个中心，两个基本点"的基本路线，经济有很大发展，人民生活也有很大改变。如果没有这个现实的存在，再喊多少口号也是没用的。老百姓中流传一句话很公允："左不满，右不满，回家一看还是满。"

在政治上，苏联、东欧各国党政官僚化都比较严重，先锋队的党脱离了自己的阶级队伍。南斯拉夫虽然搞"工人自治"，1985年我去考察过，他们的理论很好，但具体做法有很多问题，结果工人群众并没有真正当家作主，企业还是受政府直接控制，工人经常举行罢工就说明了这个问题。

我们党和国家也存在某些官僚化、脱离群众的情况，但有一个很不同的情况，即农村实行联产承包制，使农民以家庭为单位掌握了生产主动权。这实质上是实行了"经济民主"，它比政治民主有更大的现实意义，而它又是政治民主的基础。有了这条，决定了8亿农民的态度。党的十三届八中全会决定的实施必将进一步巩固农民对党的信心。

在职工群众，包括产业部门的体力劳动者和脑力劳动者在内的职工群众方面，我认为工作做得不够。这里要讲一点历史过程：1980年波兰出现团结工会的时候，我们中央十分重视，认为这是国际共运的新情况：工人群众自发起来反对自己的先锋队。并且分析原因认为，关键是工人阶级群众长期缺乏当家作主的权利造成的。当时中央书记处曾把马洪同志和我叫去，研究和起草第一个职工代表大会条例。马洪同志和我建议在部分企业中试行职代会领导下的厂长负责制，得到邓小平同志的同意，并由政治局扩大会议通过进行试点。这说明当时吸取波兰教训抓了职工积极性问题。后来，波兰实行军管，团结工会表面上被压下去，我们对此也逐渐松懈了，新出台的许多"改革"措施，有意无意都把职工推向类似雇佣者的地位（如实行厂长个人承包、工人合同制等等）。这些年，我到处呼吁要重视解决这个问题，但人微言轻，始终是少数派。今年5月我发表了《职工主体论》，受到工会系统的广泛欢迎，但我的主张与现行体制是矛盾的。今天我重病在身，再一次向党呼吁，希望认真考虑我在《职工主体论》中所提的建议。如有不同看法，允许我解释或答辩，最好是在少数企业进行试点，用实践来检验真理。如果广大职工群众能把企业作为自己的命运共同体，体会到自己的阶级地位和作用，我们党就有了牢靠的阶级基础，所谓"全心全意依靠工人阶级"才不会成为一句空洞的口号。

如果以上分析是正确的，我们应采取的对策也就十分明显：一是深化改革，扩大开放，把经济进一步搞上去；二是在"四个坚持"的前提下，采取具体措施，增强工农群众和知识分子对党的向心力、凝聚力。

但这两件大事都涉及理论问题。目前马克思主义、社会主义在全世界面前受到挑战。苏东政权的失败，是不是就是社会主义的失败？社会主义的优越性是否客观存在？我们进行改革、开放的各项措施，是姓"社"、姓"资"、还是姓"中"？诸如此类有一系列的问题需要回答。既要以实践的事实来回答，也需要用发展了的系统的理论来回答。

我们党这十多年在理论上有两大突破：一是明确社会主义还必须实行有计划的商品经济，实行计划经济与市场调节相结合的运行机制；二是提出了社会主义初级阶段论。这都是对马克思主义的重大发展。但还只是在工作报告或公报中作了简要的论述，没有展开成为系统的理论。鉴于当前国际、国内形势，有必要在这个基础上，并根据江总书记在党的70周年纪念会上的讲话，对什么是社会主义经济、社会主义政治、社会主义文化作出比较完整的理论阐述，或者先集中力量把社会主义经济这部分弄出来。这对于指导国内实践和回击国际上的反社会主义思潮都有重大意义。

要做的这件事是件大事，需要及时抓，具体建议如下：

第一，挑选一批确实对马克思主义有造诣、对现实又了解的同志，人数不要多，成立个研究小组，脱产来抓这件事。如果先搞社会主义经济，可以先搞这个小组。

第二，研究要分阶段进行。每个阶段有个初步意见，就开扩大的讨论会，邀请更多的专家学者来讨论。中央领导同志最好也参加，在这样的内部会上，可以知无不言、言无不尽，真正百家争鸣。

正确处理社会主义与资本主义的共存关系,是中国社会主义的重要特色[*]

  1978 年以来的中国改革,取得了举世瞩目的伟大成就。要问中国改革的目标是什么,可以简要地概括为一句话,即"建设有中国特色的社会主义"。

  近年来,东欧和前苏联发生了剧变,国际共产主义运动和社会主义受到严峻的挑战。一时间似乎社会主义即将从全球消失。但事实并非如此,社会主义国家仍然存在,社会主义思想和价值观,更不可能被消灭。特别引人注目的是拥有世界人口 1/5 的中国,社会主义建设正在欣欣向荣地继续发展。

  人们不禁要问:中国的社会主义到底有什么特色,从而能在历史逆流中成为中流砥柱?回答这个问题,有深刻的理论意义和实践意义。不但中国人民本身需要弄清这个问题,以坚定自己走有中国特色的社会主义道路的信心和决心,国际工人阶级和世界人民,也希望弄清这个问题,以判断社会主义历史前景和命运。

  有中国特色的社会主义,是一个内涵很宽广的命题,其特色

---

  * 原载《改革》1992 年第 3 期。

也必然是多方面的。但是从十几年来在经济体制改革上的经验看，正确处理社会主义和资本主义的共存关系，是中国社会主义的一个极其重要的特色。下面谈一点我对这一重大问题的粗浅认识，供大家研究参考。

一 社会主义初级阶段与"容资"问题

经过多年的改革实践，我们党提出了"社会主义初级阶段论"，这是对马克思主义理论的一个重大发展。

马克思主义经典作家也论述过社会主义是共产主义的低级阶段，它包含了社会主义是资本主义到共产主义之间的过渡阶段的含义。但是并没有明确认为社会主义本身就是一个很长历史时期的社会生产方式；更没有提到在这个很长历史时期里，要分几个大的历史阶段。我们党总结了国际、国内的历史经验，得出一个结论，我国目前还处于社会主义的初级阶段，这就带来我国当前进行社会主义建设的一系列特点。

传统的观念把社会主义和资本主义看成是有你无我、有我无你的水火不相容的两种社会。既不承认在资本主义社会可以滋生某些社会主义因素，也不承认社会主义社会还可以容纳某些资本主义因素，因而认为社会主义只能在砸烂资本主义的废墟上来建设。半个多世纪的历史经验证明，这种乌托邦式的设想并不符合历史的客观进程，坚持这种乌托邦的设想并不利于社会主义的建设和发展。

明确我国还处于很不完善的社会主义初级阶段，既消除了促使我们头脑发热的"速成论"，又清除了我们幻想纯而又纯的"绝对论"，使我们的社会主义建设符合历史发展的客观规律。

社会主义作为过渡的历史形态，在它的初级阶段肯定不可能是一个纯而又纯的清一色的社会，它必然是社会主义与资本主义共存，但以社会主义为主体的社会。也就是说，在社会主义的初级阶段，还必须容纳和允许资本主义的存在并得到适当发展。这就是所谓"容资"问题。

十多年的改革，我们采取了一系列的"容资"措施，成为中国社会主义的重大特色。

第一，在社会制度上，我们的改革一开始就采取了以公有制为主体、多种经济成分并存的方针，使个体经济、私营经济得到发展，并放手引进外资，这里非公有的经济成分作为补充成分，在整个经济建设中发挥了重要作用。

第二，实行以公有制为主体，这里所说的公有制，包括国有制、集体所有制和合作所有制，而不是发展单一的国有制，这就促使城乡集体经济和乡镇合作经济得到重大发展。

第三，公有制的实现形式出现了多样化。除了单一的全民企业、集体企业、合作企业之外，由于鼓励经济横向联合，出现了不同所有制的联合体，以至企业集团的组建，这就产生了混合所有制。而且在混合所有制企业中，还出现了以公有资本为主体，吸收私人投资的企业。在混合所有制的促动下，股份制也应运而生，并进行股票市场的试验。

第四，提出了所有权与经营权相分离的原则，促进了经营方式的多样化。在农村，不改变土地集体所有的公有制性质，而根据我国生产力水平客观要求，实行家庭承包经营的责任制，大大提高了农业生产力，成为我国改革最突出的成就之一。在工业方面，也打破了国有企业就必须国营的传统观念，实行政企职责分开和所有权与经营权两权分离的方针，建立了承包制或股份制的经营方式。尽管在这方面还存在许多有待进一步解决的问题，但毕竟向前跨进了一大步。

第五，在沿海建立经济特区，创造了引进外资的有利条件。同时对台湾、香港、澳门实行"一国两制"方针，允许这些地区实行资本主义制度，五十年甚至一百年不变。为什么作为社会主义国家的中华人民共和国，可以允许部分地区实行资本主义？因为台、港、澳这些地区加在一起，和大陆相比，还是处于少数地位，整个中华人民共和国公有制仍占主体地位，并不会改变国家的社会主义性质。

以上这些涉及所有制和经营制度的重大改革，相当一部分都是社会主义初级阶段实行"容资"方针的体现，因此它成为我国社会主义的重要特色。

二　社会主义商品经济与"用资"问题

在社会主义历史时期还必须实行商品经济，即有计划的社会主义商品经济，这也是我们党在十多年改革中，对马克思主义的一个重大突破和发展。

传统的观念认为社会主义经济的特征之一是实行计划经济，资本主义经济的特征则是商品经济或市场经济。因此认为搞商品经济就是搞资本主义，强调市场作用也等于鼓吹资本主义。这一禁锢，几十年来束缚了我们的头脑，极大地阻碍了社会主义经济的发展，最后甚至导致东欧和苏联的剧变。幸亏我们十多年前在邓小平同志的"解放思想，实事求是"的思想路线指引下，开始探索走社会主义商品经济的道路。党的十一届三中全会就提出了发展商品生产与商品交换问题。十多年来，社会主义商品经济有了很大发展，极大地改变了我国的经济面貌，使我们能在国际风云突变中站住了脚。但是，商品经济与市场究竟姓"社"还是姓"资"的问题，却一直困扰着我们的思想，阻碍了改革开放的进一步发展。

这里涉及一些基本概念和逻辑推理问题："资本主义的东西"和"资本主义"是不是一回事？所谓"资本主义的东西"是一个含义很广的概念，它指的是资本主义社会所存在的各种事物；"资本主义"则是一个有特定意义的概念，它指的是一种私人通过资本的所有权而占有剩余价值的生产关系。资本主义社会存在的事物很多，但并不都和资本主义的生产关系有关。而且还有许多在资本主义社会存在的事物，是人类文明发展的产物，它并非资本主义社会所特有的事物。

商品生产与商品交换在原始共产主义社会后期就已出现，经过奴隶社会、封建社会的发展，到了资本主义社会则发展到比较高级的阶段。只要具有这种历史常识，都不难看到商品经济并非资本主义社会所特有的事物。说商品经济到了资本主义社会，是发展到较高级阶段，但也没有什么根据可以认为它已到了最后阶段。社会主义社会完全有可能实行社会主义时期的商品经济，而且最终会形成一个比资本主义时期商品经济更加完善的商品经济的新阶段。因此，把商品经济这个从古到今一直在发展的经济运行方式，说成是资本主义社会所特有的东西是没有历史根据的。

再说，资本主义社会存在的事物很多，也不都与资本主义的生产关系有关。资本主义社会所创造的科学技术，也算是一种属于"资本主义的东西"，但实际上它是一种中性事物，既可为资本主义服务，也可以为社会主义服务。正因为这样，我们实行对外开放，大力引进对发展我国生产力有用的先进科学与技术。

资本主义社会在宏观经济管理和微观企业管理方面的先进经验，也是我们引进的对象。马克思早就指出，管理具有两重性：与生产力组织以及与社会化大生产相联系的管理方式和方法，是不具有社会性和阶级性的事物，因此完全可以运用于社会主义；

至于与资本主义生产关系有直接联系的管理方法及其组织形式，如分配制度等等，经过改造也可以为社会主义服务。正像列宁对泰勒制的评价一样，说它一方面是"资产阶级剥削的最巧妙的残酷手段"；另一方面，它又是"一系列的最丰富的科学成就"。

　　不论哪一个社会的商品经济，除了早期以物易物的简单商品交换外，进行商品交换和流通，都要通过市场。因此市场的存在及其对经济的调节作用，并不是资本主义所特有的规律，而是各个社会时期商品经济的共性。因此，资本主义在这方面的成功经验，也完全可以被社会主义社会所吸取。

　　用计划对宏观经济和微观经济进行指导，使其达到预期的目的，也不能说是社会主义所特有的事物，现代资本主义国家运用计划指导国民经济发展，已不是个别的现象。因此作为预测和调节经济活动的手段、方法，也是一种中性事物，可以被社会主义所采用，也可被资本主义所采用。

　　股份制是处理产权关系的一种科学方法。它产生于资本主义社会，也盛行于资本主义社会，因此它可以说是一种地地道道的"资本主义的东西"。许多同志就因为它是"资本主义的东西"，就认为推行股份制就是推行"资本主义"。这些同志错就错在把"资本主义的东西"和"资本主义"简单地画等号。这种概念的串换，说到极端，可以因为资本家吃饭，而得出凡吃饭都是资本家的荒谬推论。其实，股份制作为处理产权关系的一种科学方法，既可以处理私有的产权关系，同样也可以用它来处理公有的产权关系。它完全是一种中性的事物。就拿股票上市来说，股票本身也是中性的事物，私人买去成为私股，公家买去就成为公股。股票本身既不长眼，也不长腿，不会自己跑去找私人资本家，而是嫁鸡随鸡，嫁狗随狗，并不天生地姓鸡或姓狗。

　　举了以上这许多事例，只是说明了一个问题：对于资本主义社会存在的各种事物，要具体问题具体分析。按照邓小平同志所说的三条标准来衡量，只要它有利于发展社会生产力，有利于增强国家的综合国力，有利于提高人民的生活水平，我们都可以像鲁迅先生所主张的"拿来主义"，把它拿来为建设社会主义服务。这就是所谓"用资"。

"容资"是容纳资本主义。说完整一点就是在以社会主义为主体的前提下，允许地地道道的资本主义作为补充成分而存在，并取得适当发展。

"用资"是利用资本主义社会所创造的有益的东西，让它为社会主义建设服务。这里的"资"，是指资本主义社会存在的事物。这些事物大量是属于共性、中性的事物，它本身并不等于资本主义。

一曰"容资"，二曰"用资"，使我们打破了许多不必要的禁锢，而取得社会生产力的迅速发展，无疑这是有中国特色的社会主义的极其重要的一个方面。但是这些毕竟只是中国社会主义特色的一个方面。从全面来看，社会主义本身的合理组织形式和运行方式的创造，社会主义本身优越性的充分发挥，等等方面，还需要我们在社会主义的建设实践中，下大工夫，进行大胆的探索，最终走出一条完整的有中国特色的社会主义道路。它将是伟大的中华民族对人类进步又一次巨大的贡献。

再论国有资产价值化管理*

　　我国经济体制改革的实质是建立公有制的新的实现形式，改革的关键是重新确定国家与企业的关系。在社会主义市场经济条件下，国家对企业可能具有双重身份，一方面是一般管理者，通过税收实现再分配；另一方面是所有者，享有支配权和占有利润。前一种身份是对各种企业都一样的；后一种身份则只是对国有企业所特有的，调整这种关系正是改革的难点之所在。在这方面能不能有所突破，能不能取得成功关系到整个改革的成败。对此，我们曾经提出过国有资产价值化管理的设想，本文再就有关的几个问题讨论如下。

一　资本与资产

　　长期以来，受极"左"思想的影响，我们一直回避"资本"这个概念，似乎一说资本就是说资本主义。其实，这是一个很大的误解。资本有广义与狭义之分，马克思在《资本论》中所说

　　* 原载《我的经济改革观》，经济管理出版社 1993 年版。

的"产业资本"就是广义的资本。关于狭义的资本，可以从生产力和生产关系两个角度来理解。从生产力角度来看，资本是企业承担风险的保证金，是衡量企业承担风险能力大小的指标，在一定程度上也可以反映出该企业规模的大小。此外，由于资本以货币量为计算单位，所以也可以充当度量多个出资者权、责、利比重的统一量纲。因此，它在不同社会中都是存在的，是一个中性的概念，这也就是资本的一般性。

从生产关系角度来看，在资本主义社会中，私人占在资本，享有支配权和占有利润，所以反映了资本主义的生产关系。而在社会主义社会中，国家等公共主体占有资本，享有支配权和占有利润，所以反映了社会主义的生产关系。这样，在生产关系方面，资本又具有阶级性，这就是资本的特殊性。因此，我们完全不必因为资本主义社会有资本这个概念就害怕使用它，完全可以像利润一样放心大胆地使用，让它为我们服务。所谓价值化，首先就是资本的分离。

以前，作为一种替代，我们采用的是"资金"的概念，其实，"资金"二字里边还是有个"资"字，只不过可以聊以自慰罢了。其结果，国营企业的资金来源都是国家提供的，在会计方面则表现为固定资产等于固定资金、流动资产加上专项资产等于流动资金加上专项资金。因此，这种企业金融体制是以资产为核心的，资金来源依附于资金运用即资产。换句话说，资金运用即资产的构成是主要的，而资金来源的构成不是主要的，反正都是国家的。

二　资产所有与资本所有

由于计划经济中的企业没有经营风险，所以，其金融特征是资金来源没有分成资本与负债，资金来源与资金运用都是属于国家的，国家同时是资金来源和资金运用即资产的所有者，而且对二者所有的数量也一样多。反之，市场经济中的企业存在的前提是有经营风险，所以，在资金来源方面就要区分为资本和负债，资金运用构成了总资产。这样，资本与资产在性质上是不同的，资产与实物相联系，资本与出资者相联系。

资产与资本是否为同一主体是划分不同类型企业的重要判据。在个体企业中，老板既是出资者又是直接经营管理者，是资产的所有者，因此，原始的资本主义企业的所有特征是资产所有与资本所有的合二而一。计划经济体制下的国营企业，国家取代了个人，成为了资产的所有者，但同时也是资金来源的所有者。可以看出，国营企业与个人企业在所有性质上是不同的和对立的，但在所有形式上却是相似的。

资产所有是对物的所有，只能是一物一主；资本所有是对企业的所有，它可以容纳一企业多主。在以股份公司为代表的现代企业中，企业法人成为了资产的所有者，是独立的债务人，以全部资产对经营债务负责。股东即出资者仅仅是资本的所有者而不直接所有资产，对企业的经营债务只承担有限责任。因此，现代企业的所有特征是资产所有与资本所有的分离，是企业法人享有的财产物权与出资者的出资权（在股份公司就是股东权）相分离。就是在现代资本主义国家中的国有企业中，国家也不是直接所有资产，而只是作为大股东控制着企业，这也就是价值化管理的主要形式。

由于资本加上负债才等于总资产，所以，在数量上资本是小于资产的。自有资本的比率高的为60%—70%，低的只有10%—20%。假定国家对某个国有企业只出资十几万元，就可以控制100万元的资产，而该企业还可以再去投资，所以，企业系列就成了一个资本放大器，国有资产的数额不是一成不变的，而是通过多级放大实现了增值。因此，我国国营企业的改革方向是使国家从资产所有者变成资本所有者，把国营企业变成国有企业，把无限责任制企业变成有限责任制企业。

三　资产市场与资本市场

以前，我们对建立商品经济或市场经济的理解是分步骤进行的。即先有商品市场，再有生产资料市场、劳务市场、技术市场，最后才是资金市场。这个顺序安排是错误的，原因在于资金与资产、资本的不分，同时，也没有明确企业与国家各自的所有身份。换句话说，非生产资料的实物产品成为商品，仅仅是商品经济或市场经济最外表的形式，本质应该是存在着资产市场即生产资料市场和资本市场。

首先，关于资产市场问题，在传统的经济体制下，企业对其所使用的资产是不允许出租或出售的，改革后虽然原则上允许了，但仅限于部分设备。这样做的结果是资产不能灵活地流动，不利于产业结构的迅速调整。其根源在于企业本身不是资产的所有者，国家作为全部资产的所有者，可以从一个企业无偿地将资产调拨到另一个企业，而不需要通过资产市场，也就没有了资产价格的信号。实际上，根据马克思关于企业资产循环的论述，资产是处于货币形态、生产资料形态和商品形态的不断循环之中的。如果企业不是生产资料的所有者的话，那么，怎么就成为了商品的所有者呢？因此，在没有资产市场的计划经济体制下，企业是不可能成为独立的商品生产经营者的。企业拥有独立的财产物权、成为了资产市场主体，是企业成为商品生产经营者的前提。资产市场的存在是商品市场存在的前提。

　　在市场经济条件下，企业成为了资产的所有者，一方面可以将生产的产品拿到商品市场上去交换，另一方面，对于设备、原材料等生产资料，也都可以以所有者的身份拿到资产市场上去交换。现在的国营企业，不仅不能拿去做买卖，就是去银行做抵押都不允许。这样，企业怎么能积极地管好用好这些资产呢？

　　其次，商品经济或市场经济的本质是存在着资本市场，也就是股票市场。一般来说，一个股份公司经营得好，收益性强，其股票价格就升高，出资者不仅仅从生产经营过程去判断企业的好坏，特别可以从资本市场即股票价格的升降来判断其好坏。当然，不排除这里还有供求关系以及其他一些影响股票价格的因素。但是，从根本上来说，一个经营不善、连年亏损的企业，其股票价格是不会一直上升的，反而可能会跌到其面值以下。记得北京的一个剪板厂，国家投入了大量的资金，但资产长期闲置、没有任何效益而无人问津。其原因一方面是由于企业不是独立的法人，也没有生产资料市场，企业不能想办法去交换；另一方面，更重要的是没有资本市场信号，也没有资本市场，国家没有压力将资金从这个企业调出，转向他处。没有资本市场，就没有价值化管理。

　　由此看来，我们以前对所谓的资金市场的理解有很大的偏差，似乎它只是为了增加企业获得资金的手段，没有明确谁是它的主体。实际上，应该明确存在着资产市场即生产资料市场和资本市场这样两个市场，企业是前者的主体，国家是后者的主体。当然，由于企业法人也可以买卖股票，所以，企业法人也是后者的主体。总之，要想建立真正的市场经济，必须努力建立资产市场和资本市场，特别是后者，有没有资本市场是真假市场经济的试金石。

四　资产经营企业与资本经营企业

一个企业的资产中不仅可以有设备、材料等实物资产，还可以有对外投资的股票、债券等有价证券形式的资产。这样，根据该企业的资本与资产中对外出资的数额相比的情况，可以将企业分成两种类型，一种是资产经营型企业，其对外投资（出资）的数额小于资本的数额；另一种是资本经营型企业，其对外出资的数额等于或大于资本的数额。前者就是一般生产经营型企业，后者为投资公司等投资型企业。如果银行对外出资数额超过了其资本的时候，那么，这个银行也属于资本经营型企业。

之所以要把企业划分成上述两种类型，首先是由于持股者必须具有一定的经济规模和信息处理能力，而一般个人或国家的普通管理部门是无法胜任的。其次是由于投资项目可以是长期的，也可以是短期的，特别是一基础设施项目，从动工到投产必须经过很长的时间，要求许多企业都将资金投向长期的项目是不可能的，而基础设施的重要性也不可低估。这样，一些基础设施在建设时由投资公司所有，一旦建成正式运营后，可以将股票转售给生产经营公司。

从长期投资的来源来看，比较合适的有长期保险基金、政府财政投资等。因此，应将原来国家直接所有资产的国营企业分成两种新型企业，在国家与一般资产经营企业中间加入资本经营型企业，形成国家—资本经营型企业（即投资公司）——一般资产经营型企业的出资支配关系。投资公司可以是有限公司，也可以是股份公司，由国家主管部门或国有资产管理部门派出董事进行管理，投资公司再向一般企业投资、派出董事和进行管理。这样，国家对投资公司有一个考核指标，投资公司对被控股企业又有考核指标，从而使得国有资产的保值和增值有了一个组织上的保证。这也就是国有资产价值化管理的基本组织形式。

关于企业领导制

度和企业管理

论社会主义企业的领导体制[*]

改革经济管理体制必须同时改革企业内部的领导体制

经济管理体制的改革,是我国当前经济改革的一项重要内容。所谓体制改革,主要指的是如何按照客观经济规律,改变国家组织领导全国国民经济活动的方式和方法。近两年来的实践证明和理论探讨,体制改革的核心问题,在于正确处理国家与经济基层单位的关系,必须从确立和扩大企业的自主权入手。这样做的道理,说来也很简单:社会主义经济仍然是商品经济,社会主义企业也必然具有作为一个商品生产者的一般特征。它是国民经济活动的基本单位,又是直接从事生产和流通活动的基层单位。在社会主义国家的统一领导下,它必须具有相对的独立性,能独立自主地经营发展,并具有独立的经济利益。只有这样,企业才能成为一个具有能动性的有机体,充分发挥其积极主动性,成为国民经济强大力量的源泉。

社会主义具有资本主义无可比拟的优越性,就在于社会主义

---

* 原载《红旗》1980 年第 21 期。

实行公有制，消灭了人剥削人的现象，劳动人民成为生产的主人，为自己的利益而劳动，从而有可能发挥出极大的劳动积极性和创造性。在经济领域中贯彻社会主义民主原则，是社会主义经济的基本特征。在国家统一领导下，发挥企业独立自主的积极性，正是社会主义经济民主的具体体现。但是，企业的积极性，归根到底还来自企业职工群众的积极性。因此社会主义经济民主的原则，仅仅表现为确立和扩大企业的自主权还是不够的，必须同时体现到企业内部，实行真正的民主管理，使劳动人民确实当家作主，蕴藏在职工群众中的无穷无尽的聪明才智才会迸发出来。

马克思、恩格斯关于自由平等的生产者的联合体的思想，应当成为我们建立社会主义经济管理体制的理论依据。马克思曾指出："生产资料的全国性的集中将成为由自由平等的生产者的联合体所构成的社会的全国性基础，这些生产者将按照共同的合理的计划自觉地从事社会劳动。这就是十九世纪的伟大经济运动所引向的人道目标。"① 恩格斯说："公社最重要的法令规定要组织大工业以至工场手工业，这种组织不但应该在每一个工厂内以工人的联合为基础，而且应该把这一切联合体结成一个大的联盟；简言之，这种组织，正如马克思在《内战》中完全正确地指出的，归根到底必然要导致共产主义。"②

按照马克思、恩格斯上述公有制下经济组织的设想，主要表现为两点：一是每个企业应当是自由平等的生产者的联合体，也就是说，应当由企业的生产劳动者民主管理企业；二是整个国民经济应当是由许许多多的独立的企业联合体平等结成的大联盟。

① 《马克思恩格斯选集》第2卷，第454页。
② 同上书，第333—334页。

这两层的联合，体现了实行公有制的社会主义经济所具有的高度的民主性。

我国当前体制改革，确定从扩大企业的自主权入手，承认企业具有相对的独立性，并促进企业之间自愿联合，实质上是向着上述"大联盟"的设想发展。企业有了自主权，随之而来的，必然要解决由谁行使和如何行使这个自主权的问题。这就涉及到企业内部的领导体制。毫无疑问，企业内部也必须贯彻社会主义民主原则，使其成为自由平等的生产者联合体，才能内外结合，构成一个完整的体现社会主义经济民主的管理体制。

现行企业领导体制不能适应体制改革的要求

企业作为社会经济的基本单位，就生产企业而言，它既是生产力的直接发挥者，又是一定生产关系的直接体现者。企业的领导体制是企业组织结构的核心。这一方面要适应组织生产力、组织社会化大生产的客观要求；一方面还必须起到维护一定社会生产关系的作用。

历史经验表明，对一个现代企业进行有效的管理，企业内部的领导体制，大致可分解为三种职权，即决策权、指挥权和监督权。决策权是对企业的生产经营方向、方针以及某些重大措施的决定权；指挥权是根据既定的决策方针，对企业日常生产经营活动的行政领导；监督权是从企业所有者的权益出发，对企业的决策者和指挥者进行全面监督。这三权既分立又相互制约，才能维护企业所有者的权益，同时保证现代企业所必需的管理效能。

资本主义企业，这三权都掌握在资本家及其代理人手中。一般是由资本家（股东）代表所组成的董事会行使决策权与监督权，或者由董事会行使决策权，另组监事会行使监督权，由董事会或监事会委任的总经理行使指挥权。

社会主义企业的领导体制，仍然可以而且必须划分为决策权、指挥权和监督权三个方面。所不同的只是这三权都属于劳动人民。

我国现行的领导体制是实行党委领导下的厂长负责制和职工代表大会制。姑且勿论在具体实践中有哪些问题，从体制本身来分析，也仍然是三权分立：由企业党委行使决策权，厂长（或经理）行使指挥权，职工代表大会行使监督权。多年来实践经验证明，这样的体制在实施中有不少矛盾，从今后体制改革的方向看，则问题更多。

第一，企业是经济组织，党委是政治组织，这是两种不同性质的组织系统。社会主义经济建设应当由无产阶级的政党来领导，这是不容动摇的原则。但是，党的领导并非一定要采取行政领导的方式来实现。多年来的经验表明，由企业党组织作为企业的最高决策机构，出现了不少弊病：有的企业事无大小都要党委决定，削弱了厂长（或经理）集中统一指挥的作用，影响现代企业所必需的管理效率；党委往往以政治运动代替科学管理，妨碍企业管理水平的提高；同时党组织陷于行政事务，造成党不管党的现象，实质上反而削弱了党在政治上的领导作用。

从全国来说，党对经济工作的领导，主要表现在路线和重大的方针、政策的制定上，而党的路线、方针、政策的具体实施，则将通过国家的行政系统去贯彻执行。今后体制改革，在国家统一领导下，承认企业具有相对的独立性，国家对企业的管理也将主要采取经济手段，而减少用行政手段直接指挥企业的办法。在这种情况下，在企业内部又怎能由党委直接管理企业呢？党的十一届三中全会提出要认真解决党政企不分、以党代政、以政代企的现象，这是正确克服我国体制一个重要弊病的重大决策。如果在企业中仍然由党委行使决策权，党委实质上构成企业经济组织的一个首脑部分，这样的组织结构本身，就决定了不可能克服党政企不分的现象。

第二，现行经济管理体制的一个重要弊病，就是由国家直接管理企业，企业成为国家行政组织的分支机构。现行的这种组织系统和党的组织系统有相应之处，因此企业作为经济的基层单位，由党的基层组织直接领导，从组织系统来说有它的适应性。今后体制改革，则是确立企业的自主权，企业在国家经济政策、经济立法、经济计划等统一领导下，具有相对的独立性，不再是国家行政系统的分支机构。在这种情况下，企业党委作为相对独立的企业的首脑机构，肯定是不相适应的了。

企业作为一个经济组织，它的活动要按客观的经济规律办事，它的组织形式要适应经济发展的客观要求。随着经济的发展，企业之间必然要打破部门、行业和地区的界限，按专业化和协作原则而自由联合。这些跨省市、跨行业的联合企业，仍由属于某一地方党组织的企业党委来行使决策权，显然是行不通的。

第三，由于党委和企业是两种性质不同的组织，多年来就存在着经济责任不明确的问题。党委行使企业的决策权，但对企业经营成果没有明确的经济责任。如果由厂长（或经理）承担责任，但他又没有决定权。这种"有权无责，有责无权"的反常现象，正是两种不同性质的组织相混而必然产生的现象。今后体制改革，企业作为一个相对独立的商品生产者，它和国家之间的关系，表现为权利和义务的关系，而且这种关系要由国家以法律的形式肯定下来。每一个经过国家批准注册的企业，在法律上具有"法人"地位，要以法人身份，对企业经营活动承担经济责任和法律责任。如果由党委行使决策权，势必也应由党委来承担这种法律责任，这显然是不适宜的。

第四，民主管理是社会主义企业的基本特征。实行民主管理，就要在企业管理中贯彻执行民主集中制的原则。要贯彻民主集中制，在组织结构上，必须使民主和集中的职能构成一个内部循环、直接联系的组织系统。

党的组织本身是一个以党员群众为范围的民主集中制的组织系统。它由全体党员选举产生党的代表大会，然后产生党委会和党委书记，形成党内在民主基础上的集中领导。但是，能否以这个党内的民主集中制，来代替企业的民主集中制呢？显然不能。企业的民主集中制，只能建立在企业全体职工的民主基础上，使企业成为马克思、恩格斯所设想的自由平等的生产者的联合体。现行领导体制以职工代表大会作为企业的民主机构，而以党委会作为集中决策机构，民主和集中不能构成一个内在联系的组织体系，因此也就不能有效地实行企业内部的民主集中制。

第五，职工代表大会是我国试行企业民主管理的一个很好的创造。多年来运用这种组织形式，对发扬民主、调动职工当家作主的积极性，是起了一定作用的。但是这个作用还很有限。

按现行体制，职工代表大会被称为企业的权力机构，这个权力机构究竟拥有什么权呢？一般规定拥有监督权。实践证明，职工代表大会作为一个群众组织，客观上很难进行有效的监督。在形式上，厂长（或经理）要定期向职工代表大会作工作报告，但重大决策都是由党委作出的，厂长（或经理）只是执行者，职工代表大会所能监督的内容也就很有限。因此形成所谓"党委发号召，厂长作报告，代表举举手，工会跑龙套"的局面也就不奇怪了。这样的民主管理不可能充分调动广大职工群众当家作主的积极性。造成这种情况，不在于谁做得好或不好，而在于体制本身存在着先天不足的弱点。

第六，任何现代企业，在日常生产经营活动中，必须有强有力的集中统一的指挥，也就是说，必须实行一长制，这是社会化大生产的客观要求。马克思、恩格斯、列宁等马克思主义经典作家，对于这一点早已作过极为肯定的科学分析。

对于一个现代企业来说，决策是可以集体作出的，但是执行则必须服从一个集中统一的指挥。过去我们曾经批判所谓"一长制"，如果是针对重大问题的决策而言，那是有意义的。资本主义企业由独资经营过渡为合股经营，也必须采取董事会的形式，实行必要的民主决策，我们社会主义毫无疑问更应该采取民主的方式，不能某一个人说了算。但是在日常生产经营活动中，在决策的贯彻执行上，则无论如何还是必须实行一长制，由厂长（或经理）负责集中统一的指挥。

实行党委领导下的厂长负责制，由党委集体决策，厂长集中指挥，姑且勿论决策权是否宜于由党委行使，但决策采取集体原则，指挥采取一长制原则则是正确的。过去还有"党委领导下的厂长分工负责制"的提法，企业的日常工作由几位厂长、副厂长分工负责，而不由厂长集中；在决策上，有的企业又不发挥党委的集体作用，而是大小问题都由党委书记一人说了算，实际上形成"书记一长制"。其结果是决策不民主，或者指挥不集中；这种颠倒的做法，同现代企业社会化大生产的客观要求，恰恰是背道而驰的。

在企业实行民主集中制，集中是在民主基础上的集中。行使集中指挥权的人，有职、有权，还有责，他要对民主决策机构负责。但是合理而有效的责任制，只能向单一的委任机构负责。如果要对多头的领导机构负责，责任就难以明确。现行领导体制下的厂长（或经理）既要向党委负责，又要向职工代表大会负责，这种面向多头的责任制也表现了组织结构的混乱。

以上这些可见，实行党委领导下的厂长负责制和职工代表大会制，不仅从体制结构本身来说，存在着许多矛盾，而从今后经济管理体制改革的方向来看，更难以适应。因此在积极进行经济管理体制的改革中，不能不同时研究解决企业内部的领导体制问题。

为改善我国社会主义企业的领导体制而努力

社会主义企业和资本主义企业之间既有共性，又有本质的区别，这个区别主要在于生产关系不同了。在企业的领导体制上也是如此：就合理组织生产力、适应社会化大生产的要求来看，有它共性的一面；但由于所有制的不同，社会主义的领导体制必然有自己的特征。

根据以往的实践经验，并结合今后体制改革的方向来看，社会主义企业的领导体制可以概括为三句话，即发扬民主、统一指挥、全面监督。在具体的做法上，应当是由职工代表大会及其常设机构（如管理委员会）行使企业的决策权，使企业的全体职工真正当家作主，把企业办成一个自由平等的生产者的联合体；在民主决策的基础上，由厂长（或经理）行使指挥权，建立一个以厂长（或经理）为首的强有力的行政指挥系统，执行决策和处理日常的生产经营管理工作；企业党委则应当执行全面监督权，既对职工代表大会及其常设机构进行监督，也对厂长（或经理）以及各级干部进行监督，以保证国家的经济政策和法令在企业中贯彻执行，使国家的统一性和企业的独立性，正确地结合起来。

这样的领导体制，可以说是职工代表大会领导下的厂长（或经理）负责制，职工代表大会和厂长（或经理）构成一个民主集中制的组织系统，承担企业的义务和权利。党委处在这个组织系统之外，因此就不存在党政企不分的问题。但是党的组织作为无产阶级的先锋队伍，它有责任教育党员以模范的行动，带领全体职工遵守国家的经济政策与法令，维护企业的社会主义性质，并对企业的实际贯彻情况进行全面的监督。

这样的领导体制是否削弱了党对企业的领导呢？传统的习惯常常认为，在领导权中决策权是主要的，监督权则是次要的。这种看法是缺乏科学分析的。企业中的三权，对于具有绝对独立性的资本主义企业来说，决策权无疑是主要的，因此资本家要通过自己的代表所组成的董事会来行使决策权。但是由于企业的经营管理越来越需要专门的知识和经验。资本主义企业不得不吸收一些专家参加董事会；为了调和阶级矛盾，甚至还实行所谓"工人参与制"，吸收少数职工代表参加董事会，因此出现所有权与管理权相分离的倾向。为了维护资本所有者的利益，有些企业的资本家也开始发挥监督权的作用，因此某些企业的监事会拥有比董事会更大的权力。

社会主义企业也必须具有独立性，企业应当有自主决策的权利。但是社会主义企业在国家统一领导下，只具有相对的独立性。企业的决策，只能在国家统一的方针、政策和法令范围之内，并受国家计划的指导，作一定限度的决策。为了保证国家的统一领导，对企业经营活动的监督就成为重要的问题。南斯拉夫等国家的经验也表明，在实行经济体制改革、扩大企业的自主权之后，这种监督就更为必要。企业与国家之间，存在着局部利益和整体利益、眼前利益和长远利益之间的一定的矛盾，只有党的组织能够站在无产阶级和全体人民利益的立场上，教育全体党员和全体职工，正确处理这些矛盾，使国家的统一性和企业的独立性协调一致。

党组织不直接参与企业经营管理的具体决策和日常行政工

作，而对企业行使全面的监督权，可以更客观、更主动地从政治上发挥对企业的领导作用。依靠党的威信和党员的模范行动，职工代表大会和企业领导人员在重大的问题上，也必然要听取并尊重党委的意见。退一万步说，如果职工代表大会和党委之间发生重要的分歧，企业党委还可以通过上级党委或有关领导机关予以纠正。因此，党委行使监督权，绝不会削弱党的领导，相反，只有这样才能真正加强党对企业工作的政治领导。

以上原则如果能够成立，贯彻执行这一新型的企业领导体制，当然还要相应解决一系列具体的组织措施。例如，职工代表大会如何组织，它的职权、职责如何规定？规模较大的企业，在职工代表大会之下，是否应有常设机构？是设立一般的常设机构，还是设立某些专门的委员会，如工资福利委员会、人事考核任命委员会等，民主处理职工最为关心的问题？厂长（或经理）如何选任，是选举，还是上级机关或党委推荐，然后由职工代表大会审议任命？他的任期、职权、职责又如何规定？厂长和副厂长之间应当是领导与被领导的关系，副厂长是否应由厂长提名选任？按照上述体制，以工会作为职工代表大会的常设机构显然就不太合适了，那么工会在企业里应当发挥哪些积极作用？企业与其他企业实行联合，组成各种形式的公司或联合体，这些公司的领导体制又应如何建立？企业内部的分公司、分厂、车间等基层单位的领导体制应如何建立？科室、车间等领导人员有无必要都采取选举制？这些人员都属厂长执行决策的指挥系统，是否也应由厂长任命或提名选任？等等。这一系列问题都有待于进一步研究，经过试点后，应由国家颁布《企业法》、《公司法》等法规作出必要的规定，经过实践，不断完善，最终必将形成一套具有我国特色的新型的社会主义企业领导体制，为实现社会主义的经济民主而创造有益的经验。

论社会主义企业管理的基本特征[*]

马克思早就指出,企业管理具有二重性:既具有与生产力、与社会化大生产相联系的自然性,又具有与生产关系、与社会制度相联系的社会性。这种二重性,归根到底是由于商品具有二重性而引起的。认识这个二重性,对于我们正确处理社会主义企业与资本主义企业之间的共性与个性问题,有重大的指导意义。

过去,由于极"左"思潮的泛滥,在企业管理上,只许讲企业管理的社会性、阶级性,把企业管理和政治混为一谈,把企业管理的基本原则归结为只有政治内容的几条,完全抹杀了建立在劳动社会化和现代生产技术基础上的科学内容。对于资本主义企业在这方面所积累的有用经验,则一概拒绝,否则,就会被扣上"走资本主义道路"的大帽子。这种只讲政治、不讲科学,只讲个性、不讲共性,极端片面的观念,给我国管理科学的发展造成了严重的破坏。

今天,拨乱反正,开始克服和消除上述的片面性,承认管理

───────────

* 1980 年 2 月在中国企业管理协会第一次年会上的学术报告。原载《经济管理》1980 年第 11 期。

是一门科学，有它自身的客观规律性；注意到企业管理的共性，在总结我国自己行之有效的经验基础上，积极吸取国外有用的经验，为我国管理科学的迅速发展，开辟了广阔的前景。

但是，在讲共性的同时，又必须重视个性问题，否则将犯另一种片面性的错误。社会主义企业与资本主义企业，毕竟有着本质的区别。反映在企业的管理上，也必然会有社会主义企业管理自己的特征。只有认识这些特征，并正确运用这些特征，才能充分发挥社会主义的优越性，为实现中国式的管理现代化而探明道路。本文试就这个问题谈几点粗浅的认识。

一　社会主义企业管理的基本特征

社会主义企业管理的特征，决定于社会主义的经济制度。社会主义制度与资本主义制度的根本区别，在于社会主义实行公有制，消灭了人剥削人的现象，整个国民经济在国家的统一领导下有计划按比例地发展。这些社会经济制度的特征，不但决定了企业的社会主义性质，而且也必然使社会主义企业，在管理上和资本主义企业有根本的区别。

企业管理具有二重性。在企业管理中，属于合理组织生产力、组织社会化大生产的管理职能，社会主义企业和资本主义企业有共性，没有什么根本的区别。当然，由于生产力和劳动社会化发展的程度与规模的不同，环境与历史条件的不同，等等，也会有差别。但是这种差别不是根本的区别。企业管理中，属于处理生产关系、经济利益方面的职能，则完全不一样，在社会主义企业管理与资本主义企业管理之间是有根本区别的。由于社会主义仍然要进行商品生产，由商品生产而形成的某些特征还会继续存在，如市场经济的运用，价值规律的作用，用经济手段管理经济，等等。这些经济机能在形式上和资本主义企业很相似，而且也可以从资本主义吸取某些有益的经验。但形式上的类似，不等于本质上相同。因为社会主义的商品生产毕竟不同于资本主义的商品生产，与商品生产相联系的某些管理的方式和方法，也就有着完全不同的性质和意义。

从生产关系的角度来看，企业的管理，涉及三个方面的关系，即企业与国家的关系，企业与企业的关系和企业内部的关系。这三方面的关系，在两种不同的社会制度下，都表现出截然不同的区别。

首先，看企业与国家的关系。社会主义国家不仅有政治的职能，而且有经济的职能。在经济上，国家代表了社会的总体劳动者，企业则代表着局部劳动者。企业与国家之间的关系，本质上是局部劳动者与总体劳动者的关系。这种关系的实质，是经济利益关系，是局部利益与整体利益的关系。

当前我国企业的所有制，主要形式是全民所有制和集体所有制，而这两者同属公有制。从理论上说，两种不同的公有制，企业所代表的局部劳动者的利益，在程度上应有所不同。但是这种区分，在实践上已遇到困难；在理论上这种区分究竟有多大意义，也是一个有待商榷的问题。但是，有一点可以肯定：在社会主义历史阶段，还必须进行商品生产，企业作为国民经济的基本单位而存在，不论是集体所有还是全民所有的企业，它都仍然是一个商品生产者，必然具有商品生产者的独立性和独立的经济利益。但是它不同于私有制企业，它的独立性不能是绝对的独立，只能是在国家统一领导下的相对独立；在经济利益上，也只能在局部利益服从整体利益的原则下，去争取提高和发展企业自身的利益。这是社会主义企业和资本主义企业的一个根本的不同点。

其次，我们看企业与企业的关系。社会主义企业与企业之间的关系，也完全不同于资本主义社会。因为尽管每一个企业是相对独立的经济体，但它们首先是社会主义经济整体中的平等成员，有着共同的利益。这种利益的一致性，决定它们之间的关系，首先是相互协作、互相支援，以及在必要时联合为一体的合作关系。发展这种协作关系，有助于提高生产的社会化程度，从而加速生产力的发展，这对企业自身，对整个国民经济的发展，都是有利的。但是，社会主义企业之间，也必然存在一定的利益矛盾，企业之间也应当有适当的竞争，允许由于生产经营成果的好坏而有利益上的差别。但这种差别只是共同利益基础上的一种人民内部矛盾，在国家的统一领导和协调之下，不但不致形成像资本主义企业之间那样你死我活的对抗，相反，适当的差别却是促进生产力发展的重要动力。

再次，我们看企业内部的关系。在企业内部，由于社会主义的公有制消灭了剥削，从而消除了企业内部的阶级对抗。企业职工不再是劳动力的出卖者，而是企业的主人。劳动者与生产资料直接结合。他们的劳动成果，不论体现为国家收益，或者企业收益，或者个人收益，归根到底都是为自己的利益而劳动。职工的个人利益，与个人贡献大小相联系，与企业经营好坏相联系。也与国家经济发展快慢相联系。只要使广大劳动者看到这种联系，并从中得到实际的利益，就必然会焕发出高度的劳动积极性与创造性，这正是社会主义优越于资本主义的力量源泉。

以上这些生产关系的特点，决定了社会主义企业在管理上的基本特征。究竟有哪些特征呢？我认为，从上述生产关系的特点中，可以概括出三个基本特征：管理的国家性、管理的民主性、管理的群众性。这三性都是资本主义企业不可能充分具有的。它体现了社会主义制度的优越性。但是，这种优越性还只是客观存在的可能性，要使这个可能性转化为现实性，还取决于我们能否采取正确的方式和方法，在企业管理中真正发挥这三性的积极作用。

二 社会主义企业管理的国家性

社会主义企业是在国家统一领导下进行独立经营、独立核算的经济单位。它应当有很大的自主权，并在履行对国家的经济义务后实行自负盈亏。但它绝不同于私营企业，不是一个个孤立无援、自生自灭的单位。在国家的统一领导下，企业既有独立的权利，又有明确的义务。国家对企业，不但保护它的合法权益，而且给予指导和必要的支助。国家对企业的经营管理虽然不直接指挥，但要规定企业的发展方向，使其符合国民经济有计划按比例发展的要求；要制定各项经济政策和法规，统一并协调企业的经营活动。因此社会主义企业在管理上，绝不是完全各自为政、各行其是的，而是具有极大的国家性。企业只能在国家统一的政策、法令规定的范围内，充分发挥自己的主观能动性，不断改善自己的经营管理，以取得企业经济的更大发展。

社会主义企业管理具有国家性，和资本主义国家对资本主义企业的干预是不同的。资本主义国家为了协调资本家的利益，为了某些公共利益，也加强了对企业的干预。企业在经营管理上，也必须遵守政府的政策和法令。但是企业是私有的，企业把国家的干预看做异己的、外加的负担，用极大力量来逃避或应付国家的干预。社会主义公有制决定了国家与企业的关系，是统一经济体系中整体与个体的关系。这种经济的整体性，决定了利益的一致性，国家的统一领导作用是促进企业的发展，而不是阻碍企业的发展。这种统一性，使社会主义能克服资本主义生产的无政府状态，正是社会主义优越于资本主义的一个集中表现。但是，过去我们把这种统一性绝对化了，完全抹杀了企业的相对独立性。国家对企业，特别是对全民所有制企业的生产经营，由国家中央或地方的机关集中管理、直接指挥：任务由国家下达，资金由国家调拨，各项管理的办法由国家具体规定，在经济上实行统收统支，等等。这种经济体制，实质上是把国家变成一个独一无二的大企业，而所有企业则成为国家行政组织直属的分支机构，实践证明这样的集中管理，是对社会主义经济统一性的一种误解，其结果是束缚了企业的自主能动作用，严重阻碍生产力的发展。

统一领导和集中管理并非同一的概念。统一领导并不一定就要采取集中管理的办法。把统一性与独立性结合起来，确立企业的自主权，使企业在国家统一领导下，充分发挥其主动性、积极性，是我国当前进行经济体制改革的一个核心问题。但是发挥企业的独立自主作用，又绝不能放弃国家的统一领导，如果放弃，就等于放弃了社会主义。

社会主义企业在管理上具有国家性，就是说，它必然也必须体现国家的统一领导作用。这种国家性，大致应有以下一些方面：

1. 企业的设立和发展，必须服从国民经济有计划按比例发展的要求。国民经济有计划按比例的发展，是社会主义经济的一项基本原则。坚持这一原则，是克服社会生产无政府状态的重要前提。贯彻这一原则的首要措施，应当是控制企业的设立与发展方向。不论全民所有还是集体所有，不论中央还是地方，要开办一个企业，必须由相当的计划部门，或工商行政管理部门，根据国家经济政策和国民经济发展计划的要求，予以审查。国家应当制定"企业法"，明确规定新办企业的审批和注册程序。不符合经济发展要求，不具备必要条件，或者在规模上、技术上缺乏经济合理性的拟办企业，就不能批准建设。但一旦经过批准注册，企业就取得在经济上相对独立、在法律上作为法人的地位，享有"企业法"所规定的权利与义务。已经建立的企业，有关产品专业方向的规定或变更规定，也必须经过国家的审查和批准。中央和地方在批准权限与批准范围上，要有明确的划分。

国家控制企业的设立和发展方向，是国家对国民经济实行统一领导的首要职能，而我们现行体制恰恰相反，一方面对现有企业的经营管理直接干预过多，一方面对企业的建立却缺乏严格的审查和控制。我们对人口还实行计划生育，而对企业的诞生却放任自流，这和社会主义的计划经济原则是极不吻合的。

2. 企业必须接受国家经济计划的指导，并保证优先完成国家的订货任务。经过经济体制改革，我国经济将实行计划调节与市场调节相结合的计划管理体制。国家根据国民经济发展的需要与可能，将着重于制定长远计划和经济区域规划，为企业发展指出方向。至于年度的、日常的生产计划，应当采取自下而上、上下结合的办法，给企业以较大的生产主动权。同时，对国内外的市场需要，国家将向企业提供必要的情报与预测；对企业之间的分工协作关系，国家也将通过一定的机构进行沟通与协调，以利于企业更好地发展生产，满足社会需要。某些重要物资和短缺物资，仍然要由国家直接控制，实行统购统销，这些物资的生产，可以由国家向企业订货。

实行以上经济体制，企业将在国家计划指导下，确定自己的经营方针和发展规划；企业要根据国家和市场的需要，安排自己的生产任务，并有责任优先保证国家订货任务的完成。

3. 企业必须严格执行国家的经济政策，遵守国家的经济法令。制定各项经济政策和经济法令，是社会主义国家统一管理国民经济的重要手段。政策与法令规定了企业在生产经营中必须遵循的准则，它是社会主义企业各项管理工作的重要依据。

国家通过各项经济政策和经济立法，对企业的经营管理发生制约作用，这与国家以行政手段直接指挥企业的生产经营活动大不一样。在政策界限和法律允许的范围内，企业可以有很大的自主权，发挥其主观能动作用，而又不致破坏社会主义经济的统一性。国家则可以大大减少行政事务，精简机构，并把主要力量放在发展国民经济的战略决策上。

4. 企业必须按照国家的统一规定，合理分配企业的经济收益。按劳分配是社会主义的基本原则。这一原则的正确贯彻，应当首先体现为企业由于生产经营好坏，对社会的贡献大小，而获得不同的收益。然后再把收益在企业内部按个人贡献大小进行适当的分配，使企业职工的个人利益和企业的经营成果相联系。企业与企业之间有收益的差别，职工与职工之间也有收益的差别，这是符合社会主义原则的。但是这种差别也不能是无限制的，不能过于悬殊。

为了高速度发展国民经济，国家要正确安排积累与消费之间的合理比例。社会主义企业除了按规定向国家交纳各项税金，为国家提供行政费用和积累基金外，在企业内部，也不能完全自由地分配自己的收益，必须按照国家的统一规定进行分配，一部分作为企业的生产发展基金，一部分用于职工工资奖励和发展集体福利事业。

以上几方面表明，社会主义企业的独立性绝不同于资本主义企业的独立性。国家通过制定经济政策、法令和统一的经济计划，对企业的经营管理发挥着统一的领导作用，使社会主义企业管理具有国家性。企业的内部管理和国家的统一管理是紧密联系而又相辅相成的。

三　社会主义企业管理的民主性

社会主义企业管理的第二个特征，是它的民主性。

马克思说过，"资本主义的管理就其形式来说是专制的"[①]。这是资本主义私有制必然的表现。由于现代生产技术的发展，脑力劳动在劳动结构中的比重越来越大，现代化的生产越来越要求生产劳动者的主动性。同时也由于阶级矛盾的深刻化，资本主义企业被迫不得不采取某些民主管理的形式，如实行"职工参与管理制"，吸收少数职工参加董事会，推行工人的"民主管理"，等等，以此缓和阶级矛盾。应当承认，资本主义企业采取这些手法，是会取得一定效果的。但是在私有制度下，资本主和雇佣劳动者之间，绝不可能有什么真正的民主，管理企业的大权只能掌握在资产阶级及其代理人手中。采取某些民主管理的形式，在一定条件下，可以起缓和阶级矛盾的作用，但绝不可能消除矛盾。只有在社会主义制度下，生产资料公有化，劳动者成为企业的主人，才有可能实行真正的民主管理。

社会主义公有制，为企业实行真正的民主管理提供了可能性。但是要把这种可能性转化为现实性，使企业在国家统一领导下，真正依靠职工群众当家作主，从而极大程度地发挥职工的社会主义积极性，还必须有一个与社会主义公有制相适应的、有效的具体组织形式。

民主集中制是无产阶级从事革命斗争的组织原则。它是无产阶级在长期政治斗争中所取得的一项重要的经验总结。但它同样也适用于无产阶级从事生产斗争。在十月革命胜利后，列宁就指出："现

---

① 《马克思恩格斯全集》第 23 卷，人民出版社 1972 年版，第 369 页。

在我们的任务就是在经济的领域内实行民主集中制……"① 如何在社会主义企业的管理中，具体运用民主集中制，是一个值得探讨的问题。

探讨这一问题，我们首先要对企业经营管理所必需的组织领导作一个简单的分析。历史经验表明，对一个现代化企业进行有效的管理，企业内部的领导权，大致可以分为三种职能：决策权、指挥权和监督权。决策权是对企业生产经营的方针、方向以及某些重大措施的决定权；指挥权是对企业日常生产经营活动的行政领导；监督权是从企业所有者的权益出发，对企业的决策者和指挥者进行全面监督。这三权既分立又相互制约，才能既维护企业所有者的权益，又保证现代化企业所必需的管理效率。

资本主义企业，这三权都掌握在资本家及其代理人手中。一般是由资本家代表所组成的董事会行使决策权与监督权，或者由董事会行使决策权，另组监事会行使监督权，由董事会或监事会委任的总经理行使指挥权。有些资本主义企业标榜"民主"，吸收部分职工参加董事会，但只能在董事会中占少数席位，因此重大问题的决策，特别是涉及资本家重大权益的问题，事实上仍然决定于拥有资本的董事和董事长。

社会主义企业的领导权掌握在无产阶级手中。企业应当在无产阶级自己的先锋队——中国共产党的领导下，按照无产阶级民主集中制的组织原则，实行真正的民主管理。但在领导权的分工上，仍然可以划分为决策权、指挥权和监督权三个方面。

新中国建立以来，在党的领导下，依靠广大职工群众的主人翁责任感，在企业民主管理上取得许多有效的经验。实行党委领导下的厂长负责制和党委领导下的职工代表大会制，就是这方面

---

① 《列宁全集》第27卷，第181页。

的两条重要经验。它为我们进一步探讨这个问题提供了基础。

党委领导下的职工代表大会制和厂长负责制，综合起来看，事实上仍然是把企业的领导权具体划分为决策权、指挥权和监督权三个方面。目前企业中通行的做法是，由企业党委行使决策权，厂长（或经理）行使指挥权，职工代表大会行使监督权。而且习惯上认为，党委行使决策权，才能体现党对企业的领导。但这种做法和看法，在实践中却遇到不少问题，在理论上是否合理，也是值得商榷的。

邓小平同志曾指出：为了坚持党的领导，必须努力改善党的领导。他并且提出了改革企业内部的领导体制问题。

加强党对企业的领导，对社会主义企业来说，是绝对必要的。党的领导主要体现为党所制定的路线、方针和政策，企业必须坚决贯彻执行，才能维护企业的社会主义性质，在经营管理中坚持社会主义原则。但是加强党对企业的领导，并不一定要由党的基层组织直接管理企业。企业是在国家统一领导下具有相对独立性的经济组织，应当由企业职工直接管理企业，才能充分调动广大职工群众当家作主的积极性。在领导企业的三权中，应当由职工代表大会行使决策权，厂长（或经理）行使指挥权，企业党委则应当掌握全面的监督权，以保证党和国家的路线、方针和政策在企业中贯彻实施。

习惯上认为领导权中决策权最重要，监督权似乎是次要的，这种传统的看法是缺乏科学分析的。企业管理中的三权，对于具有绝对独立性的资本主义企业来说，决策权是主要的；对于只有相对独立性的社会主义企业来说，监督权是更为重要的。因为社会主义企业的决策，只能在国家制定的方针、政策和法令范围内，并受国家经济计划的指导，作有限的决策。为了保证国家对企业的统一领导，重要的问题在于对企业决策进行有效的、全面的监督。特别是实行经济体制改革、扩大了企业自主权之后，这种监督就更为必要。由党委行使监督权，职工代表大会行使决策权，厂长行使指挥权，党委既监督厂长，也监督职工代表大会，才真正有利于加强党对企业的领导，有利于企业贯彻民主集中制，有利于经济管理体制的改革。这样的领导体制可以说是职工代表大会领导下的厂长负责制。这样做，可以解决现实存在的许多问题，并且在理论上也更加合乎逻辑。

第一，企业是经济组织，党委是政治组织。这两种不同性质的组织是不宜混同的。党的十一届三中全会指出：应该"认真解决党政企不分、以党代政、以政代企的现象。"这里指出的党政企不分的现象，正是指在组织系统上的混同。如果在企业中仍由党委行使决策权，企业在生产经营方面的问题由党委直接作出决定，由厂长分工去执行，实质上党委构成企业经济组织的一个组成部分，就不可能克服党政企不分的现象。

第二，我国实行经济体制改革，必然要以企业为本位，确立企业的自主权。企业不应当像现行体制这样，作为国家行政机关的分支机构，事无大小，一律由国家机关直接指挥。国家对企业的统一领导，主要将通过制定经济政策、经济立法、经济计划，以及运用经济手段等方式，而减少行政手段。企业作为社会主义的商品生产者，对国家将具有相对的独立性。这是企业这一经济组织的特征。企业党委则不然，它是整个党组织的一个组成部分，它是上级党组织的下属组织，也必须接受上级党组织的直接指挥。企业可以对国家有相对的独立性，企业党委则不能对上级党组织有相对的独立性。因此，由企业党委行使决策权，形成两种不同性质的组织系统的交叉，不能不出现一些矛盾现象。

第三，经济体制改革，扩大了企业的自主权，需要对企业进行全面、有效的监督。现行的做法，由职工代表大会行使监督权。职工代表大会是党委领导下的群众组织，由它行使监督权，一般只能监督厂长或经理。由党委行使决策权，如果有所偏差，不可能由党委领导下的群众组织来进行纠正。因此，实际上对企业缺少有力的全面监督。

第四，权利与义务应该是统一的。企业在国家统一领导下，具有相对的独立性和独立的经济权益，但同时也负有经济的义务与责任。在法律上，企业应当作为一个"法人"来承担这种权利与义务。党委在企业里行使决策权，能否由党委作为法人来承担经济与法律的责任呢？这显然是不适宜的。如果不由党委作为法人来承担责任，则企业的权利与义务缺乏一个统一的承担者，在经济立法和司法上将是一个矛盾。

第五，企业中贯彻民主集中制，在组织结构上，民主与集中应当构成一个直接联系的组织系统。党组织本身是以党员为基础的民主集中制的组织系统，它由党员选举产生党代会，然后产生党委会，形成党的集中领导。企业本身也应当以职工群众为基础，由职工选举产生职工代表大会，选举或任免厂长。企业的生产经营活动，由职工代表大会行使决策权。厂长行使指挥权，并向职工代表人会负责。这样就在企业的经营管理上，构成一个民主与集中直接联系的组织体系。党组织虽然不处在这个组织体系之内，但可以通过对这一体系的全面监督，以实现党对企业的领导作用。

第六，由职工代表大会及其常设机构行使决策权，它作为企业的法人，承担企业在经济上、法律上的义务与权利，权责一致，必将进一步增强广大职工的主人翁责任感，从而发挥更大的社会主义积极性。企业党委对职工代表大会主要发挥监督作用。党委对职工代表大会的决策，可以批评，可以建议，并通过党员代表发挥积极作用。依靠党在群众中的崇高威信，和党员的模范和保证作用，完全可以保证党和国家的方针政策在企业中得到贯彻。在个别情况下，如果出现职工代表大会不尊重企业党委的情况，还可以通过上级党委予以纠正。职工代表中的党员代表则必须执行党的决定，接受党的纪律约束。

第七，党委在企业中行使监督权是全面的：不仅监督职工代表大会及其常设机构，而且监督厂长及各级干部；不但监督企业在经营管理上的重大决策，而且监督日常工作和生活中的不良倾向。党委不直接承担企业经营管理上的决策与指挥责任，一方面有利于加强职工对企业经营成果的责任心，一方面也有利于党委摆脱行政事务，深入调查研究，分析企业存在的问题，掌握企业的发展方向，及时向有关方面提出批评与建议。同时党委将以主要的力量，做好党员和群众的政治思想教育工作，发挥党员的先锋、模范作用，以保证企业沿着社会主义的道路前进。这样，企业党组织将更加主动，更有战斗力，成为企业的核心力量。

企业在党委的全面监督下，运用职工代表大会的形式，发挥民主管理的作用，同时建立以厂长为首的统一指挥系统，形成企业内部的民主集中的管理体制。这是社会主义企业管理民主性的主要表现。实行这样的民主集中的管理体制，必将进一步发挥广大职工的社会主义积极性，同时有党的全面监督，又保证了企业不会脱离社会主义的统一性，使国家的统一性和企业的独立性更好地结合起来。

四 社会主义企业管理的群众性

社会主义企业管理的第三个特征，是它的群众性。

由于社会主义企业在党的领导和监督下，实行民主集中的管理体制，广大职工群众真正成为企业的主人。职工的个人利益不仅和个人的劳动贡献大小相联系，而且和企业集体的生产经营成果直接联系，这必然会引导职工群众关心企业的经营管理，愿意参与管理，为提高企业的生产经营成果而共同努力。

职工群众直接参加企业管理，是管理现代化的客观要求和必然趋势。资本主义国家的许多企业，已经认识到这一点，并且采取了一些措施来吸引职工群众参与管理。但是，真正依靠职工群众自觉地参加管理，只有在社会主义制度下才有可能彻底实现。

为什么现代工业企业的管理，必须依靠广大职工群众的参加？这个历史趋势，是现代生产技术迅速发展和劳动社会化程度不断提高所形成的。

从工业发展的历史过程看：处于原始阶段的工场手工业以及现代大工业的初期，企业的规模不大，企业内部的专业分工简单，生产效率和速度都不高，因此企业管理比较简单，与这种生产力水平相适应的管理组织形式，是分层直接指挥的"直线制"（或称"军队制"）。这种管理是依靠少数人进行综合管理，有关生产、技术、经营活动等管理职能，都由各级指挥者个人进行综合处理。随着现代大工业的发展，管理工作日趋复杂，工作量也越来越繁重，不能不在管理上实行分工，逐步建立起各项专业的管理部门，于是在管理组织形式上出现了"职能制"，由各职能部门分头指挥生产。这种多头指挥不适应生产的进一步发展，以后又发展为"直线制"与"职能制"相结合的"区域管理制"。

现代企业的生产力进一步发展，生产趋向自动化、联动化，生产过程更加集约化，生产的效率与速度大大提高，同时企业的规模不断扩大，市场竞争激烈，企业管理的内容不但日益复杂，而且要求反映准确，处理及时，并有高度的预见性。这就促使企业管理在组织形式上，趋向于部门管理与职能管理相结合的所谓"矩阵制"；在管理内容上，则要求打破只从部门局部或职能系

统，按专业分工来考虑问题的传统，而强调管理的综合化、系统
化，提出了"全面管理"的新概念。

所谓全面管理，其特点是对企业生产和经营的全过程进行管
理，对影响生产经营效果的多种因素，进行综合的分析与处理，
对未来发展的趋势要作出科学的预测。

以质量管理为例来说，传统的管理方法，是设立质量检验的
专业管理机构，对产品质量进行事后检验，以保证产品达到规定
的质量标准。这种事后检验的质量管理，开始阶段主要是对产成
品的检验，以后发展为对半成品的检验，但质量管理的对象没有
超越产品的制造过程。随着生产技术的发展，生产的效率与速度
不断提高，一方面要求质量检验技术现代化，一方面要求质量管
理由事后检验变为事前的预测与预防，于是在质量管理上引进数
理统计方法和相应的一套质量控制方法。为了对产品质量采取预
防性的控制，使质量管理从对制造过程的控制，引申到对原材料
供应等生产技术准备过程的控制。随着生产技术的进一步发展和
市场竞争的进一步激化，产品如何适应市场需要的变化而迅速更
新，成为资本主义企业在激烈竞争中生死攸关的头等问题，这就
要求质量管理不能停留于对制造过程工作质量的检验与控制，还
必须以提高产品本身的质量水平为目标，实行全面的质量管理。

全面的质量管理就是全过程的质量管理，不但仍然要在产品
的制造过程中进行质量的检验与控制，而且要求在产品的销售和
用户使用过程中进行质量调查，预测市场需要的发展趋势，企业
根据市场需要和用户的要求，迅速改变产品的设计，制定新的质
量标准，采取新的制造工艺，使企业能生产出新的更有竞争力的
新产品，迅速投入市场。这样，每一次循环，使产品质量获得新
的发展。这样的质量管理，涉及企业生产经营的全过程，从销售
过程到设计过程，到生产准备过程，到制造过程，又到销售过

程，企业所有的部门都必须为提高产品质量承担一定的责任，因此它成为全面质量管理。

全面管理既然是全过程的管理，它不但要求企业的各部门都为共同的管理目标而发挥作用，而且要求各部门的职工，从不同的岗位上共同关心并积极参与管理，因此，全面管理必然又是全员管理，只有依靠全体职工的积极参与并相互配合，才能取得最高的成效。现代化的管理已经不能只靠少数专业管理人员了，依靠广大群众参与管理是客观发展的必然趋势，而只有社会主义企业才具备实行这种全面管理的充足条件。

企业管理的内容是多方面的，可以分工为许多专业的管理职能。但如果用系统的观点加以综合，可以概括为三个主要方面的全面管理，即全面的计划管理、全面的质量管理和全面的经济管理（或全面的经济核算）。

社会主义企业仍然是进行商品生产的经济单位。生产的目的是为了满足社会需要，同时还要为国家、为企业自身创造经济收益。生产目的的二重性，和商品的二重性是一致的，即一方面要根据社会需要，不断提高产品的使用价值；一方面还要力求降低各种消耗，不断提高生产经营的经济效果。为了实现前一项目的，就要抓好全面的质量管理；为了实现后一项目的，就必须实行全面的经济管理。不论是全面质量管理，还是全面经济管理，都需要全体职工的共同关心和积极参与，才能取得最高的效果。

高度社会化的现代企业，它的生产经营活动必须有计划地进行，这对资本主义企业或社会主义企业，都是同样必要的。但是，在社会主义制度下，不仅企业，而且整个国民经济都有高度的计划性，企业的计划与国家计划相联系，这就必然使企业内部可以有比资本主义企业更高的计划性。

计划管理是项综合性的管理，它同样也应当是全面的计划管理。首先，企业的各项工作，应当以产销计划为中心，都用计划组织起来，经过综合平衡，成为企业的综合计划，使各项工作相互协调配合，保证产销计划的实现。其次，任何计划的实现，都必须进行计划的细分：以短期计划保证长期计划的实现，以部门部分的计划保证企业整体计划的实现。这种细分的计划越精细，对计划的实现就越有保证。计划细分到最后，必然要落实到每一个生产和工作岗位，落实到每一个职工身上。因此全面的计划管理也必然是全员的计划管理。同样也只有依靠全体职工的共同关心和积极参与，企业才可能实行真正的全面计划管理。

全面质量管理是围绕商品使用价值的综合管理，全面经济管理是围绕商品价值的综合管理，全面计划管理则是以销售—生产为中心，组织全厂各项生产经营活动的全面综合的管理。抓好这三项全面管理，基本上就抓住了企业的全部管理。

这三项全面管理又都是全员的管理，都必须依靠全体职工人人关心管理，人人参加管理，如果每一个职工在自己的工作岗位上，都讲求质量、讲求节约，并严格按计划进行生产和工作，企业无疑就会取得优质、高产、低消耗的优异的生产经营成果。

综上所说，国家性、民主性、群众性是社会主义企业管理的基本特征。具体地说，就是要在国家统一领导下，充分发挥企业的主观能动作用；在党的领导和监督下，建立民主集中制的管理体制；依靠广大职工群众人人参加，实行三项全面管理。正确认识社会主义企业管理的这些特征，充分发挥社会主义的优越性，同时有选择、有鉴别地吸取国外先进的管理方法，结合我国具体情况而运用，我们一定会在不长的时期内，创立一套具有我国特色的社会主义的管理科学体系，为实现中国式的社会主义现代化创造必要的条件。

全员培训是企业现代化的战略任务[*]

本刊本期发表了太原钢铁公司《大抓全员培训把太钢搞上去》的文章，介绍了这个公司大抓人员培训的经验和成效，供大家参考。但是，关于全员培训对于企业现代化的重大意义，还有必要在这里做一点阐述，也供大家参考。

实现社会主义的现代化，是我国当前和今后全党全民的一个历史性的伟大任务。它是关系到我们子孙万代的一件大事。

实现四个现代化，毫无疑问将表现在物质形态上，特别表现在我国工农业生产、科学研究和国防，都将拥有现代化的手段。但是，毫无疑问，任何物质资料要由人来创造，物质手段必须靠人去掌握。不可能设想一双只会推手推车的双手，能够驾驶宇宙飞船；一个只能手拉肩扛的人，能够运用电子计算机。在人与物的关系上，人是主体，这是千古不移的真理。实现四个现代化，没有相应的现代化的人，那又怎么可能呢？这个浅显的道理，一说谁都懂。但是，在实践中是否把培训人的问题摆到头等重要的位置上来，却有很大差别：有的部门和企业，已经认识到这个问题的迫切性，采取了积极措施，并从中尝到甜头，如太原钢铁公司就是一例；有的部门和企业也开始认识到这一问题的重要性，但还没有太大的迫切感，行动就一般化；当然也还有一些部门和企业，对此缺乏认识，还没把它提到议事日程上来。

"四人帮"横行时期，也曾高喊什么"人的因素第一"，但是他们出于篡党夺权的需要，大肆推行极"左"路线，毁灭文化，摧残人才。在世界科学技术突飞猛进的年代，他们疯狂吹捧"白卷先生"。全国本来就少得可怜的专门人才，几乎无一不受迫害，或者处于无所事事的困境。"四人帮"之流罪恶累累，罄竹难书，而最大祸害之一，是毁了我们两代人，缺乏人才成为我们今天实现"四化"的一个极大困难。今天，在企业里，不少领导干部缺乏系统的管理知识和基本的生产知识。管理人员和技术人员数量少、质量差，即使过去有一定的专业知识，也由于多年的荒废，一时还跟不上形势发展的要求。大量的青年工人，不但缺乏专业知识与技能的训练，也缺乏必要的文化基础。企业中技术落后，管理混乱，产品质量低，事故多，无不与人员的技术水平和管理水平低有直接联系。在这种情况下，即使引进先进的技术与管理方法，也掌握不了，发挥不出应有的效能，又怎能实现现代化？

全员培训，就是说，企业里从领导干部到技术与管理干部，到生产工人、辅助生产工人以及各类服务人员，无一例外都要分期、分批，有计划、有步骤地进行培训。在政治上，要肃清"四人帮"的流毒，提高社会主义觉悟；在业务上，要提高理论水平与实际工作能力。一句话，要培养一支又红又专的职工队伍，这是企业实现现代化的战略任务。今天，不抓这一条，不把这一条当成首要任务来抓，实现现代化只能是一句空话。这一点，不能不要求各部门、各企业的领导给予高度重视。

目前，我们说全员培训的重要性和迫切性，主要还只是从"四人帮"和多年极"左"思潮所造成的危害来看的。抓全员培训，在很大程度上还是从"补课"、从弥补两代人被坑害而造成的落后局面来考虑的。实际上，它的意义还不止于此。全员培训不仅是企业当前和今后一个时期的战略任务，而且是现代化企业的长期任务。

科学技术是生产力的一个部分，管理在组织与控制生产力方面，也构成生产力的一部分。现代工农业的发展，越来越在很大程度上决定于科学技术与管理方法的进步。而近二三十年，世界科学技术与管理突飞猛进的发展，出现了一个知识更新的问题。发达的资本主义国家，他们的资产阶级完全懂得，要使自己的企业，在激烈的市场竞争中站得住脚，不但要有先进的技术装备，更重要的还在于拥有一支知识水平高的职工队伍，为他们掌握技术并创造新技术，还要有一批懂得管理科学、善于经营管理的经理，否则他们就无法在国际上、在国内战胜他的竞争对手。因此，出现了所谓"智力投资"问题。

据国外有人研究，资本主义国家 20 世纪初，劳动生产率的增长，大约 5%—20% 依靠科学技术的发展，而现在则 60%—80% 是靠采用新的科学技术获得的。美国现在国民总产值的平均增长额，大约有一半是由于改善劳动力教育水平取得的。另据统计分析前，从 1939—1972 年，美国在农业科学教育中每投资 1 美元，可以在 13 年内从增产中得到 4.3 美元的收益。另据日本一些研究报告称：工人教育水平每提高一个年级，技术革新者占工人的比例，平均增加 6%。工人提出的革新建议，一般能降低成本 5%；经过训练的技术人员的建议，一般能降低成本 10%—15%；而受过良好教育的管理人员创造和推广现代科学管理技术，可降低成本 30% 以上。① 正因为这样，资本家愿意招聘知识水平高的职工，并且不惜拿出资本对公司职工进行各种形式的培训。

近年来，由于科学技术与管理技术发展迅速，现有的知识很快就会陈旧"老化"。任何职工即使受过良好的教育与训练，他在工作中如果不继续学习，使知识不断更新，也会跟不上形势发展的要求。据国外研究，在发达的资本主义国家，大学生毕业后大约 10 年，他原有的知识几乎全部需要更新。因此国外在教育上出现了一种新的理论，即"终身教育"的理论。意思是说，在现代科学技术迅速发展的情况下，一个人的一生，不能机械地划分为学习阶段和工作阶段，在工作中仍要继续不断地接受新的教育，以获得新的知识，否则就不能适应知识更新的要求。也正因为这样，资本家为了在竞争中求生存和发展，不能不十分重视在职职工的再教育问题，否则就要落后。目前，发达的资本主义国家，不仅各大公司普遍设立职工培训中心，而且在大学里也盛行为在职人员举办各种形式的训练班，以适应职工再教育的需要。美国有 600 所大学都办有管理学院或系，其中大约 2/3 的院、系开办了在职人员的训练班或研究班，规模还在不断地发展中。俗话说："活到老，学到老"，在知识发展不是很快的年代尚且需要如此，在今天知识发展十分迅速的时代，工作与学习的确不可能截然划分为两个阶段，而只能水乳交融或者交替前进了。从这个趋势看，很显然，全员培训不仅是企业当前的迫切任务，而且将是企业长期的战略任务。

本刊本期还介绍了美国柏克德公司训练中心培训管理人员的经验。这个经验不但说明了资本主义企业对在职人员培训的

① 夏禹龙等：《论智力投资》，《文汇报》1979 年 12 月 6 日。

重视，同时给我们一个很大的启发，就是他们把培训人员和选拔人员结合起来。他们的高层经理人员来自基层。从基层选拔的人员，要经过层层实际工作的锻炼，然后晋升为高级经理人员。预定担任某项领导工作之前，又必须先在被领导的主要业务部门中取得实践的经验。更重要的是，在实际工作锻炼的过程中，每一次变动工作，每一次提升，都要经过一定的培训。学了再干，干了再学。对人员的考核，不仅看工作成效，还要看学习成绩。这样有计划的培养、淘汰和选拔，使资本家获得忠诚而又确有真才实学的管家人。资本家这样做，当然是从维护资本的利益出发的，但是他把培养与选拔相结合，这个做法却是十分科学的。我们目前在企业内，对职工的提职、升级也重视了考核，但却未与有计划的培训结合起来，不能不说是一个缺陷。为了选拔人才，为了培养接班人，为了鼓励全体职工的上进心，很有必要也把选拔、提升和有计划的全员培训工作结合起来，使全员培训对促进企业技术与管理水平的提高，具有更大的推动力。

实现"四化"要求迅速培养一支又红又专的职工队伍，当然不仅是企业的战略任务，也是摆在全党全民面前的一项重大任务；不但需要教育部门大力发展教育事业，向企业输送新的人才，而且需要教育部门和各经济部门都来重视在职人员的再教育问题。应当积极发展电视教育、函授教育、业余教育等，为企业开展全员培训创造条件。同时还应当改革我国大学和专科学校的学制，使在职人员有入学再学习的机会。这些都是必要的。但是从企业本身来说，必须把全员培训工作像太原钢铁公司那样，当作一项长期的、经常的基本任务来抓，要有一个通盘的规划，依靠自身力量并充分利用各方面提供的条件，有计划、有步骤地组织各类人员的培训。有条件的企业，主要依靠自己的力量搞培训，缺乏条件的企业，也应当采取与其他企业合作的办法，开始这项工作。总之，要抓，而且要狠抓。现在不着手抓，必将阻碍企业向现代化进军的步伐。

为建立具有中国特色的
管理科学而努力[*]

党的十二大制定了我国经济建设的战略目标、战略重点、战略步骤和一系列正确方针。实现这一伟大历史任务的条件之一，是必须提高我国的经济管理水平。胡耀邦同志代表党中央在十二大的报告中指出："必须加强经济科学和管理科学的研究和应用，不断提高国民经济的计划、管理水平和企业事业的经营管理水平。"在党的重要文献中，提出加强管理科学的研究和应用，这是第一次。它反映了我国进入以经济建设为中心任务的历史新时期的客观要求。本文就如何贯彻执行党中央这一重要指示，谈几点不成熟的看法。

围绕提高经济管理水平的几个思想认识问题

粉碎江青反革命集团以来，特别是党的十一届三中全会以来，我国经济管理工作和其他各项工作一样，经历了一个拨乱反

---

* 原载《人民日报》1982 年 10 月 22 日。

正的过程。工作的每一步前进，都和思想认识的提高分不开。

　　管理是生产劳动社会化的产物。经济建设的任何一项工作都离不开管理，这本来是属于常识范围的问题。但是在"文化大革命"的十年动乱中，"四人帮"之流根本否定管理的必要，把必不可少的规章制度诬蔑为对工人群众的"管、卡、压"，甚至要创立什么"无人管理"工厂。因此，在拨乱反正中，不能不首先针对这种无政府主义思潮，解决要不要重视管理的思想认识问题。几年来经过整顿，从宏观的经济管理到微观的企业管理，不但恢复了基本秩序，而且有了很大改善和提高。在今天，对于管理的必要性和重要性，可以说在思想上已经得到解决。

　　但是，承认管理的必要性和重要性，不等于就承认管理的科学性。管理是不是一门科学？有没有它的客观规律？要不要按客观规律办事？对于这些问题，还不能说在广大的经济工作者中都有足够的认识。一方面由于多年来管理教育和管理知识的普及工作受到摧残，目前大部分管理工作人员没有经过科学的训练就走上工作岗位；另一方面由于管理是一种主观行为，很容易被误认为可以任凭主观意志行事。不但参加工作时间短的人，会有这种盲目性，即使有些参加工作时间长、有了较多实际经验的人，同样也会有这种盲目性，他们不善于把具体的经验上升为理论，也不习惯于依靠科学理论来指导自己的工作。这种凭经验办事的倾向，对提高我国经济管理水平是不利的，但是，目前情况有了很大变化：管理人员的培训有了很大发展，广大经济工作人员自觉要求学习管理知识的人越来越多，因此承认不承认管理的科学性，这一认识问题，可以说正在解决中。

　　围绕着提高经济管理水平的第三个认识问题，是管理科学的建设和发展道路问题。几年来，在这个问题上，还存在着不同的意见。

　　粉碎江青反革命集团以后，在经济建设上我们实行对外开放政策。为了迅速改变我国科学技术落后的状态，有必要从国外引进先进技术。但是一度出现了不顾我国国情的盲目引进的倾向。在管理上，同样也出现了一股"引进热"。实现"四化"，要求管理也逐步现代化，这是肯定无疑的。但是如果简单地认为，管理现代化就是把资本主义国家的一套现代管理搬过来，这种认识无疑是不科学的。

　　以上三个认识问题，如果说头两个已经解决了或者接近解决，那么第三个问题还是一个没有解决的问题。党中央既然提出了加强管理科学的研究和应用要求，就有必要认真地探讨一下我国管理科学的发展道路问题。

要建立具有中国特色的管理科学

　　邓小平同志在党的十二大的开幕词中指出："我们的现代化建设，必须从中国的实际出发。无论是革命还是建设，都要注意学习和借鉴外国经验。但是，照抄照搬别国经验、别国模式，从来不能得到成功。这方面我们有过不少教训。把马克思主义的普遍真理同我国的具体实际结合起来，走自己的道路，建设有中国特色的社会主义，这就是我们总结长期历史经验得出的基本结论。"小平同志这段高度概括的话，既适用于革命，又适用于建设，对我们正确考虑管理科学的发展道路问题，同样也是适用的。

　　为了迅速改变我国科学技术与管理的落后面貌，学习和借鉴外国的先进经验是非常必要的。但是不能简单地照抄照搬。我们知道，自然科学和技术是没有国别、没有阶级性的。但是多年的实践经验证明，引进科学技术，也有一个是否适合我国国情的问题，必须从我国的实际出发，有目的有选择地引进。管理科学和自然科学、技术科学有根本的区别，它以经济科学为基础，和社会经济制度有直接联系，因此更不能简单照抄照搬外国的经验。

马克思早就分析过，管理作为经济活动的一种职能，具有二重性：一方面，它要对生产力发挥组织作用，这方面的管理是与社会制度没有直接关系的；另一方面，它要实现一定的生产关系目的，这方面的管理则直接决定于社会制度的性质。正因为管理具有这种二重性，我们的管理科学不但可以而且应该努力吸收外国一切对我们有用的好的经验，但是又要有所选择。一般来说，要考虑以下几个问题。

第一，要鉴别管理的社会性。不论是宏观的经济管理还是微观的企业管理，都存在大量与社会制度相联系的问题。因此，对待外国的管理经验，首先要鉴别它哪些内容与他们的社会制度有联系，哪些是纯粹的方法问题。即使是纯粹的方法问题，还要深入考察一下，是否确实是一种行之有效的方法。这就要做一番"去粗取精，去伪存真"的分析工作。当然，我们不能大而化之，笼统地把某一种管理理论或方法划为资本主义的或社会主义的。比方说，西方国家的企业管理有行为学派，建立了行为科学。其中有许多理论是以资产阶级世界观为基础的，但是其中又有不少有用的方法，可以适用于社会主义企业管理，或者经过适当改造后可以应用。如果我们简单地把行为科学说成是资产阶级的理论而加以排斥，就不是一种科学分析的态度。

第二，要考虑国情的适应性。国情是一个含义很广的概念。社会制度就是一个重要的国情。除此之外，还包含很多其他内容。例如，大国和小国，在国民经济的管理上就会有很大区别。每个国家又有历史、地理、民族、资源等等特点，都会对管理发生影响。我国劳动力资源丰富，如何合理运用，就和劳动力缺乏的国家不一样。我国经济水平、教育水平还比较低，国土大，各地区发展不平衡，这些因素就使我们在管理方法现代化上，既不能一步登天，又不能一刀切。就微观的企业管理来说，既要考虑国情，还要考虑厂情。不同行业、不同规模、不同水平，管理的方法及其提高途径是不会完全一样的。要求所有企业都硬性推行国外某种管理方法，这种做法是值得商榷的。

第三，要把学习与创造相结合，走自己的道路。学习与借鉴外国经验，关键在于消化。所谓消化，就是使之中国化、本厂化。要消化，就必须"学"中有"创"，而不是依葫芦画瓢。如果我们自己也有比较好的经验，应当以自己的经验为主体，用外国的经验来丰富它、发展它，而不是取代它。例如，在质量管理上，我们已经有富有社会主义特色的"信得过小组"活动，就不必再简单照搬外国的"QC 小组"。

马克思关于管理具有二重性的理论，是我们建设中国的管理科学的重要指导思想。不掌握这一思想，就会使我们产生许多糊涂观念。比方说，从总的看，应当承认我国管理是比较落后的。但是否在所有的方面都落后呢？在有关生产力组织方面，不论在管理方法上、管理技术上，我们都有落后的一面，甚至还处于很原始的状态；但是社会主义制度是比资本主义先进的社会制度，与社会制度相联系的管理，例如，国民经济的计划管理、职工民主管理等等，能不能说这一类的管理也统统比西方国家落后呢？尽管这些管理还存在许多有待改革的问题，但对资本主义企业来说，他们根本还接触不到这方面的问题。

世界上并没有一套放之四海而皆准的、完整的"现代管理学"，似乎只要把它拿来应用，就可以马上解决我国管理落后的问题。事实上并不存在这样一个超社会制度的管理体系。我们今天面临的任务，不仅仅是一般地提高管理水平问题，更大的任务还在于要创建一套具有中国特色的社会主义的管理体系。

党提出了全面开创社会主义现代化建设的新局面的伟大任务。这里值得重视的是一个"创"字和一个"新"字。我们要建设的是有中国特色的社会主义，我们要实现的现代化是中国式的社会主义的现代化。我们正在进行经济管理体制的改革，要实行以国营经济为主导，多种经济形式合理配置，以计划经济为主，市场调节为辅的管理体制；要实行在党的领导下，党、政、企合理分工的领导体制；要进一步完善责、权、利相结合的经济责任制等等。这些重大的改革，都不可能有现成的模式可以照搬，只能在马克思主义基本原理的指导下，通过总结我国历史正反两方面的经验，并吸取和借鉴外国的经验，走出一条前人所没有走过的新路子。这是我们开创新局面所要解决的重大任务之一。

建立中国的管理科学,是理论界
和实际工作者的共同任务

我们说要建立中国的管理科学，有的同志会认为是一件高不可攀的事情。还有的同志认为，既然我国管理十分落后，目前还谈不上什么建立中国的管理科学。这些看法，是把科学神秘化了。

什么是科学？科学无非是对各种自然和社会现象及其运动、发展的客观规律的认识，并且把它加以系统化。而科学本身也有一个从无到有、从简单到复杂的发展过程。我国三十多年的建设，尽管遭受过严重挫折，但是成就还是不小的。这些成就不可能与管理无关。也就是说，这里面必然有在管理上大量成功的经验，也有失败的教训。如果我们没有一定的管理水平，就不可能依靠自己的力量使卫星上天，使规模巨大的葛洲坝工程建成。全国近40万个工业企业，总的看，管理水平是低的，但各行各业都有一批先进企业，它们能取得较好的经济效益，必然在经营管理上有一套行之有效的经验。问题在于没有把这些分散的经验加以总结，使之系统化，上升为理论，再用以指导我们的实际工作。

科学的基础是实践。特别是社会科学只能立足于社会实践。因此，中国管理科学的建立与发展，不能只靠少数理论工作者来进行。所有从事经济工作的人，都可以也都应该在自己业务范围内为建立与发展中国管理科学而做出贡献。为了实现党中央提出的"加强经济科学和管理科学的研究和应用"的号召，需要理论工作者和实际工作者共同努力，做好以下几件事。

第一，要认真总结我国的管理经验。首先是总结现行的管理办法，哪些应当肯定，哪些应当改革或改进。进而还要总结历史的经验与教训。这种总结工作应当广泛进行，每一个经济部门、每一个企业、每一个经济工作者，都可以在不同的范围内进行。涓涓细流，最后会汇合成长江大河，成为中国管理科学的基础。

第二，要有的放矢地吸收外国行之有效的管理方法，并使之中国化。要广泛了解和占有外国的经验，不论哪一个国家，只要是确实行之有效的好经验，我们都要研究，然后有选择地在实践中试用，在试用中可以加以改造，使其适合我们的实际情况，这样才能把它吸收进来，成为我国管理体系的有机组成部分。

第三，要从实际出发，大胆创新。历史的经验要继承，外国的经验要吸收，但是我们管理体制正在进行改革，面临许多新情况、新问题，需要我们从实际出发，大胆创新，走前人没有走过的道路。只有这样，才能创建具有中国特色的管理科学。

第四，要把丰富的实践经验条理化、系统化，上升为理论，逐步形成中国管理学派。西方国家有许多以个人为代表的管理学派，反映了他们是私有制的特征。我们是社会主义国家，依靠广大实际工作者和理论工作者的共同努力，创建出一套具有中国特色的、社会主义性质的管理科学，在国际上必然成为独树一帜的中国学派。

　　建立具有中国特色的管理科学，当然需要很大的努力，但它不是明天的任务、后天的任务，而是今天就要实行的任务。开始可能粗一些，可以不断深化，不断丰富和发展。拿工业企业管理来讲，党中央、国务院今年关于开展企业全面整顿的指示，提出了"三项建设"的要求，提出了实行全面计划管理、全面质量管理、全面经济核算、全面人事劳动管理，提出了民主集中制的领导体制的要求，这"四全"、"一制"可以说就是我国企业管理科学体系的模型，经过全面整顿的实践，把这些内容充实丰富起来，难道不可以成为一套具有中国特色的社会主义工业企业管理学么？我国农村实行各种形式的责任制，发生了天翻地覆的大变化，从中加以总结，难道不能建立中国式的农村经济管理学么？我国经济管理体制的改革正在进行，经过理论的深入探讨和实践经验的总结，将制定一个全面改革的方案，这难道不会大大促进中国经济管理学的建立么？实际工作都在做，但我们主观意识却没有认识到这些努力正是在建立和发展中国的管理科学。只要认识到这一点，依靠实际工作者和理论工作者的共同努力，把古今中外一切好的经验集中起来，并加以系统化，一个具有中国特色的管理科学就会以一个比较完整的形式出现在世界东方，随着我国经济建设的雄伟步伐，它将不断丰富发展，为实现二十年的宏伟目标而做出贡献。

关于提高企业素质的若干理论问题[*]

前不久,中央领导同志提出要提高国营工业企业的素质,指出:"工业面临着一个严重的挑战,企业不在素质上有个显著提高,就没有生命力,在国际市场上没有竞争力。"而且指出:"今后二十年主要要搞两件事:搞好重点建设和提高企业素质。如果全国几十万个企业的面貌不改变,素质不提高,在中国就谈不上什么现代化。"

如何认识这个问题,从而采取有效的途径解决这个问题?这是当前经济理论界必须认真探讨的一个重要问题。

我国工业企业在数量上已拥有一个不小的规模,但是,除了少数先进企业外,在素质上是不高的。一般表现为劳动效率低,产品的品种少,质量差,消耗大,成本高,等等,还有相当数量的企业是亏损企业。要改变这种状况,光靠下命令,要求企业领导人"重视"是不够的。现在提出要提高企业素质,我们就需要研究,究竟什么是企业素质,企业素质的内容和主要标志是什么,影响企业素质的内部与外部条件是什么。

* 原载《经济研究》1983 年第 11 期。

企业是国民经济的基本单位，它是整个国民经济肌体的一个细胞。但它不是孤立存在的。细胞与细胞之间，细胞与整个肌体之间，都是紧密联系的。解决企业素质问题，也绝不是单靠企业本身努力所能解决的，它联系到企业的外部条件，特别是经济体制的一系列问题。

下面就有关企业素质的几个理论问题，谈一点个人见解。

一　什么是企业素质？

探讨一个问题，总是需要先把概念弄清楚，否则就没有共同的语言。要弄清概念，又必须从理论上作些分析。

什么是企业素质？现在说法不一。有的是把企业素质分解为几个要素来说明，这就是所谓"要素说"；有的是从企业所表现的能力或活力来分析，这就是所谓"活力说"；有的同志则认为应把这两者结合起来。我个人认为，前者是说明企业素质的内容，后者是说明企业素质的表现，两者都应当作出分析，才能把握企业素质的概念。如果要给企业素质下个简明的定义，我认为它不是一个量的概念，而是一个质的概念，它是决定企业活动能量大小的各种内在因素的综合。

这里说企业活动能量，用能量二字，没用能力二字，是因为能力二字过去已经有它特定的含义。我们知道，所谓"生产能力查定"，是从数量上考察企业所具有的内在条件。能力既然已经作为数量的概念而使用，因此我用能量这个词来表达企业活动的质量水平。也就是说，企业生产能力的大小，是企业各种内在因素在数量上的综合；企业活动能量的大小，则是企业各种内在因素在质量上的综合。

这里说企业各种内在因素，指的是什么？因为工业企业是从事工业生产和经营的经济组织，它的内在因素指的是生产力的各要素。劳动者、劳动手段、劳动对象三要素都是物质要素（我认为人的要素也是一种物质形态的要素）。还有两个非物质形态的重要要素，即科学技术与组织管理。

技术是生产力，管理也是一种生产力，这两点在理论上是公认的。但是这两种非物质形态的生产力，又各有特点。技术作为一种生产力，它不可能单独存在，它是一种意识形态，它只能体现在生产力的三个物质要素之中。一个企业的技术水平高低，不可能有一个综合的抽象的标志，它只能表现为劳动者的技术知识和技能的水平、劳动手段的技术水平和劳动对象的技术水平。

管理作为一种生产力，也不能单独存在，它也是一种意识形态。但它不同于科学技术，它不是体现在生产力三个物质要素之中，而是对三个物质要素的组织，包括每个要素的组织（如劳动组织、设备的组织、产品的组织）和三要素之间的组织。

现在讲企业素质，一般的说法是包含人员素质、技术素质和管理素质。按照以上的分析，技术素质应当体现到劳动者素质、劳动手段素质和劳动对象素质中去。因此，企业素质从要素来说，具体分解为四要素比较合理，也比较具体，即劳动者素质、劳动手段素质、劳动对象素质和管理素质。

二　提高企业素质的基本内容

把企业素质分解为四个要素，它的好处是便于我们把握提高企业素质的基本内容和基本途径。现在分述如下：

1. 提高劳动者的素质

企业的劳动者包括全体职工中的脑力劳动者和体力劳动者，包括领导人员和全部职工群众。

提高劳动者素质究竟包含哪些内容，也要作些分析。我认为社会主义企业的劳动者素质主要应体现为三个方面，即身体素质、文化素质和思想素质。现在我们提出领导干部要"四化"，即革命化、年轻化、知识化、专业化，实质上就是要求提高上面说的三方面的素质。"年轻化"实质上是对身体素质的要求，"专业化"、"知识化"是对文化素质的要求，"革命化"是对思想素质的要求。因此，干部"四化"的要求，就其广义而言，同样适用于整个职工队伍。

这里有一个问题值得注意：我们讲提高劳动者素质，很容易只就一个个劳动者来考虑，而忘了我们现在提出的问题是企业素质，是要从企业的整体来考虑。企业劳动者的整体是它的职工队伍。整个职工队伍固然是由一个个劳动者组成的，但就整体来说，要把对个别劳动者素质的要求和整个队伍的组织结构的要求结合起来考虑。例如，"年轻化"，并非所有的职工都越年轻越好；"知识化"，也并非要求所有职工都达到大学毕业程度；"革命化"也有先进部分与一般部分的区分。

职工队伍的身体素质，用"健康化"来代替"年轻化"，意义可能更确切一些。但健康的程度也要根据不同的行业、工种提出不同的标准。比方说，体力劳动者健康条件要高一些，其中从事重体力劳动的，又要更高一些，因为退休的年龄就不能一刀齐。从事技术复杂的工种或技术工作，需要经验的积累，年龄可以大一些，而且要老中青结合，形成一支接替发展的梯队。就领导干部来说，担任一线指挥生产的干部要年轻一些，担任决策工作或者参谋决策的干部就可以老一些。诸如此类的问题，都要具体分析。因此就职工队伍的整体来说，年轻化也好，健康化也好，归根到底是要设计出一个合理的身体素质结构，对不同岗位、不同的人员作出不同的规定。

文化素质包含基本的文化知识和专业的知识与技能，同样也有一个结构的问题，要根据不同的生产和工作岗位，规定不同的文化素质要求。

思想素质当然希望越高越好，但从职工队伍的整体来说，总是会形成先进的、中间的、后进的三个部分。合理的结构应当是两头小、中间大。要有计划地通过思想政治工作，使先进部分带动一般，并促使先进的更先进。

2. 提高劳动手段的素质

劳动手段包括企业的全部劳动资料，其中主要是劳动工具，也就是生产设备和设施。

提高劳动手段的素质，主要是提高劳动手段的质量，而不是增加它的数量。这是就主要而言，不是说在数量上绝对不允许增加。前面说过，我们讲企业素质是就整体来说，在劳动手段上也不是就一台一台设备来说。为了改变企业技术装备落后的状况，增加一台关键性的先进设备，既是质量的提高，也是数量的增加。问题是着眼点要放在质的提高上，而不是简单地扩大生产能力。也就是说，提高劳动手段素质，要着眼于提高内涵的技术水平，而不是扩大外延的生产能力。

劳动手段的素质，也有一个合理的结构问题。总的方面是要采用先进技术装备，但是，首先，不是越先进越好；其次，也不是所有的生产环节都要采用最先进的技术装备。提高劳动手段素质要有一定的目的性，不能为先进而先进。要把技术的先进性和经济的必要性与合理性结合起来考虑。从我国的国情出发，有些生产环节要采取技术密集的方针，有些环节则可以采取劳动密集的方针，以充分利用我国充裕的劳动资源。比方说，有些产品为了达到高质量的标准，在许多生产环节上必须采用先进的技术装备，但有些环节，如产品的包装，不用自动化设备而用人工包装，同样可以达到质量要求，那么包装这一环节就可以依靠劳动密集来进行。诸如此类的问题都涉及如何合理安排劳动手段的技术结构问题。

3. 提高劳动对象的素质

劳动对象主要指的是企业生产劳动所加工的物质资源，也包括这些资源经过加工而形成的半成品，以至成品。提高劳动对象的素质，一是要善于合理利用资源和开发新的资源；二是在一定资源条件下开发产品，创造更多更好的使用价值，以满足社会需要。不论资源的利用还是产品的开发，同样也有一个结构问题，例如，把主要的原材料用于主导产品上，边角材料用于生产副产品，等等。

4. 提高经营管理的素质

管理的基本职能是组织。生产力的各要素只有组织起来才能形成有效的生产活动。个别劳动者的素质很好，不合理的管理组织，也会使英雄无用武之地；个别的劳动手段很先进，没有合理的管理组织，就发挥不出它的先进性；管理不善更会造成物质资源的大量损失和浪费，产品的成本高、质量差。因此，提高经营管理的素质，对提高整个企业素质来说，是一个决定性的环节，首要的环节。提高劳动者、劳动手段和劳动对象等物质形态的素质，都要有一定的条件，或多或少都要有一定的投资，而提高管理素质既是提高这些素质的前提条件，它本身又不需要什么投资，可以说是一项无本万利的有效措施。

前面说过，技术素质体现在劳动者、劳动手段和劳动对象等素质之中，但也要看到技术素质的提高主要是劳动手段素质的提高，因此，有计划地进行技术改造，对提高企业素质来说，也是一个重要环节，虽然它不像管理素质那样具有前提性。

三　提高企业素质的主要标志

企业素质好坏的主要标志是什么？能不能用一个或几个数量指标来说明企业素质的高低呢？不能。前面说过，企业素质是一个质的概念，它又是好几种要素的综合体现，很难对它作出量的规定。因此只能从它的某些表现作些分析。

我们说企业素质是决定企业活动能量大小的各种内在因素的综合。这里，各种内在因素是指它的内容；活动能量大小是指它的表现。然而，从哪些方面来看它的活动能量大小呢？我认为可以从以下三个方面看。

1. 表现为企业活动的效能高

所谓效能也是一个质的概念。就生产来说，不是指能生产多少，而是指能生产什么。如果以产量大小来说明企业素质，那么大厂就永远比小厂素质高了。大厂的产量高，素质并不一定就好。至于能生产什么，就不一样。小厂的规模小，但能生产高精尖的产品，能适应市场需要，生产出适销对路、价廉物美的产品，应当说这个小厂的素质是高的。

企业活动效能高低，一表现为对客观条件的适应力，二表现为创新力。前者是被动的，后者是主动的。市场的客观需要变化了，企业的产品能适应这一变化而变化，这是适应力的表现；原材料涨了价，企业能采取节约材料和其他消耗措施，使产品不涨价还能有盈利，也是一种适应力。但适应力还是被动的、消极的，企业有更高的素质还表现为创新力，它不仅满足需要，还创造需要。它可以创造一些新的使用价值，开辟市场，推动新的需求。

适应力和创新力综合起来，就是在市场上的竞争力，资本主义对企业素质的评价，竞争力可以说是惟一的标志。社会主义企业与企业之间也要有一点竞争，但不能把它作为企业素质的惟一标志，因为社会主义企业的共同目标都是为了满足日益增长的社会需要，是在这一共同目标之下的竞争。社会主义企业更主要的任务是为国家、为社会做出有益的贡献，竞争也不是完全为了企业的本位利益。因此，与其说竞争力，不如说贡献力更确切。企业活动效能的高低，应表现为对社会的贡献力大小。它和竞争力的不同点，在于为了提高贡献力，必要时可以牺牲一些企业的本位利益。

2. 表现为企业活动的效率高

企业光有较高的活动效能，还不能完全体现企业素质的好坏，在它的内在活动组织上，还应表现出有很高的效率。不论是适应市场变化还是创新，都要快而准确。如果企业的劳动者、劳动手段、劳动对象的素质都是高的，又有一套高素质的管理，就能根据市场变化，及时作出经营决策，及时改变生产组织，迅速推出新的产品，或者在质量上取胜，或者在价格上取胜。能干什么，或者什么都能干，固然是企业素质高的表现，如果只能慢吞吞地干出来，总是落在别人的后面，就很难说素质高了。

3. 表现为企业活动的效益高

企业素质好坏，从成果看，最后集中表现在企业的经济效益上。

经济效益这个概念不同于经济效果，它比经济效果的含义更广一些。经济效果指的是劳动消耗与劳动成果之间的对比，可以用价值指标来表示。经济效益则不仅考核价值，还要考核使用价值。就投入来说，不仅要考核劳动消耗，还要考核物质消耗。例如，节约与合理利用自然资源，尽管这些资源并没有包括物化劳动，如果是稀缺的，也要严格控制。就产出来说，不光是考核产量、产值大小，还要考虑产品的品种、质量是否适销对路，而且不但要考核企业本身的经济效益，还要考核用户和社会的经济效益。

使用价值是不可比的。一个茶杯的使用价值和一只热水瓶的使用价值对比，很难说谁高谁低。经济效益在投入与产出上，都包含了使用价值因素，因此经济效益的对比，也很难直接作出量的规定。一切经济工作要围绕经济效益而进行，这一原则现在已经肯定了。但经济效益如何考核，却还是一个没有完全解决的研究课题。我个人认为，要解决这个问题，最终还只有采取以价值控制使用价值的办法，把对使用价值的要求转化为价值，然后仍然用价值指标来间接表现经济效益。例如，在产品质量上实行优质优价，对先进技术实行有偿转让，对资源利用征收资源税，对环境保护实行奖惩，对资金占用收取利息，等等，把与劳动消耗无关的各种因素转化为价值因素。采取了这些措施以后，经济效益的高低仍然可以综合为价值指标。

以上概括起来说，企业素质好坏应当体现为"三高"，即高效能、高效率和高效益。而其最终成效则表现在经济效益上。经济效益高低的衡量，如果能把使用价值的控制转化为价值指标，那么全面实行利改税以后，税后的企业利润将是企业素质好坏的主要标志。

四　提高企业素质的内外部条件

企业素质既然是决定企业活动能量大小的各种内在因素的综合，提高企业素质主要要靠企业自身的努力，这是合乎逻辑的结论。但是企业不是孤立存在的，社会主义企业是在社会主义国家统一领导下的经济活动单位，它的活动要受国家的制约，因此提高企业素质也就不可能完全取决于企业本身。可以这样说，国家对企业内部事务直接干预得越多，提高企业素质依靠企业自身努力的成分就会越少，两者是成反比的。

党的十一届三中全会以来，我们在经济上实行对外开放、对内搞活的政策，扩大了企业生产经营的自主权，调动了企业提高自身素质的积极性和主动性。但是改革还处于试验阶段；企业的自主权究竟应当有多么大，国家对企业应当如何管理，还缺乏一套完整的办法。这几年我们进行企业整顿，对提高企业素质起了很大的推动作用，但是这种整顿主要还靠行政力量来推动，还没有形成一个企业不自觉提高素质就很难生存和发展的局面。整顿对许多企业来说，是"要我整"，而不是"我要整"，因此整顿的成效受到限制。有些企业在整顿验收合格后会出现"回生"现象，原因就在于此。

要真正解决提高企业素质问题，必须主要依靠企业自觉的努力。而要企业自觉地不断提高自己的素质，又必须形成一个外有压力、内有动力的局面，这就要求我们认真总结这几年体制改革的经验，明确社会主义企业的性质、地位和作用，明确规定国家与企业的关系，包括国家对企业的行政领导关系、经济活动关系和利益分配关系。这些关系对企业来说，就是要确立各种不同形式、责权利相结合的企业经营责任制。与此相应的，在宏观的经济管理上，就要改革计划管理体制、物资分配体制、税收体制、劳动工资体制，等等。实质上也就是要解决整套的工业管理体制。

从企业本身来说，提高素质首先要抓管理，要建立起一套又有民主、又有集中的领导体制，以调动全体职工的积极性和主人翁责任感，使提高企业素质成为全体职工共同关心并为之奋斗的目标。要通过建立全面的人事劳动管理，把人员的分配使用、考核、培训、升迁、待遇等结合起来，使每一职工只要努力上进，都有一条晋升的道路，从而依靠群众的自觉努力，不断提高人员的素质。要通过建立全面的技术和质量管理，结合有计划的技术改造，不断提高企业的劳动手段和劳动对象的素质。要通过建立全面的经济核算，不断提高企业的经济效益。最后，还要建立全面的计划管理，在企业自主权的范围内，作出企业的经营决策，用周密的计划把各部门的工作组织起来，高效率地实现企业的生产经营目标。在领导体制上建立民主集中制，在组织管理上实行以上四个全面管理，这"一制四全"将形成一套具有中国特色的社会主义企业管理体系。从企业内部来说，可以说是一套提高企业素质的"系统工程"。从企业外部来说，如上所述，还要有一套成龙配套的工业管理体制的"系统工程"。这两者结合起来，凭着中国人民的聪明才智，我们相信，不用太长的时间，我国工业企业的面貌必将出现一个根本的改观。

关于提高全民所有制工业
企业素质的十项建议*

　　全民所有制工业企业是我国实现社会主义现代化的基础。为了改变我国经济落后的面貌，国家必须集中资金，有计划、有重点地建设一批骨干企业。但是，更重要的是要采取有效措施，提高现有企业的素质。这将是我国工业现代化建设在今后 20 年的两项根本任务。

　　我国工业经过 30 多年的建设与发展，在数量上已具有一定规模，但绝大多数的企业素质不高，经济效益很差，不适应国内外形势的要求。如果不从根本上解决这个问题，"四化"建设就有落空的危险。

　　企业素质是一个质的概念，它是决定企业活动能量大小的各种内在因素的综合。这些内在因素实质上就是形成企业生产力的各种要素，即劳动者素质、劳动手段素质、劳动对象素质，还包括生产力的两个非物质形态的要素，即技术素质和管理素质。由

---

　　* 与韩岫岚同志合写，以中国社会科学院工业经济研究所的名义，发表于《经济管理》1984 年第 1 期。

于广义的技术素质必然体现在劳动者、劳动手段、劳动对象这三个物质要素的技术水平上，因此，提高企业素质的途径可以概括为：提高劳动者、劳动手段、劳动对象和管理这四个要素的素质。如果技术素质按它狭义的内容来说，不包括人员的技术水平，只包括劳动手段、劳动对象（从原材料到产成品），那么提高企业素质的途径也可以概括为提高人员素质、技术素质和管理素质。

提高企业素质，首先要依靠企业自身的努力。但是建立在公有制基础上的社会主义企业，特别是全民所有制企业，它的活动要受国家经济管理体制的制约。因此提高企业素质还必须解决企业的外部条件问题，要同时改革工业管理体制，确立责、权、利结合的工业企业经营责任制，形成一个外有压力、内有动力的条件，使提高企业素质成为企业自觉和自动的行为。

我们认为，围绕提高企业素质问题，必须采取以下十项措施：

第一，根据全民所有制工业企业不同的性质和规模，规定不同的经营形式，建立不同的经营责任制。

第一种是"全民所有，国家经营"。这类企业包括铁路、民航、邮电、电力等必须由国家直接控制的工交企业，实行国家直接管理，任务由国家以指令性计划下达，对企业实行盈亏责任制，在企业内部建立严格的经济责任制，根据职工完成任务的好坏给予奖惩。

第二种是"全民所有，集体经营"。全国绝大多数企业可以实行这种经营形式，即国家将全民所有的企业，责成企业全体职工负责经营管理。企业拥有相对独立的生产经营权，除了执行国家按指令性计划的订货任务外，有权参照国家指导性计划和市场需要，作出自己的经营决策，并对经营成果负责。企业按国家规定上交税金和占用资金（包括固定资金与流动资金）费用后，盈亏自负。

第三种"全民所有，承包经营"。这是一种过渡的经营形式，主要是一些资金不多、规模很小的企业，交由职工集体承包经营。有的可以对国家资金采取分期偿还办法，全部偿还之后，改为集体所有制企业。

第二，按照党、政、企分工和民主集中制原则，确定国家对企业的行政领导体制和企业内部的领导制度。

国家对企业的行政领导必须实行一个头领导，即由一个主管机关领导，企业直接对主管机关负责。除了税务、银行等部门与企业直接发生关系外，国家各个职能管理部门对企业的指令，一律通过主管机关一个"漏斗"下达。各个职能部门作出的规定，如果相互矛盾，应由主管机关与有关部门进行协调，然后统一下达。

企业主管机关的主要职权是：（1）统一下达经过综合平衡的计划和各项指令；（2）任命企业的主要负责人；（3）监督企业贯彻执行国家制定的政策、法令；（4）协调企业之间的关系。

企业主管机关对企业有权也要有责，要规定与职权相应的职责。如对企业有权下达指令性任务，同时也有责任保证企业完成任务所必需的物资等条件。

为了精简机构，现在由政府主管机关所承担的大量的企业与企业之间的公共性事务，如技术标准，行业技术改造规划的制定，质量评比，先进经验的推广，人员培训，市场调查与预测，协调价格，组织生产协作等等，可以自下而上建立各种行业协会，由参加协会的企业民主管理。有些工作由行业协会自行处理，有些工作由行业协会制定方案，报主管机关批准执行。

在企业内部按照民主集中制原则，建立又有民主，又有集中的领导制度。实行"全民所有，集体经营"的企业，职工代表大会应当是企业的最高权力机构，在国家法律规定的范围和国家计划指导下，行使企业生产经营的决策权与管理权。

企业的厂长（或经理）具有双重身份，他既受国家（通过主管机关）的任命，负责管理企业，又要对职工代表大会负责。因此他的产生也要有双重制约：如果由职工代表大会民主选举，要报主管机关审查任命；如果由主管机关委任，到企业工作一段时间后，由职工代表大会认可。厂长要有任期，在任期内，上级主管机关不能任意调动，如果必须调动，要征得职工代表大会的同意。

企业的生产经营决策，由厂长提出方案，经职工代表大会讨论通过，由厂长执行，日常生产行政工作由厂长集中指挥。厂长与职工代表大会之间如果出现意见分歧，由上级主管机关裁决。

党对企业的领导，既体现在企业党组织对企业的思想政治领导，但更主要还体现在上级主管机关的行政领导。因为，上级主管机关是在更高一级党组织领导下进行工作的。企业党组织是党的基层组织，它的任务是对企业进行思想政治和方针政策的监督，它不直接参与企业的生产行政和经营管理工作。但对企业工作有权深入了解，经过调查研究，如果符合党和国家的方针政策，就动员全体党员并带动广大职工群众，保证贯彻执行；如果不符合党和国家的方针政策，就要发挥监督作用，予以批评和制止。厂长、职工代表大会必须尊重企业党组织的领导，如果和企业党组织之间发生意见和分歧，由上级主管机关裁决。

实行法治，企业在法律上是法人，职工代表大会授权厂长作为企业法人的代表，承担法人的义务与权利。

第三，坚持计划经济为主、市场调节为辅的原则，确定企业相对独立的生产经营权。

国家计划分为指令性和指导性两部分，同时允许有计划外的市场调节部分。"全民所有，集体经营"的企业，有责任保质、保量并按时完成国家指令性任务。但是，为了贯彻责、权、利相结合的原则，国家指令性计划应同时下达给生产企业和流通部门，由流通部门和生产企业签订合同，共同遵守执行。

企业在保证完成国家指令性任务的前提下，有权参照指导性计划和市场需要，作出经营决策，自定指令性计划以外的产销计划。

国家控制的物资，除了按计划保证重点供应外，应有一部分实行计划外供应，以满足企业执行指令性任务以外的物资需要，并允许企业之间互相供应完成指令性任务之外的超产物资。

国家实行三种价格制度（固定价格、浮动价格、自由价格），固定价格的产品由国家定价；允许浮动价格的产品，在浮动范围内，由行业协会协商定价；自由价格的产品由企业定价。

国家对企业主要考核完成指令性任务情况，其他指标只作为指导性指标，鼓励企业实现，国家通过产品税税率和价格的调整，对企业生产进行调节。

第四，全面实行以税代利，正确处理国家、企业、职工三者的利益关系。

税收对全民和集体企业应一视同仁，以发挥税收对生产和流通的调节作用。全民与集体企业的根本区别在于生产基金的所有权不同，在利益分配上，全民企业不同于集体企业，主要表现为占用国家资金要向国家缴纳资金占用费。此项费用的性质不同于国税。

全民所有制的生产资金（包括固定资金与流动资金）应建立专业银行（工商银行）统一管理。建设银行负责基建资金的管理，企业建成后，全部投资转入工商银行，由工商银行向企业收费。企业的短期贷款也由工商银行办理，对企业资金进行统一控制。

国家根据不同行业规定不同的生产资金收费标准，同时还要根据企业不同的有机构成，规定不同的收费等级，以调节企业的级差收益。为了鼓励企业进行技术改造，可以采取一定的减免费办法。

国家对企业的税收，除了保证国家的财政收入外，更重要的是要发挥经济调节杠杆的作用。要运用产品税配合价格调节企业的生产，运用资源税、土地税等调节企业的级差收益，运用所得税调节企业的消费基金。

企业在交纳生产资金占用费和各项税收后，所得利益应和企业所创造的新增价值（净产值）成正比。企业所得利益，一部分作为"企业建设基金"，用来改进生产技术条件；一部分作为"企业消费基金"，在企业内部进行按劳分配。这两者都随着企业创造的新增价值多少而水涨船高，水落船低。

实行资金收费与以税代利以后，企业固定资产的折旧就不再上缴国家。国家不是限制企业折旧率的提高，相反，为了促进技术进步，国家对不同行业的企业，要规定必须达到的最低折旧率标准，并监督执行。

第五，实行两级按劳分配，使职工收入既和企业生产经营成果挂钩，又和个人劳动贡献挂钩。

社会主义国家实行计划经济，必须控制消费基金占国民收入的比例。具体到企业，就是要控制企业消费基金（包括工资、奖金、福利、费用等）占企业净产值的比例。国家通过测算，对不同行业、不同类型的企业，作出上述比例的规定。企业不论收益多少，用于职工消费基金的总额不得超过上述比例。企业所创造的净产值大，消费基金总额就大，体现出企业集体的多劳多得、少劳少得。

企业消费基金在企业内部如何具体分配，国家可以不加干预。国家制定统一的基本工资标准，是法定的最低标准，企业必须执行。随着国民经济的发展，国家每个五年计划期调整一次基本工资标准，以普遍提高职工的收入水平。至于职工的定级、升级，以及工资浮动部分（包括各项津贴、奖励、分红等），由企业在消费基金总额以内自行决定。

企业在国家统一规定的基本工资标准和工资政策的前提下，根据自己的经营管理好坏和职工的劳动贡献，自行决定工资形式和奖励办法。企业职工工资构成一般应包括：（1）基本工资（由国家统一规定的能保证职工基本生活需要的工资）；（2）浮动工资（随企业经营管理好坏浮动）；（3）津贴（对特殊生产岗位的辅助等）；（4）奖金（对超额劳动或特殊贡献的奖励），有的企业也可以实行劳动分红制度。

国家对企业消费基金征收累进所得税，由企业交纳。

职工的劳动保险，由企业交纳保险金，由国家社会保险机构发放退休金。退休金额每五年随职工基本工资标准的调整而同时调整。

第六，建立全面的劳动人事管理，提高企业职工素质。

企业的生产技术经济活动是靠人来进行的。提高职工素质是提高企业素质的中心环节。企业应建立以调动职工积极性和提高劳动生产率为目标的全面劳动人事管理系统，把对经营管理干部和对工人的管理结合起来，把对职工的政治思想教育和业务技术训练结合起来，把对职工的招收、分配、培训、晋升和奖惩结合起来，并搞好劳动组织、劳动保护和劳动保险等工作，实现对人的综合管理。企业在厂长领导下，设人事副厂长或人事助理负责主管这方面的工作。

　　企业领导班子的素质是职工队伍素质的重要部分。企业的厂长应当懂得经济管理，并具有本行业的生产技术知识和实践经验，要有较高的思想政治水平，精明能干，有组织能力。有计划地培训大、中、小型厂的厂长，使他们在若干年内分别达到大专、中专水平，并分别具有高级经济师、经济师和助理经济师的职称。一些掌握本行业生产技术知识和具有技术职称的厂长，也要系统学习经济管理，力争获得技术与经济的双职称。企业的党委书记应当具有较高的马克思主义水平，同时也应懂得本企业的生产技术，具有经济管理知识，有条件的也应取得相应的业务职称。

　　提高职工队伍素质，包括提高职工的政治思想素质、生产技术素质和文化业务素质。政治思想教育要常年进行。生产技术培训要有长远规划。现有技术工人应分阶段分别达到高中和中专毕业水平，少数技术要求高的企业，应达到大专毕业水平。今后企业的技术工人应主要来自技工学校，或由劳动服务公司经过训练后输送。

　　企业实行固定工、合同工和临时工相结合的劳动制度。固定工是企业的基本工人，临时工表现好的可以转为合同工，合同工表现好的可以转为固定工。固定工、合同工、临时工应该同工同酬，但在民主权利、生活福利待遇上应有差别。如正式工可以当选为职工代表大会正式代表，合同工则只能当列席代表，等等。这样，才能鼓励工人努力提高自己的思想政治与业务水平，力争成为企业的主人。

　　企业应有择优录用职工和对职工辞退、惩处的权力。对职工的辞退或惩处，也可由固定工退为合同工，合同工退为临时工。

　　大型企业要建立职工培训中心，中小企业单独建立有困难的，可以联合建立，也可以由上级主管部门或行业协会统一建立。

　　企业要把对职工的使用、分配、考核、培训、奖惩、晋级等结合起来，使每个职工只要努力工作、努力学习，就能发挥自己才能，并得到晋升和取得相应报酬。

　　第七，建立全面的技术与质量管理，有计划地进行技术改造，提高企业技术素质。

　　产品的品种和质量的好坏是企业生产能否满足社会需要的重要标志。企业要以发展品种和提高产品质量为目标，建立全面的技术和质量管理系统。企业在厂长领导下，设总工程师主管技术和质量管理工作。

　　每个企业都要有自己的新产品开发规划，能够经常做到"生产一批，试制一批，研究一批"，有一定的技术储备。为此，企业应建立新产品开发机构，有条件的企业要建立科学研究中心。

　　每个企业要有结合自己生产技术特点的质量保证体系，搞好产品的研究设计过程、制造过程、生产技术准备过程和服务过程的质量管理，搞好产品的售前和售后服务工作。

　　每个企业生产的产品要严格执行技术标准。有条件的企业，特别是有出口产品的企业，要逐步参照国际标准，争取达到先进的技术标准，以增强在国内外的竞争能力。

　　企业提高产品质量和开发新产品的主要途径是制定成套的技术管理制度，并搞好技术革新和技术改造。企业要有计划、有重点地引进国外某些先进适用的技术，但主要还要依靠自己的力量搞好技术改造，进行设备更新和工艺改革，同时做好新技术的消化、吸收、推广工作，迅速提高技术水平并形成生产能力。

　　第八，建立全面的经济核算，提高企业的经济效益。

　　全面的技术和质量管理是从使用价值的角度进行综合管理，

全面的经济核算则是从价值角度进行综合管理。企业素质好坏，最终将表现为经济效益的高低。企业要以提高经济效益（包括社会效益和本企业盈利）为目标，建立全面的经济核算系统，企业在厂长领导下，设总会计师主管全面经济核算工作。

每个企业从产品设计、原材料采购、设备和工艺装备的准备、产品的制造和包装，直到产品售后技术服务工作的生产经营全过程，都要进行经济核算，讲求经济效益。

每个企业要建立目标成本，实行厂部（包括各科室）、车间、班组三级经济核算体系，有条件的车间应独立核算成本和利润。

每个企业的全体职工和全厂的各个管理部门都要建立经济责任制，参与经济核算，经常进行经济活动分析，使职工从物质利益上关心企业的经济效益，并按照贡献大小取得相应利益。

过去，有些企业表现为盈利，是靠廉价的能源、材料和较低的工资支出获得的，这些客观条件变化以后，要提高自己的应变能力，必须加强经济核算，把重点放在降低物质消耗、降低成本和减少企业管理费用上，而不是靠提价来掩盖技术与管理的落后。

第九，建立全面的计划管理，提高企业经营管理水平。

企业计划工作的水平是企业经营管理素质的综合表现。企业生产经营的总目标就是企业计划的总目标。企业要以完善经营管理为内容，建立全面的计划管理系统。企业要在厂长领导下，设总经济师主管生产经营和计划工作。

企业要树立经营观念，在国家计划指导下，进行市场调查和预测，作出正确的和远近期的经营决策，并用计划把企业的生产、技术、销售、财务等各项工作组织起来，协调起来，以实现经营目标。

企业的计划要以生产—销售计划为中心，并围绕这个中心，制定设备、劳动、财务等各项专业计划，通过综合平衡，使其相互衔接，形成一个完整的、综合的计划体系。这个综合计划既有三年、五年乃至十年的中长期规划，又要具体化为年度、季度以至月度的进度计划。

企业的计划必须落实到企业的各个管理部门、各个生产（工作）岗位，涉及企业从产品设计到生产、销售以及售后技术服务的全过程，使全体职工都参与制定计划，并严格按计划进行生产和工作。

为了保证计划的准确性和严肃性，企业要有完善的信息系统；要建立以厂长为首的生产指挥系统；要建立健全定额、原始记录、管理业务标准、统计、计量和检测手段；要建立以岗位经济责任制为中心的各项规章制度。通过以上工作，使企业计划建立在数据可靠的基础上。

第十，按照自愿、互利、平等、协商的原则，发展企业的联合，提高工业生产的社会化水平。

按照专业化协作和经济合理的原则，以中心城市为枢纽，打破行业和地区界限，建立起大、中、小型企业相结合，技术密集型企业和劳动密集型企业相结合的工业网络，提高工业生产的社会化水平，这是提高企业素质的重要条件。特别是在全面实现利改税以后，一些经营管理不善、长期亏损、没有出路的企业，要走与其他企业联合的道路，以求得生存和发展。

企业联合要遵循自愿、互利、平等、协商的原则进行，经济主管部门应予以指导和促进，联合的结果必须体现出更高的经济效益。

企业联合的内容，可以由单元（销售或生产、技术协作）联合向多元（人、财、物、供产销）联合发展；联合的规模可以由小到大发展；联合的程度可以由松散到紧密发展。现有行政性公司，有条件的逐步向企业性公司过渡；没有条件、没有好处、只是增加一个管理层次的公司要撤销。今后在自愿、平等和互利原则基础上建立的公司企业，和单个的工厂企业一样，应该是一个相对独立的经济实体。

企业联合的形式要多种多样，不要搞一个模式，一刀切。可以有总厂、专业公司、联合公司；有跨部门、跨地区的工业公司，有的行业可以组织几个全国性的工业公司，以利于竞争。

用马克思关于管理具有二重性的思想,指导我们实现管理现代化*

一 实现管理现代化的重要意义

党中央号召我们要开创一个社会主义现代化的新局面。党的十二大制定了到 20 世纪末的战略目标。实现社会主义现代化,离不开管理现代化。

我们正在贯彻执行调整、改革、整顿、提高的八字方针。从理论上概括起来说,这些工作都是为了进一步完善社会主义生产关系。高速度地发展发生力。

生产力包含三个物质要素,即劳动者、劳动手段和劳动对象;还包含两个非物质要素,即科学技术与管理。科学技术的特点是必须体现在三个物质要素中,才能成为现实的生产力;管理则是三个物质要素的合理组织,它和科学技术相反,不是体现在三要素之中,而是把三要素组织起来。组织得好,一加一会等于

---

　* 1984 年 1 月在企业管理现代化问题座谈会上的发言,原载《管理现代化》1984 年第 2 期。

三；组织不好，一加一会等于零或负数。可以说，三个物质要素要借助管理的组织，才能成为现实的社会生产力。

世界各国学者都承认，经济的发展要借助两个车轮：科学技术与管理。我认为管理具有更重要的作用。科学技术可以提高生产力三要素的水平，但这些要素水平再高，不组织起来就不能发挥作用。

管理不是一成不变的。它随着经济和技术的发展而发展。因此，实现四个现代化必然要求相应地实现管理现代化。现在世界面临着一次新的技术革命，给我们社会主义现代化提出了更加严重的任务。但是，世界历史证明，后进的国家往往会后来居上，成为世界的技术与经济的中心。21世纪的技术经济中心会不会转向中国呢？我认为是完全可能的，我们要有这个雄心壮志。实现这个雄心壮志，一靠改革经济体制，进一步完善社会主义制度，解放生产力；二靠生产技术现代化和管理现代化，提高生产力水平。为此，我们必须把管理现代化作为一个重大的战略任务来推进。

二　马克思关于管理具有二重性的学说是我们
实现管理现代化的重要指导思想

什么是管理现代化，有各种不同的解释，认识是逐步发展的。要弄清什么是管理现代化，必须先弄清什么是管理。

什么是管理，也有各种不同的解说：把管理分析为三种功能、五种功能等等。如果概括一点来说，我认为管理的功能就是组织。值得分析的是组织什么？这就涉及马克思关于管理具有二重性的学说。

马克思在分析资本主义企业管理性质的时候，曾指出管理的内容具有二重性，他说："凡是直接生产过程具有社会结合过程的形态，而不是表现为独立生产者的孤立劳动的地方，都必然会产生监督劳动和指挥劳动。不过它具有二重性。

一方面，凡是有许多个人进行协作的劳动，过程的联系和统一都必然要表现在一个指挥的意志上，表现在各种与局部劳动无关而与工场全部活动有关的职能上，就像一个乐队要有一个指挥一样。这是一种生产劳动，是每一种结合的生产方式中必须进行的劳动。

另一方面——完全抛开商业部门不说——凡是建立在作为直接生产者的劳动者和生产资料所有者之间的对立上的生产方式中，都必然会产生这种监督劳动。这种对立越严重，这种监督劳动所起的作用也就越大。"①

马克思在这里所说的二重性，前者是人们进行集体协作劳动所产生的管理职能，他把这种职能概括为"指挥"。实际是对生产力的组织，这是任何社会制度都必须具有的。后者是社会制度所产生的管理职能，他把这种职能概括为"监督"，它体现着一定的生产关系。在资本主义制度下，它起着维护资本主义剥削关系的作用。

马克思这些话说明，管理的职能，不单是合理组织生产力的问题，还有与人们生产方式直接联系的另一方面。前者的基础是自然规律，没有社会性、阶级性；后者的基础是经济制度和生产关系，具有社会性、阶级性。

社会主义企业还要进行商品生产与交换，劳动过程既是创造使用价值的过程，又是创造价值的过程。价值实质是生产关系的体现，所以仍然具有二重性。

---

① 《马克思恩格斯全集》第25卷，人民出版社1974年版，第431页。

　　根据这一学说，我们对如何实现管理现代化，就要作些分析。

　　小平同志对我国实现四个现代化作了完整的表述，指出我们要实现的现代化是具有中国特色的社会主义的现代化。这句话应用到管理，那就是要实现具有中国特色的社会主义的管理现代化。这里对现代化加了两个要求：一是社会主义，二是中国特色。

　　现代化不能理解为外国化。我们要努力吸收和引进外国对我国有用的经验，但对外国的管理要用管理的二重性作些分析。经济发达的资本主义国家，随着生产社会化程度和生产技术的发展，管理也发展，另外，为了解救资本主义危机也绞尽脑汁寻求新的管理理论和方法。也就是说，资本主义国家的管理不论是传统的还是现代的管理，必然如马克思所说的具有二重性。因此，我们引进的时候就要有所分析。

　　应当承认我国在管理上，总的来说是落后的。但要分析，在什么方面落后？主要是在生产力组织方面落后。至于与生产关系、社会制度联系的方面，是否也落后呢？例如，在分配制度上，我们实行按劳分配，不管还存在多少不完善的地方，就制度整体来说，是走在历史的前面的，怎么能说比资本主义的工资制度还落后呢？党的十一届三中全会以来，我们开始进行体制改革。在农村创造了按户承包、联产计酬的责任制，在工业上也出现了多种形式的经营责任制，这是社会主义制度下才可能实行的管理制度，尽管它还不完善，但也是走在历史的前面，要说现代化，应当说它是现代化的一部分。

　　但是我们在生产力的组织方面，包括管理组织、管理方法、管理手段等许多方面都比较落后。这些除了我们自己要创造经验外，还需要从资本主义国家吸取先进的经验。资本主义企业有些管理内容，虽然带有资本主义特性，但在方法上经过选择、改造也可以为我们所借鉴。比如，资本主义的经营决策、市场预测和营销方法等等，都是适用于资本主义生产方式的，但是，其中许多方法只要去粗取精、去伪存真，加以改造吸收，也是可以为我所用的。因此就有一个社会主义化的问题。

有些管理办法，如质量管理、设备管理等等，尽管是属于生产力组织的范畴，没有社会性、阶级性，只要确实有用，完全可以引进，但是否一定要全盘照搬呢？对这些好的经验，在引进的时候，一要考虑国情、厂情，完全照搬不一定切合实际；二要把学、改、创结合起来，创造出具有中国特色的现代化管理，这就是中国化的问题。

我非常赞成袁宝华同志对借鉴国外管理经验所概括的四句话，即"以我为主，博采众长，融合提炼，自成一家"。

三　建立具有中国特色的、社会主义的、现代化的企业管理体系

企业管理的内容很多，国外可以借鉴的现代化管理经验也很多。这几年从推广全面质量管理开始，在国家经委、企业管理协会、管理现代化研究会等各方面的倡导和推动下，我们开始把引进国外管理经验和中国的实践相结合，许多企业结合自己的实际，加以运用推广，取得了可喜的成就。但是，怎样通过博采众长，融合提炼，最后能"自成一家"呢？我认为，我们民族是一个从来善于经营管理的民族。在社会制度上我们是走在历史前面的，目前正处于大变革的时代，经过不长时间的努力，我们一定能够建立起一套具有中国特色的、社会主义性质的现代管理体系，在国际上要形成一个中国的管理学派，这个学派不是靠个人

来创立，要靠中国理论界与实际部门集体努力而形成，所以是"中国管理学派"，我们要有这个雄心壮志。但是这件事，从今天就应开始边实践、边形成，而不是到了哪一天突然出现。

我认为这几年进行体制改革和企业整顿，同时在管理现代化上，也进行了大量实践，一个粗略的企业管理体系已在形成，这个体系概括起来就是"一制四全"。

"一制"，即又有民主，又有集中的企业领导制度，它体现了劳动人民当家作主的社会主义特色。

"四全"，是四个全面管理，即以完成国家计划，实现企业经营决策为目标的"全面计划管理"，以技术进步和产品开发为目标的"全面技术与质量管理"；以降低消耗，提高经济效益为目标的"全面经济核算"；以提高职工积极性和人才开发为目标的"全面人事劳动管理"。

所谓"全面"管理是全厂性、全过程、全员的管理。也就是系统管理。这"四全"之中，"全面计划管理"是最综合的系统管理，也是企业的目标管理。"全面的技术与质量管理"是从使用价值角度进行管理和控制，"全面经济核算"则是从价值角度进行管理和控制，两者结合构成对商品生产二重性的控制，企业的生产劳动过程又是人与物的结合过程，因此还要有一个"全面人事劳动管理"，以发挥人的积极作用。这三个子系统，两个对物，一个对人，并由全面计划管理统起来，形成一个完整的企业管理体系。

全面管理的概念是从全面质量管理开始引进的，几年来许多企业在实践中加以发展，形成了这"四全"的体系，可以说是"融合提炼，自成一家"。外国搞全面管理，也认识到必须是"全员"管理，但在劳资对立的雇佣制度下，不可能真正做到"全员"管理，只有我们社会主义企业，劳动者真正当家作主，才有可能彻底实现全员参与的全面管理。

实现管理现代化，必须借鉴和引进国外一切对我有用的管理理论与方法。这几年我们是一项一项、零零星星地引进和推广，这是必然要经历的一个过程。今后应当有计划地、系统地吸收国外经验，但是，这样做，一个很重要的条件就是要建立起我们自己的管理体系，有了这样一个体系，我们才能有选择地、系统地吸取各种有益的经验，全面提高我们的管理水平。

从这次会议的材料中，我十分高兴地看到有些先进企业正是这样做的。例如，上海无线电二厂，前一阶段是一项一项学习和推广一些现代管理方法，虽然也取得一定成效，但不能全面系统地提高管理水平，以后他们从系统控制的概念出发，把推行现代管理方法和健全"四全"管理结合起来，就取得了更大的成效。

东北轻合金加工厂也走了类似的过程，他们从推行全面质量管理开始，1981年结合企业整顿，围绕"四全"管理推行现代管理方法，形成上下贯通、纵横连锁的"四全"管理网络。

瓦房店轴承厂以方针目标管理为主线，以"四全"管理为基础，推行了16项现代管理方法。

以上这些经验虽然还处于萌芽状态，但标志着我们推行现代化管理进入了一个新的阶段，即从个别地、单项地推行，进入了运用系统控制的概念，有计划按系统地吸收和推行的新阶段。我认为这是一个非常重要而及时的发展。这样做，我们就有可能很快建立起具有中国特色的社会主义的现代化的企业管理体系。这个体系既凝聚了我们自己所创造的好经验，又消化吸收了世界上一切有益的先进成果。真正体现"以我为主，博采众长，融合提炼，自成一家"的方针。

论社会主义的企业模式[*]

一 企业模式是经济体制的基础

党的十二届三中全会指出：增强企业活力，特别是增强大、中型企业的活力，是以城市为重点的整个经济体制改革的中心环节。"七五"计划也把这一条列为三项改革任务的第一条。这是总结国内外历史经验所得出的科学结论。

几年来城市的改革是从扩大企业的自主权开始的，党和国家制定了一系列政策，使企业有了较大的活力，从而也带来了城市经济的繁荣与发展，有力地证明了搞活企业的必要性。但是，在改革的进程中也存在不少矛盾。国家制定的许多扩权措施未能完全落实，在微观搞活与宏观管理发生矛盾的时候，往往采取收权的办法，形成所谓"政策多变"或"政策摇摆"的现象，这是当前企业最大的苦恼。

为什么会出现这种"摇摆"现象，总的来说，这是改革还处于新旧体制交替阶段所难免的现象，但这样说太笼统。更深一

---

* 原载《经济日报》1986 年 11 月 29 日。

点看，有两个原因：一是新体制下的企业究竟是个什么样的模式，没有定型；二是微观与宏观这两头，究竟先定哪一头，不明确。存在着这两个不定因素，摇摆是必然的。

我国经济体制改革的目标模式，概括起来讲，就是要建立一套有计划的社会主义商品经济体系。"七五"计划把它的内容概括为三项任务，即增强企业活力、建立市场体系和建立国家对企业的间接控制体系。这三项任务无疑是要结合进行的。但就其内在逻辑关系而言，确立企业的模式必然是整个经济体系的基础。道理很简单，实行社会主义的商品经济，首先要有商品的生产者和经营者，没有他们就没有商品，也就不可能有商品市场以及其他市场；没有市场就没有商品经济，国家宏观控制体系的建立也就失去预定的对象。

企业是社会经济的"细胞"或"基本粒子"。它不仅是经济活动的基础，而且是社会制度的缩影。我们说我们的社会制度是社会主义制度，我们实行的是社会主义商品经济，这种社会主义的特征体现在哪里？不就体现在我们多数企业是社会主义性质的企业吗？

企业作为社会经济的细胞是个"点"，通过横向的市场联系而结成"面"，又通过国家的纵向管理而构成"体"。这样，以活的细胞为基础，就会组成一个充满生机与活力的国民经济肌体。由点到面、到体，是经济体制内在的逻辑关系。因此进行经济体制改革，在决策程序上必然要把确立企业模式作为改革的基础。

逻辑的程序不等于时间的顺序，改革的进程可以分阶段，每一个阶段的改革内容也要配套：企业模式的建立、市场的形成以及相应的宏观控制的变革，都要结合进行，而且每一时期可以有不同的工作重点。但是，在改革内容的相互关系上，都必须以企业模式为基准，在不断完善企业模式的基础上，相应地不断完善整套的经济体系。

一般讲经济模式都侧重于分析经济的运行机制，我认为一种特定的经济模式，不仅表现在它的运行机制上，而且表现在它的组织模式上。经济的运动和任何物质运动一样，都必须有它的"载体"。世界上不存在不运动的物质，也不存在没有物质的运动。经济的运动也必然是一定经济组织的活动。因此，一种特定的经济模式，既要考察它的运行机制，又要考察与运行机制相适应的组织模式。所谓企业模式，同样也包含两方面的内涵，即企业的行为机制和企业的组织模式，这两者又决定于企业的性质。

我国经济体制改革的目标是要建立一种有计划的社会主义商品经济，这就要求作为经济细胞体的企业实行"转轨"和"变型"。所谓"转轨"，就是要从过去那种产品经济的运行转轨，转向商品经济的运行轨道；所谓"变型"，就是要由单纯从事生产的"产品生产型"企业，转变为商品生产者和经营者的"生产经营型"企业。这种新型的企业，它的行为机制和组织模式，必然根本不同于在产品经济体制下的旧型企业。这就是我们要研究的企业模式问题。

二　商品经济的客观规律与企业的行为机制

作为商品生产者和经营者的企业，它的行为机制由商品经济客观规律所决定。

商品经济的客观规律，是每一个商品生产者作为一个独立的经济实体，拿自己所生产的商品，到商品市场上去交换；在市场上以一个自由平等的生产者身份，和其他生产者展开竞争；在竞争中形成商品价格，交换的结果有的企业换回和它所支付的劳动等量的价值，有的则超过和不足，造成盈利和亏损；为了取得盈利，企业必须不断进行自我改造和自我发展，为了在竞争中取胜，必须开发价廉物美的新商品再投入市场。市场对企业既是压力又是动力，它促进企业在竞争中不断改造和发展自己。这种市场机制，在资本主义社会基本上是自发形成的，它导致整个国民经济的起伏波动，不断产生危机，造成不必要的经济损失。以公有制为基础的社会主义社会，有可能由国家组织国民经济活动，实行有计划按比例的发展。但是过去我们把计划经济变成统治经济，否定了商品经济市场机制作用，由国家直接控制企业的生产经营活动，使企业失去活力，整个经济也陷入僵化。

改革的任务是实行有计划的社会主义商品经济，恢复每一个企业的商品生产者和经营者的地位，在社会主义和统一市场中自由竞争，国家不直接控制企业的生产经营活动，而是通过对市场的调节，引导企业的行为，最终达到国民经济有计划按比例发展的目的。

在这样一个新的体制下，企业应当具有作为一个商品生产者和经营者所必须具备的行为机制。党的十二届三中全会关于经济体制改革的决定，对此作出了明确规定，那就是："在服从国家计划和管理的前提下，企业有权选择灵活多样的经营方式，有权安排自己的产供销活动，有权拥有和支配自留资金，有权依照规定自行任免，聘用和选举本企业的工作人员，有权自行决定用工办法和工资奖励方式，有权在国家允许的范围内确定本企业产品的价格，等等。总之，要使企业真正成为相对独立的经济实体，成为自主经营，自负盈亏的社会主义商品生产者和经营者，具有自我改造和自我发展的能力，成为具有一定权利和义务的法人。"这些原则性的规定，勾画了作为一个商品生产者和经营者的企业所必须具备的行为机制。企业如果能够真正按照以上的规定行事，肯定会成为一个具有极大的主观能动性的经济实体。但是目前这些规定还远远没能得到落实。原因有两方面：一是这些规定只是一些原则，还有待于逐一具体化；二是这里讲的企业，还是个抽象的企业，究竟这个企业是个什么模样的企业，也有待于具体化。前面说过，经济运行机制离不开它的载体，不相应地确定它的组织模式，运行机制将是空的。因此社会主义企业模式的建立，关键在于确立企业的组织模式。

三　企业的社会主义性质与企业的组织模式

我们要实行的是社会主义的商品经济，它和资本主义的商品经济既有共性，又有根本的区别。这种区别不仅表现在宏观经济的管理方式上，更主要的是直接表现在经济细胞体的形态，即企业的组织模式上。如果说企业的行为机制必须符合商品经济的客观规律，那么企业的组织模式则必须体现社会主义的特征，它涉及到企业的生产资料所有制、经营制度、劳动制度、分配制度和领导制度等相互联系的五个方面的问题。

1. 关于所有制问题

社会主义社会作为一个过渡的历史阶段，必然是多种所有制并存，但是公有制要占主导地位。

社会主义社会为什么要变生产资料私有制为公有制，从微观经济来说，一个重要的也是根本的目的，在于使劳动者成为生产资料的主人，把资本主义制度下"死劳动"（生产资料）统治"活劳动"（劳动者）的现象，改变为劳动者统治生产资料，从而发挥劳动者的主观能动作用，以创造更高的生产力水平。这是不可动摇的马克思主义基本原则之一。

在社会主义实践中，我们曾经把公有制规范为两种基本形式，即劳动者集体所有制和全民所有制。真正由劳动者集资而建立的集体所有制企业，一般规模不可能很大，因此大中型企业一般还要依靠国家运用全民所积累的资金来建立，这就形成全民所有制企业。但是多年实践经验证明，公有制采取全民所有制，实际上是国家所有制的形式，存在不少先天的、致命的弱点。

首先，全民所有制的性质虽然也是劳动者（总体劳动者）所有，但由国家代表全民行使所有权，并且由国家以所有者的身份，直接经营管理企业，即所谓国营企业，而企业职工（局部劳动者）仍然处于客体地位，不能直接支配生产资料，因此实行公有制在微观经济上所要达到的目的并未实现。

其次，全民所有制企业资金归国家所有，企业所创造的积累也归国家所有，由国家统一支配，多数情况下并不留给本企业，使企业失去自我改造、自我发展的能力。企业职工无权支配生产资料，必然只关心个人所得，不可能主动关心生产资料的改造与发展。

此外，全民所有制企业的资金企业没有支配权，甚至也没有自由使用权，因此资金利用率等投资效益实际上处于无人负责的状况；而且资金凝固于各个企业，企业之间不能融通，也大大限制了资金的灵活利用。

以上不难看到，公有制采取全民所有制，实际上是国家所有制形式，既没有解决劳动者直接支配生产资料的问题，也不适应商品经济资金运动的客观规律。因此，经济体制改革除了允许多种所有制形式并存外，公有制内部的所有制形式也必然进行改革。改革的重要途径是，除了集体所有制和少数特殊部门继续实行单一的全民所有制外，大量的公有制企业应实行混合所有制，即企业的资产既有国有部分，又有企业集体所有部分，还有职工个人所有部分，形成国家、企业集体和职工个人三者的股份共有制。这样变革的好处是：

第一，没有改变公有制的性质，但打破了单一全民所有和单一集体所有的界限。国家可以根据经济发展的需要，机动灵活地执行投资政策向任何企业投资。

第二，按投资股份分配盈利或分担亏损，使企业实行自负盈亏有明确盈亏承担者。三者共有，三者共负盈亏。否则企业自负盈亏，究竟最终由谁来负不明确。

第三，在所有权中有企业集体的部分，这部分股权获得的红利，将成为企业自为积累的主要来源。这样，企业才可能真正具有自我改造、自我发展的能力。

第四，企业既有集体股份，又吸收职工个人入股，使企业职工不再是单纯的劳动者，他们既是生产劳动者又是企业的部分所有者，更加明确他们在企业里的主体地位，并促使他们从物质利益上关心企业资产的损益和资金的增值。

2. 关于经营制度问题

党的十二届三中全会提出了发展多种经济形式和多种经营方式的方针，并确立了所有权同经营权可以适当分开的原则。根据以上方针、原则，同一种所有制企业可以实行不同的经营方式，所有者可以同时又是经营者，直接经营管理企业；也可以按所有权同经营权分开原则，把企业的经营权授予经营者，由经营者承担企业法人的权利与义务。

全民所有制企业过去实行的完全是"国有国营"体制，由国家直接经营管理企业。这种国有国营企业，不仅我国多年实践经验证明，而且世界各国的经验几乎都证明是不成功的。不少资本主义国家都在采取"私有化"的措施，把国有企业转为私有企业。我们是公有制为基础的社会主义社会，小企业也可以考虑私有化，大中型企业不可能走"私有化"的道路，只能按所有权同经营权分开的原则，授权经营者承担企业的生产经营责任，实行不同形式的经营责任制。问题是：谁是社会主义公有制企业的经营者？

目前一般的观念，所谓企业经营者就是厂长、经理，或者包括厂长、副厂长、经理，副经理在内的一个专家集团，这一观念是值得商榷的。

毫无疑问，随着社会主义商品经济的发展，企业在竞争中生存和发展，客观上需要也必然会涌现和成长一大批善于经营管理的专门家，他们对企业生产经营的好坏起重大作用。但是，发挥专家的作用是一回事，由谁承担生产经营的责任又是一回事。企业的经营者这个词，可以是单数，也可以是复数。生产经营的权与责，可以由一个人或少数人承担，也可以由多数人承担。多数人承担责任，同样可以聘任少数专家，作为专业工作者负责生产经营的业务。集体所有制企业正是这样，经营的责任由集体承担，同时聘任专家担任厂长、经理的工作，并不妨碍充分发挥专门家的作用。

全民所有制企业实行多种经营方式，可能有三种不同方式：少数特殊部门，如铁路、邮电、国防工业等，可能还必须实行"国有国营"。这类国营企业仍然由国家直接负责经营管理，同时也由国家承担盈亏责任。在它的内部，可以实行不同形式，不同层次的经济责任制，但不是独立经营的法人集体。一些小型企业可能实行"国有私营"，即交由私人承包或租赁经营，这类企业的所有者是国家，经营者则是私人。除了这两种经营方式外，大量的大中型企业，势必要采取"国有群营"方式或"共有群营"方式，即企业的经营者是劳动集体，不是国家也不是个人。它和集体所有制企业的区别在于所有者不同，而经营者则按照所有权同经营权分开的原则，由所有者授权企业劳动集体（包括全部体力劳动者和脑力劳动者在内的劳动集体）承担经营者的权利与义务，构成法人集体。厂长或经理则是法人的代表，他代表劳动集体向国家、社会以及企业所有者负责。企业内部实行民主集中制，在民主管理的基础上建立高度集中的厂长负责制。

实行这种劳动集体的经营责任制，明显的好处是：

第一，真正达到实行公有制的目的。劳动者尽管不完全是企业的所有者但作为企业的集体经营者，享有对生产资料的支配权，从而体现劳动者与生产资料的直接结合。

第二，企业的生产劳动和经营活动都不可能靠一个人或少数人来实现，必须依靠企业全体劳动者的通力合作来实现。少数专家即使有极大的聪明才智，离开了广大劳动者的积极性与创造性，也不可能施展他的才能。全体劳动者成为集体经营者，在经营决策上是可以集思广益，在决策的实施上，可以通力合作，形成一种集体力，这正是社会主义企业优越性之所在。

第三，按照在法制上权责必须一致的原则，如果经营权授予厂长或经理一人，那么全部经营责任只能由厂长或经理一人承担，小企业实行个人承包或租赁可以这样，一个大中型企业的经营责任完全由个人承担是不可能的。只有把经营权授予劳动集体，全体劳动者有权参与企业经营决策，才有责任共同承担经营的风险。否则企业经营不善造成亏损以至破产，就没有理由要劳动者共同承担亏损以至破产的后果。

3. 关于劳动制度问题

劳动制度是一项与社会制度有直接联系的重要制度。对企业来说，它是关于企业劳动组合的一般规定，包括企业劳动集体的形成及其新陈代谢的方式。

资本主义企业的劳动制度是雇佣制。人格化的资本是企业的主体，由资本购买个别劳动者的劳动力，形成雇佣关系。劳动者作为雇佣的对象，在企业里处于客体地位。随着工人运动的发展，劳动者通过工会的组织，才形成集体的力量和资本相对抗，以保护劳动者的权益。

社会主义实行公有制，从根本上改变了劳动者的地位。但是在权力高度集中的旧体制下，国营企业由国家直接经营管理，劳动者由国家统一招工、统一分配，工资也由国家统一规定、统一调整，企业不能自由选择劳动者，劳动者也不能自由流动。作为国家职工的好处是生活有可靠的保证，但形成所谓"拿铁饭碗，吃大锅饭"的现象。这种劳动体制的最大弊端是，所谓国家职工实质上相当于国家雇工，很难消除职工的雇佣观念，从而影响职工主人翁思想的发挥。

社会主义企业与资本主义企业的根本区别，在于劳动者由企业的客体转变为企业的主体。因此企业的劳动集体不是个别雇佣劳动者的集合，而是像马克思所说的那样，是"自由平等的生产者的联合体"，是劳动者自主结合的群体。这种结合有必要采取一定的契约形式，但不是雇主与雇佣者之间的契约，而是劳动集体内部相互制约的"公约"性的契约关系。劳动者可以自由选择愿意加入的劳动集体，劳动集体也可以自由选择合乎要求的伙伴。

新创办的企业可以由劳动管理部门或工会组织提供一批合乎要求的劳动者，形成企业最初的劳动集体，由集体民主制定"集体公约"，共同遵守。以后个别劳动者加入这个集体，或退出这个集体，都是个别劳动者与劳动集体之间的关系。这样做，劳动者既有自由，又必须遵守集体的纪律，真正体现了企业是自由平等的生产者的联合体的社会主义原则。

根据以上原则，企业的劳动者可以由正式工、合同工、临时工组成。他们之间的区分在于对企业生产经营所承担的责任的不同。

正式工是劳动集体的正式成员，他们的个人利益和企业生产经营效果直接联系，有福同享，有祸同当，和企业同命运，共甘苦，是企业的主体。

合同工是企业劳动集体的后备力量，由个别劳动者与劳动集体签订一定期限的劳动合同，相互保留了合同期满后的自由选择权。在合同期内，合同工与正式工享有同工同酬的权利，对企业的生产经营也有建议权，但没有决定权，因此对生产经营效果也不承担责任。合同期满可以延续合同或被吸收为正式工。

由于生产的需要，企业还可以有部分临时工。这些临时工对企业的生产经营则毫无权责关系。一部分临时工经过考察，适合企业需要的，可以被接纳为合同工，以至最终转为正式工。

正式工违反"集体公约"必须给予惩处的，可以改为合同工，合同期满，表现好的可以再转为正式工；合同工违反合同的，也可改为临时工，表现好的再吸收为合同工。

这种以对企业生产经营责任大小来划分的三种工并存的劳动制度，有利于提高劳动者对企业的责任心，并形成对企业的向心力。既符合企业的社会主义性质，也符合行为科学所总结的群体行为的客观规律。资本主义企业在劳资根本对立的条件下，还充分运用行为科学的原理，重视培养职工的群体意识，吸引职工以厂为家，对部分职工实行终身雇佣制等等。我们社会主义企业，职工本来就应该是企业的主体，更有条件充分发挥职工群众当家作主的群体意识，最大限度地调动劳动者的积极性、创造性。

4. 关于分配制度问题

分配制度也是涉及社会制度的一项根本性制度。我们说按劳分配是社会主义的基本特征之一，这指的是消费资料的分配原则。就整个分配制度来说，除了消费的分配外，还有积累的分配与再分配问题。

整个国民经济的分配，除了资源的分配外，主要表现在国民收入的分配与再分配上。具体到企业，则是劳动所创造的新增价值（即净产值）的分配与再分配。

按照马克思主义的分配原则，劳动者所创造的新增价值，一部分要作为社会必要的扣除，交给国家用于社会的公共支出；一部分作为消费基金，按劳动贡献大小分配给劳动者；一部分作为积累基金，用于社会扩大再生产。

在旧体制下，企业的分配完全由国家决定，企业劳动者的消费基金多少取决于国家的分配政策，不取决于企业生产经营效果，形成了企业与企业之间、职工与职工之间两个"吃大锅饭"的现象；企业的积累也完全由国家支配，因而缺乏自我积累、自我改造、自我发展的能力。这种分配制度极大地损害了劳动者的积极性，也妨碍了企业生产力水平的提高，完全不适应企业作为一个相对独立的商品生产者和经营者的客观要求。因此分配制度的改革是整个经济体制改革的重要环节。

首先在消费基金的分配上，必须坚决贯彻按劳动分配的原则。但是在社会主义商品经济的条件下，劳动者的劳动不可能直接成为社会总劳动的一部分，只能通过商品所包含的社会平均必要劳动，向社会提供劳动。因此，按劳分配也不可能直接对个别劳动者进行分配，只能实行"两级按劳分配"，即根据企业向社会所提供的劳动量，按一定比例，对企业集体实行按劳分配，然后由企业在集体内部，再按劳动者个人的劳动贡献进行再分配。具体来说，国家可以根据国民收入的分配政策，规定企业新增价值（即净产值）可以拿百分之几作为企业的消费基金，用于职工的个人消费和集体消费。消费基金总额随新增价值而浮动，水涨船高，水落船低。这就相当于对企业集体的按劳分配。然后企业在消费基金总额的限额之内，再对职工个人进行按劳分配。

党的十二届三中全会在企业分配制度上，决定实行工资总额与企业经济效益挂钩浮动；工资总额在企业内部的分配，由企业自主决定。这一分配原则实质上是两级按劳分配的体现。

企业集体所创造的新增价值，一部分用于职工的消费基金，另一部分作为税收上缴给国家，用于国家公共财政的支出，剩余部分则是积累基金。这部分积累，过去全民所有制企业是完全上缴给国家，由国家进行再分配。经济体制改革中，曾经实行企业利润留成，一部分上缴给国家，一部分留给企业，其中的一部分作为企业的生产发展基金，用于企业的自我改造与发展。实行利改税以后，上缴国家部分完全采取税收形式，原则上税后利润留给企业，其中一部分仍然作为生产发展基金，用于企业的自我改造与发展。这些改革措施，使企业有了一定的积累支配权，但由于税负过重，多数企业留利水平低，企业能支配的积累有限，实行自我改造、自我发展仍很困难。这个问题有待于进一步改革来解决。

国家与企业存在着两种关系：一是行政关系，二是投资关系。国家对各种所有制的企业都具有行政管理关系，各种所有制企业对国家也都有纳税的义务。因此原则上国税对一切企业应当一视同仁，一切企业都应按照统一规定的税种、税率纳税。接受国家投资的企业和国家之间，除了上述一般的行政关系外，存在着投资的特殊关系。国家作为企业的全部或部分资产的所有者，应以所有者的身份分享企业的盈利，同时也分担企业亏损的责任。投资是一种特殊的关系，应当区别于一般的行政关系，因此税与利原则上还应当分开，各走各的渠道。企业应实行股份制，国家按照在企业中所占股份，分享红利或分担亏损，才符合商品经济的一般规律。如果能实行股份共有制，企业的资产既有国家的股份，又有企业集体的股份，按股分红，就能使企业所创造的积累，在国家与企业之间按一定的股份比例合理分配，既能保证国家集中部分积累用于重点建设，又保证企业有一定的自我积累来源，用于自为改造、自我发展。这将是一种合理的积累分配体制。

5. 关于领导制度问题

党的十二届三中全会指出：围绕增强企业活力这个中心环节，要解决好两个方面的关系问题，即确立国家与企业之间正确关系，和确立职工和企业之间的正确关系。企业的领导制度正是这两个关系的联结点，它既体现国家与企业的关系，又体现企业与职工的关系。

上面已经说过，国家与企业之间存在着两种不同的关系：一是国家对所有的企业都具有行政管理的一般关系；一是国家对有国家投资的企业具有所有者与生产经营者之间的特殊关系。我们说政企之间要职能分开，指的是前一种关系；我们说所有权同经营权要适当分开，指的是后一种关系。因此不同所有制的企业，必然要有不同的领导制度。

职工与企业之间的关系也有不同的情况，决定职工在企业中的不同地位。少数实行"国有国营"的企业，代表总体劳动者的国家，既是企业的所有者，又是企业的经营者，由国家委派厂长或经理代表国家管理企业，职工群众只能参加管理，发挥参谋与监督的作用。一些小企业实行个人承包或租赁，这种"国有私营"企业，国家是所有者，承包人或承租人是经营者，他和职工之间是雇主与雇工的关系，职工在企业中的地位和在"私有私营"的企业一样。大量的实行全民所有、集体经营或混合所有、集体经营的企业，劳动集体是经营者，职工群众是企业的主体，可以充分发挥职工的主人翁作用。

由于所有制与经营制的多样化，社会主义企业的领导制度也必然会有多种不同的形式。

国有国营的企业，由国家主管部门委派厂长或经理管理企业，实行国家领导下的厂长负责制，为了集思广益，可以在厂领导下设立管理委员会，吸收职工代表参加。但管理委员会不是决策的权力机构，而是厂长或经理的参谋机构。

国有私营的企业，由承包者或承租者担任厂长或经理，实行个人负责制。他也可以设置某种参谋组织，设置与否取决于他个人。

全民所有、集体经营或混合所有、集体经营的企业，按照所有权同经营权适当分开的原则，国家作为主要所有者，仍然有权决定企业的主业方向，监督企业的财务状况，以及审查认可企业的经营负责人。企业的生产经营活动则完全授权企业自主经营。企业的劳动集体作为集体经营者，在企业内部实行民主决策，集中指挥，可以由职工代表大会行使决策权，在民主管理的基础上实行厂长（经理）负责制。重大的经营决策由职工代表大会审定，日常经营决策和生产行政指挥由厂长（经理）负责。企业是法人，企业的主体是全体正式职工，厂长（经理）是法人的代表，他代表劳动集体向所有者、向社会与国家负责。

企业的所有权如果实行股份制，国家可以设立国营的投资公司掌管国家的股权，由投资公司行使所有权，对大型企业或联合企业，可以设立董事会代表所有者行使所有权。但是都要遵循所有权同经营权分开的原则，避免直接干预企业的生产经营活动，使企业真正成为相对独立的商品生产者和经营者。

四　简要结论

社会主义作为过渡的历史阶段，既存在社会主义性质的企业，又存在半社会主义以及非社会主义性质的企业，但是社会主义性质的企业应占绝对优势，成为社会主义的经济基础。

实行有计划的社会主义商品经济，社会主义企业不是一般的商品生产者，而是社会主义的商品生产者与经营者，它必须具有区别于资本主义企业的基本特征，这是经济体制改革不容忽视的一个带根本性的问题。

社会主义企业的基本特征，主要表现为以下几点：

第一，社会主义企业是以公有制为主的企业，必须实现公有制的目的，使劳动者成为生产资料的主人，劳动者可以是企业的全部所有者（集体所有制），也可以是企业的局部所有者（劳动共有制）。除了少数特殊部门外，劳动者又是企业的集体经营者，具有直接支配生产资料的权利与义务，成为企业的主体。

第二，社会主义企业实行以按劳分配为主的全面物质利益原则。劳动者的收入首先取决于集体劳动的成果，其次取决于个人的劳动贡献。劳动者既是企业的生产者，又是企业的所有者和集体经营者，除了从物质利益上关心劳动成果外，还要通过分红等形式，从小物质利益上关心企业的经营效益和生产资料的损益。

第三，社会主义企业的劳动集体是"自由平等的生产者的联合体"。个别劳动者与劳动集体相互选择，结成平等的伙伴关系。个别劳动者在社会主义企业与企业之间的流动，是个别劳动者与劳动集体相互选择的行为，不存在劳动力买卖的雇佣关系。

第四，社会主义企业内部实行民主集中制，在职工民主管理的基础上建立高度集中、统一指挥的厂长（经理）负责制。劳动集体是法人的主体，厂长（经理）是法人的代表。

　　以上特征可以概括为"职工主体论"。企业的全体劳动者，包括体力劳动者和脑力劳动者是企业的主体，不是企业的客体，这是社会主义企业与资本主义企业的根本区别。充分发挥职工群众的主体作用，将是社会主义企业优胜于资本主义企业的力量源泉。

社会主义企业领导制度的
进一步探索*

　　1986 年 9 月 15 日，党中央、国务院颁发了有关全民所有制企业领导体制的三个条例，目前各地正在贯彻执行中。三个条例是在总结多年来企业领导制度的基础上，适应经济体制改革发展方向而作出的规定。它明确了党政分工的原则，改善了党组织对企业的领导方式，确立了厂长（经理）在企业的中心地位，重视了职工民主管理的权利，这些对企业领导制度的进一步完善，都具有重大意义。

　　但是，三个条例在贯彻执行中也还存在一些问题。首先是在认识上还不完全一致，其中主要是对企业党组织的地位作用问题、职工群众的主人翁地位问题等等，还有不同的看法。这些不同的看法，有的可能是受传统习惯的影响，对新的体制不够理解；另一方面，有些问题也确实还需要从理论上进一步探讨，实践上进一步探索。经济体制改革是一个不断完善发展的过程，不可能要求一项新的体制马上就达到尽善尽美的程度；何况三个条

　　* 原载《中国经济体制改革》1987 年第 6 期。

例只是对单一的全民所有制企业所作的规定，社会主义企业还包括集体所有制企业和在横向联合中出现的各种混合形式的公有制企业。这些企业的领导制度也有待研究。因此，在贯彻执行三个条例的同时，对社会主义企业领导制度的进一步探索，包括在少数企业中进行新的试点，都是深化企业改革所必须考虑的问题。下面谈几点个人的不成熟看法，供大家研究参考。

一　社会主义企业领导制度应当遵循的基本准则

我国经济体制将是多种所有制并存，同一所有制还会有多种不同的经营方式，因此企业的领导制度也不可能是一种模式。这里要探讨的是属于社会主义性质的企业，也就是以公有制为基础的企业，在领导制度上应当遵循哪些基本准则？从经济体制改革的方向看，我认为至少要遵循以下三条基本准则：

第一，要符合社会主义商品经济的客观要求。我国经济体制改革的目标模式是建立起一套符合有计划的社会主义商品经济的体制模式。党的十二届三中全会明确指出：企业是社会主义的商品生产者和经营者，是相对独立的经济实体，是具有一定权利和义务的法人。这些质的规定，必须体现在企业的领导制度上。

企业作为一个商品生产者和经营者，是具有独立法人地位的经济组织，就必然在组织体系上和党的组织、政府机构分开，而且所有权与经营权也要分离，这是新的领导制度必须遵循的第一个基本准则。

第二，要符合现代企业社会化大生产的客观规律。现代企业是高度分工而又协作的社会化大生产，而且要适应市场的瞬息变化。这就决定了在日常经营决策和生产行政指挥上必须高度集中。因此企业法人以厂长（经理）为法人代表，建立厂长（经理）负责制，也是社会主义企业领导制度必须遵循的一个基本准则。

第三，要符合企业的社会主义特征。以上两个基本准则，对资本主义企业和社会主义企业都是适用的。作为社会主义企业还应当有自己的特征。这主要表现在劳动者在企业中的主人翁地位和党组织、工会组织在企业中的地位、作用上。因此社会主义企业的领导制度如何正确处理党、政、工、群的关系，是一个重大问题。

社会主义性质的企业，由于所有制形式和经营方式的不同，领导体制也必然有所不同。但以上这几项基本准则是应当共同遵循的。

二　企业领导制度的决策体系与职工民主管理

资本主义企业的主体是人格化的资本，劳动者作为被雇佣者，是企业的客体。劳动者在企业中是处于客体地位，还是主体地位？这是资本主义企业与社会主义企业的根本区别。正因为这样，职工民主管理成为社会主义企业的重要特征。但是由于所有制形式和经营方式的不同，职工民主管理权限的大小会有所不同，这主要表现在决策权的处理上。

企业的决策体系，一般可分为三个层次：最高层次是"方略性"的决策，包括企业的专业方向、长远的发展方针与规划等等。其次是"战略性"的决策，包括年度生产经营计划、中长期的改造规划、发展规划、重大建设项目与开发项目的确定等等。最后是"战术性"的决策，它是在生产经营活动中，机动灵活地实现战略决策的日常的经营决策。

这三个层次的决策，一般来说，方略性的决策是企业所有权的一部分。所谓所有权与经营权分离，并非所有者完全不过问企业的生产经营，方略性的决策权仍然要属于所有者，而战略性与战术性的决策则授权给企业经营者，它属于经营权范围。现在值得探讨的是谁是企业的经营者？目前流行的观念认为经营者就是厂长或经理一个人。从历史上看，这是资本主义初期，企业规模比较小的历史情况下形成的观念，可以说是一种小生产者的观念。可能由于我国目前的生产水平还比较低，很自然地也出现这种小生产者的观念。随着生产社会化程度的发展和企业规模的扩大，企业的经营决策必然要由个人决策发展为集体决策，又在集体决策中实行民主集中制。

资本主义企业的主体是资本家，因此企业决策的民主集中制是在资本家范围内实行，一般是由资本股东选出代表，组成监事会或董事会作为企业的决策机构，行使企业的经营决策权。由于科学技术的进步，生产集约化程度的提高，资本主义企业也越来越需要依靠职工的积极主动性，被迫采取某些民主管理措施，吸取职工代表参加监事会或董事会，如联邦德国一些企业就规定最高决策机构的监事会，职工代表要占 50%。

我们是社会主义企业，应该怎么办？如果我们也只讲"职工参加管理"，某些资本主义企业都已经做到了，显然它不能成为社会主义企业的特征。社会主义企业的主体是职工，只有实行"职工自主管理"，才有别于资本主义企业。正因为这样，目前东欧以至苏联，在经济体制改革中都强调了实行社会主义自治的原则。

我国现在颁布的三个条例虽然也强调了职工民主管理，但规定职工代表大会对企业的经营决策只有"审议权"，而不是"审定权"，把决策权完全交给厂长或经理；为了发挥集体智慧作用而建立的管理委员会，也只是作为厂长（经理）的参谋机构，而不是民主决策的权力机构。这些规定作为过渡的暂行规定是可以的，如果要使领导制度进一步适应生产社会化、现代化的发展趋势和体现企业的社会主义特征，还有进一步改革的必要。

按照企业决策体系三个层次来划分，"方略性"决策应当由所有者来决定，全民所有制企业则由国家来决定；"战略性"决策应当由劳动集体作为集体经营者，通过职代会作出决定，然后同心协力贯彻实施，并对经营后果共同承担责任，有福同享、有祸同当，形成一个命运共同体。"战术性"的日常经营决策和生产行政指挥，则应当建立高度集中的厂长（经理）负责制，由厂长（经理）全权负责。

如果说资本主义企业是在资本主义范围内实行民主集中制，社会主义企业则在劳动者范围内实行民主集中制。这才能体现出社会主义企业在领导制度上与资本主义企业的区别。

三　企业领导制度的执行体系与厂长负责制

企业管理是一门科学，没有一批精通社会主义企业经营管理的专家，任何企业是不可能办好的。厂长是这些专家中的最优秀的人物，他对企业办好办不好更是起着决定性的作用。企业经营决策的制定，要依靠以厂长为首的专家集团提出经过科学论证的方案；决策的实现更要依靠一个以厂长为首的高度集中、统一指挥的执行系统来实施，这是社会化大生产的现代企业的客观要求。因此，在企业的生产和营运过程中，厂长处于中心地位。

在领导制度的探讨中有个争论问题，即厂长代表谁的问题。在不同的企业模式中，厂长的身份是不同的。少数还必须实行国有国营的企业，厂长是受国家委托，承担国家直接经营管理企业的职责，他的身份当然是代表国家。大量的小型企业如果实行个人承包或个人租赁，厂长作为承包者或租赁者对所有者负责，他当然不代表国家，只能"代表"他自己而向国家或其他所有者负责。对于一般企业，实行全民所有、集体经营或全员承包、全员租赁的企业，经营权属于全体劳动者，厂长就只能作为劳动集体的代表，向国家、向社会负责。以上三种情况，都是实行厂长负责制，但含义却有很大的不同。这是我们研究企业领导体制所必须弄清的问题。

四　党组织、工会组织在企业中的地位与作用

坚持党的领导是一切企事业都必须遵循的基本原则。但是对党的领导要有以下几点基本认识：一是党的领导主要体现为路线、方针、政策的领导，也就是思想政治的领导，在组织系统上要克服党、政、企不分的现象；二是党对政府、军队、企事业等都要发挥领导作用，但领导的方式方法可以有所不同；三是党对企业的领导是通过多种渠道而实现的，首先是通过各级政府对企业进行行政管理，在行政管理中执行党的方针政策同时也通过企业党组织的保证和监督，使党的方针政策在企业中得到贯彻执行。

党组织作为一个政党的组织，和企业作为一个商品生产者的经济组织，是不能也不应相混淆的。但是党组织又必须在企业中起思想政治领导作用，并对企业工作起保证监督作用。这是一种新的观念、新的领导方式，许多同志还不习惯，在具体的做法上也还有待探索。

我们党领导人民群众进行革命与建设，从原则上说，从来不是依靠行政命令，而是依靠党所制定的正确的方针政策，同时还依靠党员的先锋模范作用和紧密联系群众的教育和组织作用，发

动和带领广大群众，为实现人民共同的利益而斗争。依靠这种思想政治的领导，我们党在没有政权的条件下，仍然能够组织和领导亿万人民起来推翻压在人民头上的三座大山。今天，我们有了政权，当然更有条件领导广大人民群众为建设一个具有中国特色的社会主义强国而斗争。怎样领导？主要还是要依靠正确的方针政策和紧密联系群众的思想政治工作。党对企业的领导方式的改变，是不会削弱党的领导作用的。关键在于企业党组织要改变过去所习惯的直接掌握行政管理的简单的工作方式。

工会是工人阶级的群众组织，有自己的组织系统，它也不能和企业组织相混淆。工会组织在建设时期的任务，是在党的领导下，组织和教育职工群众为社会主义两个文明建设而努力。如果我们明确职工是企业的主体，劳动集体是企业的集体经营者，那么当前企业工会组织一个重要任务，就是在党组织领导下，作为党组织的有力助手，教育和推动职工群众正确地行使对企业的民主管理权利。正因为这样，在企业领导制度中，要求工会作为职代会的工作机构而发挥它在民主管理中的重要作用。

五　对深化企业领导制度改革的几点建议

当前经济体制改革以深化企业改革作为中心环节，重点放在所有权与经营权适当分离，进一步扩大企业的自主经营权。整个经济体制改革是个"系统工程"，企业的改革也是一个小的"系统工程"，实行两权分离势必联系到一系列问题，不可能不涉及有关领导制度的进一步改革。对全民所有制企业的领导体制，在面上应普遍推行已颁发的三个条例，以便在实践中积累经验，为进一步完善企业领导制度创造条件。但是，改革是个不断完善和发展的过程，也不妨选择少数企业进行深化企业领导制度改革的试点。下面提几点进一步改革的建议：

第一，企业所有制形式和经营方式的不同，领导体制也必然会有所不同，因此三个条例的贯彻执行不应该一刀切，应当允许企业在深化改革中根据企业的具体情况作必要的修改和补充，由上级主管机关批准执行。

第二，少数企业可以进行扩大职工民主管理权利的试点：把职代会对企业的经营方针、年度计划、重大技术改造等等的战略决策的"审议权"改为"审定权"，使全体职工对企业的重大决策有权作出决定，也有责任贯彻实施，并共同承担经营成败的后果，在分配制度上，使职工的切身利益与企业经济效益挂钩，形成以职工为主体，责、权、利相结合的民主管理体制。这样就更加体现企业的社会主义特色，使职工群众的主人翁地位具体化，从而调动包括脑力劳动和体力劳动在内的全体劳动者的更高的积极性、主动性和创造性。

第三，在上述扩大职代会职权的同时，要进一步加强企业党组织对职工群众当家作主的领导。企业党组织应加强党的思想建设与组织建设，依靠党员群众和工会组织，发动和带领职工群众正确地行使民主管理的权利与义务。党组织对企业工作的保证、监督，主要也通过职代会来发挥作用。如果党组织和工会组织受到广大职工群众的拥戴，党委书记和工会主席可以分别被选举为职代会的主席和常务副主席，直接领导职代会工作。当然，不能在制度上规定党委书记和工会主席必须担任职代会的主席、副主席，但只要党组织、工会组织不脱离群众，这种格局是会在充分发扬民主的条件下自然形成。

在党的领导和工会的具体组织下，由职代会行使企业的战略决策权，不但确立了职工群众的主人翁地位，同时也发挥了党的领导作用和工会的组织作用，使党对企业工作的保证和监督同职工的民主管理相结合而更加明确具体。职代会只掌握年度计划以上的战略决策权，不干预厂长（经理）日常的经营决策和生产行政指挥，不但不会影响厂长负责制的实施，而且为厂长负责制提供了强有力的后盾。

在贯彻三个条例的基础上，进行上述的进一步改革，企业党组织的工作就不会感到"抽象"和"空虚"，同时又改变了过去事无大小都要党委过问的党政不分的毛病。完全可能更好地理顺企业内党、政、工、群的关系，使社会主义的领导制度更加完善。

关于企业本位论

企业本位论[*]

一 经济体制的改革势在必行

党的十一届三中全会提出了改革我国经济管理体制的任务。五届人大第二次会议确定了"调整、改革、整顿、提高"的方针；其中的"改革"就是指我国现行经济管理体制的改革。

我国现行经济管理体制，有许多部分不能适应国民经济高速度发展和实现四个现代化的需要，这一点已为人们所公认。但是，体制问题的症结何在？是否必须从根本上进行全面彻底的改革？改革应当从何入手？对于这些，认识还不完全一致。

我国现行的一套经济管理体制，基本上是新中国建立初期从苏联学来的。当时虽然有效地恢复了国民经济，但是从旧社会接受下来的经济基础极其薄弱，工业在国民经济中的比重很低，重工业几乎是空白。在这种情况下开始进行较大规模的社会主义经济建设，采取苏联经济体制的模式，实行国家高度集中的领导，从当时的主客观条件来说，是必要的。实践经验也证明，在第一

* 原载《中国社会科学》1980 年第 1 期。

个五年计划期间，我国经济的发展是卓有成效的。随着经济建设的进一步发展（撇开极"左"思潮和林彪、"四人帮"的干扰破坏不说），苏式体制的极大弱点就逐渐暴露出来了。

苏式体制的特点是由国家直接管理和指挥整个国民经济和企业的活动，实行"计划大包揽，财政大包干，物资大统配，劳资大统一"，作为直接发挥生产力作用的基本单位——企业，几乎全部经营管理活动都要听命于国家，缺乏自主性。由此产生了种种弊病：由于国家计划不周，造成国民经济的比例失调，基本建设战线过长；企业在生产中单纯追求某些指标，重产值、产量，轻质量，不考虑销售与用户要求，材料和各种消耗浪费严重；物资一边积压一边匮乏；工资奖励平均化，职工用铁饭碗吃大锅饭；服务质量差，行政管理拖沓迟缓，官僚主义现象严重……

这些毛病的发生，会不会只是由于执行中的偏差，而不在于体制本身有弱点呢？我们可以从采取苏式体制的各国经验中得到答案。上述这些毛病，不仅出现在我国，同样也出现在东欧各国以及苏联本身。正因为这样，从50年代到60年代，这些国家先后都提出了改革经济体制的问题。由于政治、经济的条件不一样，改革的做法和进程不一样，取得的成效也不一样。但有一点是共同的，即都在寻找调动企业积极性的途径。问题的普遍性，说明了经济发展的客观规律性。体制的改革，不是谁主观上要改，而是客观存在的矛盾逼着人们非改不可。

新中国成立以来，我国对经济体制作过多次改革，但主要是在中央与地方之间划分权限上做文章，只考虑如何更好地发挥中央与地方两个积极性，却忽视了一个更根本的问题，那就是如何发挥直接掌握生产力的企业与劳动者的积极性。

毛泽东同志在《论十大关系》中提出了要正确处理国家、

生产单位和生产者个人的关系问题。他指出："国家和工厂、合作社的关系，工厂、合作社和生产者个人的关系，这两种关系都要处理好。为此，就不能只顾一头，必须兼顾国家、集体和个人三个方面，也就是我们过去常说的'军民兼顾'、'公私兼顾'。鉴于苏联和我们自己的经验，今后务必更好地解决这个问题。"还说："这里还要谈一下工厂在统一领导下的独立性问题。把什么东西统统都集中在中央或省市，不给工厂一点权力，一点机动的余地，一点利益，恐怕不妥。中央、省市和工厂的权益究竟应当各有多大才适当，我们经验不多，还要研究。从原则上说，统一性和独立性是对立的统一，要有统一性，也要有独立性。"

毛泽东同志早在 50 年代就看到了经济体制中存在的这个根本问题。但是，这里提出的原则，后来在实际工作中并没有贯彻执行。现在大家普遍认识到，要高速度发展国民经济，不能只考虑中央与地方的积极性，而应当发挥中央、地方、企业和劳动者四个积极性。在体制改革的酝酿中，扩大企业权限，或扩大企业自主权，已成为普遍的呼声。这是思想认识上的一大进步。

毛泽东同志在 1956 年提出的问题，现在到了应该也可以认真解决的时候了。但是，要解决问题，必须先把问题的实质弄清楚。多年来我们在许多问题上，常吃概念不清的苦头。谁要推敲一下概念，就会被指责为"抠名词"、"搞概念游戏"等等，而由于概念不清，常常彼此说的是同一句话，却有各不相同的含义，结果争论不休，莫衷一是，使问题得不到正确的解决。

我们说扩大企业权限，究竟意味着什么？这里权限的"权"，究竟指的是什么？许多人实际上是把中央、地方、企业看成相同性质的三级组织，过去只考虑中央与地方的分权问题，现在考虑到也要适当扩大一下企业这"一级"的权限。这种看法是值得商榷的。

中央和地方政府，都是行政组织；企业则是经济组织，而不是一级行政组织。因此，把中央与地方权限的概念套用在企业身上是不当的。中央与地方政府是行使政权的机关，他们的权限是指"权力"的界限，因此有"集权制"与"分权制"之分。如果把"集权制"改为"分权制"，就要扩大地方的权限；把"分权制"改为"集权制"，就要扩大中央的权限。企业是经济组织，它不存在什么"权力"大小的问题，也不存在与政权机关分权的问题。作为社会主义企业，它对国家（包括中央与地方），只有"权利"与"义务"的问题。"权利"与"权力"同音不同义，是两个不同的概念（如，宪法中规定公民权，指的是公民的权利，而不是公民的权力）。当我们说"扩大企业权限"的时候，这个"权限"的含义是不清的。这样说，实际上是把政权组织与经济组织相混淆了。

说"扩大企业自主权"，比较好一点，但也有含糊之处。自主权的权，指的应当是权利，而不是权力。企业的权利与义务决定于企业的性质，它是由社会主义企业作为一个经济组织的特性所派生的，它是客观经济规律所要求的、固有的东西，不是可以由主观意志来任意扩大或缩小的。当前的问题，是要根据社会主义制度的特点，确定社会主义企业的性质，同时确定其对国家的权利与义务。从这个意义和当前实际情况来看，如果提自主权，也应是确立自主权，而不是扩大自主权。

企业不仅是社会生产力的直接发挥者，而且也是社会制度的直接体现者。社会主义制度的最根本的特征，如公有制、消灭剥削、按劳分配等等，都要在企业这个经济细胞中体现出来。因此，为社会主义企业"定性"，确定它的性质及其与社会主义国家的关系，不仅是确立社会主义经济体制的根本问题，也是确立社会主义制度的基础。

　　经济体制的改革势在必行。经济体制与整个国民经济的组织有关，涉及的范围极广，而且一环套一环，牵一发而动全身。改革应当从何下手？最基本的环节是什么？现实的情况向我们指出，必须从确定企业在经济体制中的地位与机能入手，再进而研究整个国民经济的组织与管理，才能顺理成章，使经济体制的改革有一个牢靠的基础和依据。这是社会经济基础决定上层建筑的规律所要求的。不这样考虑问题，就不能从根本上解决体制问题。

二　有关经济体制改革的理论分析

　　所谓经济体制，简要地说，就是按照客观经济规律组织国民经济活动的方式和方法。

　　资本主义社会，客观上也存在着一定形式的经济体制，其内容也包括企业的性质、企业的组合方式，以及国家对企业不同程度的干预，等等。但是，在私有制度下，经济体制的形成是自发的，不可能人为地进行体制的全面安排或改革。社会主义公有制，使人们有计划、有意识地组织整个国民经济活动成为可能，这无疑是社会主义制度优越性的重要体现。但是，人们的主观意志完全或基本上符合客观规律，只具有可能性，不具有必然性。正如恩格斯所指出的，政权对经济的干预，可能促进经济发展，也可能阻碍经济发展，或者两者兼而有之，关键在于人们能否科学地认识和适应经济发展的客观规律。

　　牛津大学经济学家 W. 布鲁斯认为，一切经济决策可以分为以下三种：

　　（1）宏观的决策，包括国民收入的分配、经济增长率、投资率、主要产品的价格、工资水平及其结构、主要投资项目、产业结构等等。

（2）企业日常经济活动的决策，包括产品品种结构与销路、生产过程的组织、小规模的投资、大修理、工资支付形式、职工构成等等。

（3）个人的决策，包括职业与就业场所的选择、消费资料和劳务的购买等等。

他认为，在苏联和东欧国家的经济制度下，第一种决策必然由国家作出，第三种决策只能由个人作出，而第二种决策则可能采取两种形式，即由国家掌握或由企业自主。前者是集权型，后者是分权型。

波兰经济学者博·格林斯基认为简单分为两个类型，不能确切反映苏联和东欧国家现行经济体制的不同形式。他以计划体制为主，认为实际存在四种方式：

第一种，中央集权制。中央制定统一计划，管许多具体调节生产的事情，从生产任务到完成生产任务的手段，直到原材料供应，都由国家统一规定。50 年代苏联和东欧各国几乎都实行这种体制。

第二种，中央计划与经济组织的部分自治相结合。国家计划不像前者那么具体，着重下综合指标，采取一些经济刺激的手段，企业有一定自主权。他认为苏联目前属于这一类型。

第三种，中央计划与大大加强的经济组织自治相结合。中央计划集中在有战略意义的一些事情上，指令性的指标基本上取消，加强用经济手段管理经济，企业有较大的自主权。他认为匈牙利目前属于这一类型。

第四种，最大限度的经济组织自治。中央计划几乎不起作用，市场经济起主导作用，企业有很大的自主权，国家保留监督的职能，运用经济手段调整企业的收入。他认为南斯拉夫属于这一类型。

此外，还有一些经济学家，根据发展经济的主要方式方法来区分，把经济体制类型分为"外延"型与"内涵"型：外延型着重依靠增加新的生产能力来发展经济，内涵型则着重于提高效率，挖掘潜力。他们还认为，前者是强调宏观经济，后者则强调微观经济。

以上这些分析，虽然还未能构成关于经济体制问题的完整理论，但这些分析有助于我们对经济体制变化、现状及趋向的认识。从趋势看，从集权型向程度不一的分权型变化，也是明显的。

目前我国提出了经济体制改革的问题，究竟如何改，还在探讨中。不论在理论上还是在设想的方案上，都还没有一个比较系统的说法。但是思想倾向是客观存在的。大致来说，目前存在着三种想法：

第一种，认为当前的问题，并不是国家集中过多，而是集中不够。这种想法虽然未见诸文字，实际上持这种看法的大有人在。

第二种，认为当前的问题，的确是集中过多，但主要是中央集中过多，应当把权力下放到地方，让一个省或一个市有独立白主权。抱这种看法的也大有人在。

第三种，认为当前的根本问题，是企业缺乏自主权，不能发挥积极主动性。

这些看法，不都是毫无根据的，不能简单地加以肯定或否定。

所谓经济体制，既然指的是组织国民经济活动的方式和方法，如果要客观分析其内在的机制，我认为首先要划分组织者与被组织者，并确定其相互关系。国民经济活动是由经济组织来实行的，无疑，所有经济组织都是被组织的对象。社会主义实行有计划的统一经济，由代表总体劳动者的国家组织统一的经济活动；国家中央是最高的组织者，这也是无疑问的。现在的问题是国家政权组织与经济组织之间是什么关系。国家的组织作用，是从经济组织的外部发挥作用，还是作为经济组织内部的构成而发挥作用。我们现在所实行的经济体制，实行中央高度集中，对企业的经营及其内部管理都直接作出规定，从组织机制作用来看，实质上是把全国作为一个单一的经济组织，国家（包括中央和地方）处于这个单一而庞大的经济组织之内，作为经济组织内部的上层机构，对其直属的分支机构（企业和其他经济组织）进行直接的指挥。这种体制，按经济单位的划分来说，实际上是把全国作为一个单一的经济体，即以国家作为经济组织的基本单位，进行内部的统一管理、统一核算。这可以说是一种"国家本位论"。

有些人认为中央集中过多，权力应当下放到地方，由省、市进行独立自主的经济活动，即以地方（省或市）作为经济组织的基本单位，进行统一管理，统一核算。如果采取这种体制，国家的中央则处于经济组织的外部，从外部对地方经济组织进行领导和监督，而地方政权组织仍然在地方经济体的内部，作为它的最上层机构，对所属分支机构进行直接的指挥。这种主张可以说是一种"地方本位论"。

我们认为政权组织（包括中央和地方）应当和经济组织分离，改变为从经济组织的外部来领导和监督经济组织活动，而不作为经济组织内部的上层机构直接发挥指挥与管理的作用。这与上述两种完全不同。我们认为，国民经济组织既不能把全国经济作为一个单一的经济单位，也不能按行政区划分解为若干地方单位，而只能以企业（包括工业企业、商业企业、农业企业等等）

作为基本的经济单位。企业在国家统一领导和监督下，实行独立经营、独立核算，一方面享受应有的权利，一方面确保完成对国家应尽的义务。这种看法可以说是"企业本位论"。

社会主义经济究竟应当实行哪一种体制，需要从经济发展的客观规律来寻求答案。把问题归结为集权或分权，不能说明问题的实质，因此也不能从根本上解决问题。过去我们在中央与地方的权限划分上做文章，没有找到解决问题的途径。现在把企业加进去，企图在中央、地方、企业三者之间划分权限，这种不涉及问题本质的主观设想，仍然不会找到解决问题的途径。所谓"一统就死，一死就叫，一叫就放，一放就乱，一乱又统"的循环，必然不断再现。因为没有一个准则作依据，统与放可以凭主观意志行事，就不可避免地要头疼医头，脚疼医脚。

本文基于上述思想，试就社会主义制度下企业的性质、特征，以及国家与企业的关系等问题作一些探讨。为了行文方便，只以工业生产企业为代表来阐述，实际上所涉及的问题和原则，大部分对其他企业，包括商业企业、农业企业（农村人民公社的生产队也相当于农业企业）等等也是适用的。

三　"企业本位论"的几个主要论点

（一）企业是现代经济的基本单位

人类是制造工具的动物，又是社会的动物。有史以来人类的生产活动总是程度不同的社会化劳动。由于生产力的发展，社会化的生产组织形式也不同。但是迄今为止，不论哪一种生产方式的社会，总有它的与生产力水平相适应的一定形式的基本生产单位。

　　原始社会生产力极其低弱，单个的人无法单独地同自然力和猛兽作斗争，必须集体劳动，形成由血统关系组成的氏族，作为社会生产的基本单位。随着农业的发展，生产工具的改善，一个家庭已能耕种一片土地，并取得比氏族经济更高的劳动生产率，于是氏族经济就瓦解了，取而代之的是以家庭为生产基本单位的私有制。生产力再进一步发展，产生了由奴隶主组织的强制性的奴隶集体劳动形式。随着奴隶制的崩溃，又产生了以农民家庭为生产基本单位的封建制。

　　从原始社会到封建社会，商品生产虽然有所发展，但基本上都是以手工劳动为基础的自给自足的自然经济，劳动社会化的程度很低。因此，社会生产以家庭为基本单位，保持了相当长的时期。随着商品生产的高度发展和现代机器的采用，出现了资本主义的生产方式，社会生产的组织形式才发生根本的变革；社会生产的基本单位不再是狭小的家庭或作坊，而是资本家雇佣大批工人、使用现代化的生产设备、组织高度社会化劳动的现代企业。

　　随着资本的集中和积聚，企业的规模和组织形式也不断发展，从个别企业发展为各种不同形式的资本主义公司组织。在一个公司组织的大企业内，可以包含许多小企业，或者固定联系许多小企业。但不论采取什么形式，企业终归是资本主义所创造的现代经济的基本单位。

　　商品具有二重性。作为商品生产者的企业，同样具有二重性。首先它是生产力的组织，同时它又体现一定的生产关系。社会主义企业与资本主义企业的区别不在前者，而在后者。就生产关系来考察，商品经济的生产关系并不等于资本主义的生产关系。商品经济可以是资本主义的生产关系，也可以是非资本主义的生产关系。

　　在资本主义制度下，企业作为社会生产的基本单位，毫无疑问，它具有资本主义的特征。资本主义的私有制决定了：企业的生产资料和全部财产归资本家所有；生产劳动者不是生产资料的主人，而是资本家的雇佣，出卖劳动力，受资本家的剥削；企业具有绝对的独立性，企业经营的内容与发展方向完全由它的资本主决定；经营成果好坏，盈利亏损，直接决定资本家的利益。但是，如果撇开这些由资本主义私有制所决定的特征，而从作为社会生产力组织和商品经济的基本单位来考察，企业还具有以下特征：

（1）企业是从事生产的经济组织。它集聚一群生产劳动者（包括体力劳动者和脑力劳动者），为共同的生产目的而协作劳动。

（2）它从事的是商品生产，它的产品必须能满足一定的社会需要。

（3）在极其广泛而复杂的社会需要中，它只承担一定的分工任务，根据专业分工的特点，在技术上自成一个独立的生产体系。

（4）它通过交换（原则上是等价交换）和其他生产单位以及消费者发生经济联系。

（5）它具有独立的经济权益，并为取得自身的利益而积极努力。

（6）为了取得更多、更大的利益，它主动积极发展和壮大自己的生产力。

（7）它是整个社会经济的基本单位。它客观上构成社会经济力量的基础，社会生产力是所有企业生产力的总和。

以上这些特征，归根到底是商品生产高度发展的产物。资本主义企业是资本主义社会经济几百年历史所形成的。从个别企业发展为公司组织，作为经济基本单位的这些特征并无改变，说明它与资本主义所造就的生产力是相适应的。资本主义的内在矛盾及其危机，并不是企业这种经济组织形式与生产力不相适应而引起，而是资本主义私有制所决定的全社会生产的无政府状态引起的。

社会主义制度是新生的社会制度，它消灭私有制，使社会生产有可能实行统一计划、统一管理，以克服资本主义社会生产无政府主义的盲目状态，这是社会主义制度的极大的优越性。但是，社会主义的统一经济，是否就意味着应当取消企业的独立性，而把整个国民经济变成一个庞大无比的经济整体，把整个国家变成一个大"企业"呢？显然，这只能是一种"乌托邦"式的幻想。而我们现行的经济体制，事实上正是按照这种"乌托邦"式的幻想行事的。

我们现行的经济体制，形式上也以企业作为社会生产的基本单位。但是企业缺乏独立性，特别是全民所有制的企业，一切都要由国家决定。任务由国家下达，产品由国家分配，人员由上级调派，设备由国家调拨，利润全部上缴，亏损也由国家包干。在某些条文上虽然也规定企业具有一定的独立性，实行独立核算，实际上企业只是作为国家这个独一无二的大企业的分支机构而存在。由全国几万个全民所有制企业所构成的"大企业"，国务院就好像是总经理，计划委员会就像是这个大企业的计划科，经济委员会是生产科，基建委员会是基建科，物资总局是供应科，劳动总局是劳资科，各业务主管部类似以产品为对象的车间。当然，形成这种体制是有其历史原因的。在理论上，则是由于对马克思主义关于社会主义实行计划经济的一种误解，以为实行计划经济就必须把全国经济活动纳入一个统一的组织机构之中，而忘了马克思主义关于生产关系必须适应生产力发展的客观要求这一根本原理。人们没有从根本上考虑，在社会主义这个向共产主义过渡的历史阶段，社会生产是否还应当是由许多独立的基本单位组成，然后考虑这种基本单位应当采取什么样的形式，和资本主义的企业有什么异同。

我国生产力水平还远远落后于发达的资本主义国家。社会制度的革命，为解放生产力、发展生产力创造了更加有利的条件，运用这个优越性，我们有可能用较短时间把生产力水平提高到超过发达的资本主义国家的水平。但这是要经过一个历史过程的。在这个过程里，生产组织形式不能脱离和超越当前的生产力水平。企业作为现代经济的基本单位，在发达的资本主义国家是适应的，在社会主义国家同样也是适应的。当然，在社会主义制度下，和资本主义私有制相联系的一些企业特征，应当按照社会主义原则加以改造，而与资本主义私有制不相联系的一些基本特征，则是可以通用的。

商品生产在资本主义社会达到了高度的发展，但商品生产关系并非资本主义所特有，不能认为从事商品生产与交换就是资本主义。社会主义社会不但不能取消商品生产，还应当大力发展商品生产，这一点在理论上是可以肯定的。由于商品生产而形成的企业的若干特征，在社会主义制度下加以继承，决不会与社会主义原则相违背，相反，它只会更有力地促进社会主义经济的发展。

基于以上认识，我们认为社会主义经济的基本单位仍然是企业，而且是具有独立性的企业。社会主义经济体系只能是由这些具有独立性的企业联合组成。企业保持独立性，并不违反社会主义原则；恰恰相反，具有独立性才能充分实现社会主义的经济民主。在社会主义国家的统一组织下，既有企业的独立性，又有国民经济的统一性，社会主义的民主集中制原则才能在经济体系中完整地体现出来。

（二）企业必须是一个能动的有机体

如果仅仅说社会主义经济应当以企业为生产的基本单位，这就没有什么新的意义。现行的经济体制不也是把企业作为一个个单独的生产单位吗？问题是这些"单位"组成国民经济体系，是像一块块砖头砌成一个庞大的建筑物呢？还是像一个个活的细胞组成有机的生物体呢？砖头是无生物，它组成的建筑物也是没有生命的。生物体内的细胞却不一样，每一个细胞本身就是有生命的、能动的有机体。它能呼吸，能吐纳，能成长，能壮大，对外界的刺激能产生自动的反应。低级的生物由比较简单的一些细胞组成；高级的生物则由多种的细胞组成十分复杂的肌体。作为现代经济基本单位的企业，决不能是一块块缺乏能动性的砖头，而应当是一个个具有强大生命力的能动的有机体。国民经济的力量既然是企业生产力的总和，国民经济力量的强弱就不仅仅取决于它所拥有的企业数量，更重要的还取决于每个企业细胞的活力大小，就好像一个人的强弱、盛衰，归根到底取决于他体内细胞的活力大小一样。

我们经常说，要充分发挥现有企业的作用，也强调了现有企业必须革新、挖潜、改造，使它们对国民经济的发展做出更大的贡献。但是有一点却并不明确，即国民经济的扩大再生产主要靠什么？是主要靠运用积累建设新企业、新基地呢？还是同时重视现有企业的更新、改造和扩展呢？也就是说，发挥现有企业的作用，是仅仅依靠它在现有的条件下挖掘潜力呢？还是把它看成是一个能动的有机体，允许并鼓励它自行增值，自行扩大再生产呢？这正是国外学者所提到的"外延"或"内涵"的问题。

多年的实践已经证明，在一般情况下，同样的投资，用于老企业的改造和扩建，要比新建同样的企业，经济效果大得多。如果我们把企业看做是一个自身能够新陈代谢的有机体，就应当给予企业以适当的自我扩充、自我发展的条件。而且，即使是新建企业，也要尽量采取细胞分裂的方式，利用原有企业人员、经验和某些物质条件，这要比凭空组织起来的效果好得多。新生婴儿从母体中来，是自然规律，也是经济发展的客观规律。

把企业看做是一个能动的有机体，就必须使企业具有能够呼吸、吐纳的条件。企业进行生产要具备三个要素，即劳动力、劳动手段和劳动对象。对这三方面都能呼吸、能吐纳，企业才会有能动性。具体地说，就是对劳动力、劳动条件、劳动对象这些要素，企业都应当有增减权和选择权。

从劳动对象来说，企业生产什么、生产多少，除了接受国家安排的任务外，应当发挥主观能动作用去承担计划外的任务，并且应当主动预测市场需要的发展，积极发展新品种或提高产品质量水平，以满足新的需要。

作为劳动对象的原材料，除了依靠国家按计划供应外，应当有市场的来源，允许它向其他企业进行计划外的订货；并且对任何方面供应的材料，有选择权和一定条件下的增减权。

从劳动手段来说，企业应当有扩建、改建厂房和生产设施的一定的自主权，有增减和选择设备和工具的自主权。

从劳动力来说，企业对职工也应当有选择权和增减权。对新职工可以择优录用，对多余的职工可以裁减。至于被裁减职工的生活问题，则应当由国家以社会保险的方式予以保证，不应当由企业包干。

三要素在价值上所形成的资金，企业同样也应当有增减权，以取得更好的经济效果。

所有这些，是企业作为能动的有机体的客观要求，是企业在国民经济运动中发挥主动积极作用的必要条件。说到底，这些都是企业的性质所决定的，而不是可以凭主观意志给多一点或给少一点的问题。

当然，作为社会主义企业，既有权利，也有义务，包括优先保证完成国家计划订货的生产任务，按规定向国家纳税，或以其他方式向国家提供积累，等等。在保证履行这些义务的前提下，企业应具有独立经营和自主发展的条件。

（三）企业应当具有独立的经济利益

所谓企业的独立性，归根到底表现在具有独立的经济利益。上一节说，为了使企业成为能动的有机体，必须给予它以应有的主动权，这是就条件而言的。有了这些条件，企业是否就会自然而然地"动"起来呢？并不尽然。还要解决一个内在动力问题。这个动力就是企业具有独立的经济利益。

把经济利益说成是企业的动力，岂不否定了"政治挂帅"，走上"经济主义"的邪路了么？这种疑虑现在应该不再存在了。"四人帮"曾经把物质利益划为禁区，他们制造一种谬论，似乎马克思主义是不讲物质利益的，讲物质利益就是修正主义，以致许多同志不敢触及利益二字。事实上马克思主义从来就认为，人们进行生产斗争和阶段斗争，都是直接间接为了物质利益。无产阶级革命正是为了争得无产阶级和全体劳动人民的利益。

社会主义制度消灭了私有制，消灭了人剥削人的现象，使整个社会的经济活动都是为了全体劳动人民的利益。作为社会主义经济的基本单位——社会主义企业，它的生产经营活动，毫无疑问，归根到底也是为了全体劳动人民的利益，我们把它叫做国家利益或者社会利益。但是，是不是企业的活动就只能讲国家利益，不能讲企业自身利益以及与它相联系的劳动者的个人利益呢？社会主义社会作为向共产主义过渡的历史阶段，在现有物质条件与精神条件下，要求广大劳动人民在经济生活中"有公无私"，只能是一种超越现实历史条件的空想。

在社会主义历史阶段，还不能取消商品经济。不但不能取消，而且要大力发展商品生产，才能极大地丰富社会主义的物质基础。既然要发展商品生产，就必然要充分利用价值规律，而且在消费品的个人分配上实行按劳分配原则。如果这些原则是肯定的，那么企业作为商品生产的基本单位，就必然要以一个商品生产者的身份出现，也必然有它作为一个商品生产者的独立利益。从全社会的观点来看，必须使劳动者个人所得与企业集体对社会贡献的大小相联系，才是更完整地贯彻执行按劳分配原则。

使企业全体职工的个人利益与企业经营成果好坏相联系，必然促使全体职工从物质利益来关心企业的经济效果。应当看到，企业经营成果好，不仅对本企业的职工有利，同时也对国家所代表的全体劳动人民有利，所以这种对物质利益的关心，客观上是对国家利益与个人利益的共同关心，完全符合社会主义制度下整体利益与个别利益相结合的原则，根本不存在什么走个人主义和资本主义道路的问题。

当然，在社会主义制度下，任何时候也不能放弃对广大群众进行共产主义的思想教育。这种教育决不是让劳动人民去为实现什么"理性的王国"、"永恒的正义与公平"而作殉道式的献身，而是教育劳动人民把整体利益与个别利益、长远利益与眼前利益正确地结合起来，教育劳动人民在两者发生矛盾的时候，要使个别利益服从整体利益，眼前利益服从长远利益，而绝不是不讲利益，只讲抽象而空洞的精神道德。

权利和义务是矛盾的统一。讲经济权利，实际上同时也就规定了经济责任。企业具有独立的经济利益，并使它和职工的个人利益相联系，就是要求职工对所有企业的经济效果共同负责。一句话，就是要"共负盈亏"。这种"共负盈亏"的责任感，只会加强劳动群众的集体主义思想，而决不会助长个人主义。如果不与企业利益相联系，单纯地讲个人的按劳分配，倒有可能产生个人主义倾向。

现在大家都同意一个原则：应当用经济方法来管理经济，或者说应当按照客观经济规律来管理经济。究竟什么是用经济方法管理经济呢？简单地说，用经济方法管理经济，就是在经济活动中切实按价值规律办事，对经济活动的成果，用经济手段进行控制。要实行这种办法，首先必须确定企业具有独立的经济利益，并使企业职工对企业经济效果共负经济责任。否则，用经济方法管理经济只能是一句空话。举例来说，企业与企业之间实行合同制，规定不履行合同的要罚款，这应当说是一种用经济方法的管理吧？如果企业没有独立的经济利益，盈亏又与职工个人利益不联系，那么罚款起什么作用呢？无非是这个企业因付出罚款引起成本增大，上缴给国家的利润减少；另一个企业因收入罚款而降低成本，上缴给国家的利润增多。这等于说，把国家的钱从这个口袋挪到另一个口袋中去，能起多少控制的作用呢？其他类如固定资产实行有偿使用、流动资金实行贷款付息等等，也都一样。由此可见，用经济方法管理经济，其根本前提是企业必须具有独立的经济利益，而且由企业职工"共负盈亏"。

（四）社会主义制度下国家与企业的关系

国家的政权组织和经济组织应当分离。国家应当从外部领导和监督经济组织，而不是作为经济组织内部的上层机构，直接指挥经济单位的日常活动。

社会主义国家具有两种职能：一是政治职能，执行无产阶级专政的任务；一是经济职能，组织与管理社会主义的国家经济。

随着社会主义社会的发展，国家的经济职能将日益成为主要的任务。现在的问题是：国家应采取什么方式管理经济？

由于社会分工，现代经济不可避免地要由许许多多、大大小小的基本经济单位组成。国家可以把整个国民经济当作一个"大企业"，而把许许多多的经济单位作为这个"大企业"的分支机构，而直接指挥它们的活动；也可以把整个国民经济看做一个经济联合体，由许许多多具有独立性的基本单位联合组成，在高度民主的基础上，实行集中统一的领导。后一种做法就是"企业本位论"的中心思想。

社会主义消灭了生产资料的私有制，有可能在国家的统一领导下，有计划地组织社会生产，克服资本主义盲目竞争的无政府状态，使国民经济按比例地高速度发展，这是社会主义制度优越性的重要表现。但是这只能是社会主义制度优越性的一个方面。应当看到，社会主义制度优越性更为重要的另一方面，是生产资料公有化，消除了劳动者和生产资料的隔离，劳动群众成为生产资料的主人，能更加自觉地为自身利益也为全体劳动人民的共同利益而积极劳动。发挥这方面的优越性的一个重要条件，就是把社会主义民主运用到经济上，实行高度的经济民主，创造一个比资本主义更生动、更活泼的经济发展的局面。因此，让每一个基本经济单位有充分的独立自主性，在民主集中制的原则下联合起来，受国家的统一领导，做到既有企业的独立性，又有国家的统一性，既有民主，又有集中，既有计划，又有自由，将是社会主义优越性更加全面的体现。而经济民主归根到底是政治民主的基础。

我国现行经济体制的一个重大缺陷表现为权力过于集中。其根本症结，不在于中央、地方、企业三者之间的权限划分不适当，而在于把国民经济当成一个"大企业"来管理。目前许多同志提出，国家对企业的管理应当运用经济手段，而少用或不用行政手段。但是，究竟什么是行政手段？为什么会单纯用行政手段来领导企业？没有作进一步的分析。实际上，这种现象，正是把国民经济当作一个"大企业"来管理的必然的结果。

所谓行政手段，确切一点说，就是由国家政权机关直接指挥。也就是说，用下达指令的办法指挥下属的经济活动。所谓经济手段，就不是直接指挥，而是运用经济利害的后果来影响和控制经济单位的活动。前者是在一个独立的经济体内部运用的管理手段；后者则是从外部对一个独立的经济体运用的管理手段。在一个工厂内部也是如此。如果以工厂作为核算单位，在工厂内部，一般都是用行政手段：厂部直接指挥车间，车间直接指挥班组，等等。我们不能说这种直接指挥有什么不好，如果这个工厂实行车间独立核算，并且使车间具有一定的独立经济利益，例如，对达到技术经济指标的不同情况实行经济奖罚，那么厂部对车间的这项管理，也可以变直接指挥的行政手段为经济手段。因为在这项管理上，厂部是把车间作为一个独立经济体来看待的。由此可见，在被管理的对象作为一个独立的经济体而存在的时候，才产生经济手段的管理方式。否则，就必然是用行政手段。现行经济体制既然把整个国民经济当作一个"大企业"，在经济上实行统收统支，所属企业都是这个"大企业"的直属的分支机构，用行政手段直接指挥这些分支机构就是理所当然的了。

现在我们认为企业是具有独立经济利益的基本经济单位，那么国家和企业是个什么关系呢？

社会主义国家的职能有政治与经济两个方面，因此国家与企业之间也有政治关系与经济关系两种关系。就经济方面而言，国家与企业之间不应当是行政的隶属关系（某些特殊的如军工系统、交通运输系统等必须由国家直辖的部门除外），而只能是一种经济关系。这种关系，实质上是社会总体劳动者与企业局部劳动者之间的关系的体现。在经济利益上，国家代表着总体劳动者的整体与长远利益，企业则代表着局部劳动者的局部与眼前利益。当然这只是相对而言，绝不是说国家可以不关心企业的局部与眼前利益，也不能说企业就可以不顾整体与长远利益。由于利益的一致性，整体利益与局部利益是矛盾统一体。但是，矛盾双方也必然有不同的代表性。国家与企业各代表着不同的一方，这是必然的。国家作为领导的一方，企业作为被领导的一方，只是局部利益必须服从整体利益的表现。

国家与企业之间的经济关系，说到底还是利益关系。因此，国家对企业的领导和管理必然要采取经济手段。它表现为多种方式，主要有以下几种方式：

（1）制定经济政策，指导和约束企业的经济活动，使企业不脱离社会主义的轨道。在社会主义制度下，企业有义务严格遵守和执行国家制定的方针和政策。企业党组织的一个根本任务就在于监督和保证企业贯彻执行各项经济政策，维护企业的社会主义性质。

（2）实行经济立法，通过法律保护企业与职工的正当权益，并监督企业执行国家的政策、法令，处理国家与企业、企业与企业之间的经济纠纷。

法律关系是经济关系的反映。经济立法实质上也是一种经济手段。首先，国家要通过制定企业法，明确规定企业的性质，规定企业对国家，对其他企业，以及企业内部职工的基本权利与义务。

企业是一个具有独立利益的经济组织，在法律上具有法人的身份。要实行企业注册制度。新企业的建立必须经过严格的审查和批准。一经注册，取得法人资格，就具有企业法所规定的权利与义务。这也是国家控制经济发展方向的一个重要手段。现行经济体制对企业的经济活动管理得很死，但对企业的建立却缺乏必要的控制，地方或公社都可以任意兴办企业。这种不符合社会主义原则的无政府主义现象，是应当制止的。

（3）制定经济计划，指导企业经济的发展。国家应当重于抓长远规划和经济区域规划。至于年度的经济计划，应当自下而上地制定，充分发挥企业的积极主动性。同时，应当按照"大计划、小自由"的原则，对国民经济活动采取"计划调节与市场调节相结合，而以计划调节为主"的方针，以适应企业进行商品生产的客观需要。

（4）运用经济杠杆调节和控制企业的经济活动。充分运用税收、信贷、利息、奖罚、价格、国家订货、政策性补贴等经济杠杆，调节国家与企业、企业与企业、生产与消费等之间利益的矛盾，并以此来引导企业的发展方向，保证国家经济计划的实现。

四　"企业本位论"与社会主义原则

以具有独立性的企业为基本单位来建立社会主义经济体制，我们传统的、习惯的组织与管理国民经济的方式方法将发生根本的变革。由于采取商品经济的一些原则，许多做法在形式上将与资本主义经济类似。这就不能不引起人们的疑虑：这样做岂不和资本主义一样了吗？我们说：不，这绝不违反社会主义原则。

这里涉及一个问题，究竟什么是社会主义原则？我认为，社会主义最根本的原则无非两条：一是实行生产资料公有制；二是消灭剥削，实行按劳分配制。如果还有其他的原则，只是这两个基本原则所派生的。社会主义制度是一个新生的社会制度，只有半个多世纪的经历，尚未发展到成熟的阶段。除了上述两条根本原则外，已有的具体做法都不能看成定论，而应当在实践中进一步探索。老方式可以改变，新方式可以试验。我们绝不能把并非定论的东西当作神圣不可侵犯的教条而作茧自缚。

现阶段的社会主义经济仍然是商品经济。因此，企业必然还要以商品生产者的身份出现。这种说法是否违背社会主义原则呢？前面说过，尽管资本主义的商品生产，是商品生产高度发展的形态，但是商品生产绝不是资本主义所独有的经济形态。社会主义社会可以有社会主义的商品经济。它和资本主义商品经济既有某些共性，又有根本区别。作为资本主义商品经济的支柱是劳动力也成为商品，这一点在社会主义商品经济中就绝对不存在了。怎能说承认商品经济就违背社会主义原则呢？

社会主义经济应当是许多经济单位的联合体，不应当是整个国民经济成为一个单一的经济体。这种观点是否违背社会主义原则呢？在马克思、恩格斯的文献中，多次提到社会主义制度是"自由平等的生产者联合制度"，为什么以联合体代替单一体就违反社会主义原则呢？

有的同志认为，强调企业的独立自主，对集体所有制企业是可以的，对全民所有制企业就不可以，因为它会使全民所有制"倒退"到集体所有制。其实，企业的独立性与所有制并不是一回事。再者，这种论点是把全民所有制看成社会主义所有制的高级形态，把集体所有制看成是低级形态，因此只能低级形态向高级形态过渡，反之则是"倒退"，这个传统的看法只是一种设想，而绝非定论。究竟全民所有制是否是高级形态，在理论上还需要探讨。但有一点是可以肯定的，不论全民所有还是集体所有，同属公有制。既然坚持了公有制，就不能说是违背了社会主义原则。

　　现阶段的社会主义经济既是商品经济，在流通领域必然要求有商品市场，企业之间可以竞争，价值规律也就必然要起调节生产、调节投资的作用。有的同志担心，这些必将削弱以至破坏社会主义计划经济。有的同志还认为计划经济是社会主义的经济规律，因此削弱以至破坏计划经济，就是削弱以至破坏社会主义原则。我们说，社会主义经济是一定要用计划来组织的，但它是不是一条经济规律还值得商榷。因为计划是人们的主观行为，是一种方法，它应当反映经济的客观法律（如经济结构的比例性），它本身不能说是客观规律。用计划方法组织经济活动，其目的在于使经济发展符合客观规律，克服资本主义私有制必然造成的社会生产无政府状态。但是，整个国民经济活动是一个十分复杂的有机体，绝不可能事无巨细都纳入国家统一的计划之中，大量的供求关系还必须通过市场调节。国家计划应当着重于长远规划、经济区域规划等宏观经济方面，不一定要采取细目式和指令式的计划，直接安排和干预企业的日常经济活动。这是一个方式方法问题。决不能认为计划越细越好，细才是加强，粗就是削弱。在社会主义制度下，实行计划调节与市场调节相结合；绝不意味着削弱计划的作用，恰恰是使计划更有可能切合实际，更加发挥它对经济发展的长远指导作用。

　　有的同志担心，企业具有独立的经济利益，这必将引导企业像资本主义企业一样盲目追求利润，违背社会主义企业生产的目的。前面我们已经论述了社会主义的物质利益原则。在社会主义制度下，局部利益要服从整体利益。企业争取盈利不是坏事，它的盈利不仅有利于企业本身，而且有利于国家收益。如果企业不顾国家利益而盲目追求本位利益，国家是能够通过政策、法令以及经济杠杆加以纠正的。只要确认现阶段的社会主义经济还是商品经济，就要确认商品的二重性在社会主义社会的现阶段仍然存在。企业的生产目的也就不能单纯讲使用价值，必然还要讲价值。社会主义制度下价值所反映的生产关系，包括国家整体利益与企业局部利益的关系。社会主义企业生产的目的，除了主要是为了满足社会日益增长的需要，和为国家提供收入之外，也应该包含争取提高企业自身（联系到企业的全体职工）的利益。只有这样来规定社会主义企业的生产目的，才能更直接地调动广大群众的生产积极性，也只有这样才能更好地体现社会主义原则。

我们主张企业自负盈亏，对企业全体职工来说，则是共负盈亏，使职工的个人利益和企业经营成果相联系。有的同志认为全民所有制的生产资料不归企业职工所独有，讲自负盈亏在理论上说不通。其实，国家把全民所有的生产资料交给企业所在职工使用，在规定的权利与义务条件下，可否实行"全民所有集体负责制"呢？集体负责制包括了对盈亏负责，又有何不可呢？

还有的同志担心企业自负盈亏将造成苦乐不均，以至贫富悬殊。我们认为平均主义不是社会主义。个人收益的差别，在社会主义阶段不但必然存在，而且也是激励个人积极性的不可少的条件。写在社会主义旗帜上的"各尽所能，按劳分配"原则，本身就是一个承认差别的原则。贫富"悬殊"当然还是要防止的。在改革的试验阶段和初期，可能出现苦乐不均的现象，而国家完全有可能采取必要的经济政策和运用经济手段加以调节，从中找到既保持差别、又防止悬殊的途径。

还有些同志担忧企业具有自主权，企业的领导人大权独揽，可以为所欲为，形成新的特权阶层，甚至蜕化为新生的资产阶级分子。这就涉及企业的权归谁所有的问题。恩格斯在谈到1871年巴黎公社的经验时指出："公社最重要的法令规定要组织大工业以至工场手工业，这种组织不但应该在每一个工厂内以工人的联合为基础，而且应该把这一切联合体结成一个大的联盟。"①
我们说整个国民经济是一个联合体，正是恩格斯所称赞的这种大
的联盟。而这个大的联盟的基础是什么呢？是企业内的工人的联
合。所谓工人的联合，也就是说，企业应当是企业全体职工的联
合体，即马克思所说的"自由平等的生产者的联合体"②，企业
的权是掌握在全体职工的手里。实现这一原则的关键在于建立和
健全企业的民主管理制度。企业置于全体劳动者的民主管理之
下，又有共产党组织的领导和监督，发生领导人的专擅和蜕化变
质只能是个别的现象，而且是可以纠正的。

我国的经济体制，过渡到以具有独立性的企业为基本单位，
是经济发展的必然趋势。当然，在具体做法上，还需要在实践中
探索，在探索中也会出现这样或那样的问题。改革中会有阻力，
前进中可能反复，这一切都是历史进程中不可避免的现象。但
是，总的发展趋势必将不以人们的意志为转移。

---

① 恩格斯：《卡尔·马克思〈法兰西内战〉一书导言》，《马克思恩格斯全集》
第22卷，人民出版社1985年版，第226页。
② 马克思：《论土地国有化》，《马克思恩格斯全集》第18卷，人民出版社
1964年版，第67页。

增强企业活力是经济体制改革的中心环节[*]

党的十二届三中全会通过的《中共中央关于经济体制改革的决定》（以下简称《决定》）中指出："增强企业的活力，特别是增强全民所有制的大、中型企业的活力，是以城市为重点的整个经济体制改革的中心环节。"并指出："确立国家和企业、企业和职工这两方面的正确关系，是以城市为重点的整个经济体制改革的本质内容和基本要求。要实现这个基本要求，势必牵动整个经济体制的各个方面，需要进行计划体制、价格体系、国家机构管理经济的职能和劳动工资制度等方面的配套改革。"

经济体制是个错综复杂的有机整体，改革应当从何入手？以什么为中心环节把整个链条带动起来？这是几年来理论上一直在探讨，实践上在探索的问题。现在党中央作出了正确的回答：增强企业的活力是经济体制改革的中心环节，必须围绕这一中心环节进行相应的一系列的配套改革。如何正确理解《决定》这一中心思想，下面谈几点个人的粗浅认识。

---

* 原载《中国企业家》1985 年第 6 期。

为什么增强企业活力是经济体制改革的中心环节

这个问题可以从几个方面来理解。

改革的根本任务就是要解放生产力、发展生产力。要解放生产力、发展生产力，社会生产力在什么地方？在从事实际生产的经济实体。在农村是农业生产的单位，在城市是从事生产和建设的企业。因此，要解放生产力，就必须把企业从种种束缚生产力发展的桎梏中解放出来。权力过分集中是旧体制的主要弊端之一，对于这个弊端，过去也曾经采取过一些措施，但正如《决定》所指出："其间多次实行权力下放，但都只限于调整中央和地方、条条和块块的管理权限，没有触及赋予企业自主权这个要害问题，也就不能跳出原有的框框。"其原因就在于没有认识到企业是生产、建设的直接承担者，是生产力的所在地，要发展生产力就必须搞活企业，解放企业。

企业不但是社会生产力所在地，同时也是社会生产关系的直接体现者。我们说社会主义实行公有制，公有制体现在哪里？就体现为企业是全民所有制或集体所有制。我们说社会主义消灭了剥削制度，实行按劳分配，又体现在哪里？也体现在企业里没有资本家的剥削。这是就社会主义的基本制度而言。经济体制的改革，既要坚持社会主义的基本制度，又要改革那些妨碍生产力发展的具体制度。这些具体制度是否有碍于生产力的发展，也必须从企业的生产经营活动实际受到哪些束缚来考察。

改革的基本任务是要"建立起具有中国特色的、充满生机和活力的社会主义经济体制，促进社会生产力的发展"。这个生机和活力的基础就在于企业有生机，企业有活力。作为经济细胞的企业缺乏活力，处于抑制下的呆滞状态，是旧体制僵化模式的主要特征。改革不能不把这个问题作为中心环节来解决。

搞活企业必须对企业定性定位和定量

要搞活企业，仅仅认识到搞活企业的必要性和重要性还是不够的，问题还在于如何搞活；仅仅承认增强企业活力是经济体制改革的中心环节也是不够的，问题在于改革是否以企业为出发点和落脚点。也就是说，首先要确定细胞的形态：作为一个充满生机与活力的经济细胞，必须具备哪些必要的条件？要以此为基准来设计其他的体制。属于上层建筑的各项规章制度，都要有利于增强细胞的活力。如何确定企业这个经济细胞的基本形态？我认为要对企业进行"三定"，即定性，确定它的性质；定位，确定它的地位；定量，确定它的合理规模。

第一，企业定性问题。党的十一届三中全会以来，在理论上的一个重大突破，即承认社会主义社会还必然存在商品生产与商品交换，不但消费资料是商品，生产资料也是商品。党的十二届三中全会明确指出："要突破把计划经济同商品经济对立起来的传统观念，明确认识社会主义计划经济必须自觉依据和运用价值规律，是在公有制基础上的有计划的商品经济。"并指出："商品经济的充分发展，是社会经济发展的不可逾越的阶级，是实现我国经济现代化的必要条件。"明确了这些基本观念，就为我国经济体制改革奠定了基础。

社会主义经济既然是有计划的商品经济，企业也就顺理成章成为社会主义的商品生产者和经营者。这是社会主义企业一项最基本的具体属性。过去经济体制的模式之所以僵化，就在于不承认社会主义仍然需要发展商品经济，因此企业成为国家机关的附属物。由领导机关直接经营管理企业，也就必然形成企业吃国家的"大锅饭",一切听命于国家机关,在生产经营上缺乏主动创业的精神。

明确企业是社会主义的商品生产者和经营者,企业必须对自己的生产经营负责,同时也必须拥有生产经营的自主权和独立的经济利益,成为自主经营、自负盈亏、自我改造、自我发展的相对独立的经济实体。赋予企业这些具体的属性,企业才可能真正成为具有极大活力的经济细胞。所以我们说,要把企业搞活首先要给企业定性。

第二,企业定位问题。就是确定企业在国民经济中的地位。具体地来说,也就是确定国家和企业之间的关系问题。必须给企业以生产经营的自主权,承认企业在国家统一领导下,有相对独立的地位。

我们说全民所有制企业具有相对独立性,因为它既不同于私有制企业,也不同于集体所有制企业。在企业和国家的关系方面,全民企业的发展方向、改造规划等等重大决策,还要由国家决定并给予支持,企业的主要领导人要由国家任命,企业还要接受国家下达的指令性任务,同时由国家给予执行任务的必要条件,等等。这是国家作为所有者所拥有的支配权。但是企业的生产经营活动及其内部管理,则应当给予企业以充分的自主权,并对生产经营的成果负责。全民企业独立自主的相对性就具体表现在这些方面。随着体制改革的进一步发展,国家对企业也可能成为投资与接受投资的经济关系,到那时企业将拥有更大的自主权,而国家将更多地运用经济手段对所有的企业进行领导与控制。

确定企业的地位就必须实行政企职责分开,明确规定政府对企业的领导职能范围,明确规定企业对国家、对社会的义务与权利。这些最终要用法律把它固定下来。企业在法律上是一个独立的法人，法律监督它对义务的履行，同时保护它应当享有的合法权益。

第三，企业定量问题也就是企业的规模问题。作为一个经济细胞的企业，它的规模大小是否合理，是受生产力水平、经济的客观需要等许多因素所制约的，不能凭主观意愿决定。我们过去体制的弊病，除了权力过于集中之外，还有一个盲目追求"一大二公"的弊病。由于我们对社会主义的片面理解和缺乏经验，以为经济实体的规模越大越好，公有的程度越高越好，使生产关系脱离了生产力的客观要求。在农村搞"一大二公"，由合作化发展为公社化，极力扩大集体化程度，这是阻碍农村生产力发展的重大因素。几年来的农村改革，实行多种形式的联产承包责任制，一个重大的变革，就是把农村的经营实体缩小到农户，建立起以家庭为本位的新型的农村经济。这就是说，解决了农村经济实体的规模问题。

就城市经济体制来说，过去是全国一口锅，全国就像一个大企业，总理像总经理，国家计委像这个大企业的计划科，国家经委像生产科，财政部像财务科，劳动部像劳资科，各个工业部相当于一个大车间，所属企业只是这个大车间的一个班组或者一个机台。如果我们认为企业的规模可以大到全国是一个经济实体，那么在企业内部实行高度集中的统一指挥，实行财政上的统收统支……又有什么不合理呢？问题在于经济实体的规模不能大到超越生产力水平和经济的客观需要。

这种"一大二公"的传统观念和单纯凭行政手段管理经济的传统习惯，是不容易从人们脑子中退出的。因此这几年在工业改组、企业联合中，在政府机构改革中，大量出现用行政手段组建各种公司，把一些企业强制统到公司中，而且建立了一些全国性的大公司。这些公司名为企业，或正在努力实行"企业化"，实质是原来的政府机构摇身变成的。如果说原来的政企不分表现为以政代企，公司化之后则是以企代政，或者说是以公司之名行政企不分之实。这样的"改革"，不可能实现增强企业活力的目的。因此，解决企业规模的定量问题，也是搞活企业的一个重要前提。

从活的细胞到活的肌体

要把经济搞活，必须以把企业搞活为基础。但是，仅仅经济细胞有活力还是不够的，必须在维护细胞活力的这个基础上，按照客观的经济规律，把经济细胞合理地组织起来，使整个国民经济成为一个生机勃勃的有活力的肌体。这要解决两个问题：一是经济的横向联系问题，二是经济的纵向联系问题。

经济的横向联系包含许多方面的内容，其中主要有生产的协作、商品的流通、科学技术的合作、人才的开发和流动、信息的沟通、资金的融通等方面。企业是国民经济的基本单位，经济的横向联系也必须以企业为本位。也就是说，发展经济横向联系的主体是企业，包括生产企业、商业企业、交通企业、金融企业以及企业化的科研、人才开发、信息咨询等单位。它们如同一个个独立的细胞，在自愿互利的条件下，通过各种形式和渠道，相互建立业务联系，或者结成联合体，从而组成一个纵横交错的经济网络。

企业作为相对独立的经济实体，拥有生产经营的自主权。在自主权里面最重要的一权，就是坚持自愿联合的原则，给予企业自愿加入或自愿退出各种联合体的自主权。正因为这样，1980年国务院曾经发布一个关于"保护竞争，促进联合"的指示，明确这是搞活企业和按照经济规律发展经济横向联系的重要条件；规定企业的联合必须建立在自愿互利的基础上。

符合经济客观规律的横向联系或经济联合，必须是有效益的联系或联合，而且对联系的双方和联合的各方应该是互利的。如果是用行政命令强制联合，又在联合体内搞"一平二调"、"劫富济贫"，实质上还是吃"大锅饭"，与改革的方向是背离的。

生产经营的社会化是经济发展的必然趋向。但这个"化"是一个过程，拔苗助长是不行的。企业成为一个相对独立的经济实体，实行自主经营，自负盈亏，每一个企业都不能不努力提高生产经营的经济效益。在社会主义的竞争中，企业要求生存、求发展，它必然要寻求提高经济效益的途径，也必然会走专业化、协作化、联合化的道路。企业从自己的切身利益出发，最懂得如何联合，和谁联合，对它的发展最有利。因此把自由联合权交给企业，只会更快更合理地促进联合，而且会从实际需要出发，创造出多种多样的不同形式、不同内容的联合。

发挥城市的经济中心作用，是打破条块分割、地区封锁，发展经济横向联系的重大措施。但必须认识，所谓发挥城市的中心作用，并非以市政府为经济中心。城市的中心作用主要还是依靠城市中的一个一个企业去发挥。城市中的企业，在生产上打破部门、地区的界限，实行跨部门、跨地区的协作与联合；在流通上发展多渠道、直达的供销联系等等，把它的生产经营活动伸展到远近地区。作为中心城市的政府，它的任务是创造各种有利条件，促进各种横向联系的发展。

要把整个国民经济组成一个活的肌体，在横向联系的基础上，还必须合理解决纵向联系问题。党中央、国务院按照政企职责分开的原则，实行简政放权，为改革纵向的管理联系指出了方向。

我国实行有计划的商品经济，把计划经济和商品经济结合起来。计划经济是就我国管理经济的特征而言，商品经济则是就经济的客观运动形式而言。前者是一种主观行为，是上层建筑的范畴，后者是客观规律，是经济基础的范畴。上层建筑要适应经济基础并为它服务，也就是说，要按社会主义商品经济（不是资本主义的商品经济）的客观运动规律，建立计划管理及其他上层建筑范畴的各种管理体制，而不是让经济的客观运动规律，服从上层建筑范畴的管理体制。

实行政企分开，正是因为社会主义的商品决定了企业的性质与地位，它是一个从事经济活动的实体，是一个相对独立的商品生产者和经营者。政府管理经济的职能，主要应当是从宏观上管住大的方面，包括制定经济和社会发展战略、计划和方针、政策，制定资源开发、技术开发、智力开发等方针和方案，部署重点建设，等等。全民所有制企业的资产所有权属于全民，国家有代表全民领导和管理全民企业的职能。但这只能限于管理大的方面，包括确定企业的发展方向，审定企业的重大改造、改扩建方案，并给予投资和支持；向企业下达指令性和指导性计划，并给予完成指令性任务所必需的条件；以及任免企业的主要领导人员；等等。至于企业的生产经营活动和企业内部的管理，则应当完全授权企业自主经营，并对生产经营的成果负责。

按照政企职责分开的原则，建立纵向管理体制，涉及一系列与现行体制相矛盾的问题，例如，企业的隶属关系问题，国家与企业之间的利益分配问题，对企业的考核问题，企业的领导制度问题，国家机关在管理职能上的分工问题，等等，都有待于今后进一步研究解决。

关于企业隶属关系问题，党中央、国务院已确定把企业下放到中心城市以及县来管理，但同时指出，"城市政府也必须实行政企职责分开，简政放权，不要重复过去那种主要依靠行政手段管理企业的老做法，以免造成新的条块分割"。按照社会主义商品经济规律，发展经济横向联系，今后必将涌现大量跨部门、跨地区的经济联合组织；如何适应这种横向联系的要求，解决企业的隶属关系和考核办法，是一个值得进一步研究的课题。

关于国家与企业的利益分配问题，党中央、国务院决定采取以税代利的办法，使利益的分配与隶属关系脱钩，这对于实行政企分开和打破条块分割，是一项极其重要的措施。但是如何进一步完善税制，特别是解决中央与地方分享税收等问题，还有待进一步研究。

关于政府机关在管理职能上的分工，也是一个需要认真分析研究的问题。

这里需要谈一谈关于行政管理问题。

自从党中央、国务院提出国家机关的机构改革后，从中央到地方做了大量工作，特别是在领导班子的整顿上，取得很大成绩。但是精兵简政的成效还不明显。问题在于放权不明确。不放权就无法简政，不简政也就无法精兵。

但是，放权和简政也还包含着不同的内容。政府不直接经营管理企业，把经营管理权交给企业，当然会减少大量的政务，取得简政的效果。但是简政的内容还不仅是这些。过去政府除了做了许多本来应当由企业自主、自理的工作外，还承担了许多企业与企业之间的公共事务。例如，企业之间的生产协作，技术与管理经验的交流，人才培训，公共福利事业，等等。这些事务与"权"无关，不属于放权问题，但从简政来说，也应当简掉。

在精简机构中，如果违背客观规律，纯粹出于行政管理的需要，硬把一个行业的企业统在一起，必然矛盾很多，妨碍了企业的自主权。解决这个矛盾的最好途径，就是由企业自愿结合，建立行业民主管理协会，把同行业的公共事务承担起来。协会在企业与企业之间、政府与企业之间起桥梁和纽带作用，它既为会员企业服务，也可以承担政府委托的任务，例如，制定行业发展规划、行业技术标准等等。政府可以委托行业民主管理协会起草方案，然后由政府审查批准。这种协会是企业的民主自治的组织，既发扬了社会主义的经济民主，又不影响各企业的权益，和行业性公司的性质完全不同，但大大有利于政府机关的简政。

确立企业的生产经营自主权，使企业成为活的细胞；在自愿互利的前提下，发展多种形式、多种渠道的横向经济联系，形成经济网络；在这个基础上建立纵向的管理体系，整个国民经济就会构成一个充满生机的活的肌体。

围绕增强企业活力这一中心环节，建立配套的宏观管理体制

《决定》指出，增强企业活力是经济体制改革的中心环节。围绕这个中心环节，主要应解决好两个方面的关系问题，即确立国家和全民所有制企业之间的正确关系，扩大企业自主权；确立职工和企业之间的正确关系，保证劳动者在企业中的主人翁地位。同时指出："要实现这个基本要求，势必牵动整个经济体制的各个方面，需要进行计划体制、价格体系、国家机构管理经济的职能和劳动工资制度等方面的配套改革。"

前面我们已经说过，强调微观经济搞活是改革的立足点，但不是说可以忽视宏观的经济管理。恰恰相反，社会主义的重大优越性之一，就是在公有制基础上，有可能对整个国民经济实行有计划的统一领导，促进经济的协调发展。问题在于宏观的经济管理必须立足于微观经济搞活，要先把国家和企业的正确关系确定下来，以此为基准来设计宏观的管理体制。

国家在计划管理体制上，必须既有指令性计划，又有指导性计划，而且要缩小指令性计划的范围。企业除了必须完成国家的指令性任务外，可以参照指令性计划，并根据市场的实际情况，机动灵活地作出自己的决策，制定自己的生产经营计划。这样做，才会更好地满足市场需要，提高企业的经济效益，克服过去计划无所不包而脱离实际的弊端。

全民所有制企业有义务执行指令性计划任务。但过去的体制，计划部门往往只下达任务，却不保证完成任务所必需的条件。我们要求企业有责有权，同样也应要求经济领导机关有权有责。国家有权给企业下达指令性任务，也有责提供完成任务所必需的条件。因此，合理的办法应当是把指令性任务变为物资或商业部门的订货，由流通部门和生产企业签订订货合同，共同执行国家指令性计划。

企业有生产经营的自主权，除了按指令性计划执行国家订货任务外，自己决定的生产任务，在供销上要有自主权，在价格上也要有一定的定价权。

企业作为相对独立的商品生产经营者，有它相对独立的经济利益。因此国家对经济的管理和对企业的控制，不能单纯依靠行政手段，必须自觉运用价值规律，充分发挥各种经济杠杆的作用。过去我们习惯地把"利大大干、利小小干"当作一件坏事来批。其实利大大干、利小小干恰恰是价值规律的体现。国家运用经济杠杆来调节经济，就应该用"利大"来促"大干"，用"利小"来促"小干"。

运用经济杠杆调节经济的关键是价格合理，因此有计划、有步骤地改革价格体系，使其接近实际价值和供求情况，就成为整个经济体制改革成败的关键。

企业的经济利益包括职工利益。企业的责权利归根到底是由企业全体正式职工来承担，因此职工个人利益不但要和个人的劳动贡献大小联系，而且要与企业的整体利益挂钩。这就要求实行"两级按劳分配"，即社会对企业集体的按劳分配和企业内部对个人的按劳分配。实行企业的工资奖金总额（即消费基金总额）和企业经济效益挂钩浮动，就是社会对企业集体按劳分配的体现；至于企业内部的按劳分配办法，根据政企职责分开的原则，则应当由企业自行决定。

　　企业不但有自主经营权，还应有自我改造和自我发展权。因为任何一个经济实体的经营者，总是要努力提高自己的生产经营能力。国家也希望每一个企业能自力更生，新陈代谢，永葆青春的活力。因此国家在国民收入中用于积累的部分，除了进行必要的重点建设外，要以相当大的部分用来改造现有企业。长期以来，我们在建设上重外延的扩大再生产，忽视内涵的扩大再生产，把积累的资金主要用于重点工程和新企业的建设，造成老企业的严重老化，是一个极大的失策。现在把改造现有企业放在首要地位，是一个重大的战略决策。但是企业的改造和更新，是主要靠国家拨款，还是靠企业自我发展，这是一个需要进一步明确的政策。实践经验证明，依靠企业自主改造、自主发展，会更切合企业的实际，也会有更快的速度和更高的投资效益。因此除了企业的重大改造、改建和扩建外，大部分的技术改造和经常的设备更新，应当由企业自己去努力。这就要求国家在实行以税代利的措施中，要使企业的留利水平能有自我改造的条件。

　　企业税后利润中用于职工福利和奖励部分，是属于对企业集体按劳分配的性质；用于生产建设和技术改造部分，不能认为纯属企业利益。在全民所有制企业，这部分资金转化为固定资金仍为全民所有，企业并无所有权，只有支配权。它的性质实际上也是国民收入中国家积累的部分，不过不是通过上交国家后再分配，而是通过留利形式的再分配。

随着经济体制改革的深入发展，关于全民所有制企业资金的运动形式和国家对资金的管理办法，需要进一步研究，使其符合社会主义商品经济的客观规律。我认为发展的方向应当把全民所有的全部资金由国家银行统一管理，变为国家银行对企业长期投资，并且把长期投资和短期信贷结合起来，使金融的控制成为国家调节经济的主要杠杆。

职工是企业责权利的承担者

《决定》指出："确立国家和企业、企业和职工这两方面的正确关系，是以城市为重点的整个经济体制改革的本质内容和基本要求。"而且指出："企业活力的源泉，在于脑力劳动者和体力劳动者的积极性、智慧和创造力。当劳动者的主人翁地位在企业的各项制度中得到切实的保障，他们的劳动又与自身的物质利益紧密联系的时候，劳动者的积极性、智慧和创造力就能充分地发挥出来。"

确立国家和企业的正确关系，涉及对企业的定性、定位问题；确立企业和职工的正确关系，也涉及职工在企业中的地位问题。

我们说企业在法律上是独立的法人，这个"法人"是什么含义？有的同志把法人理解为某一个人，因此认为厂长或经理是法人，这种理解是不正确的。我们说一个被国家所承认的独立企业，它经过工商行政注册后，就是一个"法人企业"，这个"法人企业"是个集团的概念，厂长或经理，或董事长只是法人代表，并非法人的全体。一个私营的企业，法人是这个企业的全体所有者；如果是公司，每一个股东都承担企业盈亏责任（有限责任或无限责任）。

社会主义制度下的企业，如果是集体所有制，这个集体的参加者构成法人集团。全民所有制企业怎么办？如果以生产资料所有者为法人，那么国家成为法人集团，由国家来承担企业的责权利，显然和我们改革的方向是矛盾的。由厂长（经理）一个人为法人，和法人的含义矛盾，而且一个大企业，事实上一个人也很难承担全部的经济与法律责任。惟一正确的解释，只能是企业的全体正式职工为企业法人，厂长（经理）为法人的代表。

企业的全部资产为全民所有，企业职工也是所有者的一部分，而且不断地用自己所创造的新增价值来扩大企业的资产，因此全民企业的职工对企业资产，实际上具有相对的所有权。企业职工也是全民所有的生产资料的使用者，是生产资料与劳动者结合的直接体现。因此尽管国家有代表全民管理企业的权力，国家可以把这部分生产资料交给企业职工负责经营，由全体职工承担企业的责权利。这种关系简单地说就是"全民所有，集体经营，集体负责"。职工在企业中的主人翁地位是这种经济关系所决定的。我们进行体制改革，一开始就提"扩大企业的自主权"，这是很正确的。现在应当进一步明确，这个企业是由全体职工组成的集团，不是一个抽象的概念。

明确了以上概念，在体制上几个有争论的问题就可以迎刃而解。

关于企业领导制度问题，有的同志对实行厂长负责制产生一种片面的理解，认为实行厂长负责制就是一长制，厂长（经理）代表国家管理企业，是企业的全权负责人，职工代表大会对厂长只能起监督作用。这种看法和上述概念是矛盾的。

职工代表大会是实行职工民主管理的有效形式，现在的问题是职工代表大会应不应该是企业的权力机构，对企业的生产经营有没有决策权？对此，当前还有不同认识。我认为，如果我们承认职工是企业的主体，企业的责权利应当由全体职工来承担，职工代表大会对企业的重大问题就必须有决策权，否则就不能体现职工的主人翁地位。因此，党的十二届三中全会决定明确指出："在实行厂长负责制的同时，必须健全职工代表大会制度和各项民主管理制度，充分发挥工会组织和职工代表在审议企业重大决策、监督行政领导和维护职工合法权益等方面的权力和作用，体现工人阶级的主人翁地位。这是社会主义企业的性质所决定的，绝对不容许有任何的忽视和削弱。"

我们进行经济体制的全面改革，目的在于走出一条中国式的社会主义道路。国内外都有人怀疑我们的改革会不会走向资本主义。我们说，绝对不会。我们的改革不是改变社会主义的基本制度，而是在坚持社会主义原则的前提下，对那些不适应生产力发展的具体制度进行改革和自我完善。社会主义制度的基本特征，包括生产资料的公有制，实行按劳分配，有计划地发展国民经济，充分发扬社会主义经济民主，等等，在改革中不但不被削弱，而是用更合理的体制来加以发展和完善。

经济体制的改革，实质上也是逐步实现社会主义经济民主的具体体现。邓小平同志在1978年谈到体制改革问题的时候，就是从发扬社会主义经济民主这个意义上提出的。他说："我想着重讲讲发扬经济民主的问题。现在我国的经济管理体制权力过于集中，应该有计划地大胆下放，否则不利于充分发挥国家、地方、企业和劳动者个人四个方面的积极性，也不利于实行现代化的经济管理和提高劳动生产率。应该让地方和企业、让生产队有更多的经营管理的自主权。"

增加企业活力是经济体制改革的中心环节。实现社会主义经济民主的基础也在企业。在企业中实行职工民主管理，使职工真正享有主人翁地位，并在民主管理的基础上建立厂长负责制，是社会主义民主集中制在企业中的体现。有了这个广泛的经济民主为基础，进而建立行业民主管理协会，使其与政府的行业管理部门构成又一层次的民主集中制。随着经济体制改革的进一步发展，将来还会出现一个城市中，由各个行业组成的经济联合会，建立起更上一层的民主管理组织，和市政府的经济机关构成更高一层的民主集中制。社会主义经济建立在这样广泛的民主基础上，将会调动亿万人民的社会主义积极性，充分体现中国式的社会主义道路的特色。

关于深化企业改革问题的探讨*

一 当前的困难是改革造成的，还是改革不够造成的？

探讨深化企业改革的问题，必须首先对整个经济体制改革问题有个看法。这两年我们的改革和经济发展遇到了很大的困难，其核心问题是通货膨胀。这在前年表现特别突出，一度出现了挤兑、抢购现象，物价涨得很厉害。在全国各地出现了这种问题，自然引起思想反应：究竟是什么原因造成的？当时流行一种看法，认为出现这种问题的原因是改革造成的。不仅群众有这种看法，就是理论界，甚至政府部门的同志也有这种看法。如果把当前出现的问题看成是改革造成的，那么势必得出一个结论，改革改错了，应该恢复到改革以前的体制上去。我认为，造成当前这些问题的原因，不但不能说是改革造成的，恰恰应当说是改革改得不够造成的。从其他社会主义国家几十年搞经济改革的经验来看，尽管有各种不同的情况，但经济改革都取得了一定的成就，也都遇到很大困难。所以我得出一个看法，社会主义国家的

* 原载《改革》1990 年第 5 期,《经济日报》1990 年 9 月 14 日转载。

经济体制改革在第一个阶段，也就是说上第一个台阶，一般都比较顺利，也容易取得成效，难就难在从第一个台阶跨上第二个台阶，到现在还没有成功的经验。我们的十年改革，可以说是上了第一个台阶，成绩是有目共睹的、举世公认的，绝大多数老百姓都从改革中得到实惠。现在我们国家稳定是压倒一切的，不稳定什么东西都谈不上。但能够取得今天的稳定，也要归功于十年改革取得的成绩。如果没有十年改革，现在还像过去困难时期一样，什么都排队，什么都凭票，要做到今天的稳定也是不可能的。所以十年改革取得的成绩绝不能抹杀、不能否定。但是又确实出现了问题，原因在哪里？我认为原因是改革不够，也就是说需要深化改革，从第一台阶跨上第二个台阶。

什么叫改革不够，我把它归纳为四点：

第一，各项改革没有到位。开始改革没有现成的经验可以借鉴，只能够摸索着前进，这叫"摸着石头过河"。所以第一个阶段的改革只能是单项改革，一项一项出台。那么到现在为止，是不是每一项单项改革都到位了呢？都有所进展，但都还没有到位。比如企业改革，党的十一届三中全会就提出：要克服以党代政，以政代企这样党政企不分的现象。政企分开是企业改革的一个关键问题，通过这十年改革，政企有很大分开，企业有了比较大的自主权，但是并没有做到彻底分开。单项改革一项一项出台，只要它的方向是正确的，尽管它不彻底，也都会取得成效，但是毕竟还没有改革到位，这算是一个改革不够。

第二，改革不配套。这个问题已经提了很长时间，但到现在为止，改革措施仍不配套。所谓改革配套，并不是说，需要改革的项目，样样都出了台就叫改革配套，像打麻将似的，四个人都全了也不算配套，还要按打麻将的一套规则打，四个人才能配套。改革配套是指样样改革措施之间要有有机联系，形成一个有机的整体。现在我们的改革，从宏观来看，财政、税收、银行、计划等各方面改革没有配套；宏观控制与微观企业改革也没有配套，企业埋怨外部条件给它造成很多困难，宏观管理部门又抱怨企业自主权太大了，行为不轨。在微观方面，企业改革本身也不配套。那么现在改革要深入一步，经济要按照有计划商品经济的目标运转，要形成一套完整的体系才成。所以在改革初期，尽管单项改革取得很大成绩，进一步发展就会出现互相矛盾，这些矛盾不解决就要出现问题。改革不配套应该说是改革不够的一个重要问题。

第三，缺乏完整的理论体系指导改革，导致改革政策多变。十年改革，我们党在理论上有两个大的突破：一个是党的十二届三中全会明确要实行有计划的社会主义商品经济，这是一个重大的理论建树。因为马克思当年设想，实行公有制之后就可以取消货币、取消商品。经过社会主义各国几十年的实践，证明在社会主义阶段还不能实现这个设想，还要实行商品经济，这是对马克思主义的重大发展。第二个突破是党的十三大提出了社会主义初级阶段论。但是以上这些重大的突破并没有形成完整的理论体系。比如我们还没有从有计划的商品经济理论中引申出计划理论、市场理论、财政理论、税收理论等一套完整的理论体系。这一点理论界是应该检讨的。总之，有了重大的理论突破，没有把它具体化，没有形成完整的理论体系。没有具体的理论作指导，因此各项改革就会"公说公有理、婆说婆有理"，不能形成共识。政策是依据理论而来的，没有理论指导，政策必然摇摆。从时间上说，政策会出现多变，从空间上讲，政策之间又会出现相互矛盾。

第四，某些改革措施有失误。由于缺乏经验，也由于一些错误的指导思想，使我们在改革当中大大小小的决策都会有失误。

这些失误从根本来讲还是缺乏经验。比如在大的方面，在通货膨胀情况下能不能搞价格"闯关"，这种政策在理论上有争议，在具体的做法上有失误，所以引起了群众心理上的恐慌，加剧了通货膨胀。在小的方面也有失误，比如现在存在资金紧张现象，出现企业之间的三角债，这个问题涉及过去银行的一种具体做法，叫托收承付。前几年把托收承付"改革"掉了，其实托收承付是加速资金周转的非常有效的做法，银行为了自己利益，把这种方法改掉了。实际上不叫改革，而是群众说的"革改"。所以有不少新出台的措施，不一定都是改革，有的是"革改"。现在又在一定范围内恢复托收承付的办法，今天恢复了就说明过去取消是错误的。诸如此类，大大小小失误的地方不少。

二　治理整顿主要解决治标问题，治本还要靠深化改革

以上四种改革不够的情况，造成了我们今天遇到的困难。在这种情况下，中央提出治理整顿、深化改革的方针，是完全正确的。这一年多，首先抓了治理整顿，已初见成效，物价上涨的幅度明显减小，通货膨胀明显缓和。但同时又出现了市场疲软，许多企业处于停产半停产的状况。这虽然是新出现的问题，但并不是意料之外的事。应该说市场疲软是必然的，甚至可以说是治理整顿的预期目的。前几年不是经济过热吗？克服过热就是要它冷却，现在冷了。原来出现抢购，东西都抢空了，现在不但不抢了，买东西的少了，所以发生市场疲软了。应该说治理整顿本来就要达到这个目的，但是不是疲软过度？那是另一个问题。

现在很多地方经济还在滑坡，大家都希望经济能回升，市场能复苏。经济降温的主要手段是靠"双紧"政策，但是不能把解决的办法寄托在取消双紧政策上，如果盲目地放松银根、放松

信贷，经济很可能又会恢复原来的毛病，这在 1984—1985 年已有过这个教训。当前的关键是结构不合理、体制不完善。在这个情况下，简单地放开，那么长线的产品还是长线，短线还是短线。要使经济真正做到协调、稳定地发展，必须调整经济结构，但这是个很艰巨的任务。

调整结构就涉及深化改革问题，不改革不可能真正实现调整。比如说通货膨胀问题，其原因是总需求大于总供给。总需求无非是生产资料和消费资料的需求。消费资料需求过大是因为消费基金失控，劳动生产率的提高赶不上工资奖金的提高速度快，这样消费的需求大于供给。生产资料的需求主要体现在基本建设战线太长。这两种需求比较，应该说基建规模过大是造成需求过大的罪魁祸首，消费资料需求的扩张也是问题，但是次要的。基建规模过大的问题，讲了几年，年年也解决不了。重要原因之一是财政体制不合理。我们的财政体制先是地方分灶吃饭，以后发展为地方财政大包干。这种体制对调动地方的积极性起了很大的作用，但积极性一上来就发生了过热。地方包了干，完成了向中央上缴的任务，剩下的都是自己的，可以发展地方经济。怎么发展地方经济呢？在利益驱动下，必然要搞价高利大的加工产业，比如搞彩电生产线，全国一下引进了 120 条彩电生产线，这是非常不合理的，但这个不合理又是必然的。因为地方包干嘛！你这个省市搞彩电赚钱，我这个省市也得搞。这种包干，中央包到省，省又包到县，那县里也得创收，也要搞赚钱的行业。所以尽管三令五申，要求不要重复建设、重复引进，但天天喊，天天重复。在这种财政体制下，重复建设，重复引进是必然的，同时还会带来中央失控。现在中央的财政收入占国民收入的比重越来越小，钱到哪里去了？在地方。我们把这种现象叫"诸侯经济"。有多少诸侯？按省算有 30 个诸侯，按县算有 2000 个诸侯。一个县一个关卡，各县保护自己的经济。"诸侯经济"带来的直接后果是市场分割。诸如此类的问题如果不解决，要解决需求大过供给，那只能采取临时措施——双紧政策。双紧政策是一刀切，齐步退，解决不了结构问题。现在若简单地放松，很可能恢复过去的状况。由此可以看出，治理整顿只能是治标，要靠深化改革才能治本。尽管治理整顿是治标，但也是很必要的。就像一个人发高烧，必须用冰块给他降温，否则他会烧死。现在我们采取的办法也像是用冰块给经济降温，齐步退，至于温度是不是降得太低了，那是另外一回事，反正温度是降下来了。但降温不等于治病，现在到了考虑治本的时候了，也就是要考虑如何进一步深化改革。

改革有宏观体制的改革，也有微观体制的改革。怎样抓？意见并不一致。有人认为，造成当前的问题主要是宏观控制缺乏一套完整的办法，因此深化改革主要是解决宏观控制问题。我个人认为，还是应该按照党的十二届三中全会决定所提出的方针，把搞活企业、增强企业活力作为整个城市体制改革的中心环节。宏观体制是需要改革，但是怎么改革？我在1979年曾发表《企业本位论》，主张应该以企业为基准，根据一个具有活力的企业的要求，来设计宏观管理体制，因为企业是生产力的所在地，改革归根到底是为了解放生产力，应以企业为出发点，看什么样的体制能解放它的生产力。这符合马克思主义所主张的：上层建筑要服从经济基础，是经济基础决定上层建筑。宏观经济管理体制属于上层建筑，必须符合微观经济基础的要求，这就是我的《企业本位论》的基本主张。今天我们讲深化改革，我认为深化改革的中心环节仍然是搞活企业。

关于深化企业改革问题，我的观点可以归纳为"一、四、五"："一个目标"，要明确企业改革的最终目标，为了实现这个目标要解决必要的外部条件，这些条件我归纳为"四个分开"。企业改革也要解决必要的内部条件，我主张在企业内部完善"五项基本制度"。

三　企业改革的目标问题

企业改革是整个经济体制改革的一个组成部分，又是一个最基本的或中心的部分。正如党的十二届三中全会所讲的：增强企业活力是整个城市经济体制改革的中心环节。但尽管企业改革是中心环节，它毕竟是整个经济体制改革的一部分，所以要谈企业改革的目标，首先要明确经济体制改革目标。

从十年改革的经验，从中央提出的路线、方针、政策来看，改革的总目标概括起来就是一句话：走出一条有中国特色的社会主义道路。当今社会主义面临着严重的挑战，中国能不能走出一条有中国特色的社会主义道路，不光是中国的命运问题，也关系到整个国际共产主义运动命运问题。具体到经济体制改革的目标，就是党的十二届三中全会关于经济体制改革决定所明确的，要实行有计划的社会主义商品经济。

根据改革的总目标和经济体制改革的目标，企业改革的目标也是在党的十二届三中全会的决议中明确了的：企业是社会主义的商品生产者和经营者。这是顺理成章的，因为经济体制改革的目标是建立有计划的社会主义商品经济体制，那么企业就应该是社会主义的商品生产者和经营者。决议还具体加以阐述：企业是个经济实体，应该自主经营、自负盈亏，并且具有自我改造、自我发展的能力，在法律上是既有权利又有义务的法人。

企业最终的目标是要成为社会主义的商品生产者和经营者，这句话包含着两方面的含义：一个是"社会主义的"，一个是

"商品生产者和经营者"。资本主义企业也是商品生产者和经营者，社会主义企业作为商品生产者和经营者，它和资本主义企业有共性。但是我们又必须有社会主义的特征，然后才能成为"社会主义的商品生产者和经营者"。如何理解这两方面的含义？这需要在理论上阐明社会主义商品经济与资本主义商品经济两者之间的异和同，即它们之间有什么共性，又各自有什么特征。把这个问题弄清楚很有必要。现在我们一方面要反对资产阶级自由化倾向，另一方面也要反对僵化保守的思想，不然就会犯"左"的或右的错误。"左"的一种观点根本否定商品经济，把商品经济看成是资本主义的，没有任何共性；右的观点把社会主义商品经济看成和资本主义商品经济完全一样，没有任何区别。究竟如何区分社会主义商品经济和资本主义商品经济呢？现在有各种各样的提法，就是党的文件前后的提法也有所差别。比如党的十二届三中全会决议中解释社会主义商品经济不同于资本主义商品经济，指出矿山、资源、劳动力等不能成为商品，这种区分是从商品的内容来区分的。到党的十三大时提法又不一样，指出根本的区别在于所有制不同。我认为这两种提法都是对的，但是党的十三大的提法更明确，更涉及本质的区别。

关于社会主义商品经济与资本主义商品经济的异同问题，我的基本观点是，商品经济是一种运行方式，一种运行机制，它不是资本主义所特有的运行方式或机制。商品生产、商品交换在原始共产主义就出现了。应该说商品经济有奴隶社会的商品经济，有封建社会的商品经济，有资本主义的商品经济，商品经济发展到资本主义社会是高度发达了。现在我们搞社会主义商品经济，应该是商品经济继续向前的发展，它将发展成为商品经济的一个新阶段。

社会主义商品经济究竟如何搞，我们在理论上还在探讨，实践上还在探索。但是从社会发展规律来看，社会主义商品经济必将是比资本主义商品经济更加完善的商品经济。从历史的实际可以看到，商品经济本身是在不断前进，不断发展的。因此商品经济本身有它始终如一的、客观的规律，这种规律贯穿到各种生产方式中，它与社会制度没有直接的关系。所谓商品生产，即生产出来的产品不是为了自己消费，而是为别人消费，这是商品的主要特征，不论在哪一个社会都一样。商品生产出来既然要给别人用，那就要拿到市场上去交换，这也是共同的。所以社会主义搞商品经济，也要有市场。交换必须是等价交换，需要货币作为媒介。货币也不是资本主义特有的，在原始社会末期就有货币的雏形。价值按照马克思主义的看法是劳动的结晶，是劳动的质和量的体现，但实际上市场的价格不等于价值，可能高于价值，也可能低于价值，这取决于竞争机制和供求规律。供大于求，卖者之间竞争，造成压价，价格会降到价值以下去。求大于供，则买者之间竞争，造成提价，价格会提高到价值以上去。供求规律、竞争机制，是所有实行商品经济的社会必然存在的规律。以上讲的这些规律，不可能也不应该区分是资本主义的还是社会主义的。因此我得出一个结论，商品经济的运行方式、运行机制是共同的，是有共性的，如果硬要把本来带共性的东西，贴上资本主义或社会主义的标签，那就要犯"左"的错误。正因为如此，我们可以引用资本主义商品经济运行的某些方式，不能一引用资本主义的一些方法，就扣上"走资本主义道路"或"资产阶级自由化"的帽子。

商品经济之间有它的共性，同时在不同社会制度里又有它的特性。只讲共性不讲特性，也要犯错误，犯右的错误。我认为，社会主义商品经济与资本主义商品经济的根本区别不在运行机制，而在于它的载体。商品经济是一种运动，马克思主义哲学观点认为世界上没有抽象的运动，都是物质在运动，都有物质的载体在运动。商品经济运行的载体首先是企业，它是商品的生产者和经营者，是个重要的载体。国家管理经济的职能这部分也是载体，它参与了商品经济的运行。再从下面看，企业里每一个劳动者也是载体，他既是消费的载体，又是生产的载体。不同社会之间这些载体必然有区别。深圳市委书记李灏同志作了一个比喻，他说深圳特区是个市场，就像一个篮球场一样，欢迎各个方面都到我们篮球场来打篮球，但是必须按国际篮球规则来打，这个规则就是篮球的运行机制，这个运行机制必须是共同的，不然无法赛球。但球队这个载体可以不一样。如果是美国队与英国队打，那是国际比赛，如果是广东队与北京队打，那是国内比赛，北京队与美国队打，是北京队参与国际比赛。但是队与队之间不一样，不一样在于队内部的生产关系。这个区别非常重要，是带根本性的区别，是必须区别的，如果不作这个区别，我们企业内部的关系也变成雇佣关系，就会走资本主义道路。商品经济的运行机制和社会主义的载体，这两者统一起来就是社会主义的商品经济。

社会主义企业是社会主义商品经济的运行载体，它与资本主义企业的不同不在于企业作为商品生产者和经营者在市场的行为，而在于它内部的生产关系。社会主义企业内部是社会主义的生产关系，资本主义企业内部是资本主义的生产关系。社会主义企业应当是社会主义的商品生产者和经营者。这句话要分为两个部分，一是企业要具有商品生产者和经营者的共性，一是要有社会主义生产关系的特征，我认为企业改革的目标就是把这两者结合起来，使企业真正成为社会主义的商品生产者和经营者。

四　使企业真正成为独立的商品生产者和经营者,必须实行四个分开

要使我们的企业真正成为独立的商品生产者和经营者,就要从宏观管理体制进行改革,为企业创造必要的外部条件,即调整好国家与企业的关系。我认为,要实现这一点就必须实行四个分开,即政企分开、政资分开、税利分开和投贷分开。这四个分开是企业从政府机构的附属物转变为商品生产者和经营者的必要条件。

四个分开中最根本、最核心的问题是政企分开,即政府机构与企业组织分开。这个问题在党的十一届三中全会时就已明确了,要克服以党代政、以政代企的党政企不分的现象。实行政企分开,企业就不应该是政府机构的一个部分。过去,我们习惯于把国家整个的组织体系划为"中央、地方、企业"三个层次,把企业作为国家的基层单位,但是中央和地方都是政府机构,它们是政权的组织,企业作为商品生产者和经营者,它是个经济组织。经济组织和政权组织不是一个性质。所以搞商品经济,必然要求政企分开,使企业不再成为政府系统里的一个基层单位。只有政企分开,以产品经济为特征的旧体制才能转化为有计划的社会主义商品经济的新体制。

经过十年改革,政企分开应该说是取得了不少进展,但是并没有彻底分开,这项改革并未到位。这里面有体制上的原因,也有习惯势力。到今天为止,政企不分的思想和习惯还一直在明里暗里作怪,好像阴魂不散,总要借尸还魂。从这十年的经历来看,提出政企分开后,出现了大量的行政性公司,比如,机械局换个牌叫机械总公司,好像改为企业,政企就分开了。实际上是

由公司代行政府管理企业的职能，只不过是把"以政代企"改为"以企代政"，还是政企不分。后来决定取消行政性公司，又出现了行业协会、同业工会，由这些会代行政府职能，从"以企代政"变为"以会代政"，还是政企不分。就是行政性公司也没有取消彻底，有好多全国性的。全行业的公司仍然保留甚至新建。到近几年，又流行搞企业集团，把许多行政性公司改为企业集团。企业集团应当是企业自愿横向联合的产物，现在由政府下令，用"装口袋"的办法把一些企业"捏合"成一个集团，而且由企业集团代行政府管理企业的职能，成了"以团代政"，仍然是政企不分。下一步深化改革可能有发展企业集团这一条。最近，某些行业部门在积极地筹组企业集团，要在全国搞几个大行业集团，下面再搞二级集团、三级集团，而借组织集团之名把下放的企业收上来。可以预料，不久的将来可能会有很多集团出现，这些集团实质上就是某个部、某个局的代名词。这些做法都是打着改革的旗号出台的，实际上与改革的目标并不相符，甚至是在回潮。政企不分的问题如果不解决，企业不可能真正成为独立的商品生产者和经营者。

　　政企不分固然有传统习惯势力作怪，但其根本原因还要从体制上去找。我认为政企不分的根子在于"政资不分"，即行政管理和资产管理不分。我们的全民所有制企业是由国家代表全民行使所有权，所以全民所有制企业又可以说是国有企业，是国有资产。政府对企业当然要行使行政管理权，但它同时又是所有者，又有资产的所有权。现在是行政管理和资产管理合二而一。每个企业都有主管部或主管局，这个主管部、主管局是个政府机构，它同时又是国有资产的代表。主管部门既是"婆婆"，又是"老板"，你说政企分开，它仍然可以利用它对企业的所有权，用行政手段直接干预企业的生产经营。现在我们搞承包制，向主管部门承包，主管部门既是行政主管又是发包者，这两者合在一起，政企就必然分不开。任何一个企业，它的资产总有所有者，但现代企业的所有者作为股东，享有股东的权益，即使处于控股地位，也不干预企业的日常生产经营活动。我们现在也提出两权分离，好像可以用两权分离来解决政企分开，但由于政资就未分开，政府机构是婆婆还是股东就混淆不清，两权分离也就无从说起。要真正实行政企分开，首先必须实行政资分开。国家的行政管理和对企业的资产管理不是一回事。行政管理是国家对任何所有制企业都要进行的管理，最典型的是工商行政管理局，是个行政管理机构，它不可能去干预企业的日常生产经营活动。资产管理则不一样，全民所有制是国家投资的，国有资产由国家来管理。集体所有制的资产是集体所有，国家对它没有投资，国家对它就不可能有资产管理。所以对集体所有制来说，政资是分开的，集体所有制企业就比国有企业活一点，因为国家不能以资产所有者的身份去干预它的经营。同样，个体的、私营的、中外合资的企业也都比较活一点，只有国有的、全民的企业不容易搞活，原因就在于政资不分带来了政企不分。

因此，我认为，资产管理应从行政管理中划分出来，成为一个独立的系统。现在财政部已成立了国有资产管理局，但国有资产究竟应该怎么管，这套体制还没有形成。现在，财政部管国有资产。国家计委又成立了投资公司，行使投资权。那么，新建企业是投资公司投的资，是不是归投资公司管？整个国有资产，存量归财政部管，增量归计委管，把一个资本分割成两个部分，这就产生矛盾，形不成一个完整的资产管理体系。我主张，国有资产的存量和增量应该划归各种（综合的或专业的）投资公司管，投资公司也是企业，它是经营投资的企业，必须完成一定的资金盈利率指标，它必然要考虑投资效果，投资方向也要符合国家的产业政策。在投资公司上面可以设国有资产管理机构。如果要更彻底地实行政资分开，也可以考虑在各级人民代表大会下设国有资产管理委员会，由它领导和监督各级投资公司，这样政与资就完全分开了。政资分开后，政府机构就只行使行政管理权，包括行业管理的职能，这样政企才能真正分开。

政资分开必然导致税利分开。改革以来，刚刚扩大企业自主权时是搞利润分成，后来实行利改税，是出自这样的考虑：全民所有制企业的利和税都是交给政府的，既然都作为财政收入，干脆把利税合在一起。当时我们曾提出不同意见，认为利和税是两个不同的范畴，不能把利税合在一起。税是企业对国家的义务，所有的企业，无论是全民、集体还是私有企业，都有纳税的义务，在国税面前应该人人平等。当然，这里面可能有优惠，但优惠不应按所有制不同而定，应按产业或产品倾斜。利是对投资者而言的，没有投资就没有红利。税利是不应混淆的。改了几年，现在财政部门也提出税利分流，说明当时搞利改税并不合理。政资分开后，税利必然分开。税是交给政府的，利是交给资产所有者的。资产所有者收回利润后可以考虑再投资，扩大积累、扩大再生产。

政资分开必然还要求投贷分开，即投资与贷款分开。投资与贷款也是两个完全不同的范畴。现在关于税前还贷、税后还贷的争议，也是由投、贷概念混淆引起的。这些年实行"拨改贷"，说是为了使企业注重资金使用效益，结果并没有达到预期目的，反而把概念混淆了。国有资产是国家投资形成的资产。如果国家认为这个企业应当改造或扩建，就应拨款（投资），如果不投资，而同意企业用贷款进行改造或扩建，新增的资产还是属于投资者，这笔贷款当然应由投资者承担偿还义务。因为税利分开，必然只能实行税后还贷。用税后利润还贷，就必然要抵减应上缴的利润。比如应上缴5000万元，因为还贷3000万元，那就应只上缴2000万元，因为那3000万元变成固定资产，已属于资产所有者的。投资和贷款是截然不同的两个概念，特别在企业破产时，这两个概念的不同就非常清楚了。所谓企业破产，就是拿它的财产来抵债，比如它有100万元资产，现在负债200万元，那就是拿100万元资产去还200万元的债，那么贷款的人贷出1元钱，只能收回5角钱。国家实行破产法，是用这个法律保护破产以后债权人的利益，使债权人利益均沾，平等瓜分资产。这样来看，在企业破产时，投资者实际上是债务人，贷款者则是债权人，可见投资与贷款是完全对立的两个范畴。

总之，企业要作为独立的商品生产者和经营者，必然要求政企分开、政资分开、利税分开和投贷分开，这几个概念都必须分清，才能理顺这些关系。这些关系不理顺，外部条件不具备，企业就不能成为独立的商品经济生产者和经营者。要深化企业改革，在宏观体制上必须逐步解决这四个分开问题，这是企业成为商品生产者与经营者所必需的外部条件。

刚才讲的这四个分开，资本主义企业也是实行这四个分开的，这是没有区别的。那么企业的社会主义特征体现在哪里呢？它主要体现在企业内部的生产关系上。

五　使企业具有社会主义特征，必须在企业内部完善五项基本制度

社会主义企业与资本主义企业的根本区别在于企业的主体不同。社会主义企业主体是劳动者，是职工；资本主义企业的主体则是资本，资本的背后是资本家。马克思在分析了资本主义的矛盾后，提出实行公有制，实行社会主义，最终实现共产主义。这

绝不是出于人道主义或纯粹的理想，而是从发展生产力来考虑的。公有制的优越性至少可以归结为两条：一是从宏观经济来讲，一个国家、一个社会，如果公有制占主体地位，其中还有一部分是国有制，那么就有利于国家运用这些国有资产和公有制企业，来协调整个国民经济有计划按比例地发展。资本主义经济也要求按比例发展，在按比例这一点上是共性。但资本主义经济比例的调整是靠市场、靠价值规律。比如，市场这种产品多了，就得降价，利润率就低了，很自然投资者就不向这个产业投资，转移到利润率高的产业去。社会主义企业有国有资产，以公有制为基础，如果国家看到哪个产业薄弱，可以有计划地直接运用国有资产来调节，不必等市场自发调节，这样有利于国民经济有计划按比例地发展。

公有制的另一个更重要的优越性表现在微观经济的企业里。

把私有制改为公有制，企业内部就会发生一个很大的变化，就是把资本为主体变为劳动者为主体。马克思认为资本主义企业的主体是资本，他经常讲：资本剥削工人，没有说资本家剥削工人。在资本主义初期，一个老板开个工厂，老板就是资本家，很明显是资本家在统治和剥削工人。实行股份制以后，资本家是谁就不明确了，因为股票是可以转让的，但资本是不变的。资本就人格化了，它就像一个人一样发挥资本家剥削工人的作用。人格化就是抽象化，或者说是拟人化。就像法人这个概念，也是一种人格化的说法，它不是指一个自然人，是说法律上把这个企业当作一个人看。厂长经理是法人代表，不是法人，真正的法人实际上指的是企业的资本。在资本主义企业里资本是主体，它转化为机器、厂房等等，劳动者是资本中拿出一部分雇用的，所以劳动者在资本主义企业中是客体。生产力三个要素：劳动者、劳动资料、劳动对象，后两者是物，在资本主义企业中这些物的因素成为主体，而生产力三要素中最活跃的因素——人却成了被统治的客体，所以仍然阻碍生产力的发展。社会主义要把这种物统治人的现象颠倒过来，变成人统治物。劳动者成为生产资料的主人，人作为主体，物作为客体，人的积极性、主动性、创造性才能充分发挥出来。上述这两方面的优越性要求公有制取代私有制。

社会主义企业是公有制企业，它是以劳动者为主体，资本主义企业是私有制企业，以资本为主体，这是社会主义企业与资本主义企业的根本区别。社会主义的优越性主要体现在社会主义的生产关系上。企业内部有五个方面的制度与生产关系有关系：所有制、经营制度、劳动制度、分配制度、领导制度。这五个制度应该体现职工的主体地位，才能发挥社会主义的优越性。

企业的所有制。社会主义企业是以公有制为主体的企业。前些年，我们主张体制改革也要进行所有制改革，但有人忌讳讲所有制改革，似乎讲所有制改革就是要改掉公有制。其实在体制改革一开始就涉及所有制改革，而且实行了多种所有制并存。在社会主义初级阶段不可能实行清一色的公有制，允许少量私有制作为补充成分的存在并取得一定的发展，这本身就是所有制的重大改革。现在要探讨的问题是在公有制范围内要不要改革？公有制有不同的公有制形式，在宪法中规定了两种：全民所有制和合作性质的集体所有制。过去认为全民所有制是高级形式、集体所有制是低级形式，这是从斯大林模式中搬来的概念。全民所有制是不是高级形式，在理论上并无根据，而且现在公有制已不只这两种形式了。在我国集体所有制已分化为大集体和小集体两种。大集体是"一大二公"的产物，把集体企业向全民所有制靠，大集体的财产开始可能是职工集资的，后来从企业利润中退还给职工，因此它的财产既不是国家投资的，也不是现在职工集资的，而是企业历年自己积累的。这种集体所有制也是公有性质，但不同于合作社性质的小集体。大集体究竟是个什么样的公有制，这些年理论上没有探讨，法律上也没有作出界定。我把合作社式的小集体叫做拼块式的集体所有，你一块我一块拼起来的，应该叫"合有"。大集体则是板块式的"共有"，资产是企业自我积累起来的，不是大家集资的，但归大家共同占有。共有的特点是职工在这个企业就参与共有，离开了就没份。现在还出现了多种新的公有制形式：比如搞股份制，企业与企业之间互相参股，这个企业若是公有制，以它的资产投到另一个企业去，成为另一个企业中的法人股，这个股就是公有股；又比如工会用会费办了一个企业，那这个企业也是公有的，但不是国有；假设保险公司用保险金办了一个企业，那也是公有。这些公有制形式，是不是都体现了劳动者占有生产资料、人统治物呢？原则上说都体现了，但体现的程度不一样。集体所有制企业中，职工既是劳动者，又是直接所有者，当然生产资料归他支配。全民所有制企业是国家代表全民来行使所有权，企业中的职工只是全民中的一部分，他不能直接作为本企业生产资料的所有者，加上政企不分，国家成了主宰企业生产资料的主人，职工与本企业的生产资料只是间接结合。正因为如此，全民所有制企业中的职工从来都不关心本企业的资产，他关心的是生活、消费，不关心积累，积累是国家的事，积累多了会影响职工消费，因而他们甚至反对积累太多。

　　全民所有制企业存在着上述不合理现象，但我们决不能因此否定全民所有制。国有资产对调节整个国民经济的协调发展非常有利。但是国有资产没有必要包括所有大小企业，国有资产应集中解决薄弱环节或高科技产业。为了增强职工对资产损益和扩大积累的关心，在国有制企业中也可以增加一些职工直接占有生产资料的部分。我认为，在公有制改革中的一个重要方向，是要增加或扩大职工与生产资料直接结合的部分。具体来讲，可以吸收职工入股，或者在全民所有制企业中建立大集体性质的股份，尽管这些成分的比例不大，比如占30%左右，那也会起到很好的作用。

职工入股是不是私有化？我认为，私人持股不能统称为个人股，个人股有两种，本厂的职工加入本厂的股，和合作社性质一致，应称为职工合作股，是公有制性质。当然每个职工持的股份要有最高、最低的限额。为什么说合作股是公有制呢？因为职工既集资、入股、分红，同时按劳分配，分红的钱也是它集体创造的新增价值，没有占有别人的剩余价值。假如同一个职工去买别的企业的股票，那么他分来的红是占有别人的剩余价值，这种股可以说是私有性质的个人股。至于是否允许这种私有制的存在，那是社会主义初级阶段允许少量私有制存在的问题。

社会主义企业增加了职工与生产资料直接占有的部分，就使得产权民主化。企业的民主管理，狭义来讲是企业领导体制的民主管理，指职工代表大会的权力等等，体现了职工主人翁地位。广义的民主管理，应该在五大制度上都体现出民主。在全民所有制企业中增加企业集体股、职工合作股，扩大劳动者与生产资料的直接结合，就是产权民主化的一条途径。我认为，在所有制改革问题上，这点非常重要。

企业经营制度。现在讲企业作为商品生产者和经营者应该自主经营、自负盈亏、自我改造、自我发展，这些前面都有个自己的"自"字。这个"自"到底指的是谁？并不清楚。企业自主经营，企业是个什么？企业里的机器、厂房不会去经营，得有人来经营。这个自主经营，是一个人？少数人？还是全体职工？现在一般的概念是把厂长、经理称作经营者，其他的职工称作劳动者。这个概念并不确切。经营者可以是个人，也可以是个小集团，也可以是全体职工。厂长、经理是专业的经营者，但不等于说经营权就只能属一两个人。要体现职工为主体，应当向全员经营的方向发展。全员经营，即全体职工承担经营的责任，同时也享有经营的权利。目前要完善承包制，除了合理确定基数等等外，一个很重要的完善内容是确立谁是承包者。目前大量企业实行的是个人承包，出现了经营者与劳动者的矛盾。有的厂长、经理重视依靠职工群众，情况好些，但体制本身决定了矛盾的必然性，一般是不容易调动职工主人翁责任感，严重的甚至形成对立。我认为，国有大中型企业应以全员承包制为主，小企业可以搞个人承包。经营制度从某方面讲比所有制更重要，职工在所有权上能直接占有一份更好，若没有也行，但必须有经营权。所谓经营权是所有者把资产交给企业，由企业来支配、使用和处置。企业又由谁行使这些权，是个人还是全体职工？如果是授权全体职工行使经营权，职工在重大的经营决策上，就应当有决策权，使决策民主化。重大决策如果是集体决定，集体就有保证实现的义务。这就是所谓"群策群力"。首钢就是这样做的，他们全年的计划必须由职代会讨论通过，通过后指标层层分解，一直分解到个人。这样做，全体职工成为厂长、经理的强大后盾，使厂长、经理真正有权威。决策权有三个层次，最高的决策是方略决策，这个决策还应由所有者作出，国有企业应由国家作出；重大经营决策是战略决策，如年度计划、重大技术改造规划等等，应由职工集体决策；至于日常经营决策和生产行政指挥，毫无疑问应授权厂长、经理全权负责。

企业劳动制度。劳动制度是指企业的劳动者是怎么组成的。现在劳动部门的用工制度，搞合同制，我一直不以为然。严格讲，用工制度这个词都是老概念，"用"字加一个人字旁就是雇佣的"佣"，那不和资本主义企业一样了吗？现在厂长经理是个人承包，工人是合同制，定合同，厂长、经理代表企业作甲方，工人是乙方，这就很难区别于雇佣关系。当然厂长、经理也不承认自己是老板，他也是与主管部门签订承包合同。结果形成国家雇厂长，厂长雇工人的架势。这样做必然调动不了积极性。再加上合同都有年限，大家都是"飞鸽牌"，谁还以厂为家？这套劳动制度，既不符合现代管理原则，又不符合社会主义方向。我认为应当明确社会主义企业是马克思所说的"自由平等的生产者联合体"，应当按照这个基本理论来建立我们的劳动制度，可以三种工并存：正式工、合同工、临时工。每个企业都应有一批正式工（不是固定工，他也可以流动），他们是企业的主体。正式工也应有契约，可以民主制定劳动公约，共同遵守，互相监督。新加入的职工可以定合同，是个别职工与劳动集体定合同，合同期满应该转为正式工。合同工是预备工性质，对企业的民主管理有建议权、批评权，但是没有表决权。临时工对企业不负任何责任。企业如果搞得好，临时工都争取当合同工，合同工争取转正，这样就有了向心力、内聚力。正式工如果违反公约，可以解除公约，他如果愿意可以改当合同工，合同期满再转正；要是合同期间还不好好干，可以解除合同改为临时工。这三个台阶可以上也可以下。这样改革就符合马克思说的，企业是自由平等的生产者联合体。自由是经过双向选择而自由加入，加入之后成为劳动集体中平等的成员。

企业分配制度。在企业中有生产资料的分配和消费资料的分配两个分配问题。消费资料的分配在社会主义企业是以按劳分配为主。在商品经济条件下，不可能社会直接对劳动者个人实行按劳分配，只能实行"两级按劳分配"。社会承认一个企业集体的劳动成果，先对企业整体进行按劳分配，然后企业以这个份额再向个人进行分配，这就是两级按劳分配。但是现在国家对企业的分配是一竿子插到底，对企业怎么调资等等，都要由劳动部门决定，这不符合职工为主体的原则。应该由国家规定好一级分配的办法，例如消费基金总额和销售净产值之间规定一定比例等等，水涨船高，水落船低，至于企业内部如何分配，应由企业自主决定，这样就是分配民主化。企业的另一个分配是积累的再分配。利税分开后，利润应上交给投资者，这在资本主义企业是天经地义的。我们现在也采取这个形式，但是我们并不承认资本创造价值。国家投资的利润并不一定要全交给国家。资产阶级经济学者亚当·斯密提出一个企业需要三个要素：资本、劳动、土地，地主出地就应该收回地租，劳动者出力就应拿到工资，资本家投资应该拿回利润，认为这是公平合理的。马克思的劳动价值论把它否定了，说所有的新增价值都是劳动者创造的，地租、利润都是对剩余价值的占有。我们不承认资本创造价值，资本只能转移价值。因此，在社会主义企业劳动者创造了新增价值，自己消费一部分，剩下的全部交给国家也对，它是交给了全国的总体劳动者；全部留给企业也对，集体企业是这样，留给了局部劳动者；国家拿一部分，自己企业留一部分也对。这是劳动人民内部的协议，表现为国家的政策，采取哪种办法，主要看哪个效益好。如果企业实行公有制内部的股份制，既有国有股，又有企业集体股，又有职工合作股，那么企业集体股可以留给企业作为自有资金，变成企业集体所有，使企业有可靠的自我积累来源，对企业的自我发展有利。在理论上也是符合马克思主义原则的，不存在化大公为小公的问题。

　　企业领导制度。领导一个企业肯定要高度集中、统一指挥，但决策上应该是民主的。我们应该在民主决策的基础上建立高度集中的厂长、经理负责制。厂长、经理既是决策执行者也是决策方案的提出者，他在企业的生产经营管理中处于中心地位，在执行决策中，应有高度的指挥权力。职工在职代会上讨论重大决策时，行使民主权力。决策以后，在执行决策时，厂长经理是全体职工所拥戴的领袖，职工应在劳动岗位上服从命令听指挥。这就是民主与集中的结合。

以上这五个制度如果都能体现出企业以职工为主体，那么社会主义企业与资本主义企业也就从根本上区分开来了，社会主义的优越性就可能得到充分的发挥，社会主义企业也就真正成为具有社会主义特征的商品生产者和经营者，达到企业改革的最终目标。

完善社会主义企业制度的三十条建议*

一　理顺产权关系,确立企业的利益机制和风险机制

第一条：实行政企分开和政资分开,即政府的行政管理职能与国有资产的管理职能分开的原则。

在各级国有资产管理委员会（或管理局）下设各种类型的投资主体,包括：投资公司、大型企业集团、投资银行等等。这些投资机构,是经营投资的企业,要对投资效益负责,每年要按不同的资金利润率完成创利指标,由它对国营生产经营性企业进行投资,行使资产所有权。

第二条：实行利税分开原则。

税收是企业对政府应尽的义务,原则上不同类型的企业在国税面前应当一律平等,税种、税率应当相对稳定,利润是企业投资者的收益,为了维护投资者的利益,不能以税代利,也不能以

---

　　* 以"中国企业改革与发展研究会课题组"名义发表在《改革》1991 年第 6 期。

税挤利，税利是完全不同的经济范畴，各走各的渠道，才能适应有计划商品经济的客观要求。

第三条：实行投贷分开原则。

投贷分开即投资行为与贷款行为分开。国有企业由国营投资公司或其他投资主体投资，才取得对国营企业的所有权，贷款是借贷行为，不能和投资相混淆。作为投资的贷款应当由投资者负责借款和还款，转化为企业资产则属投资者所有。政资分开后，原则上应实行税后还贷，投资性的贷款利息以及还贷的资金都只能从投资者应得的利润冲抵。为了划清投贷关系，最好是由投资公司负责借款，然后由投资公司向企业投资。

第四条：试行以公有制为主体的股份制。

随着社会主义商品经济的发展，企业应当公司化，分别建立有限责任公司或股份有限公司。公司实行股份制有利于明确产权关系，有利于筹集资金发展企业，有利于企业的横向联合，还有利于使企业制度规范化。对于关系国计民生的重要企业，可由国家通过投资公司实行控股，掌握企业的发展方向。

第五条：实施《破产法》，形成企业的风险机制。

要加紧建立失业保险制度，在这个前提下贯彻实施《破产法》，形成企业的风险机制，也为企业裁减冗员创造条件。

二　完善企业经营机制，真正做到自主经营，自负盈亏

第六条：落实企业在简单再生产范围内的经营自主权。包括生产计划权、定价权、自销权、采购权，以及在不损害企业总资产价值的条件下对设备、设施的处置权。

第七条：改变国家指令性计划为国家直接订货。

根据国家计划，由物资、商业、外贸等部门向生产企业直接

订货，签订合同，明确规定双方的权、责、利，生产企业有义务优先保证国家订货合同的完成。

第八条：落实企业在扩大再生产范围内的经营自主权。

企业利润的分配要有一定比例作为法定的公积金或自我积累资金；有权自主确定不同类型资产的折旧率和按销售总额提取科技开发费，以上形成企业的开发基金，使企业具有自我改造与发展的能力。

企业对开发基金的使用有完全的自主权，可以在企业范围内确定技术改造或基本建设项目，也可以在企业之外进行投资。

第九条：扩大企业对外贸易和经济技术合作的涉外权。

扩大允许直接对外的企业范围。为了联合对外，避免自相压价等情况发生，应采取自愿联合，统一对外的方针：一是现有的外贸公司实行股份制，邀请有关企业入股，形成贸工联合的实体；二是发展自愿加入、民主管理的行业协会，由协会起协调和统一对外的作用。

第十条：在机构设置和人事安排上，企业应有完全的自主权，政府部门不予干预。

三　改革劳动制度和干部制度,确立企业内部劳动组合的自主权

第十一条：确立企业是"自由平等的生产者联合体"的社会主义原则，彻底消除职工中的雇佣观念。职工进入企业，是企业劳动集体和个别劳动者双向自由选择的结果，进入后，经过一定时间的相互考察，转为本企业的正式职工，就成为企业劳动集体中平等的一员，享有当家作主的权利与义务，企业则成为全体职工的命运共同体。

第十二条：企业的劳动者包括脑力劳动者和体力劳动者，应当消除工人与干部的划分，从厂长、经理、技职人员到一线工人可统称为"企业职工"。工资标准统一为一个系列，职工能上能下，能进能出。

第十三条：企业的定员编制和招收职工，完全由企业自主决策，政府不加干预。招收职工不受地区和时间的限制，也不接受硬性的分配。对于富余的职工，尽可能由企业发展多种经营予以安排，实在无法安排的可另谋职业，或留职停薪享受社会失业保险。

第十四条：企业实行正式工、合同工、临时工等三种工并存的体制。正式工要在民主制定的"劳动公约"上签字，共同遵守，违反公约而又屡教不改的，可解除公约，离开集体。新招职工实行合同制，但合同期满经考核合格，应转正为正式工；违反合同而屡教不改的，可解除合同，离开集体。正式工是企业劳动集体的正式成员，对企业的管理有完全的权与责，可当选为职代会的正式代表，行使当家作主的权利。合同工是预备工性质，可当选为职代会的列席代表，有发言权、批评与建议权，但无表决权。临时工要签订"临时劳动议协"，他们对企业的管理无权无责。

第十五条：实行劳动管理的民主化，由职代会下设"劳动委员会"，委员由职代会选举产生。企业党委的组织部门和企业人事劳动部门的负责人，可作为劳动委员会的当然委员，参与领导委员会工作。劳动委员会的职权是处理职工的招收、招聘和解除劳动公约、劳动合同等事宜，并负责有关劳动纠纷的仲裁，但不干预在职人员的职务任免、升降、工作分配等行政事宜。

四　完善激励机制,充分发挥职工
在企业中的主人翁作用

第十六条：吸收职工入股。

企业实行公司化，在明确产权关系的同时，可以吸收职工入股。企业的正式职工为企业的主体，必须入股，入股既是权利又是义务，通过利益共享，风险共担，使企业成为全体职工的命运共同体。

职工入股是记名股，有一定限额，每人至少入股多少，至多入股多少要有规定，不能相差悬殊，股权不能转让、继承，因故离开企业的必须退股。

职工在本企业入股，有一定限额，既入股又参加劳动，相当于合作社性质；按股分红所得收益，是集体劳动的成果，并没有占有别人创造的剩余价值。因此，这种股权应称为"职工合作股"，属于公有制形式之一。通过入股使职工与部分生产资料直接结合，联股联心，有利于加强职工的主人翁责任感。

第十七条：实行全员经营责任制。

目前实行厂长、经理个人承包，对于调动职工群众主人翁责任感十分不利，应当改为全员承包。不实行承包的企业，也应发挥全员经营的积极性。具体办法是强化职代会的决策权，企业的重大经营决策（如年度计划、重大技改规划等）应当由职代会审定。实行董事会领导下的经理负责制的企业，可以由职代会发挥监事会的作用，并由职代会选举职工董事参加董事会。

第十八条：实行两级按劳分配。

两级按劳分配：一级按劳分配是社会对企业集体所创造的劳动成果，进行按劳分配，办法是以企业销售总额，或净产值，或利税总额为基数，根据不同行业的情况确定一定比例，提取企业的消费基金总额，上不封顶、下不保底。二级按劳分配是企业用获得的消费基金总额在企业内部进行再分配，确定以多少用于集体福利，以多少分配给个人，采取什么样的形式对职工个人进行按劳分配，等等，完全由企业集体民主决定，政府不加干预。

第十九条：建立全面的人事劳动管理制度，大力开展全员培训，提高职工素质。

企业要把职工的招收、培训、考核、提拔、升迁等结合起来，形成一套激励职工上进心的全面人事劳动管理制度，对于学习成绩好，工作成效大的职工，不但要奖励，而且可以破格提拔，以激励上进。

第二十条：生活福利设施实行企业化、社会化。

为了消除"企业办社会"的现象，要创造条件实行生活福利设施企业化、社会化。过渡的办法可在企业内部设立"生活服务公司"，负责生活福利和生活服务的企业化经营；在条件成熟时，进一步实行社会化，对职工医疗、退休、待业等，实行社会保险。

五　完善企业领导制度，建立合理的党政工群关系

第二十一条：按照党的十一届三中全会所确定党政企分开原则，对企业领导人员的任免，要改变仿照政府官员任免的办法。要办好企业，需要有德才兼备的领导人员，同时还需要相对稳定。因此企业主要领导人员可以不规定任期，也不应仿照政府官员而规定退休年龄，但每年要对其工作进行考评，称职的可以长期任职，上级主管部门不能任意调动，不称职的可以免职。

厂长（经理）的产生可以有几种方式：一是主管部门提出

意见，经职代会的通过，然后任免；二是由职代会选举或招聘，报主管部门核准任免；三是由董事会或职代会任免。

第二十二条：实行民主决策基础上高度集中的厂长（经理）负责制。

厂长（经理）应当是德才兼备的现代的社会主义企业家，他是全体职工所拥戴的领袖，是企业生产经营和行政指挥的首脑，在企业中处于中心地位。企业的重大生产经营决策，由厂长（经理）提出方案，经职代会（或董事会）讨论、修改、通过后，由厂长（经理）全权组织实施。在日常生产经营活动中，厂长（经理）是高度集中的指挥者，全体职工必须遵守纪律，服从命令听指挥。

第二十三条：充分发挥职代会的民主决策和监督作用。

职代会是社会主义企业实行职工民主管理的有效形式。职代会对企业重大的生产经营决策，不能只有"审议"权，而没有"审定"权。职代会对重大问题有决策权，才能体现职工当家作主的社会主义企业特征，而且有"群策"才会有"群力"，厂长（经理）提出的方案，经职代会通过后就会成为全体职工的意志和责任，为厂长（经理）实施方案提供强大的后盾。

第二十四条：社会主义的一切事业都应当置于党的领导之下，社会主义企业无疑也必须坚持党的领导。但是党作为政治组织和企业作为经济组织，在组织系统上还不能混淆。企业党组织应当成为政治思想领导核心，对企业的生产行政工作则起保证、监督作用，这一原则的具体实施，可以采取以下方式：在职代会具有重大问题决策权的前提下，党委书记如果受到职工的拥护，可以被选为职代会主席，工会主席可以被选为职代会的常务副主席。党委以工会为助手，领导和教育职工群众正确行使当家作主的民主权利，对企业的重大问题进行决策。党委的保证、监督作用，也是通过职代会来实施。党委书记如果不能当选为职代会主席，说明党的工作存在某种脱离群众的倾向，企业党委会应当认真总结经验教训，必要时上级党委可对企业党委会进行改组。

第二十五条：企业工会是职工的群众组织，是全国总工会的基层单位，是党和群众之间的桥梁和纽带。工会在社会主义建设时期的主要任务，是在党的领导下，组织和教育广大职工群众行使当家作主的民主权利，以主人翁的态度投身于社会主义建设事业。另一方面，工会还要关心和维护工人群众的合法权益，加强对职工的思想政治教育，开展企业文化和企业精神文明的建设。

六　为企业创造平等竞争的条件,通过优胜劣汰,促进企业素质的提高

第二十六条：进一步贯彻政企分开原则，落实企业的经营自主权，应赋予国营企业以乡镇企业、外资企业同样的独立自主的经营机制。政府部门，首先是企业的主管部门，要以增强企业活力为准则，变干预为扶持，彻底改革对企业的管理方式。在减少对企业直接干预的前提下，政府应当大力进行精兵简政，缩小某些综合管理部门和行业管理部门的组织规模，输送优秀干部到企业去任职。

第二十七条：改革税制，实行利税分开。国营企业、乡镇企业、外资企业的税负应当统一，使国营企业的税负减轻，增强自我积累、自我改造的能力。

为了稳定税负，有关税种的设置，税率的调整，应当由全国人民代表大会或其常委会审查批准。

第二十八条：国家对乡镇企业、外资企业实行"两免三减"等优惠政策是必要的，对国营企业中急需发展和有可能打入国际

市场的企业，也应制定一定的优惠和扶持政策，以加速它们的发展。

第二十九条：制定《收费法》、《罚款法》，依法禁止向企业乱收费，乱摊派。合法的收费与罚款要严格规定交款的程序，以杜绝可能产生的贪污行为。企业支持社会公益事业是应当提倡的，但必须规定一定限额，如占税后利润的百分之多少，不得超支。

第三十条：彻底废除由政府部门组织或支持的各种评优、升级等活动。政府对企业进行一定的监督、检查是必要的，但中央、地方、部门应统一组织进行，避免重复。有些监督、检查，如审计，已成为经常性工作，就不必要再组织内容相近的大检查，以减轻企业在接待上的沉重负担。

增强企业活力是整个经济体制改革的中心环节。既然它是中心环节，其他各项改革必须围绕这一中心环节而进行，也就是说，要以增强活力为立足点和出发点。以上三十条是企业改革的主要内容，但它涉及一系列宏观体制问题。因此，它的实施，必须要求计划、财政、税收、金融、劳动、人事、商业、经贸、资产管理等宏观管理体制进行相应的改革。

企业集团与股份制[*]

一 企业集团的基本概念

企业集团是商品经济发展的产物。当然,首先企业是商品经济的产物,企业的集团化应该说是商品经济更加高度发展的结果。我国从城市经济体制改革一开始就提出了这一问题。在我国,企业集团又是企业改组联合与推动企业横向联合的产物。但到目前为止,关于企业集团,理论界仍存在分歧,实践中更是一哄而起。据统计现在有 1600 多个企业集团,如果包括县办的企业集团,可能更多。这些企业集团,其内涵与规模形式千差万别。许多企业集团是有名无实。现在有必要从理论上规范企业集团的概念。

1. 企业的含义。"企业"这一名称是引用日本的概念。根据我的理解,企业定义最核心的内容是:企业是一个盈利性的经济组织。正因为它是经营组织,就不同于政府机关等行政组织。我们反对企业成为政府机关的行政附属物,因为这两种组织性质

---

* 原载《管理世界》1991 年第 2 期。

不一样，一个是行政组织，一个是经济组织。我们还常常把工厂与企业这两个概念混淆，工厂也是一个经济组织，但它是一个生产性的经济组织。商店就不能称为工厂，商店是商业企业。工厂与企业的区别是：生产性经济组织可以是盈利的，也可以是不盈利的。比如：政府机关办个为机关服务的印刷厂，是政府机关下的一个事业单位，它不以盈利为目的。反过来工厂不一定是企业，只有盈利性的工厂才是企业。

简单地说，公司是一个联合性的法人企业，至少是资本的联合。一个公司可以就有一个工厂，其中，有一些联合的要素，而且它是法人企业，不是自然人企业。所以公司是联合性的法人企业。

这样我们就把公司、企业、工厂区别开来。企业是一个盈利性的经济组织，企业包括工业企业、商业企业、运输企业等等。工业企业中又可以是单厂企业，即一个工厂就是一个企业，也可以是多厂的联合企业。多厂企业中包括许多工厂，像首都钢铁公司，包括有炼铁厂、炼钢厂、轧钢厂等等。所以它叫联合企业。联合企业并不是集团，如果联合企业叫集团，那么企业集团在建国初期就有了。但我们一般将它称为联合企业，而不是企业集团。联合企业和企业联合，含义不一样。联合企业是一个企业，尽管有多个工厂，联合在一起。企业联合是多个企业联合在一起，每个企业都有一定的独立性，这就是我们所说的横向联合。而联合企业本来就是一个企业，那些工厂是它的分支机构。

以上我们所说的企业集团有许多种类型，在改革过程中，出现了一些不伦不类、名实不符的企业集团。例如实行改组联合，许多地方出现了行政性公司。有的政府部门改组成了公司，实际上还行使政府部门职能。这种公司是行政性公司。我们一直反对这种做法。这种公司已不是单纯经济意义上的公司，挂着公司的名，行着政府的职能。

2. 企业集团的含义。以往有关文件把企业集团解释为一种多层次的经济组织。因为它分紧密层、半紧密层等多个层次。这样下定义并没有概括出企业集团最根本的特征。企业集团的结构可以根据联合紧密程度分为核心层、紧密层、半紧密层等多个组织层次，但是多层次经济组织不等于就是企业集团。因为任何一个工厂都可以称做一个多层次的经济组织。我认为，企业集团最突出、最核心的特征可以概括为：企业集团是两个或两个以上的法人企业的联合组织。根据这个定义，鞍钢、首钢就不能称为企业集团。

3. 关于法人的问题。企业集团必须是两个以上法人企业的联合。至于具体是几个，不同的国家有不同的法律规定。两个以上法人的联合，联合起来之后，就不是一个法人。集团的核心部分，一般叫公司，有的叫集团公司。像香港就有许多的集团公司。很多国家就没有集团公司这个概念。公司就是公司，如果由许多公司组成要表示成集团，那则在公司后加个集团的说明。所以集团本身不是单一组织。集团只能有一个代表，这就是核心公司。公司是法人，整个集团并不是法人。现在有些行政公司是法人，下属企业也是法人，这样就形成了一级法人、二级法人。行政公司即总公司是一级法人，下属企业即子公司是二级法人，深圳发展公司已经发展到四级法人，出现了上级法人管理下级法人的现象。法人之间不存在等级。把等级观念强加在法人身上，是从行政隶属关系的角度来理解法人的。

厂长、经理是法人代表，不是法人。法人不是自然人意义上的人，法人是法律上被看作是一个人，这是有别于自然人的。并不是所有的企业都是法人。根本上说，法人是资产的关系，或者说资本的关系，不是具体自然人的关系。但法人必须有一个人来代表它，这就产生了法人代表。企业集团的核心公司是法人，就用核心公司的资本对民事承担责任。子公司如果是独立的法人，就用子公司所拥有的那笔财产来承担民事责任。

二　企业集团的类型

企业集团是不同法人企业通过一定的纽带联合在一起的。不同的纽带，将产生不同类型的企业集团。

第一种是主导产品型的企业集团，多数是工业企业集团。其中最典型的是"二汽集团"。它是以东风系列汽车产品为龙头组织起来的企业集团。它是以产品为纽带联结起来的。

第二种是经营服务型企业集团，这种企业集团的联结纽带主要是经营活动，以供应、销售为纽带或实现了产供销的联合。这类集团往往是工商业企业集团或商业企业集团，称之为联营公司。成套公司组织成套产品供应，它也可以组成一个集团，可以成套订货、成套加工。此外还有一种纯商业性企业集团。这些都是以经营为纽带形成的企业集团。

第三种是科技开发型企业集团。这种集团大多也是生产性的。但它的特点是以某些科技专利作为核心，大多是以科研机构为龙头，其纽带是专利和发明权。

第四种是综合多角形企业集团。这是一种最复杂的企业集团。涉足不同的领域，甚至不是一个集团，国外的一些公司也是如此。多角经营，追求的是综合效益。这种企业集团一般有金融机构进入。所以这种集团也可以叫作财团。

以上四种类型企业集团之间并没有严格界限。有的集团可以是其中几种类型的混合。

企业集团的建立对国民经济的促进作用是显而易见的，但尽管企业集团有很多优势，如果组织不好，也容易产生一些弊端。一是容易形成垄断。多数资本主义国家都制定了反垄断法加以限制。如果集团形成了垄断，其弊就大于利。另外要防止把行政性公司改头换面变为企业集团，使政企不分。如果说原来政企不分是"以政代企"，改为行政性公司是"以企代政"，现在变成企业集团就是"以团代政"。所以集团的出现也可能会产生负作用。另外还要防止一种倾向，即虚张声势，大造舆论，宣布某某集团成立，这就会造成"十个集团九个空"，徒有其名。

顺应集团发展的规律，我们主张因势利导，从客观的需要、企业的自愿出发，逐步推进。不应该也没有必要靠行政力量强制推行。前面讲的企业集团的几种类型，是由不同的纽带来决定的。如果我们的企业集团现在还处于生产联合阶段，那么继续发展就是经营的联合，最终要发展到资本的联合。

三 企业集团与股份制的关系

改革的目标是要建立有计划的商品经济，因此企业必然是一个独立的商品生产者和经营者，政企必须分开，但实现这一目标还有许多困难。在新旧体制交替阶段实现企业横向联合是很困难的。每个企业都有一个主管上级。横向联合要征求上级主管部门的同意，为了促使企业联合的发展，国家制订了"三不变"原则，即所有制不变、隶属关系不变、财税渠道不变，其核心是隶属关系不变。"三不变"原则对推动横向联合起了一定的积极作用。但在"三不变"的情况下，企业不可能联合到很紧密的程度。当客观经济形势比较好或该行业生产比较景气时，联合就很紧密，某个集团处于优势时，大家都愿意加入这个集团，上级主管部门的积极性也很高。但是如果市场销售状况不好，就变得同床异梦，各打各的主意。可见，企业要进一步联合成集团时，"三不变"原则就成了一个障碍。解决这个问题，我们认为，走股份制道路，且不说是惟一的道路，也是一个必然的和十分可取的道路。因为联合最终要走向资本联合。我们认为股份制可以使企业集团走向规范化，走向以资本为纽带的联合。当然实行股份制也有一些条件限制，但矛盾会少一些，可以比较合乎规律地发展。

目前理论界对股份制有很大争议。这几年股份制试点几起几落，摇摆不定，关键还是对股份制的认识尚未取得一致。首先，股份制是否具有社会属性。特别是我们现在反对资产阶级自由化，小平同志说，资产阶级自由化就是资本主义化，实行搞股份制是不是资本主义化？我认为，股份制是对于财产产权关系的一种科学处理的方式方法。这是资本主义商品经济几百年来从无到有逐步发展起来的。它无非是把财产划分为等额股份，然后按股行使其所有权，即无论是对公有财产还是私有财产，一个是定性，一个是定量。定性就是指这笔财产归谁所有，明确其所有者，即产权的明确。定量，就是明确产权大小。股份制是一个对财产产权的科学处理办法。所以它不带意识形态的色彩，有较强自然性。既可以为资本主义服务，也可以为社会主义服务；既可以处理私有财产关系，也可以处理公有财产的关系。股份制不一定发行股票。假设发行股票，谁都可以买，国家或集体买就成为公股，个人买就成为私股。到底是公是私，是由买的人来决定，不是股票自身决定，股本、股票本身是中性的。有的人说，股票上市，就会有个人买，个人买就是私有，这不是提倡私有化吗？卖股票就要有股票市场，有股票市场就有人搞投机，那么不就将资本主义这些弊端都引进来了吗？甚至有些经济学家说："一般地来讲，搞股份制是违宪行为。"因为宪法里面没有规定股份制，只有全民所有制、集体所有制。还有些著名经济学家说，股份制要是在中国普遍推行，必然导致亡党亡国。我怀疑这些学者是否真正理解股份制。股份制有各种形式。有限责任公司是不出售股票的，它是内部股份。股份有限公司，股票是可以公开出售的，但并不等于都有资格到交易所挂牌出售。交易所是要讲信用的，公司进去挂牌是要经过严格、复杂的一套审查手续，然后才批准的。认为实行股份制就必然会引起什么后果，是没有根据的。

第二，我们坚持社会主义原则，在公有制基础上，实行有计划的商品经济。首先是坚持我们整个国民经济是以公有制为基础。股份制既可以为私有制服务，也可以为公有制服务。公有制企业有没有必要弄清产权关系呢？假设企业是单一的全民所有制，那当然没有必要搞股份制。但是由几个所有者联合的企业，如中外合资企业，尽管是两家，也是股份制，因为两家都不是自然人。本身就是最简单的股份制，只是没有用这个词。外资独资企业如果不是一个所有者，也是股份制。那么我们以公有制为基础，如果也有两个以上的所有者，比如横向联合，就不但有两个以上的所有者，而且还会有不同的所有制联合在一起，如全民与集体。在这种情况下，同样可以用股份制的办法来划清产权。如果担心搞股份制会走资本主义道路，可以首先搞以公有制为主体的股份制企业，而且是搞责任有限公司，不到市场上出售股票，都是公有股，但是有不同的股东。这只是用股份制的办法来处理不同公有制的产权关系。这就是我所说的"劳动共有股份制"。劳动共有就是公有制中的各种所有制基本上都是劳动者所有，把它联合起来成为劳动者共有。这里可以有全民所有股或者叫国有股，也可以有企业集体股和职工个人股。

在赞成搞股份制的学者中，企业股的问题曾引起激烈的争论。我是赞成搞企业股的，我将其称为企业集体股，这受到很多人的反对，但是企业几乎都赞成。反对的是理论界的一些人和政府部门，特别是财政部门。企业集体股，就是这笔财产是企业全体职工所共有的。

过去我们讲公有制有两种形式，一种是全民所有制，一种是劳动人民集体所有制。但是没想到集体所有制经过几十年发展又出现了新形式，一直到现在我们的法律都没有加以确认，即大集体。"大集体"又叫"小全民"，因为它的管理办法与全民差不多。但是它的财产并不是国家的，国家没有投资，也不是目前在厂职工投的资，而是这个企业历年留利积累起来的。这就出现了一种新型的公有制形式。

集体所有制已经发展成两种形式，一种是宪法中规定的，如合作社，职工既入股又参加劳动，其财产是"拼块式"的，职工调走时可以把这一块带走。一种是前面讲的大集体，其财产是"板块式"的，职工调走，离开这个企业，这部分资产就与他无关了。职工进这个企业作为正式职工，就可以对这一批板块式财产当家作主，但是不能分红。当然，集体可以拿一部分做奖金、福利，但是不能按人头分，也不能带走。沈阳市搞股份制试点时，发现大集体企业中国有股很少，大量的是这种股本。有人把它叫企业股，我认为应该叫企业职工集体股，它的产权归全体职工。所以说是一种共有制。那种"拼块式"资产是"合有制"，合有与共有不一样。我主张企业里可以有这种股，在全民企业里也可以派生出一个企业集体股。这就引起争论了。因为大集体是自我积累起来的，我们全民企业的职工是否可以自我积累出一块大集体呢？我们说也应该可以。有的同志提出，把改革以来企业自留资金积累起来的那一部分算作企业集体股，企业很拥护。股份制试点的嘉陵公司，这一部分大概占28%。这一部分股不能分红，作为投入，成为企业自我积累的一个来源。现在企业搞不活，一个很大的限制是缺乏自我积累。国家对企业的自我积累随时都可以拿走，上缴利润比例随时都可以改变。如果形成企业集体股，它就规范化了，自我积累也有了保证。假设新建一个企业，开始没有留成，我们主张套用股份制的一种办法，设"虚股"。国外企业包括我国旧社会的企业都有这种办法：请来一个总工程师，除了给他工资之外，还给他 50 股"干股"，"干"是"虚"，这个股可以分红，但实际上没有股本，不能随人员流动，在此可以按 50 股分红，这就刺激他努力搞好工作。我们也可以给企业集体"干股"，大致控制在 30%，但是与私人的"干股"不一样，它分红之后要再投入，投入首先要还这个"干股"，把这个虚股添实，经过几年就可能把 30% 填满了。填满之后可以再扩大。这样就可以保证企业自我积累。这一部分"干股"职工有权享有股东权。我们现在全民所有制企业是名义劳动者掌握生产资料，但它是劳动者总体掌握生产资料，对企业局部劳动者来说，反而无权支配。这是不能调动职工积极性的一个很重要的原因。如果有一个职工集体股，至少能够使企业职工在所有权上有发言权。

第三种股是吸收职工个人的股。这里也有理论问题。现在国务院起草有限责任公司和股份有限责任公司的条例，对划不划企业集体股，争论很大，所以不能确定下来。如果确定了个人股，职工股算是个人股。如果向社会发行股票，被个人买了也算个人股。我对这一点不赞成。我认为，本厂职工买股不同于社会上个人买股。本厂职工买股如果有一定限额，它本质就是合作社形式，就与宪法中所讲的合作社所有制完全一样。他既参加劳动，又参加投资，股份有一定限额，不能相差悬殊。合作社形式按照传统理论和宪法规定是公有制，所以职工在本厂入股，不能简单叫做个人股，应该叫职工合作股，它是公有制性质。为什么同样一个职工，买本厂股，算公有制，买另一个厂的股票，就变成私有了？这决定于剩余价值如何获取。本厂职工买股按股分红，但分配的剩余价值是他参与的劳动创造出来的。他没有占取别人的剩余价值。他买另一个企业的股份，到另一个企业分红，就是占取别人企业的剩余价值，叫作非劳动收入，或者是奖励性质。但是从理论上讲总是占有了别人的剩余价值。而在本企业他参加了劳动，除按劳分配之外，还在一定限度内按资分配，对象是自己创造的剩余价值，不是剥削性质的。当然这里有一个前提，即本厂职工买股必须有限额。

上述三种都是公有制。如果一个企业或集团是由上述三种股份资产构成的，就是三种公有制混合在一起的公有制。

公有制还有第四种，就是一些公共社团投资的，也是公有制。例如工会用结余的会费来投资，它的资本来源是全体职工的会费，当然是公有性质。此外还有保险公司的投资，也不是私有的。除此之外，企业之间的投资，产生了法人股，如果企业是公有企业，那么法人股就是公有股。假设一个企业，公有制成分占60%—70%，同时也发行一些股票，让社会购买，就出现第六种股，即私有股。如果私有股比重很小，那么这个企业还是以公有制为主体。允不允许这种私有股存在呢？我国现在的宪法是允许少量私有制存在的。所以应该允许公有制企业中存在少量的私有股。关键是少量，而不是占主体地位。所以即使我们向社会发行一点股票，吸收部分个人投资，也不违背宪法原则。因为我们现在是社会主义初级阶段，允许有一些补充成分，并没有否定以公有制为主体。假设我们搞股份制不发行股票，也不与外国合资，完全是公有股份制，我把它称为劳动共有股份制。国有是全体劳动者共有，企业集体股是局部劳动者共有。职工合作股是劳动者合作所有，是合有股。归根到底，都是属于劳动人民，不过是属于全体劳动人民，还是局部劳动人民或个别劳动者，这里的个别劳动者指的是参加本企业劳动的劳动者。

除了上述股之外，还可以有少量的虚股。前面讲的虚股是分红股，另外还可以有其他的虚股。比如一个发明专利，交给企业使用，是一笔无形资产，它也可以折合为多少股；为了照顾本企业职工可以给工龄股。这些都是符合股份制的规范的。在这种情况下，就可以形成以资本为纽带的企业集团。

前面讲集团可以分为核心层、紧密层、半紧密层。紧密不紧密，是根据联结的纽带决定的。以生产为纽带，紧密层是生产已完全结合在一起的，半紧密可能就差一点，松散层可能就只是提供一些原材料，是松散的协作关系。以资本为纽带，紧密程度就以资本联合的紧密程度来划分。核心层应该是资产一体化。可以以最大的企业为核心，如二汽集团，以二汽为核心，也可以同杭汽、新疆汽车厂一起成为核心。但前提是资产一体化，或者说资本合并，这样就形成它的母公司，母公司是个独立法人。在它的周围是紧密层，紧密层包含着两种公司。一种是有独立法人地位的子公司，一种是没有独立法人地位的分公司。子公司作为紧密层，必须是母公司控股，或者是母公司合资投资。如二汽，如果把杭汽作为它的子公司，不是作为它的分公司，杭汽还是一个独立法人，但是杭州汽车厂的资产是二汽全部投资的，或者是二汽控股的，二汽在杭州汽车厂的资本占51%以上。这种就叫紧密层。半紧密层则只是母公司参股，母公司不能完全控制它。第四是松散层，这一层一般没有投资关系，最多只有融资关系、借贷关系。企业集团成员，应该只算到半紧密层，松散层的企业不能列到集团名单上来。在集团中，子公司和母公司都是法人，分公司不是法人。子公司与分公司区别就在财产方面。特别是在破产时，权利义务就很清楚了。分公司破产时，因为它不是法人，不承担责任。破产不破产要看母公司是否能够抵债。子公司要破产时，母公司有两种态度。如果子公司垮了，对整个集团会有影响，那么母公司应"输血"，再投资，挽救子公司。如果认为这个子公司地位不重要，破产就破产，不必支持了，母公司不承担法律责任。

分公司虽然不是独立法人，照样可以独立经营，因为它被授权。分公司独立程度如何，主要取决于母公司授权的大小。对于子公司不用授权，法律保护它是独立经营的。这个区别就涉及到第四个问题。企业有多个所有者，就是国有资产也不一定是一个所有者，中央有各部，地方有各省各市，在这种情况下，企业怎样加入集团。我想以杭州汽车厂加入二汽集团为例，谈谈具体操作办法。

首先要明确，企业是否加入企业集团涉及到资本的投入、转移和优化组合，这都是所有者的权力，不是经营者的权力。杭汽加入不加入二汽集团，应该是杭汽的所有者决定。假设是浙江省经委作为所有者代表来做决定。

假设杭州汽车厂采取股份制形式加入二汽集团，就是在该厂账面上一进一出。设杭汽资产是1000万，浙江省把1000万投入到二汽，假如二汽是9000万，加上1000万，变成1亿资本。二汽将这1000万投入杭汽。杭汽的机器设备没变动，就是在账面上贷方、借方各写一笔，收到浙江省投资1000万，扣除杭汽的投资1000万。就这一笔账，责权利全变了。浙江省经委原来是杭汽惟一的所有者，现在不是了，把1000万投入二汽，在二汽的1亿资产中占1/10，当然够不上控股。为什么这么做？这是个风险行为，它估计二汽会有很大发展，比自己办杭汽要有利得多。二汽把这1000万又投回杭汽，变成杭汽的所有者，成为它的全资投资者。这样，浙江省不能再以所有者身份指挥杭汽，只能参加二汽的股东大会，有 1/10 股权的表决权。二汽可以指挥杭汽了，其资产经营活动在集团内统一调配。过去杭汽的利润上缴浙江省，假设利润为 10%，它就上缴 100 万。现在浙江省不能直接拿这 100 万，只能到二汽参加分红。若二汽利润率比杭汽高，设 12%，1000 万可以拿 120 万，浙江省就比原来多得 20 万。若二汽总体经营不好，利润率为 8%，浙江省就只能拿回 80 万。这是个风险行为，今年这样，明年又可能变了。假设杭汽宣告破产，按原来的情况，浙江省经委就丧失了这笔财产。现在却不同。二汽亏了 1000 万，还剩 9000 万，浙江省作为其股东，还占有其中的 1/10，即 900 万。并不因为杭汽破产，浙江省就什么都没有了。这种一进一出，改变了责权利关系，就是实行股份制联合的奥秘。假若这样来联合，浙江省可能就愿意了。要是通过行政手段硬把杭汽划拨给二汽，那一系列的问题就无法解决。所以，股份制有这个特点，它有利于联合。

总之，企业集团有多个所有者，不采取股份制办法，不利于明确产权关系。采取了股份制，有利于推动企业联合，成为紧密的、以资本联合为纽带的企业集团。当然不排除生产联合、经营联合等形式，但发展的高级形式，是以资本为纽带的联合。走向资本联合的集团才是比较规范的集团。

四　股份制企业集团的内部组织与管理

企业集团是个联合体，内部必然形成一系列公司：母公司、子公司、分公司，子公司下还有子公司、分公司，等等。母公司、子公司都是按照公司的原则来组织，形式差不多。比较完整的公司应该有四个层次的组织：

　　第一个是所有权层次的组织，即股东。一般是股东会，或股东代表大会。我们的国有企业，采取有限责任公司形式，所有者也不多，就没有必要一定叫股东大会，而可以叫作资产管理委员会，或其他名称。这个层次是按股权来行使它的职能的，我们说"两权"分离，是在公司内部来分离，不是国家与企业之间的分离。国家把行政职能与资产所有者职能分开之后，由投资者或投资公司来行使所有者管理职能，国家派代表来参加股东会。股东会的权利如何规定，它与董事会的权利如何划分，这是公司内部所有权与经营权的分离。一般股东会的权利主要是受益权，即分红权。当然有权利就有义务，当企业亏损破产，就应该有分亏的责任。股东投资是为了分红，但不一定仅此而已，特别是国有资产的投资，涉及有计划按比例地发展，还有产业结构调整、实施产业政策等等。所以也有一定的决策权，这个决策权是属于"方略政策"，是方针性的决策。这里包括经营方向、关停并转、分利等，以及董事的配备和董事长的任命，这是人事权，股东会要掌握。另外，企业的预决算、分配方案，也要通过股东会。在这些权限内，股东不可能去干预企业的日常经营活动。

　　第二个层次是决策权的组织，即董事会。它是企业的最高决策机构。一般说董事会是代表所有者利益的，但是从公司内部管理职能来看，它是行使决策权的。这个决策权也只是战略决策，不能过问总经理的日常管理活动，所谓战略决策包括：董事会要任免总经理，有的还任命副总经理，最好是只任命总经理，然后由总经理来组阁。此外还有审批年度计划、企业改造规划、发展规划、年终预决算等等。董事会一般一年开2—4次会。

　　第三个层次是监督权的组织。外国有些公司对此很重视，叫做监事会。我们成立公司很少考虑这个问题。监事会权力大小各国不同。如过去联邦德国的企业董事长都是由监事会任免。从我国国情看，监督组织可以由职代会取代。

第四个层次是经营管理组织。在总经理领导下可以有一个像《企业法》规定的管理委员会，这个管理委员会不是决策机构，而是参谋机构。应该实行总经理负责制。严格地讲，公司应该实行董事会下的总经理负责制。

法人代表的确定，有两种办法：一是总经理作为法人代表，董事会就是一个战略决策机构。如果公司不大，有的就采取董事长兼总经理，甚至某些董事也兼专业经理的职务。董事会不但制定战略决策，同时还制定直接执行决策。这种做法在国外也有。从我国目前的情况看，我主张采取这种做法。因为我们在人际关系上很容易出矛盾，在很多方面董事长与总经理的关系难以协调，不如由董事长兼总经理，作为法人代表。当然，不能千篇一律。

还有一个问题，母公司如何控制分公司、子公司？分公司等于直属机构，分公司的经理有很大的经营权，这取决于总公司的授权。人事，分公司是直属机构，可以直接任免。财务，分公司的盈利全部上缴，亏损当然也全由总公司负担。所以分公司只能是自计盈亏，不是自负盈亏，由总公司来统负盈亏。分公司可以采取承包制来经营，但这种承包是对总公司的承包，不是对政府机关的承包。也可以利用分层管理，根据需要和可能来决定。经营决策方面，分公司适于独立对外的，总公司可以授予它独立对外经营权；不适于对外的，甚至可以不叫作分公司，就叫工厂。

对合资的子公司，当然是总公司直接管。合资的子公司是总公司控股的，总公司就有多数表决权。控股不一定要控到51%。有两种情况：一种是真正向社会发行股票的，小股东分散，占30%就能控股。另一种情况，有些大股东，如国有股，对有些一般性企业可以不控股，可以搞优先股，优先分红，但优先股要放弃股权，普通股是掌握股权的。如杭汽不是像上面所说的，而是二汽占30%股票，浙江省占70%，但浙江省政府搞汽车生产没经验，主要目标是利润，这样，浙江股可以是优先股，不参加管理，放弃股权。这样，通过优先股和普通股的划分，总公司掌握了30%股份就掌握了控股权。这不是靠行政手段，而是靠股权，通过董事会来控制。

第三个是对那些参股的公司，不能控股就只能通过协议来保持控制权。至于那些融资关系的企业，就不存在控制问题。这样，在企业集团中大致形成了三层关系：

在母公司或总公司，逐步形成了投资中心。它主要是运筹帷幄，进行投资决策。即主要是决定资本的运用，如何再投资，技术改造等等。

子公司和分公司一般是利润中心，经营的目标是盈利。当然，对于有子公司的子公司来说，它也是投资中心，不过重大投资决策在母公司。

一些直属工厂就是成本中心，它们是生产实体，目的就是如何降低成本，提高效率。

母公司为了进行管理，其内部可以设事业部，也可以设职能部，机构究竟采取何种设置，要根据具体情况，如果子公司、分公司职能均很健全，也没有必要建立事业部，使机构重复。

关于股份制的若干认识问题*

  随着我国社会主义商品经济的发展,企业实行股份制的问题被提到议事日程上来了。几年来对这个问题是有争议的,因此股份制的气候反复变化:一会儿晴转阴,一会儿又阴转多云间晴……目前不但转晴,而且大有出现"股份热"的趋势。

  在党的基本路线指引下,我国商品经济发展得很快,而且取得显著成效,股份制之出现可以说是必然趋向。但是对长期生活在所谓"产品经济"中的人来说,毕竟是个十分生疏的新事物。赞成的、反对的,往往对股份制都缺乏必要的常识,却凭着字面的理解,甚至主观的臆断,对股份制做出肯定或否定的评价。我主张试行股份制有六七年了,也不敢说已对股份制有确切的理解。可喜的是有一批勇士大胆投入实践,并吸取国内外的经验,成为现阶段的行家。下面谈几点个人的粗浅认识,就教于海内外的里手与行家。

---

 * 原载 1992 年 5 月 29 日《人民日报》。

一　股份制并不都是股票挂牌上市

究竟什么是股份制？不论你赞成也好，反对也好，应该有一个起码的认识，否则争论起来就没有共同的语言。不少人一说股份制，指的就是发行股票而且挂牌上市，褒贬都从此而来。其实股份制并不都是股票挂牌上市。我认为，股份制是对企业产权进行科学处理的一种方式方法。它无非是将企业的资本金划分成等额的股份，然后进行"定性"和"定量"。所谓定性，就是说这些资本金属谁所有？然后还要定量，确定谁有多少股？从而明确了产权关系。

股份制企业按国际惯例，有两种公司形式：一种是"有限责任公司"，由一群所有者分别出资认股，形成公司内部的股权分配。这种公司并不发行股票，更不挂牌上市，但它是股份制企业，具体条件在《公司法》中加以规定；另一种是"股份有限公司"。这种公司经过批准注册，可以向社会公开发行股票，但发行方式有两种：一种是委托金融机构出售股票，这种出售即所谓"一级市场"（柜台交易）；另一种是经过证券或股票交易机构严格审查，符合条件的由交易所"挂牌"交易。这种股票本身成为"商品"，服从商品供求规律，求大于供就涨价，供大于求就跌价，这种交易即所谓"二级市场"。国外成千上万的股份有限公司，但被批准在交易所挂牌交易的是极少数。我们国家批准在上海、深圳两市进行这种股票交易的试点，被批准的上市公司才几十家，今后也不可能无限扩大。但采取柜台交易的股份有限公司可以适当扩大；采取"有限责任公司"形式的股份制企业更可以扩大。

二　股份制既不姓"资"，也不姓"社"，而姓"中"

这几年股份制时热时冷，一个关键的问题是股份制姓"资"还是姓"社"纠缠不清。其实，它作为一种处理产权关系的方式方法，既不姓"资"，也不姓"社"，而是姓"中"。它是一个"中性"的事物，既可以为资本主义的私有制服务，也可以为社会主义的公有制服务。私有制企业如果所有者是多元的，"亲兄弟明算账"，当然要算清彼此的股权是多少，实行股份制可以有效地解决这个问题。公有制企业如果所有者只是一个，就没有必要实行什么股份制；如果所有者也是多元的，例如，组建跨部门、跨地区以及跨所有制的企业集团，如果要把产权关系弄清楚，也只有采取股份制的方法才能解决。

有人说，如果股票公开发行，允许私人买股票，等于搞"私有化"，还说不姓"资"吗？允许不允许私人持股是国家政策问题。今天我国处于社会主义初级阶段，党和国家的政策允许少量私有制作为补充成分而存在并适当发展，因此也必然允许私人购买公开发行的股票。对于股票本身来说，它既未长眼，也未长腿，不会自己跑去找私有者，它躺在交易所的柜台上，"嫁鸡随鸡，嫁狗随狗"，所以股票本身仍是中性的事物。我们在海外的国有公司，同样可以去买资本主义企业的股票，这种股票被我国国有企业买了，也就成为我国国有的股份了。

三　能不能建立公有制为主体的股份制企业

当然可以。如果是有限责任公司，可以完全由公有制股东组成；如果是股份有限公司，必须向社会公开出售部分股票，也可以公有的股份为主，占多数，公开出售的股票占少数。问题是企业里哪些股份算公有股？

第一，国有股（包括中央或地方投资的）。这是最有代表性的公有股份。

第二，法人股（包括公有企业法人投资的和公有社团法人投资的）。这也是比较典型的公有股份。

第三，集体股（或称职工集体股）。大集体性质的企业在我国已存在几十年，它的资产为职工集体所共有。如果吸收它的投资，或者这类集体企业加入企业集团，就产生既非国有也非职工个人所有的集体股。集体所有制是公有制的一种重要形式，无疑这种股也是公有股份。

第四，职工合作股。合作社是公认的公有制成分。如果合作社投资，当然也是公有股。如果吸收本企业职工入股，并规定有一定限额，记名，又不能出售的，这种股份的性质和合作社性质一致（即职工既入股，又参与劳动），它和社会上私人购股完全不同，因此不能笼统叫"个人股"，应当叫"职工合作股"，划入公有股份范围。

以上这四种公有股份如果在企业里占主要部分，然后吸收少量私有股份，这个企业就是公有制为主体的企业。

四　国有企业向社会发行股票是出卖国家财产吗

有人反对股份制，更反对国有企业卖股票，认为国有企业卖股票，就是把神圣不可侵犯的国有资产卖给私人了。这是一种对商品经济缺乏起码常识的大笑话。如果一个国有企业拥有国有资产600万元，现在向社会发行股票400万元。卖出去的只是若干万张的纸（股票），收进来的却是400万元股金，不但原有的国有资产600万元不损一根毫毛，而且国有股占了控股的地位，也就是说，从社会集资来的400万元，被控股者所支配，国有股以600万元的资本，做1000万元的买卖，这对国有资本是有利还是有害呢？其实社会上投资的股东都是小股东，国有资本并不需要占总资本51%就可以控股。

再退一步来说，如果国家认为对某个企业不必要直接控股，而把在这个企业里拥有的股份"卖"掉，只要卖价合适，卖掉股份，收回资本，另投别处，也没有什么吃亏的。相反，我倒是主张国家把国有资本适当集中使用，这样做，可能更有利于整个国民经济的发展。

五　国有企业实行股份制有什么好处

好处很多，至少有以下几点明显的好处：

第一，明确产权关系，有利于企业的横向联合，特别是组建企业集团，实行股份制才有可能突破"三不变"（所有制不变、隶属关系不变、财税渠道不变），真正发挥集团的整体优势。

第二，有利于集资，进行企业的改造与发展。股份有限公司通过发行股票而增资，有限责任公司也可以吸收企业法人或社团法人的投资。这些集资方式，比向银行借款或发行债券都更有利于企业的发展。

第三，吸收职工入股，联股联心，是调动职工主人翁责任感十分有效的方式。

第四，不论是有限责任公司，还是股份有限公司，公司的组织规范化，股东对企业的所有权和企业对资产的法人占有权相分离，是促使政企职责分开的有效途径，有利于真正转换企业的经营机制，使企业真正成为自主经营、自负盈亏的社会主义商品生产者和经营者。

六　国有资产如何管理,才能提高企业
经济效益和投资效果

国有资产如何管理是经济体制深化改革的一项重大课题。目前虽然设置了中央和地方的国有资产管理机构,但如何管理还缺乏合理的方案。现行体制由政府的所谓主管部门充当国有资产的所有者,造成政府的行政管理职能与国有资产管理职能混淆在一起(即"政资不分"),是不可能和商品经济的发展相适应的。从商品经济发展的客观规律来看,资本和资金必然也要成为商品。势必要产生以投资为职能的"资本经营者"。这种资本经营者可以是不同类型的投资公司、信托公司,也可以是企业集团的本部。这种资本经营者要对投资效益承担责任,它是国有资产管理部门和生产性企业之间的中介环节。如果没有这些中介环节充当国有资产的经营者,而由国有资产管理部门直接管理生产性企业的资产,一是国有资产管理部门不可能对大量的企业进行直接管理;二是即使勉强这样做,也必然再现政企不分的弊端。如果有这样的中介环节,国有资产管理部门的任务可以是制定投资政策,并通过对这些中介环节的管理、监督而实现既定的投资政策。我认为,我国社会主义商品经济的发展能否再上一个台阶,一个重要的标志将是股份制企业的大量出现和国营投资公司的普遍建立与完善。

七　推行股份制既要积极又要稳妥

股份制的发展是必然趋势。但目前不论是股份制企业,还是

投资公司，都不宜一哄而起；股票市场更不可能普遍建立。因此股份制的推行既要积极，又要稳妥，应当通过试点，由点到面，有计划、有步骤地推进。一般来说，可以先发展"有限责任公司"，后发展"股份有限公司"；股票上市先发展一级市场（即柜台交易），后发展二级市场（即挂牌交易）。企业集团或其他企业联合体应当用股份制使其逐步规范化，并由国有资产管理部门授权集团公司承担经营国有资产的权责；与此同时可以进行建立综合性或专业性投资公司的试点。

不论是发展有限责任公司，还是发展股份有限公司，都要重视本企业职工持股，并可从职工持股开始股份制的建立，这应当成为社会主义股份制企业的特色。

关于职工主体论

坚持企业的社会主义性质,确立职工当家作主的主人翁地位[*]

一 社会主义企业的基本特征

社会主义社会是向共产主义发展的一个很长的、过渡的历史阶段。在这个过渡的历史阶段中,必然会是多种所有制形式并存,但公有制企业,也就是社会主义企业,要在国民经济中占主体和主导地位。

社会主义企业不同于私有制的资本主义企业,它究竟具有哪些特征呢? 我认为至少具有以下四项基本特征:

第一,在生产资料所有制和企业的经营制度上,要体现生产资料与劳动者的直接结合,使劳动者成为生产资料的所有者,或者至少也应该是生产资料的支配者。

马克思主义之所以提出要以公有制取代生产资料的私有制,并非出于什么道义上的信念,而是科学分析历史发展的客观必然性而得出的结论。

---

* 原载 1987 年 5 月 14 日《工人日报》。

　　以公有制取代私有制，它的必然性和必要性主要有两个方面：从宏观经济来说，是为了克服生产资料私有和生产社会化的矛盾，使国民经济有可能在国家统一领导下有计划按比例地协调发展；从微观经济来说，是为了克服生产资料与劳动者的分离，使劳动者成为生产资料的主人，从而调动生产劳动者的积极性、创造性。因此就企业而言，生产劳动者能否成为生产资料的主人，是企业具备不具备社会主义性质的一项最基本的标志。

　　现行公有制具有两种基本形式，即全民所有制与集体所有制。在真正的集体所有制企业内，劳动者既是企业的集体所有者，又是集体经营者，对生产资料既掌握所有权，又掌握支配权，劳动者的主人翁地位十分明确，因此积极性可能得到充分发挥。但企业完全依靠劳动者集资而建立，其规模是有限的；一些大中型企业还要依靠全国劳动者的共同积累来建设，这就形成全民所有制企业，传统的办法是由国家代表全民掌握企业的所有权，同时也掌握企业的经营权，尽管采取了某些职工参加管理的措施，但是并没有完全解决劳动者与生产资料的直接结合问题。如何解决这个问题，成为国际共产主义运动共同关心和不断探讨的重要理论与实践问题。

　　第二，在劳动制度上，要体现企业是自由平等的生产者的联合体，彻底改变劳动者作为雇佣者的地位。

　　社会主义企业的劳动者既然是生产资料的主人，包括体力劳动者和脑力劳动者在内的劳动者之间，必然是一种自愿加入、平等结合的相互关系，因此马克思把社会主义企业定义为"自由平等的生产者联合体"。真正的集体所有制企业，无疑可以体现劳动者的自由平等的结合，全民所有制企业在劳动制度上如何体现这一社会主义原则，也是有待探讨的问题。

　　第三，在分配制度上，要体现以按劳分配为主的全面物质利益原则，使劳动者的物质利益和自己的劳动成果、企业的经营效益、资产损益等相联系，正确处理国家、集体、个人三者的利益关系。

在社会主义商品经济的条件下，按劳分配必然要实行"两级按劳分配"，即根据企业集体对社会的劳动贡献大小，取得一定比例的消费基金总额，然后企业用这个消费基金总额，再在企业内部按个人的劳动贡献大小进行再分配。实行"两级按劳分配"才能彻底打破企业与企业之间、职工与职工之间两个吃"大锅饭"的弊端。

企业劳动集体所创造的新增价值，除了作为"扣除"向国家纳税和用于本企业的按劳分配外，积累部分也要在国家与企业集体之间按一定比例进行分配，使企业能依靠自我积累进行自我改造与自我发展。实行以上两种分配制度，才能正确处理国家、企业集体、职工个人三者的利益关系，充分调动企业集体与职工个人的社会主义积极性。

第四，在领导制度上要体现社会主义民主集中制的组织原则，在职工民主决策的基础上建立高度集中的厂长（经理）负责制。

社会主义社会将是一个高度民主、高度文明的现代化社会。经济民主是社会主义民主的基础，企业的民主管理又是经济民主的基石。劳动者是社会主义企业的主体，在党和国家的领导下，企业内部应实行民主决策、集中指挥，重大的生产经营决策，应当由劳动集体民主决定，然后齐心协力，共同实施。劳动集体既有民主决策的权利，也有承担决策失误的责任；有福同享，有祸同当，形成一个命运共同体，全体脑力劳动者和体力劳动者才能拧成一股绳，充分发挥他们作为主人翁的积极性和创造性。

以上这四项社会主义企业的基本特征，集中到一点，即职工群众是企业的主体，而不是企业的客体。这是社会主义企业与资本主义企业最根本的区别。

企业既是社会生产力的所在地，又是整个社会制度的直接体现者。我们说我们是社会主义社会，关键就在于我们的企业绝大多数是社会主义性质的企业。我们说我们的改革是社会主义制度的自我完善与发展，首先就要完善和发展我国企业的社会主义模式，使其成为整个经济体制改革的出发点和落脚点。要坚持四项基本原则，就必须坚持多数企业的社会主义性质。

二　充分调动职工群众的积极性和主动性，不仅是社会主义企业的特色，而且是一切现代企业发展的客观要求

随着科学技术的进步和生产力的发展，如何调动和依靠职工群众的积极性和主动性，已成为世界性的普遍课题。

建立在私有制基础上的资本主义企业，人格化的资本是企业的主体，劳动者是雇佣者，是企业的客体，调动劳动者的积极性与主动性存在着劳资对立的不可逾越的障碍。但是，由于科学技术的进步，企业的劳动结构发生了质的变化。企业中的所谓"白领"阶层（即脑力劳动者）的比重不断提高，在一些发达国家里已超过"蓝领"（体力劳动者）阶层，对创造性劳动的剥削，继续采取监工、延长工时等强制性手段是无法奏效的，只能更多地依靠劳动者的自觉。由于生产的集约化和高技术产品质量的潜在化，生产劳动者的责任在广度上和深度上都不断提高，也要求生产劳动者有更大自觉性与主动性。生产现代化的这些发展，使资本主义的企业管理由泰勒为代表的科学管理阶段，转向重视人际关系的行为科学阶段，提出了把劳动者作为"社会人"

来看待的观念。

在以上历史发展的客观要求下，资本主义企业被迫在劳资对立的条件下，寻求调动劳动者积极性和主动性的途径。日本企业实行终身雇佣制。年功序列工资制以及提倡"家族"观念等等，目的就在于强化职工对企业的"归宿感"和"忠诚心"。西德企业实行职工参与管理、共同决策以及吸收职工入股等等，以此来缓和劳资对立的尖锐矛盾。资产阶级一些学者提出了所谓"利润分享制"、"人民资本主义"等等，都无非是要寻求在阶级矛盾的条件下，刺激雇佣劳动者的积极性和对企业的向心力的途径。

社会主义社会以公有制为基础，在社会主义企业里消灭了劳资对立的阶级关系，为调动劳动者的积极性、主动性和创造性提供了充分条件，这是社会主义企业的极大优越性。但是，如果在经济体制上不能使劳动群众真正处于当家作主的地位，社会主义的这一优越性就不会得到充分的发挥。正因为这样，社会主义各国在经济体制改革中都不能不考虑到如何进一步完善职工群众在企业中的主人翁地位问题。

南斯拉夫最早提出了工人自治的原则，尽管在具体方式方法上还有待进一步完善，但30多年的经验证明，工人自治对南斯拉夫的经济发展起了巨大推动作用。有人把南斯拉夫近年的经济困难归罪于工人自治，这只是一种缺乏具体分析的简单形式逻辑的推论，这里不详细说它。波兰在经过动乱之后，吸取经验教训，加强了企业的民主管理。保加利亚最早提出所有权与经营权可以分离的原则，但它同时明确规定全民所有制企业的所有权属于国家，经营权则属于企业的劳动集体，并据此制定了新的《劳动法》，自1987年1月1日起实施。匈牙利前不久着重改革企业的领导制度，除少数企业实行国家直接管理外，多数企业实行职工参与的管理委员会领导下的厂长负责制和职工代表大会领导下的厂长负责制，扩大了职工民主管理权利。苏联在推行经济体制改革时，提出了"加深社会主义民主，发展人民自治"的口号，认为"在生产中发扬民主，始终不渝地在劳动集体的工作中采用真正自治原则具有头等重要意义"。捷克斯洛伐克最近提出改革的37条原则，其中也包括了"扩大自治"的原则。

我国在实行职工民主管理方面有丰富的经验，党的十二届三中全会强调指出："企业活力的源泉，在于脑力劳动者和体力劳动者的积极性、智慧和创造力。当劳动者的主人翁地位在企业的各项制度中得到切实的保障，他们的劳动又与自身的物质利益紧密联系的时候，劳动者的积极性、智慧和创造力就能充分地发挥出来。"如何把这一原则具体体现到企业的所有制、经营制度、劳动制度、分配制度、领导制度等重要制度中去，是当前深化企业改革的重要课题，也是建设具有中国特色的社会主义的重要内容。

三　确立职工群众的主人翁地位,树立职工群众的集体意识,是企业思想政治工作的中心课题

马克思主义认为劳动人民是历史的创造者，工人阶级代表了历史的未来，革命与建设都要坚定不移地信赖和依靠工人阶级劳动群众来实现。新中国成立前，在党的领导下，依靠劳动群众的觉醒，推翻了旧社会；今天，我们同样要在党的领导下，依靠劳动群众的觉醒来建设新世界。思想政治工作的中心任务就在于教育劳动群众认识自己的历史使命，从"自在"的阶级转化为"自为"的阶级。

企业是工人阶级的集中地。做好企业职工的思想政治工作，对建设社会主义的物质文明与精神文明都有重大意义。企业思想政治工作的内容是多方面的，基于前面所说的种种理由，我认为当前和相当长的时期内，中心课题应当放在发扬职工群众主人翁思想和集体意识上。抓住这一中心环节，其他的思想认识问题都将迎刃而解。但是，思想认识和生活实践是分不开的。思想政治教育不能是空泛的说教，必须和改革的实践相配合。"存在决定意识。"如果在现实生活中，职工群众实际上没有被摆在主人翁的地位上，没有像党的十二届三中全会所指出的那样"劳动者的主人翁地位在企业各项制度中得到切实的保障，他们的劳动又与自身的物质利益紧密联系"，只是空喊职工群众当家作主的口号，这样的思想政治教育是不会有任何效果的，甚至还会引起职工群众的反感。如果确实把职工作为企业的主体，确实把他们放在主人翁的地位上，在这个感性认识的基础上，再提高他们对自己的阶级地位和历史使命的理性认识，新一代的自觉为社会主义事业而献身的职工队伍，将会迅速成长起来。

但是目前对职工群众当家作主问题，还存在着许多不同的认识，在实践上也存在许多还有待进一步探讨和完善的问题。一般地提职工群众当家作主是不会有人反对的，一到了具体做法，就会有很大分歧。例如，全民所有制企业实行所有权与经营权适当分离后，经营权交给谁？是由少数专家行使经营权，还是由企业的劳动集体行使经营权呢？看法就不一致了。

一种看法是经营者就是厂长、经理，或者是包括厂长在内的少数企业家集团；认为企业搞好搞坏主要决定于有没有一个优秀的企业家，甚至提出中国应当逐步形成一个"企业家阶层"才能搞好社会主义建设。我认为这一相当流行的观点是很值得商榷的。

企业的经营管理是一门科学。毫无疑问，要搞好企业的经营管理，必须有一批精通经营管理的专家，特别需要有一个优秀的厂长或经理作为企业的中心，来承担经营管理的主要职责。但是如果把这一重要性强调过分，以少数"企业家"当家作主取代职工群众当家作主，使劳动者仍然处于类似雇佣者的客体地位，将是有害的。它不但会使社会主义性质的企业失去自己的最大优势，甚至还会落后于已经重视调动职工积极性的资本主义企业。

有的同志可能会说：我们强调企业家的作用，并没有忽视职工参加管理的民主权利。但是这些同志没有注意到，所谓"职工参加管理"已经不是社会主义的企业特色，相当一部分的资本主义企业（如西德和欧洲的许多企业）实行"工人参与制"，职工的某些权力甚至超过了我们现行的体制。作为社会主义企业的特色，不能停留于职工"参加"管理，而应当进一步实行职工"自主"管理，目前苏联和东欧一些国家的改革，正向着这个方向发展。

所谓职工自主管理，就是企业的劳动集体拥有企业的经营决策权，同时承担实施集体决策的义务，也承担决策失误的责任。优秀的企业家则是劳动集体所信任的全权代表。只有这样才能真正体现职工群众的主人翁地位，体现社会主义企业的特征。

许多同志不赞成企业由职工群众民主决策，主要有三种理由：

一是"无能论"。认为职工群众分散在各个具体的工作岗位上，对全厂性的经营管理缺乏知识与经验，因此不可能正确地行使集体决策权。这个理由是不能成立的。如果这个理由能成立，那么全国人民代表大会就更难行使管理国家大事的民主权力。企业的劳动集体既包括生产线上的体力劳动者，也包括从事技术与管理工作的脑力劳动者，依靠这些劳动者的优秀代表，集思广益，共同决策，只会使企业的重大经营决策更正确、更切合实际。同时，集体决策，集体承担责任，也有利于动员全体职工为实现决策目标而共同战斗。每一个真正高明、懂得现代管理方法的企业家，都会懂得：只有善于集中群众的智慧，才能作出更好的决策；也只有把这个决策变为群众的决策，才能群策群力得到更好的贯彻。

二是"无趣论"。认为职工群众关心的只是工资奖金、生活福利，对全厂的经营决策没有兴趣。这种现象过去和现在都的确存在。例如，有的企业职工代表大会，讨论全厂计划，半天就举手通过；讨论生活福利等问题却几天几夜反复争论。由此还引出一种议论，认为"对职工群众的觉悟不能过高估计"。这些观点都是值得商榷的。首先应当承认职工群众的觉悟确实不能过高估计，因为工人阶级作为"自在"的阶级，是需要通过实践的锻炼和马克思主义的教育，才能转化为"自为"的阶级。从这一点来说，"不能过高估计"是恰当的。但是出现上述不关心企业的生产经营，而只关心切身利益的现象，很大的原因却是体制造成的。现行的体制还没有很好体现职工的利益和企业生产经营成果的挂钩；在领导制度上职工群众对企业的经营决策又只有审议权，没有决定权，而对生活福利等切身利益问题才有决定权，这些都客观上驱使职工群众不关心企业的经营与发展。今后如果在职工中普遍实行合同制，合同期满能否继续留在本企业并不一定，这就可能更加促使职工群众的行为短期化，更加只关心眼前利益而不关心企业的长远发展。这些问题都有待于我们在体制改革中进一步研究解决。

三是"干预论"。认为实行职工民主决策，又会导致对厂长的干预，影响厂长负责制的贯彻执行。这个理由也是不能成立的。企业的经营决策有层次的区别。实行所有权与经营权适当分离，也并非完全分离。企业的专业方向和长远发展方针，这种"方略性"的决策仍然要由所有者来决定。所谓职工民主决策，主要是对企业"战略性"的决策而言：包括年度计划、技术改造规划等重大决策，由厂长（经理）提出方案，依靠劳动集体集思广益、民主决定；而日常的经营决策和生产行政工作，则应当完全授权厂长（经理）全权指挥。职工代表大会半年或最多一个季度召开一次，有明确的权限范围，决不可能形成对厂长负责制的经常干预或干扰。相反，全体职工通过民主决策，成为厂长（经理）的强大后盾，只会有利于厂长负责制的贯彻执行。

克服以上对职工群众当家作主的种种疑虑，确立职工在企业中的主体地位，是建设社会主义企业的重要前提，也是我国经济体制改革的重要任务。邓小平同志在1978年关于《解放思想，实事求是，团结一致向前看》这一重要讲话中，是从发扬经济民主问题而提出经济体制改革的。他是这样说的："我想着重讲讲发扬经济民主的问题。现在我国的经济管理体制权力过于集中，应该有计划地大胆下放，否则不利于充分发挥国家、地方、企业和劳动者个人四个方面的积极性，也不利于实行现代化的经济管理和提高劳动生产率。"他在强调扩大厂矿企业的自主权的同时，还指出："要切实保障工人农民个人的民主权利，包括民主选举、民主管理和民主监督。不但应该使每个车间主任、生产队长对生产负责任、想办法，而且一定要使每个工人农民都对生产负责任、想办法。"他在1980年关于《党和国家领导制度的改革》这一重要讲话中又指出："各企事业单位普遍成立职工代表大会或职工代表会议。这是早已决定了的，现在的问题是推广和完善化。职工代表大会或职工代表会议有权对本单位的重大问题进行讨论，作出决定，有权向上级建议罢免本单位的不称职的行政领导人员，并且逐步实行选举适当范围的领导人。"这些指示和小平同志有关企业民主管理的其他指示，都值得我们认真学习和思考。

当然，职工民主管理的具体形式，在不同类型企业中职代会的职权职责，以及工会组织的地位与作用等等，都有待于在目前已进行的改革基础上，进一步探索和研究，但应当肯定的是必须真正落实职工群众在企业中的主体地位。

在现实生活中确立了职工群众在企业中真正有权有责的主人翁地位，企业的思想政治工作的中心课题就是教育职工群众认识自己的阶级地位和历史使命，把个人的前途和企业的发展、国家的兴旺发达联系起来；培养职工的集体主义意识，充分发挥他们的积极性、主动性和创造性，形成企业活力的源泉。

围绕上述目标，有必要对广大职工群众，首先对企业干部和职工代表，进行生动的、联系实际的、系统的基本理论教育：包括社会发展史和历史唯物论的基本知识，使职工认识历史发展的客观规律；科学社会主义的基本知识，使职工基本上理解什么是资本主义，什么是社会主义；政治经济学和社会主义商品经济的基本知识，使职工对经济体制和企业的性质、企业的经营管理有个基本理解；民主与法制的基本知识，使职工懂得怎样正确地行使自己的民主权利与义务。通过职工民主管理的实践和以上系统的社会主义教育，一代有理想、有道德、有文化、有纪律的新型劳动者必将茁壮成长起来，这是建设有中国特色的社会主义的不可忽视的一项重大历史任务。

职工主体论[*]
——论工人阶级在建设时期的历史任务

一 社会主义与工人阶级

20世纪80年代末,世界政治格局发生了剧变:东欧一些社会主义国家倒向资本主义。资本主义的一些政客、学者幸灾乐祸地宣称社会主义即将彻底完蛋。这一事变,不能不引起人们的深思:社会主义社会究竟还是不是人类历史的发展方向? 社会主义面临严重的挑战。

东欧一些社会主义政权的垮台,有它深刻的外部原因和内部原因。但是外因是条件,内因是根据,外因是通过内因而起作用。从内因来说,招致这种失败,究竟是社会主义本质所决定的,还是一系列非本质的因素所造成的? 这需要实事求是作出客观的分析。

马克思主义曾科学地总结了人类历史发展的规律:人们的生

　　*　本文是作者 1991 年 5 月身患癌症后,在北京空军总医院写成的,为纪念中国共产党建党 70 周年而作。原载 1991 年 6 月 21 日《工人日报》。

产关系及其社会制度必须适应生产力发展的要求。从原始共产主义社会发展到奴隶社会、封建社会、资本主义社会，都证明了这个不以人们意志为转移的客观规律的必然性。资本主义社会也同以往的社会制度一样，不可能永世长存，它必然要被一个更新的社会制度所取代，即社会主义制度。至于如何具体过渡，什么时候开始过渡，什么时候完成过渡，以及在过渡中会出现哪些曲折，等等，那是要由历史作出回答的。所谓历史的必然性，只能从它的最终结果看。如果从短暂的曲折过程来对未来作出判断，那就未免太缺乏历史的常识了。

社会主义思想不是从天上掉下来的，也不是从某些人的头脑中幻想出来的。马克思主义认为"存在决定意识"。社会主义是工人阶级的思想。它是随着工人阶级的产生而产生，又随着工人阶级的发展而发展。社会主义思想决定于工人阶级这一客观存在，只要工人阶级不萎缩、不消失，社会主义思想也就永远不可能消亡。

十月革命诞生了世界上第一个社会主义国家，第二次世界大战后出现了十几个社会主义国家，使社会主义制度从意识形态转化为现实的存在。但是社会主义制度如何具体实施，不可能事前有一个完美的、现成的合理方案，只能在历史实践中去探索。将近半个多世纪的实践，社会主义国家取得了许多辉煌的成就，但也存在一系列矛盾，阻碍了社会主义优越性的发挥。社会主义作为一个新生的社会制度，它的优越性还只是一种可能性，要把这种可能性转化为现实性，必须有条件。这个条件就是社会主义原则具体实施的方式、方法，也就是我们称之为"体制"的一整套方式、方法。正因为这样，从50年代开始，社会主义国家就提出了体制改革的问题。

体制改革是一项十分复杂的系统工程，它涉及许多基本的理论问题，也涉及对传统习惯势力的克服问题。因此社会主义国家的体制改革，必然是在激烈的争论和试验性的探索中前进。这一切都是一个新生的社会制度不可避免的历史进程。

各个社会主义国家都有不同的国情，应当把社会主义的基本原则和自己的国情相结合，走出一条具有本国特色的社会主义道路。不幸的是许多社会主义国家采取了固定的模式。而这种模式的许多措施又并非社会主义本质的必然要求。由它而造成的种种失误和弊端，不能归罪于社会主义。但因为它出现在社会主义国家，甚至是许多社会主义国家共同采取的方式方法，按照庸俗的"现象逻辑学"的推理，很自然地就把这种种失误和弊端都归罪于社会主义名下。

但是，上述这种历史的误解，并不能改变历史的客观必然性。前面说过，社会主义是工人阶级的思想，只要工人阶级存在并且不断发展，社会主义思想就不可能被消灭。社会主义制度从不完善到完善，终归还将是人类历史前进的方向。

以公有制取代私有制是社会主义思想的核心。这种属于社会主义本质的思想，并非一种道义上的原则。它之所以成为社会主义的核心思想，因为它是工人阶级一种必然要求的反映。工人阶级是掌握现代生产资料的劳动者，它必然要求自己成为生产资料的支配者；而在私有制度下，不是劳动者统治生产资料，恰恰是生产资料统治了劳动者。正如马克思所说的，不是人统治物，而是物统治人。因此剥夺剥夺者或者剥夺者被剥夺就成为工人阶级的必然要求。

按劳分配也是社会主义思想的重要内容，它同样是反映了工人阶级的要求。劳动者作为生产的主人，他要求成为生产资料的主人，他既支配生产资料，必然也要支配他所生产的成果。因此多劳多得，少劳少得，不劳不得，就成为工人阶级的必然要求。

　　但是这些社会主义的基本原则如何具体实施，却取决于社会主义国家的路线、方针和政策。公有制的不同形式，对解决劳动者与生产资料的关系，效果是不一样的。按劳分配的实施办法不当，可能成为平均主义。诸如此类的失误，都不是社会主义思想本质造成的。因此某些社会主义国家在内外部条件下失去政权，如果说这是失败，也绝非社会主义的失败，只能说是带引号的"社会主义"失败。

　　可能有人会提出这样的疑问：既然社会主义是工人阶级的思想，为什么这些失败的国家，相当大的一部分工人阶级也起来反对社会主义呢？

　　如果用庸俗的"现象逻辑学"推理来看这个问题，只能得出一个答案：既然出现了工人阶级反对社会主义，就证明社会主义不是工人阶级的思想。

　　我们知道，工人阶级的产生和存在，是自然发展形成的。早期的工人阶级还属于"自在"的阶级，就在今天，绝大部分的职工群众也还处于"自在"的阶级。工人阶级从"自在"的阶级发展成为"自为"的阶级，需要经历一个很长的历史过程。作为"自在"的工人阶级，它并不能自发地认识自己的历史地位和前途，它同样会陷入庸俗的"现象逻辑学"的推理之中，它对现实不满，同时把现实中种种不合理现象和社会主义国家联系起来，导致了对"社会主义"的否定。但是这只能是一种暂时的现象，迟早它会在新的现实中重新萌发社会主义的思想。

　　今天，在我们还坚持社会主义制度的国度里，重大的历史任务是加快改革的步伐，使社会主义制度早日得到进一步完善，使社会主义必然存在的优越性变成现实；另一方面要真正实行全心全意依靠工人阶级的方针，依靠工人阶级的觉醒，自觉地起来捍卫社会主义。

二　工人阶级在社会主义建设时期的历史任务

工人阶级从"自在"的阶级向"自为"的阶级转化，需要先锋队的领导和理论的武装，但更为重要的是在现实的生活和斗争中体验自己所处的阶级地位与作用。

马克思和恩格斯在《共产党宣言》中写的最后一句话是："全世界无产者联合起来！"这句话可以说是概括了工人阶级由"自在"的阶级转化为"自为"的阶级的最终目标。

工人阶级是近代工业、社会化大生产的产物。他们首先在联合劳动中体会到集体的力量。社会化大生产的工业产品是集体劳动的结晶，任何一个个别的劳动者都不能说：这个产品是"我"制造的，而只能说是"我们"制造的。这种集体意识是工人阶级思想的基础。

在私有制制度下，生产资料不属于劳动者所有，正因为这样，工人阶级被称为无产阶级。无产阶级为了维护自己生存与发展的权利，为了抵制剥削与压迫，惟有通过工会的组织，依靠联合的力量，进行罢工等形式的有组织的斗争。在这些斗争的实践中，使职工群众逐步体会到自己的阶级力量，增强了阶级意识。

在工人阶级取得政权的国家里，实行生产资料的公有制，工人阶级就不再是无产阶级了。阶级对立的矛盾基础基本消失，这个时候再强调以"阶级斗争为纲"就必然导致"左"的错误，对社会主义建设产生严重的危害。这就带来一个问题：工人阶级在社会主义建设时期的历史任务是什么？

工人阶级从"自在"的阶级转化为"自为"的阶级是一个很长的历史过程。社会主义国家的建立，开始了社会主义制度的建设，不等于说在这个时候工人阶级就完成了从"自在"的阶级向"自为"的阶级转化。如果说在革命时期工人阶级的阶级意识是通过阶级斗争的实践而逐步获得，那么在建设时期这种阶级意识应当通过什么新的途径而获得？这是社会主义建设中一个带根本性的问题。不幸的是各个社会主义国家都还没有把这个重大问题列入议事日程。导致东欧若干社会主义国家的失败，应当说这是重要的内因之一。在波兰出现团结工会的时候，已经暴露了这个问题的严重性，但却没有引起足够的、高度的重视。这是值得我们在今天认真反思的大问题。

历史经验证明，工人阶级需要有自己的先锋队——党的领导和工会的组织，才能形成强大的阶级力量。但是党的领导方式是否恰当，工会的组织作用如何发挥，都是需要从实际出发来加以探讨的。如果方式方法不当，例如，党的官僚化，工会的形式化，等等，都可能导致相反的结果。如果党的领导和工会的组织作用是正确的，那么在革命时期应当是在党的正确领导下，依靠工会的组织，把工人阶级联合起来，为维护工人阶级利益以至推翻旧制度而斗争，这就是工人阶级在革命时期的历史任务。在建设时期，同样应当在党的正确领导下，依靠工会的组织，团结全体工人阶级，为维护工人阶级利益和建设社会主义新制度而斗争，这就是工人阶级在建设时期的历史任务。

工人阶级在建设时期仍然要继续完成从"自在"的阶级向"自为"的阶级转化。如果说在革命时期是通过有组织的阶级斗争而培育和增强工人阶级的阶级意识，在建设时期由于任务不同了，增强阶级意识的途径也必然不一样了。特别是对于在建设时期成长起来的新一代的工人阶级，更不可能通过阶级斗争的实践来体验自己的阶级地位与作用。建设时期工人阶级意识的形成和强化，惟一的途径是把工人阶级作为社会主义建设的主体，把他们真正放在当家作主的主人翁地位上，使他们感受到自己是有福同享，有祸同当的命运共同体中平等的一员，只有依靠集体的力量，才能共同创造美好的生活。对工人阶级的领导，严格讲应当是一种引导的作用。正如毛泽东同志所比喻的，要"引而不发跃如也"，要善于引导群众自己解放自己。党不能把自己看成是工人阶级的化身，不能越俎代庖代替工人阶级当家作主的作用，也不能以恩赐的观点为工人阶级谋福利。不恰当的做法，客观上都将阻碍工人阶级意识的形成，严重的甚至会使党转化为工人阶级的对立面。

工人阶级的阶级意识，首先是在企业中形成。企业包括工业企业、农业企业、商业企业等等经济实体，是工人阶级的集聚地，因此它又是培育工人阶级意识的大学校。我们说把工人阶级放在真正当家作主的地位上，首先是在社会主义企业中，让职工真正拥有当家作主的权、责、利。如果工人群众在自己天天生活其中的企业，还感受不到自己确实处于主人翁的地位，我们说工人阶级是社会的主人、国家的主人等等，都会被认为只是一些美丽的口号而已。可是，半个多世纪以来，各国的社会主义建设都还没有真正重视和具体解决这一重大原则问题。

三 职工主体论——社会主义企业的基本特征

社会主义企业的基本特征是和资本主义企业相对而言的。社会主义企业和资本主义企业之间，既有共性又有个性。就共性而言，企业作为一个经济实体，都是社会经济的"细胞"体；企业是生产力的所在地和发生地，有关生产力的组织，包括生产的社会化和生产技术的现代化，是企业发展的共同规律；社会主义和资本主义都实行商品经济，因此，企业都是商品生产者和经营者，要按照商品经济的运行机制和价值规律进行商品的生产与交换；等等。这些都属于共性的范畴，不可能有社会主义与资本主义的区分。属于共性范畴的问题，如果用"贴标签"的办法，硬要区分哪些姓"社"、哪些姓"资"，就会犯"左"的错误，这种教训不能再重复了。

但是，社会主义企业和资本主义企业是有区别的。不但有区别，而且有根本的区别。这个区别不在于生产力的组织与发展，也不在于按照商品经济的运行机制进行运作，而在于它内部的生产关系。最根本的区别是包括脑力劳动者和体力劳动者在内的全体职工在企业中的地位与作用。简单地说，就是谁是企业的主体？马克思早就精辟地分析过这个问题。他指出：在资本主义企业，人格化的资本是企业的主体，职工作为被资本所雇用的雇员和雇工，是企业的客体。因此而形成物化劳动（死劳动）统治活劳动，或者说"物"统治"人"的反常状况。人是生产力中最活跃的要素，人处于受统治的被动地位，必然会阻碍生产力的高度发展。社会主义反其道而行，实行公有制，把"物"统治"人"的反常状况颠倒过来，使职工成为企业的主体，成为生产资料的主人，从而使生产力中最活跃的要素——人，能够充分发挥积极性、主动性和创造性。这样才有可能最大限度地发挥和发展生产力，这是全部社会主义思想的核心与灵魂。

职工在企业中是主体地位还是客体地位，这是社会主义企业与资本主义企业的分界线。现代资本主义企业也认识到活劳动——人的重大作用，提出了"人本主义"的管理思想，采取了许多改良措施，也取得了调动职工积极性的一定成效，但是它绝不可能跨越这一界限，使职工成为企业的主体。社会主义企业与资本主义企业必然有区别，也必须有区别，忽视或模糊这个根本性的区别，就会犯右的错误。因此，职工主体论，可以说是社会主义企业的基本特征。

四　职工主体地位的具体实现:实行广义的企业民主管理

社会主义企业以职工为主体,使劳动者真正成为企业的主人,不能只是一句口号,必须在企业制度中得到具体的体现,这是当前和今后深化企业改革必须逐步实现的根本任务。所谓在企业制度中体现,当然不是指的那些与生产力直接有关的各项制度,而是指的与生产关系直接有关的基本制度。具体来说,它涉及以下五个方面的基本制度。这五项制度的民主化就构成广义的企业民主管理。

(一)　劳动制度民主化

劳动制度是企业劳动集体的组成方式与形式。社会主义企业以职工为主体,职工不再是雇工,而是主人,因此职工所组成的劳动集体如何形成、如何更新,是一个具有深刻理论意义的问题。按照马克思的提法,社会主义企业应当是"自由平等的生产者联合体",也就是说,个别劳动者是"自由"选择而加入某个企业的劳动集体。当然这种选择是双向的,既包含个别劳动者对集体的选择,也包含集体对个别劳动者的选择;经营选择肯定后,个别劳动者就成为某一劳动集体的"平等"的成员之一,这个劳动集体就是这些平等的成员的一种联合体。马克思对企业所作出的这一经典定义,完全体现了社会主义的原则,从而彻底消除了雇佣剥削的任何痕迹。马克思的这一经典定义,应当成为社会主义劳动制度的出发点和立足点。我国还未制定《劳动法》,如果制定《劳动法》,也必须以这一经典定义作为基础,否则就不可能确立一部具有社会主义本色的《劳动法》。当然,我国还处于社会主义的初级阶段,并不要求所有的企业都是社会主义公有制的企业。以公有制为主体，也还允许各种非公有制的企业作为补充成分而存在和适当发展。上述定义只是针对社会主义性质的企业而言。

遗憾的是我们目前的劳动管理部门，对劳动制度的建立，没有深入探讨它所应有的理论依据，因而在概念上、措施上，有意无意地都夹杂着资本主义雇佣制的观念和做法。

劳动部门把劳动制度称之为"用工"制度，就是一个明显的概念混淆。既然职工是社会主义企业的主体，"用工"是谁用谁呢？用工即用人，把"用"与"人"结合起来不就是雇佣的"佣"字吗？但是这种概念的混淆，也不能完全责怪当今的劳动部门。它是旧体制下社会主义制度不够完善的一种表现。例如，我们全民所有制企业，长期成为政府的附属物，政企不分，由政府直接经营企业。全民所有制企业的职工被认为是国家职工，由国家进行招工。所谓"用工"制度，在全民所有制企业来说，就是国家招用职工，类似于国家雇工，因此也就很难消除在职工中存在的雇佣观念。又例如我们实行个人承包制，由厂长（经理）个人承包企业的生产经营，与此同时推行合同制，由厂长（经理）个人与职工签订劳动合同，无论作什么样的解释，都难以说明在厂长（经理）与职工之间不存在类似的雇佣关系。这就必然更加助长了职工群众中的雇佣观念。

我一向主张按马克思的经典定义，制定出真正符合社会主义本质的劳动制度，其要点如下：

一个企业必须有一大批正式职工（包括职员和工人）作为企业的主体。正式工也是可以流动的，因此不能称之为固定工。正式工也应当有契约，但不是向谁签订用工合同，而是民主制定的《劳动公约》。劳动部门可以经过调查研究提出标准的劳动公约，供企业民主制定时作为参考。劳动公约是民主制定的，通过后全体职工都必须共同遵守。新加入的职工应以承认公约为条件。对一再违反公约的职工，经过企业劳动委员会决定，可以解除公约而离开企业。

对于新招的职工，除了必须承认公约外，还可以实行合同制，但这种合同是职工个人与劳动集体之间的合同，而不是职工与厂长（经理）之间的合同；恰恰相反，厂长（经理）也是职工的一员，不但要同样遵守劳动公约，而且也应当向劳动集体签订合同。但是合同期间的职工应当是一种"预备工"的性质，就像党员入党要经过一段预备党员的阶段一样。合同期满，经过劳动集体与职工个人双方的同意，应当转为正式工，成为劳动集体正式成员之一。合同期间的职工也可以参加企业的民主管理，但只有发言权、建议权、批评权，而没有表决权与选举权。合同期间违反劳动公约与合同条款的，经劳动委员会的决定，可以解除合同关系而离开企业。

除此之外，企业还可以招收各种临时工，他们既不是企业主体的正式成员，也不是企业主体的预备成员。

在企业里这三种工并存，就会形成一种机制：企业办好了，临时工都争取被招收为合同工，合同工则努力争取合同期满转为正式工。这就形成一种向心力和内聚力，不但符合社会主义原则，也符合现代企业管理的行为科学原理。

实行以上这样一套办法，实质上是劳动制度的民主化，它是实现职工为主体的一个重要前提。

（二）产权制度民主化

公有制是社会主义制度最本质的特征。在当前反社会主义的逆流中，反对者的矛头也集中在公有制上。坚持社会主义就必须坚持社会经济以公有制为基础。但是公有制的实现形式是否能充分发挥社会主义的优越性，却是一个需要认真总结历史经验来作出回答的重大问题。

马克思主张以公有制取代私有制，是有它的科学依据的。社会经济以公有制为基础，它的优越性主要表现在两个方面：一是在宏观经济方面，以公有制为基础，特别是拥有一笔巨大的国有资产，有利于国民经济的协调发展；二是在微观经济方面，正如前面说过的，可以使劳动者成为生产资料的主人，从而调动广大职工群众的积极性、主动性、创造性，促进生产力的发展。但是，这两大优越性能否有效地发挥，和公有制的具体实现形式有很大的关系。

社会主义各国都把公有制界定为两种形式，即全民所有制（国有制）和劳动人民集体所有制。我国《宪法》也是这样界定的。但是实际上我国的公有制已出现三种形式，除全民所有制外，集体所有制已形成两种截然不同的形式：一种是宪法所阐明的那种集体所有制，即劳动者既参加劳动又集资的合作所有制（现在被称为"小集体"）；一种是几十年逐步形成的所谓"大集体"，这种大集体已经不是劳动者集资的合作所有制，而是劳动集体所共有的集体所有制，它的资产多半是企业多年自我积累所形成的，而不是由职工集资所形成的。这三种公有制的基本形式，如果对它们进行定性，可以作出以下的描述：

1. 全民所有制（或国有制），它的资产归全国劳动者所共有，由国家代表全体劳动者行使所有权；

2. 集体所有制（即大集体），它的资产归企业全体职工所共有，不能量化到个人，由企业劳动集体行使所有权；

3. 合作所有制（即小集体），它的资产由职工集资形成，必然量化到个人，由参与集资的全部职工行使所有权。

以上三种公有制，从公有的范围看，全民所有制是大公有，集体所有制是中公有，合作所有制则是小公有。

合作所有制的资产是个人所有，为什么不算私有制，而算公有制，关键在于参与集资者所占的股份份额是一致的或相近的，更重要的是集资者同时又是本企业的劳动者，他们按股分红所分得的利益是集体创造的价值，而不是占有他人创造的剩余价值。

这三种不同层次的公有制在消灭剥削这一点上是一致的，但对上面所说的要达到的宏观与微观两个方面的目的却很不一样。

全民所有制使国家拥有一笔可直接支配的国有资产，对宏观上协调发展国民经济，是一个十分有利的重要条件。但是它在微观经济中，对变物统治人为人统治物的反常现象却存在着极大的缺陷。全民所有制势必只能由国家代表全民行使所有权，对于本企业职工来说，他们仍然不能实现与生产资料的直接结合，尽管剥削是不存在了，但是职工的主体地位并未形成，仍然类似资本主义企业那样，资本（尽管资本已由私人所有变为国家所有）是企业的主体，职工是国家的雇工，是企业的客体。这就大大削弱了职工的主体地位，并影响职工的阶级意识的形成。应当说这是社会主义制度不够完善的一个突出的缺陷。南斯拉夫曾经企图解决这个问题，他们以社会所有制取代全民所有制，但抽象的社会所有，同样没有解决这一矛盾。

集体所有制和合作所有制，如果管理的办法恰当，是能够在微观经济中实现本企业职工与本企业生产资料的直接结合的，但是这两种公有制形式，对国家在宏观上协调经济发展的作用不大。

以上三种公有制形式的经验表明，社会主义的公有制形式有必要进行改革，关键是对全民所有制形式进行改造。改造的途径是在全民所有制企业中实行产权制度民主化。具体的办法是把集体所有制与合作所有制引进全民所有制企业，采取股份制的形式，实行全民、集体、合作三者混合的公有制。对于关系国计民生的重要企业，可实行国家控股，例如，国有股占60%以上，集体所有与合作所有占30%—40%。进行这样的改革，既保持了国有制仍占主导地位，同时有30%—40%的股权由企业职工占有，使职工成为本企业资产的局部所有者，这就会大大促进职工对企业资产和企业积累的关心，并且有利于增强职工的阶级意识和主人翁的责任感。

在这里还要补充说明一个值得引起我们重视的情况：现代资本主义为了调和劳资矛盾，已经盛行吸收职工入股的企业制度。从美国开始推行所谓"职工持股计划"，已经从职工部分入股，发展为整个企业由职工持股，这种类似合作制的企业制度，在美国已经推行达到1200万职工（占美国职工总数的10%），而且这一制度逐步扩展到几十个资本主义国家。这种现象的出现，恰恰说明公有制具有优越性。否则，在私有制的汪洋大海中，为什么这种形式的公有制能够得到一定程度的发展呢？当然，资本主义国家毕竟还是私有制占主体地位，否则它就不成其为资本主义。这一现象反过来却又值得我们反思，为什么我们作为社会主义国家，却对职工持股问题长期不加考虑呢？产权制度民主化有必要作为我国深化企业改革的重大步骤而列入议事日程。

（三）经营制度民主化

职工作为企业主体，无疑对企业生产经营中的重大问题拥有决策权，这就涉及社会主义企业的经营制度问题。职工集体对企业行使经营决策权，对于集体所有制和合作所有制企业，至少在理论上是不成问题的。关键是全民所有制企业应不应该由职工集体行使经营决策权。多年来对这个问题一直是有很大争议的。

传统的观念认为全民所有制企业的所有权由国家行使，因此经营权也属于国家，这就形成了"政企不分"的种种弊端。改革以来提出了政企分开、两权分离的方针，扩大企业的自主权。但是这个自主权是交给厂长（经理）还是交给全体职工却有争议。争论的结果是交给厂长（经理），并据此而制定了"厂长（经理）负责制"。紧接着又有了厂长（经理）代表谁的争议：是代表国家还是代表职工？争论的结果是代表国家。为了发扬民主，也实行职工"参加"管理，规定了职代会的民主管理权利，对有关职工切身利益的一些问题有了较大的决定权，但对于企业生产经营中重大问题，职代会则只有"审议"权，而不能有"审定"权。这个"议"与"定"的一字之差，实质上把职工仍然放到了客体而不是主体的地位。

这一套传统观念，实质上是有意无意地沿袭了资本主义的法权观念：企业同样是以人格化的资本为主体，不过资本的所有者由国家取代了私有者。以资本为主体，资本的所有者（国家）掌握所有权，按照两权分离的原则，资本所有者（国家）把经营权授予他的代理人厂长（经理），而职工处于客体地位，因此只能以"参加者"的身份参与部分的企业管理。

我们说这一套传统观念实质上沿袭了资本主义的法权观念，还可以由另一面的情况作证。现代资本主义企业，为了调和劳资的对立和矛盾，不但在所有权上吸收职工持股，而且也采取了吸收职工"参与"管理的措施。前西德实行所谓《共同决定法》（重大问题由股东代表与职工代表共同决定），就是资本主义企业吸收职工参与管理的典范；日本企业非常赞成我国提出的"两参一改三结合"，也采取了许多吸收职工参加管理的措施。资本主义企业为什么能允许甚至极力发展职工参加管理的做法，就因为职工限于"参加"管理，并没有突破他们处于客体地位的界限，也就不会威胁资本主义的存在。我们作为社会主义企业，难道也只局限于这一步骤么？社会主义企业必须突破这一界限，使职工成为企业的主体，不是"参加"管理，而是"自主"管理，才能和资本主义企业有根本的区别。

社会主义企业经营制度的民主化，主要指的是企业中重大的生产经营问题通过职工民主决策，然后由厂长（经理）集中指挥，组织实施。这是民主集中制在企业中的体现。对此持反对态度的有各种理由，归纳起来无非是以下三种理由：

一曰"无能论"，认为职工群众分处在各个具体的岗位上，缺乏对全厂重大问题决策的知识与能力。这个理由显然是不能成立的，如果能成立，分处于各个阶层、各种职业的全国人民代表就更无可能对国家大事做出决策。

二曰"无趣论"，认为职工群众只关心工资、福利等切身利益，对全厂的生产经营问题不感兴趣。这种现象的确存在。但应当说那是旧体制造成的。如果职工个人利益和企业的兴衰存亡连接在一起，形成命运共同体，他们又怎么会对全厂的生产经营问题漠不关心呢？

三曰"干预论"，认为让职工对企业的重大问题行使决策权，势必干预厂长（经理）的经营决策，影响厂长负责制的实行。这种疑虑也是完全不必要的。

马克思主义从来都认为在一个高度社会化的现代企业里，必须有高度集中、统一指挥的权威，实行厂长负责制是完全必要的。但这并不排除对于一些重大的生产经营问题进行民主决策。决策的科学化和民主化是分不开的。一些重大问题由厂长（经理）提出方案，经过集思广益的民主讨论只会更稳妥、更正确。经过职工群众通过和决定的决策事项，就会把厂长（经理）的倡议转化为全体职工共同的意志；全体职工自己作出的决定，也就有责任坚决贯彻实现。先有"群策"，然后就会有"群力"，实质上全体劳动者成为厂长（经理）实施正确决策的强大后盾。因此决策民主化不但不会干预厂长负责制的实行，恰恰是为厂长负责制的有效实行提供了最佳条件。

从实践经验看，也证明民主决策决不会影响厂长（经理）的高度权威。首都钢铁公司是一个卓有成效的企业，周冠五同志在厂里有高度的权威，但是他们把职代会作为全厂的最高权力机构，企业的重大经营决策，包括年度生产计划，必须由职代会讨论、修改以至通过。一旦通过就成为全厂职工共同实施的行动纲领，并把任务层层包、层层保，分解到每一个工作岗位。首钢实行的是在民主决策基础上的高度集中，决策民主化丝毫也没有影响周冠五同志的集中权威。

经营制度民主化，关键在于企业重大问题由职工民主决策，在这个基础上建立高度集中的厂长（经理）负责制。

（四）分配制度民主化

按劳分配是社会主义的基本原则。但按劳分配如何具体实施，还是一个有待深入研究的理论与实践问题。

马克思当年设想实行社会主义公有制之后，可以取消商品，不实行商品经济。因此每个劳动者的劳动直接成为社会总劳动的一部分，按劳分配就是按照个人向社会提供的劳动而从社会取回相应的物质分配。几十年的社会主义实践证明，在社会主义的历史阶段，不可能取消商品，必须实行社会主义有计划商品经济。这是对马克思主义的一个重大发展。既然社会主义还要实行商品经济，个别劳动者的劳动就不可能直接成为社会总劳动的一部分，也不可能直接从社会取得相应分配份额。因此我认为在实行社会主义商品经济的体制下，按劳分配必然要实行"两级按劳分配"，即首先社会要按照企业集体所提供的有效的劳动成果，对企业进行按劳分配，这是一级按劳分配；然后企业集体将所获得的分配总额，再在企业内部按照职工个人的劳动贡献进行再分配，这是二级按劳分配。目前许多企业实行"工效挂钩"的工资制度，实际上就是两级按劳分配的一种雏形。

我国传统的做法是把企业作为政府的附属物，全民所有制企业是国有企业，由国家直接经营管理，职工由国家招用，形成前面所说的类似国家雇工；在分配上也由国家一竿子插到底，直接决定每个职工的分配份额，这就势必出现企业与企业之间和职工与职工之间两个吃"大锅饭"的状况。尽管在分配制度上进行了这样或那样的改革，但始终还没有跳出国家对职工个人直接分配的旧框框。只有实行两级按劳分配，才可能打破两个吃大锅饭的状况。按照两级按劳分配的原则，国家为了调控国民收入中消费与积累的比例，可以规定出各行各业的企业消费基金占总收入或纯收入的比例，作为一级按劳分配的标准，实行水涨船高，水落船低，上不封顶，下不保底，这样才能打破企业与企业之间吃大锅饭的现象。至于企业运用获得的消费基金总额，在企业内部进行再分配，以多大的比例用于集体消费，多大的比例用于个人消费，个人与个人之间如何进行按劳分配……都应当由企业劳动集体民主决定，而不应由国家一竿子插到底作统一的规定。这样才能打破职工与职工之间吃"大锅饭"的现象。因此两级按劳分配既解决了分配制度与社会主义商品经济相适应的问题，也体现了分配制度的民主化。

企业的分配制度除了消费资料的按劳分配外，还有一个积累的再分配问题，这里暂且略而不论。

（五）领导制度民主化
过去讲企业民主管理主要指的是企业领导制度中如何体现职

工民主管理，我把这方面的民主管理称之为狭义的企业民主管理。广义的民主管理是除了领导制度的民主化之外，还包括上述劳动制度、产权制度、经营制度和分配制度等四个方面的民主化问题。事实上，上述这四个方面的民主化，都和领导制度有直接或间接的联系。只有以职工主体论为中心思想，实现上述四个方面的民主化，才有可能真正建立起充分体现社会主义原则的企业领导制度。

在社会主义有计划商品经济体制下，企业是社会主义的商品生产者和经营者。企业的领导制度从上下层次区分，有所有权组织和经营权组织两个层次；从领导机制来区分，则有民主管理和集中指挥两个体系。领导制度应当对这四个方面作出合乎社会主义原则的规定。

1. 关于所有权组织。任何企业都有它的所有者，所有者行使所有权的机构即所有权组织，它按照所有权与经营权两权分离的原则，行使所有权的职能，它是企业的最高权力组织。不同的所有制形式则有不同的所有权组织形式。

过去我们的全民所有制企业，都是单一的全民所有制形式，相当于一个独资经营的企业，只有一个股东，因此它没有建立所有权组织的必要；加上政企不分，一般由主管行政机关充当所有权组织。如果实行产权民主化，在国有资产的产权之外，增设企业集体股与职工合作股，产权开始多元化，即使国有股权占控股地位，也必须建立一定形式的所有权组织，或者是股东会，或者是股东代表会，也可以是资产管理委员会，等等。

按照两权分离原则，所有权组织的职能主要是确立企业的经营目标和发展方向，确定企业的设立与终止，企业的联合与分立，资产的扩充与产权分配，生产经营主要负责人的任免，等等，可以说它是掌握了企业最高层次的"方略"性决策。全民所有制企业如果实行职工持股，职工就有自己的股东代表参与这一层次的决策；如果是集体所有制或合作所有制企业，职代会就可以作为所有权组织而直接行使这一层次的决策权。

2．关于经营权组织。按照两权分离的原则，由经营者行使经营权。经营负责人可以是"单数"（厂长或经理），也可以是"复数"（董事会或职代会）。我国现行体制实行厂长负责制，在厂长领导下建立管委会，这种委员会只对厂长起参谋作用，并非民主决策的机构，因此它不能算是经营权组织。这种体制实际上实行的是"单数"经营负责人制。如果经营制度民主化，就必须实行"复数"的经营负责人制，并建立经营权组织。即企业经营权不是授予"单数"个人，而是授予"复数"的集体，由职工集体承担生产经营的权责。这个集体可以选举或聘任一位优秀的企业管理专家，作为领导人，在民主决策的基础上建立高度集中的厂长（经理）负责制。经营权如果授予全体职工，可以职代会作为经营权组织，但它的职能只限于对企业的重大问题作出"战略"性的决策。日常的生产经营决策和实施中的统一指挥则由厂长（经理）全权负责。如果实行股份制，以董事会作为经营权组织，为了经营制度民主化，在董事中必须设置一定比例的职工董事，参与董事会的战略决策。

3．关于民主管理体系。实行经营制度民主化，当然不是搞群龙无首的极端民主，而是实行民主集中制。因此，在领导机制上既要有民主管理的组织体系，又要有集中指挥的组织体系，并使两者各司其职，有效结合。

目前在企业领导体制上，存在着一个迄今未能作出合理处置的矛盾，即企业党组织和行政负责人之间的关系问题。企业党组织被规定为企业的政治领导核心，同时又规定厂长（经理）在企业中处于中心地位。一个"核心"，一个"中心"，这两

"心"究竟是个什么关系，还很不明确。另外，工会系统则强调职工的作用，认为职工是企业的"重心"，这三"心"又应该是个什么样的关系？对于这一老大难问题的正确解决，首先应当明确企业既不是政权组织，也不是政治组织而是经济组织。要在这个组织内部实行民主集中制，然后按照民主管理体系和集中指挥体系这两条线，分别处理各方的关系。

实行民主管理是以职工为主体，对企业的重大问题有决策权。企业党组织的一项重大任务，是以工会作为有力助手，组织、教育和指导全体职工正确地行使当家作主的民主权利与义务。因此党、工、群这三方的关系应当在民主管理的组织体系中结合起来。具体的办法是，经过职工代表的民主选举，可以选举党委书记担任职代会主席，工会主席担任常务副主席。这当然不能是法定的，而是党委书记、工会主席受到职工群众拥护的必然结果。如果个别党委书记不受欢迎而落选，党内应当考虑这位书记是否称职，然后进行党委的改组。这种处理也体现了群众对党的监督。党委书记担任职代会主席，工会主席担任职代会的常务副主席，党组织就可以以工会组织为助手，直接组织、教育和领导职工群众行使当家作主的权利与义务，并对企业中的重大问题作出决定。行政方面提出的正确的措施，经过职代会通过后，就有责任动员全体职工保证实现；对行政方面提出的不恰当或不完善的措施，职代会通过讨论、修改而发挥事前监督的作用；修改通过后，在实施过程中还可以实行事后的检查、监督。职代会的这些作用是在党组织领导下进行的，因此它实际上是党通过职代会这一民主管理机构发挥了党对行政的保证、监督作用。

4. 关于集中指挥体系。企业在职工民主管理的基础上，建立以厂长（经理）为首的高度集中的生产经营指挥系统。因此在企业的全部生产经营活动中，厂长（经理）处于中心地位，这是社会化大生产的企业必然的客观要求。

厂长（经理）和副厂长（副经理）以及厂级的各总师之间的关系是领导与被领导的关系，不能认为是平级关系。从厂长（经理）到各职能处室和分厂、车间的负责人，一直到基层组织，也是上下级关系。这样，全厂自上到下到每一个工作岗位和每一个职工，形成一个指挥系统。在这个系统内必须执行下级服从上级、局部服从全局的组织纪律。一个职工如果被选为职工代表，在职代会中要代表选民行使当家作主的民主权利与义务；当他回到工作岗位上，对上级的指示或决定，可以提出不同的意见或改善的建议，但在行动上必须服从命令听指挥。职工本身的这种双重身份，正是民主集中制原则的具体体现。

五　结束语

90年代是我国改革、开放、社会主义建设的关键时期。在国际风云变幻，社会主义面临严峻挑战的当前，中国人民在党领导下坚持走社会主义道路，具有重大的历史意义与国际意义。党中央在这个时刻，再一次强调全心全意依靠工人阶级的战略方针，有着重大的现实意义。但是全心全意依靠工人阶级不能只是一句原则性的口号，也不仅仅是一个提高思想认识的问题，必须把它作为深化改革的一项重大原则，从政治、经济的体制上采取具体的改革措施，使广大职工群众在现实生活中体会到自己所处的阶级地位与作用，从而把社会主义制度的建设看成是自己的历史使命。只有这样，全心全意依靠工人阶级的战略方针，才能真正落到实处。

企业既是生产力的所在地，又是社会制度的直接体现者。发展生产力必须以企业为立足点和出发点，社会主义制度的建设和不断完善，同样也要以企业制度为立足点和出发点。以职工主体论为中心思想，确立企业的社会主义性质，从而调动亿万职工群众的积极性、主动性和创造性，这不仅具有增强企业活力的重大经济意义，而且具有捍卫社会主义的重大政治意义。

　　以上意见和具体措施的建议只是我个人的"一家之言"，难免会有不恰当或错误之处，希望能得到大家的批评指正。如果认为我的这些意见和建议不无可取之处，我更希望能有一些企业在党和政府支持下进行职工主体论的试点。实践是检验真理的惟一标准，我的这些主张也希望能在实践中得到检验。

关于两级
按劳分配

关于按劳分配的几个问题[*]

　　《工人日报》开展"靠什么调动职工的积极性"的讨论，很有必要。讨论中，许多同志谈到正确贯彻执行按劳分配的原则，是调动职工积极性的重要一环。而在实践中如何具体贯彻执行这一原则，却有许多问题需要探讨和摸索，下面谈几点我个人对这个问题的不成熟的看法。

一　不能把马克思的经典解释简单地运用到实践中去

　　什么是按劳分配？一般我们都以马克思在《哥达纲领批判》中一段论述作为经典解释。他说："每一个生产者，在作了各项扣除之后，从社会方面正好领回他所给予社会的一切。"① 又说："生产者的权利是和他们提供的劳动成比例的；平等就在于以同一的尺度——劳动——来计量。"②

---

　　* 原载 1980 年 3 月 21 日《工人日报》，1984 年发表有局部修改。
　　① 《马克思恩格斯选集》第 3 卷，人民出版社 1972 年版，第 10—11 页。
　　② 同上书，第 11 页。

　　马克思的这些话，对按劳分配原则作了高度概括，它阐明了按劳分配在本质上的真义。马克思为了便于说明按劳分配的原理，这里是以简单商品生产作为模式的，而我们的现实生活，已经不是以个体劳动为基础的小生产，而是高度社会化劳动的大生产。

　　马克思的这些话，说明了按劳分配的基本原理，即"生产者的权利是和他们提供的劳动成比例的"。但是，在今天我们实行按劳分配，还不能把马克思这些话简单地运用到实践中去。因为马克思曾设想实行公有制后可以消灭商品和商品经济，因此生产者的具体劳动可以直接成为社会劳动的一部分，也就可以按个人的劳动量从社会领回他应得的一份。今天，实践证明我们还不可能取消商品，按劳分配的"劳"不可能是马克思所设想的那种"劳"，还只能以社会平均的必要劳动来计量。也就是说，个人的劳动必须体现在商品之中，而商品所包含的劳动量，只能是社会平均的必要劳动量。

　　在高度社会化的商品生产中，个人不可能直接对社会提供劳动成果。经典作家对现代化大生产的集体性有过不少论述。例如，恩格斯在《论权威》一文中，就反复强调了这一点。恩格斯在100多年前所看到的联合活动取代各个人的独立活动的"趋势"，随着现代科学技术的发展，已经成为更加明显而又突出的客观现实。

　　人们的劳动，要成为社会的有效劳动，只能以具有使用价值的产品来表现。产品被社会所使用，产品中的劳动才被承认。而在现代化的生产中，任何一个单独的生产者，都很难说一种产品是"我"生产的，而只能是按社会分工形成的经济单位（企业）集体创造的。在企业内部，个人劳动只能形成产品的一个部分，只有依靠企业的全体劳动者，完成产品的全部，个人的劳动才成为有效的劳动。比方说，上道工序加工的合格的半成品，如果在下道工序加工时报废了，那么上道工序的劳动也等于是无效劳动。

上面是就劳动的"质"来说的，就劳动的"量"来说，也有这个问题。社会所承认的劳动量，当然不是个别的具体劳动量，而只能承认社会平均的必要劳动量。所以，只能通过交付给社会的产品的总价值，来衡量企业整体对社会所做的贡献，不可能直接衡量个人的劳动贡献。

由此可见，马克思关于按劳分配的解释，只能作为原理来理解，不能简单地运用到实践中去。

二 按劳分配首先要按企业的集体贡献而分配

在社会主义历史阶段，国民经济必然还要以企业为基本经济单位。企业应当具有相对的独立性。如果把马克思关于按劳分配的表述，改为每一个企业对社会做出劳动贡献，在作了各项扣除之后，从社会方面正好领回它所给予社会的一切。这样，倒是切合我们现实情况的。

我们说"干好干坏一个样"，这种平均主义不利于调动人们的积极性。但是，首先要解决的应该是企业与企业之间干好干坏一个样，其次才是企业内部的分配问题。目前经济管理体制最大的弱点，在于企业与企业之间吃"大锅饭"，搞平均主义。这个大的按劳分配不解决，而只在企业内部搞个人按劳分配，可以说是本末倒置了。其原因正由于我们把按劳分配，只是简单地理解为按个人劳动贡献大小进行分配，没有考虑到个人劳动只有通过企业产品（或劳务）才能转化为社会劳动，因此也没有考虑到按劳分配首先是按企业集体贡献大小的分配问题。

社会对企业集体进行按劳分配，主要体现为企业的工资总额加上盈利的分配。社会主义企业的利润不同于资本主义企业的利润。不论是采取利润分成或上交所得税的形式，都是在国家与企业之间进行分配。上交给国家的部分，也就是马克思所说的"各项扣除"。企业所得不是利润的全部，但得多得少却和企业生产经营好坏、成果大小直接联系。在国家的调整和控制下，企业所得的多少，大致可以反映企业对社会劳动贡献大小的比例。因此，可以说它是一种按劳分配的形式。

组织性、纪律性和集体主义精神，是工人阶级的本性。这种本性的产生，是和工人所参与的现代的社会化的生产方式分不开的。职工个人利益和企业集体利益相联系，也是现代社会化的生产方式所决定的。按劳分配首先按企业集体贡献而分配，引导职工关心企业集体的劳动成果，将有助于加强职工群众的集体主义思想。这种集体主义思想又必然是培养共产主义思想的阶梯。如果不讲对企业集体的按劳分配，光讲企业内部个人的按劳分配，使职工只关心个人的劳动成果，不关心集体的成果，对企业的发展不利，对巩固和发展集体主义思想也是不利的。

三 企业内部的按劳分配，也要重视按小集体的劳动贡献而进行分配

个人不能直接对社会支付劳动，社会也不可能直接按个人劳动进行分配。那么，企业内部是否可以完全按个人的劳动来进行分配呢？也不完全可能。

首先，对个人劳动量的精确计量是十分困难的，充其量也只能做到近似地衡量。一般我们都说等级工资是按劳分配的一种形式。实际上工资等级差别主要是近似地反映了劳动者工作能力的

差别，并不反映他当年、当月实际提供的劳动的质和量。计件工资从理论上说，比较能反映实际提供的劳动的质和量，但并不是所有的工作都可以采取计件的办法。

其次，同样由于劳动高度社会化的缘故，个人劳动支出的质和量，也不能完全由个人的劳动成果来衡量。就以计件工资为例，一个生产者完成一定质量和一定数量的生产定额，除了他个人所具备的能力和所付出的劳动量外，还有很多外在的因素。如设备是否好用，需要机修人员的配合；工具、刀具等是否齐备、好用，又决定于工具制造和管理人员的劳动；原材料、毛坯、半成品等是否适当，决定于物资供应工作好坏以及上道工序的协作配合；生产能否不间断地进行，还决定于一系列生产组织和管理工作的完善；等等。因此，在社会化的大生产中，把个人的劳动成果完全归功于个人，是不完全符合实际的。

随着生产技术向着自动化、联动化的方向发展，生产的连续性、整体性愈来愈加强。一条自动线上生产者固然无法分别计量个人的劳动成果，整个车间的生产部分与辅助部分、服务部分，也常常是紧密联系、不可分割的。

再其次，生产技术的现代化，还出现一个新的问题：脑力劳动的作用愈来愈大。一方面生产第一线的操作者相对地减少，而生产第二线，从事辅助工作的部门，第三线，从事科研、试验、设计、工艺的技术人员和生产组织的管理人员相对地增加；另一方面，即使是第一线的操作者，劳动中运用脑力的比重也相对增加。衡量脑力劳动的成果大小，以及脑力劳动支出的质和量，比起衡量体力劳动就更加困难。

由上可见，在企业内部实行按劳分配，要绝对地按个人劳动支出大小来决定报酬，事实上是难以办到的。

既然如此，企业内部是否就只能实行平均主义的分配呢？当然不是。解决上述矛盾的主要途径，是在企业内部也要重视按小集体的劳动贡献进行分配，使个人的物质利益不仅和企业的经营成果挂钩，而且和小集体（科室、车间、工段、班组、生产线等等）的劳动成果挂钩。

综上所述，企业内部贯彻按劳分配原则，必须使职工个人利益和集体利益相联系。职工个人利益的来源大致可以有以下三个方面：

（1）根据个人的工作能力，按规定等级，取得基本工资的分配，这是按劳分配的一个重要内容；

（2）根据企业经营成果好坏，确定活工资（包括各项奖金、年终分红等）的水平，并根据个人或小集体贡献大小，取得活工资的实际分配，这也是按劳分配的一个重要内容；

（3）根据企业经营成果好坏，享受不同水平的各种集体福利（包括住房、子女福利、文娱生活等）。这部分利益虽然与个人劳动不直接联系，但它是社会对企业集体按劳分配而取得的利益，因此也是按劳分配的一个重要组成部分。

以上三部分利益的很大部分来自集体成果，必将鼓励职工不但努力提高个人的能力，并且关心集体，加强内部的团结与协作，努力为提高集体成果而做贡献。

社会对企业集体实行按劳分配，企业内部对劳动者也实行按劳分配，使劳动者从物质利益上关心集体和个人的劳动成果。与此同时，我们还应当引导职工群众关心国家利益。为此，必须加强对职工的思想政治教育，同时在经济管理体制中进行必要的改革，由国家直接承担某些社会保险和福利费用，并随着国家经济的发展，不断提高这些福利的水平，这样才会使职工更好地认识国家、集体、个人三者利益的一致性，提高社会主义觉悟，自觉为国家多做贡献。

试论全面的物质利益原则[*]

引导职工对物质利益的全面关心

物质利益原则是社会主义必须坚持的一条根本原则。但是物质利益原则如何执行，却有不同的方式方法，从而有不同的效果。粉碎"四人帮"以后，我们恢复了按劳分配原则，但在体制上，具体做法上还存在不少问题。为了评奖、评工资，职工之间出现一些纠纷，牵扯了领导上很大精力。许多同志对"斤斤计较"、"向钱看"的倾向感到忧虑，于是，该不该坚持物质利益原则似乎又成了问题。如何解决这些问题？办法似乎又惟有"加强思想政治工作"。这是值得商榷的。

毫无疑问，在实现四化的伟大长征中，仍然必须加强思想政治工作。在社会主义历史阶段，进行共产主义教育，保护与鼓励共产主义因素，也是十分必要的。但思想教育与现行政策不能混为一谈。政策是不能跨越历史阶段的，这是历史唯物主义的一条基本原则。

---

* 原载 1980 年 7 月 14 日《人民日报》，经新华社摘要转发各地方报纸刊登。

　　因此，出现的问题，只能从现行的经济体制、方针政策、具体办法是否适当去找原因，其中也包括在理论上对一些基本原则是否作出了正确的解释。

　　贯彻物质利益原则，就是要使职工群众从物质利益上来关心生产，关心整个经济事业的发展。物质利益既然要体现为整体利益与局部利益相结合的原则，当然应该引导职工既关心个人眼前利益，又关心整体和长远利益。但是这两种关心应该是结合的、有联系的，并且应该是现实的。必须使群众对个人的和整体的物质利益都能看得见，摸得着，看到个人利益与整体利益"水涨船高"的直接联系。所以，要正确贯彻执行物质利益原则，就需要使个人利益同集体的、国家的利益紧密地结合起来，在此基础上引导职工对物质利益全面关心。换句话说，我们应该实行"全面的物质利益原则"。

　　现在我们讲按劳分配，往往不从全面的物质利益原则出发，抽掉一些中间环节，单讲按个人劳动能力与贡献大小来分配，这在理论上是有缺陷的，在实践上则引导劳动者把个人利益同集体利益、国家利益割裂开来，只关心个人的物质利益，既不关心集体的生产经营成果，也不关心国家的经济发展。而且由于社会化大生产的发展，具体衡量个人劳动量的大小越来越困难，因此，据以确定个人利益之间的差别，必然引起许多纠纷，影响群众之间的团结，也不利于培养和发展劳动群众的集体主义思想。这一弱点被极"左"思潮所利用，就以此来对按劳分配原则进行攻击，主张吃大锅饭的"共产主义"。尽管现在"四人帮"被打倒，但现实生活中出现的种种问题，如果不能从理论与实践上作出正确的回答，物质利益原则，按劳分配原则仍然会受到一些人的怀疑和反对。

关于工资福利制度的几点设想

为了能够体现全面的物质利益原则，现行的工资福利制度需要有计划地进行改革。应当建立一套完善的工资福利制度，使个人利益同集体利益、国家利益尽可能紧密地联系在一起，从而使广大劳动群众直接感受到个人的物质利益，既取决于个人的劳动能力与贡献，也来自集体的劳动成果，还来自国家的经济发展。现就这个问题谈几点个人的设想。

在社会主义制度下，职工的个人利益应当来自三个方面：一是个人的工资收入；二是企业集体的福利事业；三是社会的福利事业。在相当长的时期内，工资收入仍将是个人利益的主要来源，但随着社会主义建设的发展，集体福利与社会福利部分所占的比重将日益增大。

在工资制度上，我赞成分为基本工资、辅助工资与活工资三个部分。其中基本工资应当由国家统一制定工资标准，标准可以简化。基本工资的性质主要应当是反映职工的能力水平。职工的工资等级，应逐步做到以一定的业务技术的能力标准为依据，并按实际达到的能力水平确定等级或升级。这项工作应当逐步创造条件，由企业规定考核的办法自行掌握，不再由国家用行政命令进行统一的晋级工作。但是，国家在经济发展计划中，要规定工资标准的提高指标。在实现国民经济计划的前提下，各级工资标准可以普遍做一定的提高（我国 1956 年时就曾这么做过，效果很好）。换句话说，如果一个职工实际能力没有提高，在一定时期内不能升级，但他的工资水平仍然可以由于国家经济的发展而得到提高，这就会使他感受到个人利益与国家经济的发展息息相关。如果他个人再通过进修和积累经验而提高自己的劳动能力，还可以升级，那就可以更进一步提高个人的收益。

除了基本工资，企业还应当有一些辅助工资的规定，包括各种津贴，如职务津贴、岗位津贴等等，它不是固定的报酬，而是根据职工担任工作的实际情况而给予的补贴。工作变动了，补贴也就终止。

活工资应当在职工工资中占相当大的比重。所谓活工资，它的含义不同于奖金。基本工资反映劳动者劳动能力的水平，活工资则反映现实的劳动成果，包括企业经营成果和职工个人在集体成果中所做的贡献。企业经营好、成果大，可以从利润中提取较多的活工资分配给职工。

在现代化的大生产中，个人的劳动不可能直接对社会做出贡献，只有通过集体，由企业的生产经营成果对社会做出贡献。根据企业经营成果的大小，企业之间应当有收益的差别，不能干好干坏、赚钱赔本一个样。在企业内部也必须对车间、班组等小集体的生产成果进行一定的核算，按成果大小进行活工资的分配。然后，在车间或班组内部，再按个人贡献大小进行活工资的分配。每个职工活工资的多少，不仅取决于个人的努力，还取决于班组、车间、企业的集体成果。这样，就会促使劳动者关心集体利益，从而加强集体的协作与配合。

企业生产经营的好坏，还要表现在企业集体福利事业的发展。企业的盈利，除了一部分作为活工资分配给职工个人外，一部分则通过举办各种集体福利事业，使全企业职工都得到享受的机会，除了住房、食堂、托儿所、免费休养等物质享受外，还包括资助职工上学进修、脱产培训，等等。

此外，随着国民经济的发展，还应从无到有，从低到高，逐步发展社会福利事业，这也是使劳动群众感受个人利益与国家利益相一致的一项重要措施。目前公费医疗、劳动保险等福利都由企业负责；不如改为由国家直接负责，并在国民经济计划中提出提高福利水平的指标。例如，规定国民经济计划实现后，退休金标准提高多少，困难救济金增加多少，等等。这样就能使劳动群众明显地看到完成国民经济计划对个人切身利益的直接关系。这笔费用可以通过税收形式，从企业提取，但应由国家举办。

把上述一些内容归纳起来，就形成一种格局，即每一个职工的个人利益，将从三个渠道得到提高。

1. 随着国家经济的发展，可以提高基本工资标准，提高退休金、救济金等的水平，还可以逐步增加更多的社会福利与保险项目。

2. 通过企业经济的发展，可以提高活工资的水平及企业集体福利事业的享受水平。

3. 通过个人工作能力水平的提高，可以升级；通过个人的积极工作，做出贡献，可以在活工资中得到更大的份额；做出特殊贡献还可以得到其他的物质与精神奖励。

这样，就必然引导广大职工群众不仅从物质利益上关心个人的发展与贡献，而且关心集体（从小集体到大集体）的生产经营成果，关心国家经济的发展。在这样一个全面的物质利益基础上，对职工进行集体主义、共产主义的思想教育，将更有说服力，更为有效。

关于平均主义问题

平均主义是小生产者的思想，不是社会主义，也不是共产主义的原则。在社会主义的分配制度中，反对平均主义，无疑是完全必要的。

在目前的工资奖励工作中，存在着平均主义的倾向，这是客观事实。但是，也存在另一个客观事实：为了评定工资、评定奖金，造成职工之间关系紧张，消耗大量时间、精力，评的结果往往反而挫伤群众的积极性。问题究竟在哪里？能否简单归结为群众的思想觉悟不高，或者由于多年欠账太多而造成的？

我认为，很大问题还在于我们对按劳分配的理解不完全恰当。我们讲按劳分配，主要是根据马克思在《哥达纲领批判》中说过的一段话："每一个生产者，在作了各项扣除之后，从社会方面正好领回他所给予社会的一切。"因此在实践上，讲按劳分配就只考虑如何根据个人贡献大小来确定对个人的报酬。但是在现代的高度社会化的大生产中，任何个人是不可能直接对社会做出贡献的。他的劳动只有通过企业集体的协作，形成社会产品，才能向社会提供贡献。因此事实上也只能首先由集体（企业）从社会方面正好领回这个集体（企业）所给予社会的一切。企业对社会所做的贡献大小不同，从社会领回来的收益也应当不同。然后再把这个收益在企业内部按个人贡献的大小进行一定比例的分配。我们现在都主张职工的个人利益要和企业生产经营成果相联系，其理论依据正在于这一点。

其次，还要看到，随着现代化生产的发展，在企业内部严格衡量个人贡献大小，也越来越困难。在一条自动化的生产线上，按节拍而进行生产，工人与工人之间虽有技术能力的差别，但不可能有完成定额的差别。同时，由于技术的发展，第一线的直接生产劳动者越来越少，在第二线、第三线从事技术后方工作，技术设计与研究工作，以及大生产所不可缺少的管理工作，这类人员越来越多。要在这些脑力劳动者之间具体衡量劳动量的差别，也是十分困难的。但是，以上情况如果不以个人为对象，而以一个小组、一条生产线或一个科室为对象进行劳动成果的核算，却还是有可能的。因此从企业内部来说，贯彻按劳分配原则，势必也要逐步改变完全以个人为对象的方式，而着重对小集体进行适当的分配。

目前我国的经营管理体制，最大的问题是企业与企业之间干好干坏一个样，没有根据企业生产经营成果大小而分配以不同的收益，这是最大的平均主义。不首先解决这个大平均主义，却在企业内部不顾生产社会化的集体性，硬要采取所谓"民主"评定个人贡献大小的办法进行分配，其结果只能引起职工与职工之间的矛盾和纠纷。

如果首先解决企业与企业之间的大平均主义，在企业内部，又按照比较容易计算劳动或工作成果的小集体进行按劳分配，克服小集体之间的平均主义，解决了这两种平均主义之后，在小集体内部，即使有一点平均主义，也无碍大局，甚至还有好处。例如一个生产班组，有一二十个工人，基本工资是根据各人能力水平而定的级别，这是不平均的。而在活工资部分，首先要按班组的生产成果计算。这部分收入在班组内部则可以进行相对平均的分配，结合开展批评与自我批评，可能更有利于先进帮后进，共同为争取集体的更大的成果而努力。

资本主义企业在劳资存在着阶级对立的情况下，从资本家的利益出发，还讲究"行为科学"，研究集团的社会心理，还注意避免企业内部职工之间的某些矛盾，并采取班组自由组合等等办法，促进工人与工人之间在生产上的协作配合。我们是社会主义企业，公有制使我们更有条件发挥集体主义的作用。而我们不是首先解决企业与企业之间大平均主义、吃大锅饭的问题，却在企业内部为评奖、评工资，而使个人与个人之间增加矛盾，影响职工之间的团结，这难道不是一种本末倒置的做法么？因此，我认为对平均主义问题要作具体分析。首先要解决大平均主义。在小集体内部如何合理分配更有利于团结，不妨让小集体内部民主决定。

关于按劳分配与工资制度问题[*]

让我来作报告，实在不敢当。康永和同志一定要我来谈一谈。我谈的题目叫按劳分配与工资制度，可是，对这两个问题我都没有发言权。到这里来讲，可说是班门弄斧。不是故意谦虚，因为这个问题有理论，有实际，特别是按劳分配问题，理论性特别强。我既不是搞工资理论的，也没有从事劳动工资这方面实际工作。不管从理论、从实际来讲，都没有发言权。大家可能看到1980 年《工人日报》发表了我写的《关于按劳分配的几个问题》以后，《人民日报》又发表了我写的《试论全面的物质利益原则》，这两篇文章引起许多基层同志的兴趣。因为当时正在调整工资，这篇文章恰恰是讲这个问题，所以引起一些兴趣，反映比较强烈，但是，不等于说这两篇文章就说出了什么很了不起的道理，或提出了有很大意义的方案，只是赶上了浪潮。事后理论界有人写文章和我商榷。有的说，你的工资改革意见我们非常赞成。但是，你的理论值得商榷。我自己的感觉恰恰相反，我觉得有关工资制度的建议只是一个设想，不一定完全切合实际，在座

---

* 1981 年 11 月 24 日在国家劳动总局举办的全国劳动工资研究班上的讲话。

的同志会提出更完善的改革方案。至于我提出有关理论的一些看法，却还有一点道理。当然，我不是专门研究按劳分配的，对马克思、恩格斯、列宁等经典作家的有关论述没有做过全面深入的研究，而且在一篇短文章里也不可能在理论方面讲得很细致，特别是按劳分配。很多问题还有争论，要详细说明自己的观点，需要有相当的篇幅。但是，我所提到的，关于按劳分配不能只讲对个人的按劳分配的问题，却是个很现实的问题。理论必须能对现实问题作出回答。我对几篇和我商榷的文章，至今还没有时间写出答复来。可是现实生活却有力地替我作出了回答。1981年各地推行经济责任制，都要解决两个"大锅饭"的问题，它的实质也就是要求解决两级按劳分配的问题，而且实践证明，就在企业内部也不可能全部直接按个人的劳动进行分配，各企业创造了许多先集体后个人的按劳分配形式。因为客观现实要求这样做。今天来这里讲一讲，这也很好，有机会把自己一些不成熟的看法比较详细地说一说。我们这里都是一些老同志，在实践方面有很丰富的经验，在理论上也有专门的研究。希望帮我考虑一下，究竟哪些是错的，哪些是对的。所以根本谈不上作报告，只是抛个砖嘛！提出一些不成熟的看法，来征求大家的意见，从这个角度，我愿意今天来作个发言。

一　社会主义的分配制度

在我们整个社会的经济生活中，分配是一个很重要的环节。不同的社会制度，有不同的分配制度。从某个意义来讲，往往分配制度是不同社会制度的一个重要标志。这个分配是广义的分配。它包括生产资料的分配，也包括生活资料的分配。按照马克思主义的一些理论来说，是生产分配决定消费品的分配。按劳分配只是指生活资料的分配这样一个环节。

我们说分配制度往往是一个社会制度很重要的标志，从我们社会主义制度来讲也很明显。社会主义社会制度具备哪些特征？可以分好几个方面来讲，但至少有两条是社会主义制度的标志：一个是公有制，一个是按劳分配。公有制实际上就意味着生产资料的分配。资本主义社会是私有制，生产资料完全归私人占有，社会主义的公有制，生产资料归全民或集体所有，这些，实质上是个生产资料的分配问题。按劳分配是指生活资料的分配。按照马克思主义的经济理论来讲，生产资料的分配决定消费资料的分配，所以，如果生产资料是私有的，它就不可能是按劳分配，它首先是按资分配。从理论上来讲，资本之间要按平均利润率和资本大小来分配。当然，在实际的分配中，由于竞争等等，也会产生苦乐不均，那是资本之间的苦乐不均。在那样情况下，劳动力是商品，工人和雇员以自己的劳动力作为商品，按照劳动力的市场价格和资本进行交换，而取得部分产品的分配。生产资料变为公有制之后，才可能、而且必然要采取按劳分配的办法。当然将来到了共产主义社会，就会变成按需分配。在社会主义阶段还只能采取按劳分配的办法。

我们今天要探讨的是按劳分配，也就是社会生产出来的消费品最终应该怎样分配，这个问题实质上和整个的分配制度是分不开的，不可能孤立地来说它。就从我们现在进行体制改革的初步实践来看，也很明显遇到这个问题。讲按劳分配，必然涉及到其他的分配问题。例如，我们经常提到要正确处理国家、企业（集体）和职工个人三者之间的利益关系问题。这是个什么问题？实质上就是整个分配制度如何合理化的问题。

我在 1980 年那篇文章里提出，按劳分配应当分两层：首先要在企业之间进行按劳分配，解决企业之间吃大锅饭问题；其次才是企业内部进行按劳分配。解决职工之间吃大锅饭问题。理论界有的同志认为，企业与企业之间是等价交换问题，不是什么按劳分配问题，只有职工个人之间才有按劳分配问题。这些同志的看法是有根据的，企业与企业之间当然有等价交换问题。我这个企业生产一台机床，卖给另一个企业，就应当按照等价交换原则，收回货款（假定价格合理，货款和机床的价值相等），这个货款形成企业的销售收入。如果是私有制企业，完成这个等价交换行为之后，几乎也就实现了分配。因为资本家已用工资和工人的劳动力进行了等价交换，那么货款收入，扣除成本的各项开支之外，剩下的利润就分配进了他们腰包。持上述见解的同志却忘了我们社会主义企业，特别是全民所有制企业，实现的纯收入并非全归企业所有，它要在国家与企业之间进行分配。就目前体制改革的办法来说，一部分以税收和上缴利润的形式交给国家，一部分留给企业。留给企业的这部分"利润"，又分为生产发展基金、集体福利基金、奖励基金等等。这些基金，一部分仍归全民所有，但企业有支配权；一部分则转化为职工个人收入。我们现在遵循的原则是，职工个人收入不但与个人劳动成果挂钩，还要和整个企业生产经营成果相联系。也就是说，企业干好干坏不能一个样，企业干得好的，职工也应该有更多的收入。这是个什么问题呢？这就已经不是等价交换问题，而是分配问题了。所以，企业与企业之间在等价交换之后，还有个分配问题。

　　体制改革的实践中，不论实行利润分成也好，利润包干也好，都出现一个"苦乐不均"的难题。所谓"苦乐不均"是什么含义？如果说干好干坏不应该一个样，就这个意义讲，苦乐不均恰恰是合理的。本来就应该干好的"乐"一点，干坏的"苦"一点。现在所谓苦乐不均，指的是企业在主观努力上差不多，所得到的利润却有高有低，甚至高低很悬殊。这种现象被认为是不合理的苦乐不均。如果是资本主义企业，这种现象根本说不上是个问题。恰恰相反，每一个资本家都希望自己能获得超过平均利润率的超额利润，以至暴利。他们追求的正是我乐你苦。我们既要求干好干坏不能一个样，又反对后一种意义的苦乐不均，问题在哪里？问题就在于要求做到企业得到的利益，能和它的主观努力程度相一致。什么是企业的主观努力程度呢？无非是企业整体向社会所提供的劳动是多还是少（包括劳动的质和量）？劳动的多或少，如何具体衡量是个有待研究的问题，但就原则来说，这里实际上提出了对企业整体的按劳分配问题。

马克思讲按劳分配时，提到先要作"各项扣除"，也就是说，首先要扣除交给国家（代表总体劳动者）的部分，然后再在劳动者个人之间进行按劳分配。但他没有说明，这个扣除是什么标准？应当扣除多少，留下多少？我们的实践提出了这个问题，那就是如何合理处理国家与企业之间的利益分配问题。

政治经济学里讲分配问题，认为在社会主义制度下，国民收入的分配可分为两次：第一次分配（初次分配）是在物质资料生产部门内部进行，形成社会主义国家、集体经济以及生产部门劳动者的原始收入；然后，国家收入部分进行第二次分配（再分配），把收入用来进行建设投资、举办社会福利事业以及文教卫生、国防、行政管理经费、非物质生产人员的工资等等。

从我们实践经验来看，这两次分配和书上讲的发生了一点变化，第一次是在国家与企业之间进行分配；第二次再分配，不但国家收入要进行再分配，企业收入也要在职工之间进行再分配。而这两次分配中属于消费资料分配的部分，都必须遵循按劳分配原则：第一次分配，国家与企业之间的分配，要体现对企业整体的按劳分配，也就是说，使企业所得（这里指的是转化为职工个人或集体消费的那一部分，即工资、奖励、福利费用等等）

要和企业所付出的劳动的质和量相一致，克服企业之间吃大锅饭的现象。第二次再分配中，企业内部的分配，以及非生产部门人员收入的部分，也要符合按劳分配原则。因此，按劳分配原则应当体现在整个社会主义分配制度中，而不仅限于企业内部个人之间的分配。而且，社会对企业的按劳分配，还应当是企业内部按劳分配的前提。

二　社会对企业集体的按劳分配

是否可以不讲对企业集体的按劳分配，而单纯讲对职工个人的按劳分配呢？我认为实践证明这样的做法有很多问题。我们既然承认在社会主义计划经济制度下，仍要进行商品生产，仍要运用价值规律，而企图离开商品成果，去直接衡量个人对社会的劳动支出，在理论上讲不通，在实践上也必然发生许多矛盾。

1980 年我在《工人日报》发表的那篇文章提出一个问题：说马克思对按劳分配的表述，作为原理的阐述是正确的，但在具体的描述和做法还值得探讨。根据他在《哥达纲领批判》那几段对按劳分配的表述来看，按他的说法是个人对社会提供了多少劳动，扣除整个社会的需要之后，再按比例从社会取回多少劳动。我对这一点提出了不同的看法，这并不是故意标新立异，而是因为在实践中简单地按这个表述去做，存在很多矛盾。我们是马克思主义者，对马克思主义的基本原理是赞同的。但是，不能认为马克思说的话在任何具体的环节上都说得绝对准确。现实生活在发展，我们应当从现实的问题出发，去探讨和认识马克思主义一些基本原理的精神实质；在具体的提法上，是可以加以修正和补充的。

一般讲到按劳分配，对按劳分配的定义，主要引证马克思在

《哥达纲领批判》中这样的一段话:"每一个生产者,在作了各项扣除之后,从社会方面正好领回他所给予社会的一切。他所给予社会的,就是他个人的劳动量。"这一段话说明在社会主义,即共产主义初级阶段,个人消费品在个人之间的分配只能和他的劳动挂钩。当然,不能把个人的全部劳动成果都归他个人,还得提出一部分满足社会的需要,包括国家的管理和社会福利等等,所以要作各项扣除,扣除之后剩下的那部分就按照付出不同劳动量的比例来进行分配,付出一分劳动量,就应得到这一分劳动量的一定比例部分,不是把这一分劳动量全部取回来。这段话所说明这样的一般原理是完全正确的。但是,这里有个毛病,就是他讲劳动者从社会方面领回来的,正好是他们给予社会的一切,也就是说"付出去"和"取回来",都是个人直接对社会的行为。这一点就值得商榷了。因为在社会化大生产中,不可能像小商品生产那样,个人的劳动可以直接付给社会,然后从社会直接取回来。当然,我们今天还有些个体劳动者,比如门口摆个钉鞋摊子,你找他钉鞋,付给他多少钱,他可以说直接把劳动付给社会,也直接从社会取回他应得的报酬,这是个体、简单的劳动。但是现在大量的生产都是社会化大生产,正像马克思、恩格斯在许多地方都强调过的,在社会化的大生产中,谁也不能说这个产品是"我"做的。比如,这里用的扩音器,暖水瓶,不能说是谁一个人做的,都是靠社会化的、集体的、分工协作的劳动,形成一个最终产品,然后提供给社会。所以,在社会化大生产条件下进行商品生产,个人劳动很难直接变成对社会的贡献。但是,马克思的这段话对我们今天具体执行按劳分配办法影响很大,我们今天的做法正是按照这一表述来进行的,所以一说按劳分配就是指对个人的分配。想办法用定额来衡量个人的劳动量,然后按付出的劳动量确定应得多少报酬。这里缺少一个中间环节,就是个人的劳动要凝聚成集体的劳动成果，个人的劳动才形成被社会承认的有效的劳动，才能到社会上去换回所应该得到的分配。

有的同志不同意这个看法，说我讲马克思忽视了社会化的大生产是没有根据的，因为可以举出很多例子说明马克思、恩格斯从来都强调社会化大生产。当然，我们不是说马克思、恩格斯不讲社会化大生产，但在这个具体的表述上，却没有把按劳分配和社会化大生产联系起来，却是事实。

有的同志引证马克思在别的地方讲过的一些话，比如，他曾强调许多个人劳动力当作一个社会劳动力来使用，由此说明马克思对劳动力的使用，并不看成是孤立的，而是把它看成社会劳动力的一个组成部分。我认为，如果在今天还必须进行商品生产与交换的生产方式中，把每个人付出的劳动，就直接构成社会总劳动的一部分，比方说，我今天干八小时活，不管成果大小，都被承认是社会总劳动（比方说，全国劳动者干了 40 亿小时）的一部分，那我们实际上就进入了不讲商品的共产主义社会了。因为在共产主义社会不是进行商品生产，这时也不需要按劳分配，它是按需分配，消费品的分配和个人的劳动量付出大小没有必要直接联系。在那个时候，价值的概念作为劳动量的核算可能还存在但按照现在的这种价值观念也不存在了。所以到那个时候，我们直接付出八小时劳动，就等于整个社会比如 40 亿个小时中的五亿分之一，就可以直接把劳动作为总劳动的一部分来算。现在能不能这样算？现在不能这么算。现在我们说你干了八个小时活，就承认你创造了八小时的价值，能行吗？那就像马克思在另一个地方讲的那样，最笨的木匠可以创造最高的价值。一把椅子假设社会平均必要劳动是四小时，我今天八小时做出一把，我就算对社会贡献八小时，在共产主义社会也许可以这样说，因为反正个别劳动是总劳动的一部分，干一个小时就为总劳动贡献了一小时。今天还进行商品生产，就不能这样算，必须按社会平均必要劳动来算。而马克思在《哥达纲领批判》中说："这里通行的是商品等价物的交换中也通行的同一原则，即一种形式的一定量的劳动可以和另一种形式的同量劳动相交换。"但他所说的这个"量"，是直接作为社会总劳动一部分的劳动量，这在今天是行不通的。这里同时也回答了我们大家议论很多的一个问题，即按劳分配的"劳"到底指的是什么？在几次按劳分配讨论会上都谈到这个问题。根据刚才讲的，我认为，首先，按劳分配的这个"劳"肯定不是具体劳动，而是指抽象劳动，木匠做椅子，铁匠打铁，机器工人做机器，具体劳动不一样，但从理论上我们可以设想，他是付出了一定数量的、抽象的一般劳动，这是马克思分析商品时的一个基本原理。其次，这个抽象劳动的量怎么算？按照马克思主义经济理论来讲，抽象的劳动量是用时间来计算。劳动还有"质"的问题，那就得区分简单劳动和复杂劳动，一般劳动和强化劳动。也就是说复杂劳动的一小时，可能相当于简单劳动的两小时甚至于三小时，劳动强度大的劳动一小时可能等于劳动强度轻的劳动的两小时或三小时。把质转化为量之后，这个量用时间计算，这个时间是什么时间？不能说你实际干了多少时间就是多少时间，在社会主义还存在商品的条件下，只能按社会平均的必要劳动，即必要时间来计算。所以按劳分配的"劳"是什么？应当说，就是社会的、平均的、必要的劳动时间。这种时间就体现为一个商品的价值。当然商品还有具体的价格，价格不一定等于价值，也可能高于价值，也可能低于价值，那是另外一个问题。社会平均的必要劳动怎么知道呢？资本主义社会是靠市场竞争来调节，靠大量的自发的交换自然而然地形成。社会主义怎么办？既然社会主义社会还必须进行商品生产，应当说，这个社会必要劳动时间，基本上也得靠市场形成。但我们又是计划经济，我们也可以由经济的主管部门按照价值规律，采取调查、统计、比较等方法，有意识地来制定一些价格，并使这些价格尽可能地符合价值，也就是符合社会的、平均的必要劳动时间。但是，这个社会平均必要时间是对什么来说的呢？我认为，首先还是对整个的商品来说，很难从构成商品的各个部分、各个劳动环节直接寻求其社会平均的必要劳动时间。比如一台机器，它的劳动含量，社会平均的必要时间，有可能通过统计，找出比较接近的数据。至于机器里面某个零件，例如某根轴，它要经过粗车、精车，然后磨削等等加工工序才能制成，有没有可能找出粗车、精车以及磨削的社会平均的必要时间呢？从理论上说，不能说绝对不可能。但是全国的生产规模这么大，各类产品的品种这么多，里面的零件这么多，每个零件的制造，又要经过这么多工序，每个工序的社会平均时间都靠统计求出来，实际上是不可能的。有些产品生产过程的共性比较大，比如纺织的生产过程基本上一样，还有可能把每道工序、每个岗位的全国性的平均定额定出来。但是多数工业产品还只能以最后完成的产成品作为一个商品，作为集体劳动成果，用它来代表这个集体对社会付出的社会必要劳动时间。也就是说，你这个工厂不管是多少人，也不管实际消耗多少劳动时间，社会只能按照你所生产的产品的质量、数量和单位产品的社会必要时间，来衡量这个工厂集体对社会所提供的劳动量。比如说，生产一台柴油机平均是500个工时，你这个工厂实际消耗了600个工时，也只能承认你给社会提供500个工时的劳动量。另外一个工厂用400个工时生产出同样的柴油机，那就是用400个实际劳动工时，为社会提供了500个有效工时。按产成品来核算对社会付出的劳动量，实际上就是产品的净产值，这个劳动量有的可能通过统计核算，有的不可能通过统计核算，就还需要依靠市场调节，逐步形成。

以上的意思归纳起来，就是说：按劳分配的"劳"指的是社会平均必要劳动；计算这个必要劳动量，主要要从劳动成果即最终形成的商品来计算，因此，按劳分配首先要衡量企业集体的劳动成果，对企业进行按劳分配。但是这里又产生另外一个问题，也是在按劳分配讨论会上接触到的，那就是能不能完全用劳动成果来衡量劳动量的大小或者叫劳动的贡献大小？因为劳动效率的高低，不光是靠劳动者的努力，还有技术条件、资源条件等等的影响。有的工厂技术设备比较先进，效率就高些；技术条件比较落后，效率就低些。还有资源条件，比如开采煤矿、开采石油，资源条件好的容易开采，不好的就难以开采。由于这类客观条件超过社会平均必要劳动而形成的收益，我们把它叫做"级差收益"。这种级差收益，在社会主义制度下，因为生产资料特别是资源，是公有的，这种收益自然不能全归局部的劳动者所占有。必须有一定的调节措施，把它扣除之后，产品的成果才能反映出企业对社会所付出的劳动量。怎样把这种级差收益调整到恰到好处，使这个成果能够反映企业的整个劳动的成效，是我们在现实生活中天天遇到的一个大难题。在体制改革中，实行利润分成、经济责任制，搞包干，都遇到一个"苦乐不均"的问题。造成这种苦乐不均现象，首先一个很重要的原因是多少年来形成的价格不合理，其次就是存在这个级差收益问题。有些省、市，特别是四川，试验搞以税代利、自负盈亏，就采取调节税办法来调节价格和级差收益造成的苦乐不均。价格问题，将来通过价格体系的改革，可以逐步合理。级差收益问题，看来将来也只有采取资产税、资源税等来加以调节。这些调节税怎么具体规定，可以通过总结经验找出个办法来。

一个产品，如价格合理，能反映它的全部价值，扣除了物资消耗（物化的过去劳动）部分，剩下的就是它的净产值；再扣除一些客观因素影响的部分，剩下来的部分，应当说可以体现这个企业集体对社会付出的劳动。企业集体是否应当从社会上全部取回这部分劳动所得呢？不是。按照马克思按劳分配的原则，首先要进行"各项扣除"，也就是说，要把这部分劳动在国家与企业集体之间进行分配。

资本主义制度下，职工所创造的新增的劳动，是在职工与资本家之间进行分配。职工只能按劳动力的市场价格，取得工资收入，其余作为剩余价值归资本家所有，或在几个剥削阶层中去瓜分。资本主义企业也向国家纳税，它的性质和我们这里讲的"各项扣除"也不一样。我们是公有制，消灭了剥削，所以劳动者所创造出来的新的劳动价值，一部分归自己，一部分用税收或利润上缴的形式，交给国家。而国家得到的这部分，除了用于公共事务的开支外，还用来从事建设，一部分还用作社会福利基金，等等，造福于全体劳动人民，所以总的讲劳动者都是为自己而劳动。但在分配上首先得有这个扣除。这在政治经济学中叫第一次分配。然后，国家与企业这两方面都还要进行一次再分配。企业这个集体，向社会提供了劳动量，扣除以后，剩下部分应当和它的劳动贡献大小成比例，同样应当体现多劳多得、少劳少得，不劳不得的原则。然后，在企业内部再从小集体以至个人进行第二次分配。

以上所说，归企业所有的这部分劳动，指的什么？我们说国家多收、企业多留、个人多得。现在所实行的利润留成，"留"的部分是不是就是我们上面讲的这种分配？不是。现在实行的"留成"，内容包括生产发展基金、集体福利基金、奖励基金等等，其中只有可以直接转化为职工个人或集体消费的部分，才是上面所说的分配部分，另外，不包括在留成以内的工资部分，也属于上面所说的分配部分。现在我们讲利润留成、利润包干等等，往往把企业留下的部分，简单地说是企业的"利益"，概念上是含混不清的。我这里所说的国家与企业之间进行分配，不是这个概念。现在在留成上存在许多矛盾，我认为和这个概念的混淆有很大关系。从理论上弄清分配关系，才能解决留成中的一些矛盾。

大家学习政治经济学都知道，马克思分析资本主义的商品生产，它把商品价值 w 分解为三个部分，用 c、v、m 三个字母来代表，c 是物化劳动，就是设备的折旧、原材料补偿等等，因此在产品的价值中，这部分是过去劳动的体现。现在新投入的劳动分解为两部分，一部分叫 v，是给工人的工资，资本家用这部分按照劳动力的价格和工人交换的，最后剩下来的叫剩余价值 m，它是被资本家占有的剩余价值。一个商品的价值构成大致上就是这样几个部分。我们现在是社会主义制度，当然不能沿用这些概念，但是许多核算的办法实际上还是沿用着这样的公式。比如计算成本，也是把 c 和 v 加在一起作为成本，成本里包含工资。最后剩下部分 m，我们也叫利润。过去归资本家，现在不归资本家。在体制改革前，这部分基本上都上交给国家。为了和资本主义相区别，只是把定义变了一下，我们把工资 v 叫做"为个人劳动"部分，把 m 叫做"为社会劳动"部分。实际上没有解决在本质上有区别的问题。体制一改革，矛盾出来了，m 这部分要分成，一部分上交国家，一部分留给企业，那么留给企业这部分是"为个人劳动"还是"为社会劳动"呢？说不清了。c、v、m 这三个东西，都是资本主义的经济范畴，不能在社会主义制度下完全套用。如果用它，它的含义也完全变了。有的同志提出一个问题：现在搞经济责任制，究竟是按"劳"分配，还是按"利"分配呢？这个问题提得好，矛盾就出在这个"利"字上。下面谈一点我个人的看法。

　　我们现在还用利润这个词，但它的含义肯定和资本主义的利润不一样了。实行利润分成，一部分给国家，一部分留给企业，假设还是沿用老的概念，m 就要分成两块：一块分给企业可以叫做 m_1，一块交给国家可以叫做 m_2。比方说，国家占 90%，企业占 10%。但是这里有很多含混的东西，企业留下来这一部分 m_1 里面，拿出一部分作奖金，又变为 v 了；还有一部分拿来作生产发展基金，进行挖、革、改，形成固定资产，就转化为 c 了，所以这个 m 的概念是很不清楚的。我们现在要研究按劳分配，企业所创造的"劳"究竟是多少？要给国家的"扣除"是多少？扣除后剩下来的是多少？用 c、v、m 就说不清了。扣除以后剩下的部分是不是 m_1 呢？不是。v 也是职工拿回来的部分，现在按劳分配能不能光讲 v，光讲工资这部分，也不行。我多劳多得，企业经营得好，还可以再分一部分，再得到一点好处，但算成本时，工资又是固定的、不变的。四川有些实行以税代利的工厂，走前一步，它把工资、奖金都归到利润中去，我看这倒是实践中找出的一条出路。这样做，就出现一个新的成本概念，成本主要是 c，就是补偿固定资产、原材料等等物化劳动的消耗，剩下来的部分是"净产值"。净产值在价格合理的情况下，可以反映出一个企业向社会提供的新的价值。如果还沿用 c、v、m 的划分，那么净产值等于 v + m，全国的净产值加在一起就等于国民收入，国民收入也是包括 v 和 m。首先概念上应该这样区分。然后国家对企业之间要进行一次分配，如果沿用 c、v、m 的划分，m 可以代表分配给国家的部分、它应当包括税和利，因此也不好把 m 叫做利润，可以叫国家收入；v 则是企业收入，但指的是转化为职工消费的消费基金总数。它包括工资、奖励和各种福利开支，但不能包括福利建设基金，如盖宿舍，它还是国家的固定资产，由职工享用，但不归职工所有，这就要另作处理。这样的 v 就是一个新的概念。在资本主义制度下，v 指的是工资，它决定于劳动力市场的价格。市场价格会有波动，有时高，有时低。市场繁荣的时候，工人不好请，劳动力的价格就高，到了不景气的时候，工人失业越来越多，劳动力价格就低。但在整个产品价值中，v 是作为和 c 相类似的不变的数字来看，就像原材料一样，也会涨价、跌价，但作为相对不变的要素列在成本里面，剩下来的剩余价值 m 都是他的。在社会主义制度下就不一样了，v 不应该是一个不变的数。因为我们的劳动者已不是雇佣劳动者，劳动力已不是商品，v 是自己创造的，创造出的价值按一定的比例扣除之后，剩下来的分配给个人。这样才能符合按劳分配原则。向社会提供的劳动量，是 v＋m，扣除 m 后，剩下的 v 拿回来。所以我搞得好，v 就大；搞不好，v 就要小。这样的分配就是按劳分配，而不是什么按利分配了。

现在我们实行企业利润留成，留成的部分不完全是作为个人消费用的，有一大部分用作扩大再生产和增加福利设施。这部分不是 v，它仍是国家所有，企业只有支配权，没有所有权。现在概念含糊，留成那一部分，既包括了归工人消费的基金，也包括了留下用于扩大再生产或者扩大福利设施等等部分，都算为企业的利益。不但和按劳分配的概念不一致，而且和所有制性质也发生矛盾。实行利润留成后，曾规定生产发展基金所形成的固定资产，叫做企业"自有资金"，时间长了，自有资金越来越多了，我们的企业算是什么所有制呢？所以这一部分资金这样处理，从长远来看，从整个社会制度来看，是有问题的。生产发展基金归企业支配，它所形成的固定资产仍归国家所有。实际上它是国家收益 m 这部分的再分配。国家收益 m，有一部分要作为扩大再生产的积累，即基本建设基金，这个基金可以拿出一部分交由企业支配使用。每个企业分配多少，也可以和企业经营成果大小相联系，但不是企业收益中的 v。集体福利基金中，用来搞福利设施建设（如盖宿舍、盖医院等）的部分，也是国家收益 m 用于福利建设基金部分的再分配，其中一部交由企业自行支配，建成后仍归国家所有，但归企业使用。而且应当有偿地使用，如宿舍要交折旧给国家。至于企业对职工进行住房补贴，那是福利费用，才属于 v 的范畴。按照按劳分配的原则，真正归企业职工所有的是 v，就是可以用来分配给职工个人或集体享受的消费资料或劳务，这一部分才是真正的企业职工的利益，其他应该说还是属于"扣除"的范畴，不属于按劳分配的范畴。在理论上有这样一些问题需要得到正确的回答。

正因为有以上这样一些看法，我才得出那样一个两级按劳分配的见解，就是说，按劳分配必须首先按企业进行分配，然后再按个人进行分配。

三　企业内部的按劳分配

企业内部的分配涉及整个工资制度，是个非常复杂的问题。工资制度如何改革，我确实没有发言权，只能还就按劳分配原则，谈一点不成熟的看法。

按照前面讲的道理，按劳分配首先要对企业进行按劳分配，也就是说，企业职工创造的新增的劳动，经过扣除之后，剩下来的应当成为企业的收入，这部分收入（v）归企业全体职工所有。这部分收入相当于企业的净产值，减掉向国家上缴税、利以后的余额，它的性质和我们现行制度的工资概念不一样，它是企业的消费基金包括了全部可以转化为职工个人或集体享受的消费资料（或劳务）。

我认为工资制度的改革，不能就现行的工资、奖励等概念来研究，有必要从这个"企业收入"如何在企业内部进行分配，作通盘的考虑。

党的十一届三中全会提出了体制改革的问题，这几年的实践，是从扩大企业自主权入手的。我认为这个步骤是正确的。因为企业不但是生产力直接发挥作用的地方，也是生产关系具体体现的地方。如果说社会主义的主要特征是公有制和按劳分配，这两个特征都在企业这个经济细胞中体现出来。体制改革当然应当以它为基点，确定它的性质，确定它的活动模式，然后从这个基础出发，建立一整套相应的上层和宏观控制的体制。

在社会主义制度下，企业的性质究竟是什么？通过这两年的探讨，在理论上一个重要的突破，就是承认社会主义在计划经济下，还要进行商品生产。因此社会主义企业也就必然是国家计划经济指导下，具有相对独立性的商品生产者。这里很关键的是"相对"二字。因为我们不能像资本主义企业那样，具有绝对的独立性。相对独立，就是说，企业只能在国家法律许可的范围内和国家计划指导下，进行独立经营、独立核算，并对盈亏负责相对独立，很重要的一点是它有相对独立的经济利益。

这个相对独立的经济利益如何具体化？在体制改革的试验中，采取了利润分成、利润包干等办法。但是，正如前面所说，由于受旧的概念影响，这些办法不能划清企业相对独立的经济利益的界限。实行对企业的按劳分配，才能把这个问题说清楚。所谓相对独立的经济利益，就是在价格合理的情况下，企业创造的新增劳动，在国家与企业之间分配，留给企业的部分，要和企业集体的劳动贡献成比例。企业生产经营的效果好，就得到较大的利益。也就是多劳多得、少劳少得、不劳不得的按劳分配原则。

企业所得的这部分收入，在企业内部如何分配，按理说，企业应当有完全的自主权。但是，社会主义企业还不能是绝对独立的，尽管是企业内部的分配，也还应执行国家的一些统一规定，例如，由国家制定统一的工资标准等等。但是国家的干预不宜过多，有关工资等级的评定、升降、奖励或分红等等，应当由企业自主。

实行对企业的按劳分配，国家规定了企业收入与国家收入在净产值中的比例，国家也就没有必要再直接控制企业的工资总额、奖金总额等等。国家要控制国民收入中的消费与积累的比例关系，主要在于调节企业收入与国家收入的比例，这个比例定了之后，企业收入多少和它对社会提供的劳动多少，应当是"水涨船高"、"水落船低"的关系。这样才有利于调动企业的积极性。

实行两级按劳分配，即先按企业分配，再按个人分配，和过去单纯讲按个人的按劳分配，它的区别在于职工个人收入多少，不仅取决于个人付出多少劳动，而首先取决于企业的收入多少。

但是，企业收入并不是全部用来按劳分配给个人，一部分要用作集体福利费用，例如，住房补贴、子女津贴、医疗费用、困难补助等等，这些不是按劳分配，但每个职工都有享受的权利。这部分消费用在企业收入中应占多大的比重，举办哪些福利事业，可以由企业职工自主决定。

除开集体福利费用外，剩下来的部分，就是直接分配给职工个人的部分。现在的问题是这一部分如何进行按劳分配。我个人认为，这部分的分配，在企业内部，原则上也应当先按小集体（车间、班组、科室等）分配，然后再按个人分配，或者把两者结合起来考虑。为什么要采取这种方式？因为：

第一，即使是在企业内部，完全按个人工作情况来衡量劳动量也是困难的。现在一般人都认为在企业内部只要能制定出平均先进的劳动定额，就可以解决这个问题。搞过实际定额工作的人都知道，问题并不那么简单。

有两种情况定额比较好定：一是简单的、孤立的而又大量重复的劳动，比方说，靠体力搬运一定重量的货物，扛一件是一件、搬一包是一包，但也会遇到运送距离、码垛要求等不同的条件而难以准确计量。不过，总算是好计量的。再一种是高度机械化、自动化的生产，如按节拍而运转的自动流水生产线，它的定额基本上已经由技术装备确定了。此外，凡是依靠多方面协作配合的生产或工作岗位，定额虽然也能制定，但影响定额完成的因素很多，完成的好坏，往往不完全取决于这个岗位劳动者个人。一根金属轴，如果要经过车削和磨削两道工序，车削留的余量可以有公差规定，但偏于上差还是下差，对下道工序磨削就影响很大。车削留的余量大，车工容易完成定额，磨工就难于完成定额，相反则反之。车床、磨床好使不好使，也影响定额的完成，这又取决于机修工人的配合，诸如此类的问题很多，因此制定出合理的定额，固然可以比较容易地衡量个人劳动量，但在许多场合，纠纷也很多，很难绝对准确。

第二，企业里有大量的劳动和工作，不可能制定个人的定额。一是生产的辅助或服务劳动，常常难以规定定额，再就是集体操作，例如冶炼炉的操作，不是装配线的机器装配等等，要有定额也只能是集体定额；自动流水生产线也属于这一类。最后还有技术工作、管理工作，更不太可能制定个人的劳动定额。随着生产现代化的发展，第一线的生产劳动者将相对减少，第二线、第三线的劳动者将相对增加，也就是说，脑力劳动者的比重将越来越大。而脑力劳动就很难用定额来衡量个人的劳动量。

第三，在社会化的大生产中，个人付出劳动不一定能形成整体的有效劳动。一台机器由很多零部件组成，大部分零件完成，一部分没完成，这台机器还是生产不出来。一件零件加工，要经过很多道工序，前面工序都达到合格的质量标准，可能在最后一道工序报废，因此前面的工序都做了"虚工"。我们搞计件工资，都有这种经验，计件超额很多，发了很多超额工资，但生产任务却没有完成。而且，单纯对个人核算劳动量，如果不联系集体成果，必然导致生产者各人顾各人，忽视集体的协作配合，不关心集体的成果。

我们说，先小集体后个人，当然只是一个原则，具体怎么做，也还有很多问题。据说苏联目前搞工资改革，决定广泛推行"工作队（工段）工资制"，也是走的小集体计酬办法。我们企业在推行经济责任制中，创造了许多对小集体按劳计酬的经验，但主要还是在奖励方面，采取集体计奖的办法。也有采取集体计件，集体超额计件等包括工资在内的办法。也有的创造了既考虑个人又联系集体的办法，例如，采取"工分制"，按个人劳动多少计算工分，按集体成果计算分值。广西南宁机械厂试行了一种办法，规定每人每月必须完成多少定额工时，达到了拿基本工资，每超额一小时奖一角；亏一小时扣一角，但最多只扣基本工资的10%，超额则不限。如果全组完成任务，所有的人超额工时，每小时按一角二分算，如果全组没完成，个人超额则只按一角算。如果全车间完成任务，所有个人的超额工时，按每小时一角五分计算。如果车间没完成，小组完成这个小组的人仍按一角二分算。这样，也把个人与集体联系起来了，据说效果很好。这类好办法，会在实践中逐步创造。

企业内部按劳分配，采取先小集体后个人，或者把集体与个人相结合，好处是比较容易计算劳动成果，而且促进个人关心集体成果。但是不论采取什么方式分配，都必须体现按劳分配原则，而且最终也必然还要分配到职工个人。

对个人的按劳分配比较复杂，如果说对企业、对集体的按劳分配，可以基本上以劳动成果为分配标准，对个人的分配除了主要也要以劳动成果为标准外，还要考虑许多其他的因素。首先，个人的劳动可以分为流动的劳动和潜在的劳动。流动的劳动表现为在生产过程中实际消耗的劳动量，潜在的劳动是劳动者具有的劳动能力，它常常会由于非劳动者本身的原因而得不到发挥，例如，让高级技工干低级活，劳动在质量上就得不到发挥；或者由于生产组织不善，造成工人窝工，劳动在数量上也得不到发挥。对个人进行按劳计酬，不能只计算实际消耗的流动劳动量，还必须对潜在劳动给予必要的报酬。其次，由于劳动条件的不利，承担责任的大小，以及政策性的鼓励等等，还要有补偿性的报酬，例如，夜班津贴、职务津贴、厂龄津贴、地区津贴等等。此外，还有一些带有福利性质和社会保险性质的报酬，例如，病伤产假工资、脱产学习期间的工资等等。因此企业内部的分配要采取多种形式来处理这些不同性质的报酬，以调动职工生产劳动和其他各方面的积极性。

贯彻按劳分配原则就要反对平均主义，克服吃大锅饭的现象。对企业进行按劳分配，可以克服企业与企业之间吃大锅饭的问题，在这个前提下，还要克服企业内部吃大锅饭的问题。多年来由于"左"的错误，按劳分配原则受到破坏，加上经济上的困难，使目前职工工资存在着很多不符合按劳分配的问题，这几年虽然对工资进行了几次调整，历史所形成的不合理情况一时还得不到纠正。进行体制改革后，用奖金调节职工的收入，对调动职工的积极性起了重要作用。但是，正如上面所说的，对职工个人的按劳分配，要考虑的因素是多方面的，完全靠奖金来调节，肯定不可能解决各方面的矛盾。因此必须考虑整个工资制度的改革。

顺便说个问题，广义的工资是包括对职工个人的各种形式的报酬，因此"工资制度"不如改称"劳动报酬制度"，意义更确切一些。但是，有些社会主义国家，如南斯拉夫，认为"工资"是资本主义的范畴，不应该沿用，改为"报酬"也不恰当，职工自己创造的劳动收入，不能说是谁给他的报酬。这个意见是有道理的，不能认为是无关紧要的定名问题。因为名称是个概念，它应当正确地反映内容的实质。因此"劳动报酬制度"又不如说是"职工收入分配制度"。

职工收入分配制度的改革，我个人认为，主要要解决两个问题：

第一，明确规定企业职工收入可以分为哪几种形式？每一种收入形式的性质是什么？哪些收入要制定全国通行的标准？

按照整个经济管理体制改革的方向来看，企业职工收入的种类是否大致可以分为以下几大项：

（1）基本收入（即基本工资），它可以按工种、按工作能力、熟练程度等，制定不同的等级标准。如果采用计件工资、职务工资、岗位工资等，只要规定工作、职务或岗位对人员所要求的等级，只要能胜任，原则上就应当得到这个等级标准的收入。

（2）辅助收入（即辅助工资）。它包括各种形式的津贴、补贴。

（3）奖励收入（即奖金）。现在把奖金作为超额劳动的报酬，很难准确掌握。超额劳动应当在基本收入（基本工资）中处理，例如，实行全额计件或超额计件，超额或亏额的调节，只是基本收入的浮动。奖励还要有，应当是对个别作出突出贡献（如发明创造、竞赛中优胜等等）的鼓励。

（4）分红收入。这是职工个人从集体成果中得到的利益，可以单独分配（如年终分红）。也可以体现在基本收入当中（如采取工分制，集体成果大小表现为分值的高低）。

　　第二，明确规定国家和企业对职工收入分配的权限划分。

　　关于职工收入分配制度、有关的政策、基本收入的等级标准、辅助收入的种类和有关的规定、分红的一般规定等等，应当由国家统一制定，所有的企业都要贯彻执行。

　　实行两级按劳分配，企业按照规定的比例向国家上缴税利后，剩下的部分作为企业收入。这部分收入在净产值中所占的比例，由国家作出规定。企业按规定取得消费基金的总额。这个消费基金如何在企业内再分配，应当由企业自主决定。企业在遵守国家规定的分配制度和政策的前提下，应当有权选择基本收入分配的形式（实行计时或计件的分配形式，实行岗位工资、职务工资等等），并有权按照规定的等级标准，确定每个职工的级别和升降级的时间和范围；企业有权按照国家有关辅助收入的规定，确定企业辅助收入的种类和实施范围；企业有权按照国家规定，对职工进行奖励和分红。企业具有这些权限，但都必须遵守国家统一的规定，而且是在企业所得的收入限额以内进行，因此这种权限也只是一种相对独立的自主权。企业有了这种自主权，就可以依靠职工群众的民主管理，把企业收入用各种形式（不限于奖金），合理地分配给职工个人，使个人收入不仅和个人劳动贡献相联系，而且和整个企业的生产经营成果联系起来。

　　在这里还顺便讲几句关于小集体内部的分配问题。

　　我主张企业内部分配，原则上也应该先按小集体分配，再由小集体分配给个人。这个道理上面已经谈过了。我在《人民日报》的那篇文章里曾经说：如果企业与企业之间、企业内部小集体之间实行按劳分配。"解决了这两种平均主义之后，在小集体内部，即使有一点平均主义，也无碍大局，甚至还有好处。"这段话也引起一些争论。有的同志认为既然平均主义不好，小集体内部也不能允许搞平均主义。

当时我指的是活工资（奖励、分红等）这部分收入的分配。我认为如果基本工资本身能够体现按劳分配，个人与个人之间就已经有了差别，基本工资以外的活工资，特别如果是分配给小集体的集体奖，也要求在小集体内部准确地进行按劳分配，谁多劳就多奖，往往是很难做到的。所以主张这部分收入可以进行相对平均的分配。所谓相对地平均分配，就是说，除了明显的多劳和少劳者之外，可以大致平均分配。在实践经验中可以看到这种情况。比如过去的综合奖分成一等奖、二等奖、三等奖，硬性规定一等奖几个人，二等奖几个人，班组没办法评，就私下采取轮流坐庄的办法。为什么？就因为在很多情况下，不太容易准确计量劳动的贡献。当然，如果有准确的定额，可以采取超额奖等办法，那也就不需要进行什么评奖了。

另外，我还提出，小集体内部怎么分配。"不妨让小集体内部民主决定"。有的同志以为这个"民主决定"又是来个"民主评定"。我不是那个意思。民主决定，就是说，这部分集体收入分配的办法，不必由上面作硬性规定，可以由他们内部民主制定分配的办法。我的这些主张，还有一个重要的理由，就是这样做有利于加强职工的集体意识。

国外在企业管理上，很重视运用"行为科学"。在资本主义制度下，研究行为科学，是从资产阶级的利益出发，寻求控制工人个人和集体行为的办法。这门科学的某些原理和方法，在社会主义企业是否可以运用呢？现在有争论。我认为其中有很多地方还是可以借鉴的。比如行为科学就很强调集体意识的形成。在资本主义制度下，劳资双方根本对立，不可能真正形成一个利益一致的集体，但是他们运用行为科学中的某些方法，也的确起到加强协作的作用。在我们社会主义制度下，职工是企业的主人，完全有条件、也有必要提倡集体主义，发扬集体意识。因此，行为科学中有关强化集体意识的某些方法，对我们不但适用，而且可以说，只有在社会主义企业才更能发挥作用。我们许多先进班组虽然不知道什么行为科学，但在加强协作，发挥集体主义精神方面，创造了许多有益的经验。比如有的班组集体意识很强，在处理奖金分配上，就不是简单地按上级规定办，而是在班组内采取一些灵活的办法，以体现集体互助。比如上级规定一个工人一个月缺勤多少天就不得奖，有的工人因为结婚请几天婚假，按规定肯定不能得奖，班长考虑到这个同志平时很积极，结婚又是喜事，不得奖不好，就发动班里同志顶他的班，加夜班替他完成定额，照样给他奖。这个同志当然很受感动，上班以后也就更加努力。有一个女工，技术水平差，经常完不成定额，不但个人不能得奖，而且影响全组任务的完成。他们一方面尽量把好干的活分给她干，一方面帮助她提高技术，使她逐步赶上大家的水平。还有一个青工贪玩，上夜班跑去看电影，影响任务完成，班长和其他同志加班帮他把任务完成，照样给奖，同时对他严厉批评。这个青工挨了批，但感到班组的温暖，逐步改变了劳动态度。类似这样的一些做法，都不是严格地按按劳分配原则办事，但是，提高了小集体内部的集体意识，调动了每个人的积极性。因此我主张在小集体内部某些分配可以由小集体自己民主决定。群众自己会有办法很好地、合理地处理这些问题。

四　全面的物质利益原则

最后就简单说说实行全面的物质利益原则。从概念来说，物质利益原则比按劳分配的含义要大。所谓物质利益原则，它的本意是使劳动者从物质利益的角度来关心生产的发展。也就是说，要使劳动者的个人利益和生产成果挂上钩，从而使他把关心切身利益和关心生产成果结合起来。生产成果好，对国家、对集体有利，对他个人也有利。当然，按劳分配也能起这个作用。但是在社会主义制度下，个人切身利益的改善，不一定都是个人劳动的结果，还可以有其他的来源。整个国家经济情况好了，就会为提高个人利益提供有利的条件；体制改革后，企业生产经营好坏决定企业的收入，它是提高职工个人利益的前提。因此，不但要在道理上，使职工懂得个人与企业与国家之间存在着共同利益的关系，而且要有具体的联系，使他从现实的利益直接感受到这种关系。因此，所谓全面的物质利益原则，就是要从分配制度，使职工个人的利益不但和个人的劳动贡献挂钩，而且和集体的成果挂钩，还应当和国家的经济发展的成就直接挂钩。这就是全面的物质利益。如果个人利益只是和个人的劳动挂钩，所谓物质利益原则，就仅仅是为个人利益而关心个人的劳动成果。不能引导职工关心集体、关心国家，这是不全面的物质利益原则。有的同志不同意我的这种看法，说实行计件工资等按劳分配办法，工人努力提高生产率，他客观上就是既为自己创造利益，又为国家创造利益，不能说他考虑个人利益就忘了国家利益。这种看法我觉得是不太切合实际的。在现实生活中，实际上并不是如此。当然有很多工人，由于我们思想政治工作等各方面启发，也会主动考虑集体和国家的利益。但也不能否认，在今天，职工的觉悟水平是不一样的，相当多的职工还不可能都处处先考虑集体和国家利益。毫无疑问，思想政治工作是十分重要的，也是今天当务之急的一项重要任务。教育广大职工正确认识国家、企业、个人三者的利益关系，应当说，是思想政治工作的一项中心任务。但是，在经济制度上，还需要有看得见、摸得着的利益联系，才能使每个职工直接感受到自己的命运和集体、国家连在一起。

按照全面物质利益原则来制定我们的分配制度，应当使劳动者明显地看到他的个人利益是从几个渠道来的：一是国家经济发展了他会直接得到哪些好处？这就需要我们在制度上进行一些改革。前面讲了，按劳分配要先作一些"扣除"，也就是说要向国家上缴一定的税或利，国家把这些收入要进行再分配，其中一部分用来作为国家管理费用、重点建设的投资等等，也是为了劳动人民的利益，但这是间接的利益，不是直接的利益。还有一部分是直接的，主要是举办社会福利事业，或者实行社会保险。现在实行的劳动保险、公费医疗等，都由企业负责，职工看不到这些好处是来自国家。同样支出这么多钱，为什么不可以上缴给国家，再以国家的名义，由国家负责呢？如果退休养老金、公费医疗、失业保险、保健疗养、子女津贴等，都由国家直接来管，成为国家的社会福利事业或社会保险事业，然后在国家经济计划中，明确规定出指标，在完成这个计划后，可以开辟哪些福利事业，或者可以把退休金等的标准提高多少，这样，职工就会看到个人利益和国家经济发展的直接联系，从而关心国家经济计划的实现。资本主义有所谓"福利国家"在这方面做了很多工作，我们社会主义国家更应该这样做。现在往往钱是同样花了，但是职工却没有感到这是国家给他的利益。另外，我们对职工实际上支出了很多的补贴，如房租收费很低，实际上是享受了大量的补贴，但是职工也没有感觉出来，这是国家给的好处，所以体制改革时应该把这些对职工的利益明显地表示出来。例如住房，应按实际价值收费，然后规定房贴的标准，不但能使职工感觉到利益，还可以促进职工节约住房。又如调整工资。如果实行对企业按劳分配，什么时候给谁调整工资，国家可以不管。但是，国家可以根据经济发展的情况，统一提高工资标准，并把它列为国民经济计划的一项内容。那么职工尽管不升级，也能得到增加工资的好处。这样就会使职工知道，国民经济建设越发展，对个人好处越大。又如五年计划规定退休金可以提高多少，尽管他还没有到退休年龄，也知道国家经济情况一天天好，对劳动人民、对他个人利益会带来哪些好处。这样就能更好地鼓舞广大群众关心整个国民经济建设的进展。这是职工利益的一个渠道，要采取措施把这个渠道明确起来。

第二个渠道要从企业集体经营成果中得到个人利益。一是通过企业分红得到好处，再一个是从企业自办的福利事业得到好处。

第三个渠道是小集体成果对个人利益的影响。这里包括采取集体计酬、集体计奖，或集体分红，等等。

最后，才是通过个人劳动的"质"和"量"的提高而得到利益。这部分是个人利益来源的主要部分。职工通过自学或培训而提高了工作能力，出勤率高，工效高，工作质量高，节约好，负的责任大，或者有创造发明，都可以得到更高的收入。

把职工的个人利益的来源，明确划分为以上四个渠道，这样做，就从现实的利益联系中解决了国家、企业和个人三者之间的利益关系，再配合上经常的思想政治教育，不但能极大地调动职工群众的积极性，而且为培养集体主义思想、认识社会主义制度的优越性，奠立了物质基础。

实行这样的全面物质利益原则，需要我们在经济体制改革中，对分配制度的改革作一番全盘的考虑。

试论净产值分配*

　　四川省的同志在成都召开"除本分成制"的学术讨论会，是一次具有重大改革意义的讨论会。我代表工业经济研究所向到会同志们致意，预祝讨论会圆满成功。

　　成都西城区的集体企业，在第二工业局的领导下，从1981年起试行"除本分成制"，是改革分配制度的一项大胆尝试，具有重大的理论与实践意义。这一改革虽然还处于试验阶段，办法还受许多现行制度的制约，不可能十分完善，但已取得显著的成效。实践证明这项改革的方向是正确的。经过理论上进一步探讨，实践上进一步完善，必将为改革社会主义的分配制度做出有益的贡献。

　　实践是检验真理的惟一标准。理论不是教条。理论要有生命力就必须来自实践，又回到实践中去指导实践。马克思主义的基本原理是我们必须遵循的，但是马克思主义也要在实践中发展。理论工作的任务就是要在马克思主义基本原理的指导下，研究新情况、新问题，提出解决现实问题的可行办法。

---

　* 1983年5月在成都召开的"除本分成制学术讨论会"上的书面发言。

成都西城区"除本分成制"的实践，和我近年来关于分配问题的粗浅见解很一致。这对我来说，是一个极大的鼓舞，使我进一步相信自己的见解不是没有道理的。为此，我愿意就这次讨论会的机会，把我的一些粗浅见解作一个简要的说明，希望得到到会同志的批评指正。

一　关于两级按劳分配问题

1980年3月21日我在《工人日报》"靠什么调动职工的积极性"问题讨论中，发表了《关于按劳分配的几个问题》一文，提出了以下观点：不能把马克思关于按劳分配的经典解释简单地运用到实践中去，按劳分配首先要按企业的集体劳动贡献而分配，然后在企业内部再按个人的劳动贡献分配，而且企业内部的分配也要重视先按小集体的劳动贡献分配，再按个人分配。

1980年7月14日，《人民日报》发表了我写的《试论全面的物质利益原则》一文。在这篇论文中，我再一次提出了两级按劳分配的主张。

这两篇文章的发表，引起国内很大的反响，收到不少来信。大致来说，实际工作部门、企业职工，多数是表示赞成的。在理论界，有人赞成，有人不赞成，在报刊上发表了一些和我商榷的文章。由于其他工作忙，至今还顾不上写文章答复这些同志的商榷。我的理论水平不高，在理论的表述上肯定是有缺陷的。但是我认为两级按劳分配的基本观点，既是客观现实的要求，也不违背马克思关于按劳分配的基本原理。有的同志认为，企业与企业之间只存在等价交换问题，不存在按劳分配问题，这种观点是站不住脚的。就资本主义的商品生产与交换来说，不但企业与企业之间，而且企业与消费者之间、企业与劳动者之间从理论来说都是等价交换关系，通过这些等价交换之后，剩余价值（利润）落进资本家的腰包，因此等价交换的结果，就实现了资本主义的分配。当然还有土地主和各类资本对利润的分割等复杂情况。但就其基本原则来说，是通过等价交换来实现分配。而我们现实的情况是否也是这样呢？首先，我们的劳动力已经不是商品，不能像资本主义那样按劳动市场所形成的价格进行等价交换。其次，企业与企业之间、企业与消费者之间，固然进行等价交换，但交换之后还有分配问题。拿全民企业来说，利润要在国家与企业之间进行分配。现在的问题是，这一分配应当遵循什么准则才是合理的？一方面我们要让企业与企业之间"干好干坏不一个样"，一方面又不要让企业与企业之间出现苦乐不均的情况。这就要求在分配上有一个标准。按劳分配是社会主义的一项基本原则。企业利益的大小，除了以其集体劳动成果大小作为标准之外，不可能还有其他的标准。因此国家与企业之间的分配，只能是新增的劳动价值的分配。企业职工集体的劳动成果，一部分作为"扣除"上交给代表总体劳动者的国家，一部分留给代表局部劳动者的企业，留下部分（这里只指用于职工消费基金的部分）的大小，要和企业集体劳动贡献大小成正比，这就是国家或社会对企业集体的按劳分配。

对企业进行按劳分配，其原则和马克思所阐述的按劳分配原则是一致的，所不同的地方，是把马克思所说的个人，改为企业集体。这一点也是符合马克思主义基本原理的。因为马克思主义经典作家都承认，现代生产是社会化的生产，一个产品很难说是某一个人生产的。产品既然是企业职工分工协作的结果，个人的劳动也只能融合在集体劳动成果中，才能对社会提供有效的劳动。把个人的劳动直接作为社会劳动的一部分，在社会主义阶段还不可能的。对个人的劳动，不论其质量与效率如何，一律承认为社会有效劳动的一部分，并按此进行分配，在现阶段这样做，也将是荒谬的。

两级按劳分配学说的提出，不是理论上的一种推理，而是客观现实中出现的问题，要求在理论上作出回答。经济生活的发展有它内在的必然规律，理论的任务在于认识和整理这些规律，使其条理化，以促进经济的发展。但是如果理论落后于现实，现实经济活动也不会等待理论作出结论再向前进，它还是要按照自身的客观规律向前发展的。当然，如果理论能走在现实的前面，它就会起很大的指导作用，使现实经济活动不走迂回曲折的弯路，而加速前进的步伐。令我高兴的是，我的主张虽然没有对现实经济产生直接的推动作用，而现实经济的发展却一再证明实行两级按劳分配是必然的趋势。尽管我对一些商榷的文章还来不及作出回答，现实经济的发展却不断替我作出了事实的回答。1981年全国兴起了工业经济责任制，它是扩大企业自主权的进一步发展。工业经济责任制包含两个内容，一是企业对国家的责、权、利关系，二是企业内部的责、权、利关系。实行经济责任制的好处，一是克服企业与企业之间吃大锅饭的弊病，二是克服企业内部吃大锅饭的弊病。它要求职工的个人利益不但要和个人劳动贡献直接联系，而且要和企业生产经营成果挂钩。这实质上就是要求实行两级按劳分配。在理论上只能作出这样的解释。

二　关于净产值分配问题

实行两级按劳分配，要对企业集体进行按劳分配，这就涉及到什么是企业的"劳"的问题。1981年11月24日我应国家劳动总局的邀请，在他们举办的"全国劳动工资研究班"作了一次关于按劳分配与工资制度问题的发言，提出了按净产值分配的问题，以后在其他场合和文章中也提到这个问题。

从理论上讲，企业生产的净产值就是企业职工所创造的新增劳动。对企业进行按劳分配，理所当然就是要按所创造的净产值大小而进行分配。成都西城区所创造的"除本分成制"，实质上是"净产值分配"制，我建议最好还是改叫"净产值分配"制，在概念上比较清楚。实行这样一种分配制度，势必要改变现行的许多经济范畴的含义，例如，成本、工资、利润等的概念都要改变，经济核算的方法也要随之改变。成都西城区在试行"除本分成制"中已经碰到这些问题，而创造了一些核算办法，这是可喜的成果。但是还需要从理论和实践上进一步研究，使其更加合理化、条理化。

实行净产值分配，涉及许多理论和实践中的具体问题，也涉及现行体制的许多问题。就理论来讲，首先要改变过去沿用资本主义生产中商品价值构成的一些概念。

马克思对资本主义的商品生产进行了科学的分析，把商品价值的构成分解为三个部分，即不变资本 c、可变资本 v 和剩余价值（利润）m，商品价值 = c + v + m。这些概念当然不能直接套用于社会主义的商品生产。我们不允许剥削劳动的资本存在，我们的劳动力也不再是商品，因此按照上述含义的 c、v、m 是不存在的。苏联对社会主义产品的价值构成，仍然分解为 c、v、m 三个部分，只是把它们的含义改变了；c 不是不变资本，而是产品中所包含的物化劳动（过去的劳动）部分，v 还是工资，但不再是可变资本，而是劳动者为自己而劳动的部分；m 还叫利润，但不是被资本家占有的劳动，而是劳动者为社会而劳动的部分。在这里 c + v 仍然是成本。v 虽然不再是可变资本，但由国家规定统一的标准和限额，作为一个相对固定数额进入成本，它的调整要由国家统一进行，不能随着企业经营成果大小而浮动。m 作

为利润，原则上应当全部上交国家，但其中一部分作为企业基金
返回企业作为鼓励。但 m 基本的性质是劳动者为社会做贡献的
部分。这一套分配制度，在实行高度集中的管理体制下，也还是
可以自圆其说的。但是随着体制的改革，企业成为相对独立的经
济实体，有相对独立的生产经营权和相对独立的经济利益，企业
利益的大小要和企业生产经营成果直接挂钩，这种分配制度在办
法上、在概念上都不能不改变了。

　　首先，利润要分成，一部分上交国家，一部分留给企业。留
给企业的部分，分为生产发展基金、集体福利基金和职工奖励基
金，其中相当一部分转化为职工的个人收入或集体享受的福利，
因此利润就不能都说是为社会提供的劳动价值了。同样，v 只包
括进入成本的工资，不包括职工的其他收入，说它是为个人的劳
动部分也不全面。因此产品价值构成的概念是混乱的，这种混乱
必然使分配制度建立不起一个合理的科学体系。

　　职工的个人收入，以工资形式进入成本，它是成本中的活劳
动部分，但是反映活劳动的另一部分奖金以及一部分福利费用，
又处于成本之外，因此成本的概念也缺乏一个统一的内涵。

　　职工的个人收入分割为工资与奖金两部分，工资由国家直接
控制，不能和企业生产经营成果直接挂钩，形成"铁饭碗"，不
利于调动职工的生产积极性。改革后的体制，可以和企业生产经
营成果挂钩的主要是奖金，起了一定的积极作用，但是奖金如何
控制又是个问题。采取封顶的办法，显然不符合多劳多得、少劳
少得的按劳分配原则；如果不封顶，奖金以什么为基准而浮动，
这是一直没有找到合理途径的一个难题。而且工资毕竟是进行按
劳分配的主要形式，奖金应当是对一些做出特殊贡献的人的鼓
励，把奖金作为实现按劳分配的主要手段，也是不合理的。

　　基于以上种种理由，分配制度必须有一个根本的改革。如果

产品的价值构成仍然划分为三个部分，也还沿用 c、v、m 这三个字母作代号（严格说，应当都加上引号，即"c"、"v"、"m"以示借用之意），那么"c"代表产品中物化劳动部分，它可以叫做"物质消耗成本"，包括生产资料的消耗，也包括企业外部提供的劳务服务等等。"v"＋"m"是职工集体新创造的劳动价值，它应当按照一定的比例，在国家与企业集体之间分配。"v"应当包括工资、奖金和各种被职工消费掉的福利费用，这部分劳动价值可以叫做"企业消费基金"，它可以由企业自主决定，多少用来分配作为职工的个人收入，多少用来作为集体福利费用和其他集体费用（如工会经费等）。但是这种企业消费基金，最终都应当转化为个人或集体的消费，因此不应包括转化为固定资产的福利建设基金。"m"是职工创造的新增价值中上交给国家的部分，也就是为社会提供的劳动价值，由国家进行再分配。

从理论上说，如果净产值确实体现了企业职工集体所创的一部分用来盖宿舍，也是属于全民的固定资产，但企业职工有使用权。这部分资金是国家利益，还是企业利益或职工个人利益呢？还有一部分作为职工奖励基金，它最终将转化为职工个人利益，但又怎么算企业利益呢？因此从严格的意义来说，国家利益和职工个人利益是明确的，而现在所说的企业利益，实质上是国家利益与职工个人利益的混合体。

这样说，是否可以取消"企业利益"这一范畴呢？也不能取消。我们既然主张两级按劳分配，首先要对企业实行按劳分配，当然要有"企业利益"这一范畴。但是不论全民或集体企业，严格意义上的企业利益，实质上是代表全体职工个人利益的集体利益。正因为这一点，国家与企业之间的利益按净产值分配，企业所得部分，其内容只能包含可转化为职工个人或集体消费的物质，也就是工资、奖金、消耗性的福利费用等，不包含生产发展基金和集体福利基金中用于建设基金的部分。也只有在概念上这样区分，净产值的分配比例才能体现国家对积累与消费比例的控制。

有的同志认为，生产发展基金、福利建设基金，企业取得支配使用权，对企业的发展和职工的福利有很大好处，不把它算作企业利益是说不通的。前面说过，好处不等于严格意义上的利益，如果一定要说利益，也只能说是间接利益，而转化为职工所有的利益才是直接利益。这样说，并非否定生产发展基金、福利建设基金对企业和企业职工的重要意义。但是这些资金的分配和返回企业的渠道，要按照它的本质进行处理，才能形成一个科学的分配体系。这就涉及到整个国民收入的两次分配问题。

按照本文所阐述的观点，国民收入的初次分配，就是企业所创造的净产值的分配。净产值分割为国家收益（"m"）和企业收益（"v"）两大部分，然后国家和企业分别进行再分配。

国家收益主要采取税收的形式，首先要通过资源税、土地税等调节企业由于资源、土地等所形成的级差收入；其次是通过产品税取得国家收益，其中包括运用产品税调节价格的不合理和限制或鼓励某些产品的生产发展，发挥税收的经济杠杆作用。现在国家开始实行利改税，把上缴利润逐步改为税收，把所得税作为主要税种，这种所得税实际上是利得税，应当说这是上缴利润办法的延伸，还没有充分发挥税收对经济活动的调节作用。利得税对企业的经济活动，只能起事后调节作用，要充分发挥产品税的作用，才能起事前调节作用。如果把产品税作为主要税种，还有必要征收所得税，这样所得税应当是累进的，向企业集体或职工个人征收，使集体或个人收入多的，向国家多做一些贡献。

税收是企业集体或劳动者个人对国家应尽的义务，也是法定的义务。因此税收应当全民企业和集体企业一视同仁，征收同样的税种，相同的行业、相同的生产条件，应当规定同样的税率。当然，不排斥在一定时期对某种企业采取政策性的优惠措施，但原则上应当一视同仁。全民企业和集体企业根本的区别在于生产资金所有权不同，处理这种区别，不应当在税收上区分，而应当对全民企业实行固定资金有偿使用。在体制改革中已试行固定资产投资改为银行贷款的办法，这一办法应当不仅在新建企业实施，而是将所有的全民企业的固定资产都转为银行的长期放款，收取一定的利息，作为国家积累的主要来源。实行固定资金收息，通过不同的利率可以调节由于技术条件而形成的级差收入，还可以低息或免息以支持老企业的技术改造。对于拥有先进技术装备的企业，也不能把形成的级差收入完全调节掉，因为掌握先进技术装备的企业，一般来说，生产者要具备较高文化技术水平，他们的劳动复杂程度高，因此集体劳动的含量也要高一些。

国家通过税收、利息等取得的国家收益，由国家进行再分配，除了支付各种行政开支外，一部分将作为积累，用作国家建设基金。这部分基金又可分为两部分，一部分由国家用来进行重点项目的建设和国民经济的基础设施的建设，另一部分可以交由企业支配使用。这部分也就是现在利润留成中的生产发展基金，它的性质实质上是国家建设基金的组成部分，它的所有权是归全民的。但按照"大计划、小自由，大集中、小分散"的原则，给企业以支配权，有利于企业积极主动地发展生产。但这部分基金，在性质上不属于企业的直接利益，应当作为国家所有而返回给企业，返回的渠道也应当通过银行。为了调动企业的积极性，可以根据企业上缴税、利（利息）的大小，规定给予一定比例的低息贷款权，同时有权自由支配使用这笔贷款。在一定限额下的项目，可以不必经过上级主管部门或银行的审批。这样做，同样起了现行留成作为生产发展基金的积极作用，而在资金的性质和流动渠道上，则符合两次分配的原则。

国家收益还有一部分要用作社会福利基金，兴办社会福利事业，包括兴建职工住宅。应当实行住宅商品化。国家兴建的住宅，可以按企业上缴税、利的大小，分配给一定的住房指标，不必像现在这样都由企业自筹兴建。由国家分配住房指标，也能体现企业生产经营成果好坏不一个样。住宅实行商品化，要按照住宅的建设和维护费用收取租金。职工住房可由企业根据企业福利基金可能负担的程度给予补贴，补贴的多少也体现了企业生产经营成果好坏不一个样。这种补贴是消费性的，由企业的集体福利费用中开支。企业的集体福利费用用于职工住房消费，而不是用于住宅建设。这样做，才和国民收入两次分配的原则一致。

企业在完成向国家上缴税、利（利息）后，所得的企业收益，经过国家税收的调节，应当基本上体现企业集体对社会的劳动贡献，这样也就实现了社会对企业集体的按劳分配。

企业收益在企业内部如何合理分配，应当由职工代表大会民主决定。一部分以工资、津贴、奖金等形式，在企业内部实行按劳分配；一部分则作为集体福利费用，用于房租补贴、食堂、托儿所的经费，以及其他福利开支。企业生产经营成果的好坏，福利水平将有相当的差别。至于职工的医疗、退休等保险性的福利，最好由国家用社会福利基金担负，随着国民经济的发展，由国家逐步提高社会福利水平，将使职工体会到个人利益不但取决于个人努力和企业生产经营的成果大小，而且有赖于国家经济的不断发展，从而激发职工群众关心企业集体、关心国家的热情。

集体企业和全民企业的根本区别在于生产资金是集体所有。它除了向国家同样尽纳税义务外，不需上交固定资金的放款利息。它的企业收益，一部分将作为公积金，用来扩大再生产；一部分将作为公益金，用于集体福利事业。在国家还不可能对全社会实行社会保险的情况下，集体企业可以通过向保险公司交纳保险金，解决职工医疗、退休等保险问题。剩下的部分也像全民企业一样，以工资、津贴、奖金等形式在企业内部按劳分配。

以上只是一些粗糙的设想，涉及的具体问题很多，但作为原则来说，这样一个分配体系是否更能充分体现社会主义优越性呢？

关于经济民主论

尊重科学,发扬民主[*]

  本刊这一期发表了《一起严重的打击报复事件》的报导，揭露了吉林市半导体器件二厂某些负责人利用职权，对坚持产品质量、坚持按技术管理程序办事的质量检验人员，肆意打击报复的错误。国家经委领导同志对这一事件十分重视，作了重要批示，吉林省、市有关部门已对这一事件作出严肃处理。

  像吉林市半导体器件二厂某些负责人这样骄横跋扈、动辄整人的粗暴作风，在全国工业企业中当然只是少数的现象。但是，我们却可以从中得到一个具有普遍意义的重要教训，那就是要搞好社会主义的企业管理，必须尊重科学，发扬民主。

  所谓尊重科学，就是一切必须从实际出发，按照客观规律办事。经济管理是一门科学，而且是一门边缘科学。它既要遵循生产过程的自然规律，又要符合社会主义生产关系的社会经济规律。人们只有认识、掌握和运用客观规律，采取科学的态度和方法，才能真正地管理好企业。否则，靠主观武断，行政命令，搞瞎指挥，必然要受到客观规律的惩罚。

---

  * 以本刊编辑部名义发表于《经济管理》1980 年第 1 期。

尊重科学，按照客观规律办事，是社会化大生产的客观要求。没有科学化的管理，就没有正常的生产秩序，就不可能取得预期的经济效果。一个产品的设计及其制造工艺，有它自身的自然规律。是好是不好，有它客观的标准，要受实践的检验。对于新产品、新工艺，规定必须经过一定的研究、试验、样品试制及小批量试生产，然后成批生产的程序；规定必须通过型式试验，然后在正常生产中还要通过出厂试验。这些技术管理的规定，不是可有可无、可理可不理的条文形式，而正是为了使生产符合客观的规律。对此必须有起码的科学态度。否则，那就必然会影响产品质量，乃至成批报废，造成不应有的损失。

现代化大生产当然需要高度集中的指挥权威。但是，真正的权威只能是合乎科学的管理和指挥，而绝不能搞无知加骄横的瞎指挥、假权威。因此，尊重科学，首先就是对企业中负有指挥责任的领导人员提出的基本要求。要尊重科学，就要懂科学，懂技术，懂经济，懂管理。在科学面前，来不得虚伪，耍不得威风，只能老老实实按它办事。现在，有很多企业的领导人，已经认识到掌握技术科学和管理科学的重要性，正在积极地学习和钻研。有不少同志经过多年的艰苦努力，已经成为或即将成为本行业的内行、专家。但是，必须强调指出，还有一些企业的领导者，长期甘当外行，既不懂，又不学，甚至不懂装懂，瞎搞蛮干。更严重的，像吉林市半导体器件二厂的某些领导人那样，以所谓"支部决定"强制推行错误的东西，对持有不同意见的人，则予以打击报复，这种行径是不能允许的。

尊重科学，必须尊重客观实际，一切从实际出发。由于多年来历史条件的限制，至今许多企业的领导人还不是内行，并不奇怪，也不可怕。只要正视现实，采取积极态度，认真学习，情况就会逐步转化，外行就能变成内行，也就不难做好领导工作。关键要有一个责任心和事业心。四个现代化是我国社会生产力发展中一场革命。现有企业是我国实现四个现代化的前进基地。站在生产第一线的企业领导人员，肩负着为国为民提供更多更好的产品，增加社会主义积累，逐步实现四化的重大责任。尽管他们一时对工艺技术、管理科学不怎么懂，但对企业工作的优劣，经济效果的好坏，总该是看得出的。那就应尊重客观实际，有一个实事求是的科学态度。但是，吉林市半导体器件二厂的某些领导人，在不懂技术做出错误决定之后，导致成品率很低，波动很大，而且出现了产品大批退货。面对这样一个局面，却丝毫不考虑一下别人合理的意见，仍然文过饰非，固执错误，这就完全失去了起码的科学精神。如果靠这样的领导人去发号施令，那么，整顿企业，加强管理，岂不流于空谈？靠这样的人去搞"四化"，肯定是搞不成的！

尊重科学同发扬民主是联系在一起的。发扬民主是尊重科学的一个重要条件。人民群众是生产实践的主体。在社会主义条件下，人民群众是企业的主人。职工群众对企业行使直接管理的权利，是社会主义劳动者最基本的权利之一。因此，充分发扬民主，发挥群众的智慧和力量，是促进管理科学化，进而实现四个现代化的重要保证。

毛泽东同志对马克思主义的认识论，曾经做过两个简要的概括。他说："实践、认识、再实践、再认识，这种形式，循环往复以至无穷，而实践和认识之每一循环的内容，都比较地进到了高一级的程度。这就是辩证唯物论的全部认识论。"[1] 又说："……从群众中来，到群众中去。……然后再从群众中集中起来，再到群众中坚持下去。如此无限循环，一次比一次地更正

---

[1]　《毛泽东选集》四卷合订本，第273页。

确、更生动、更丰富。这就是马克思主义的认识论。"① 毛泽东同志将这两个"循环"都称为马克思主义的认识论。前者说的是科学态度,后者说的是民主作风,而这两者又是相联系、相一致的。科学态度必须从实际出发,而群众比起领导者更接近实际,因此从群众中来和从实际出发具有一致性。作为领导者既然要尊重科学,就必须发扬民主,依靠对生产实践有直接经验的职工,以便更加了解和掌握客观实际,按客观规律办事。

说到发扬民主,依靠群众,要消除那种把科技人员和管理人员排斥在"群众"之外的极"左"思潮的余毒。群众是相对领导而言的。一个企业,对党政最高领导来说,所有的人都是群众,技术与管理人员当然包括在内,怎么能排除在外呢?随着现代科学技术的飞速发展,科学技术人员和经济管理人员在现代生产中的作用,越来越重要。因此,依靠群众必须是依靠包括体力劳动者和脑力劳动者在内的全体职工群众。在技术工作中,则要更多地依靠具有专门知识技能的科技人员,发扬技术民主。特别是在目前领导干部对生产技术还不懂或懂得不多的情况下,则更应重视技术人员的意见,充分发挥他们的作用。

当然,发扬民主,决不是否定集中,不能搞极端民主化或无政府主义。民主集中制是我们党的组织原则。我们讲的民主,是集中领导下的民主;我们讲的集中,是民主基础上的集中。我们强调发扬民主,必须有利于实现正确的集中,有利于发展安定团结的政治局面,有利于发展社会生产。对于那种极端个人主义、无政府主义的错误倾向,必须坚决反对。在某些干部中存在的不敢管、不愿管、放弃领导责任的倾向,对我们的事业也是十分有害的。

---

① 《毛泽东选集》四卷合订本,第854页。

但是，必须指出，由于我国的历史条件，特别是由于林彪、"四人帮"长期来推行极"左"路线和封建专制主义的流毒和影响，在今天，如何创造条件，充分发扬民主，仍是一个十分重大的任务。各企业的领导人员，必须把尊重科学和发扬民主结合起来，注意倾听各方面的意见，了解各种意见所反映的客观实际，经过分析研究，然后做出合乎实际的正确决定。在某种情况下，也可能做出不正确或不尽正确的决定，但经过实践，发现问题，就应及时修正错误，改变原来的决定。这丝毫不会损害领导的威信，恰恰表现了领导者应有的科学态度和民主作风。像吉林市半导体器件二厂某些领导人那样，老虎屁股摸不得，拒绝来自工人群众、来自科技人员的正确批评和建议，一意孤行，一错再错，直至公然对坚持正确意见的人进行打击报复，那就从根本上背离了社会主义企业管理的基本原则，破坏了党的民主传统，那就谈不上什么民主作风，而是一种愚昧专横的霸道作风。

要迅速地把国民经济搞上去，并逐步实现四个现代化，不解决管理问题是不行的。而尊重科学，发扬民主，是社会主义企业管理的两条基本准则。

在中国民主革命中，科学和民主是五四运动的两面光辉的旗帜。中国人民在中国共产党的领导下，为发展科学，克服愚昧和迷信的落后状态；为建立社会主义民主，使劳动人民当家作主，前赴后继，奋斗了几十年。今天，有了社会主义制度，我们才有可能真正贯彻科学与民主的原则。科学与民主需要社会主义，社会主义更需要科学与民主。社会主义的企业管理必须是科学的管理，也必须是民主的管理。由于林彪、"四人帮"的破坏，使我国管理水平远远落后于技术先进的国家。管理落后的要害，归根到底就在于缺乏科学与民主。因此，要提高企业的管理水平，首先就要做到尊重科学，发扬民主。当前各级经济领导部门已开始把培训企业领导人员作为一项战略任务列入议程。当然，提高要有个过程，不可能要求所有领导人员几天之内都变成行家。但是，在目前的条件下，要求每一个企业的领导者，有一个科学的态度，有一个民主的作风，这是完全应该做到、也是可以做到的。有了这两条，即使暂时不内行，也可以率领全体职工，加强管理，不断前进。当然，即使比较内行的领导人，同样也要尊重科学，发扬民主。否则，凭了一知半解就自以为是，独断专行，脱离实际、脱离群众，也会造成危害，贻误我们的工作。

广大科技人员与管理人员，在向四个现代化进军中承担着重要的责任，应该充分发挥自己的作用，积极主动地做好领导人员的参谋和助手，才不辜负党和国家对自己的信任和期望。应该说，尊重科学，发扬民主，作为社会主义企业管理的两条基本准则，对于科技人员和管理人员也是适用的。对他们来说，一方面要通过自己的本职工作运用科学，宣传科学，做科学管理的促进派；另一方面，也要面向实际，调查研究，虚心听取和尊重其他技术人员和工人群众的意见，和有关部门的同志要善于共事合作，做民主管理的促进派。要知道，懂一些科学知识，并不就等于在一切问题上都具备了科学态度；在社会化的大生产中，任何一项专业工作，还要靠上上下下各方面的配合协作才能搞好。切不可以为自己有点专门知识，就傲视工人群众，不尊重领导人员。既要坚持真理，又要实事求是，谦虚谨慎，才能齐心协力把工作做好。

总之，吉林市半导体器件二厂的事件告诉我们：尊重科学，发扬民主，是当前整顿企业管理必须解决的一个突出问题，也是今后不断提高企业管理水平的长期奋斗目标。这就是我们的结论。

经济管理体制改革的实质是
实现社会主义的经济民主[*]

一 体制改革的实质是什么

中央领导同志最近指出，我国经济的出路在于提高经济效果。如何提高经济效果？一是调整，二是改革。"通过调整和改革，逐步实现经济结构合理化，管理体制合理化，企业组织合理化，走出一条发展我国经济的新路子来。"我理解这三个合理化是互相联系的。调整的中心问题是经济结构合理化，改革的中心问题是体制合理化，而企业组织合理化既是调整的任务，也是改革的问题。

调整与改革都有近期、中期和远期的目标。我谈的问题是改革的最终目标问题，也就是说，体制合理化的标准或原则是什么？我认为，这个最终目标，这个标准或原则，就是实现社会主义的经济民主，也就是说，要按民主集中制的原则来建立社会主

---

  * 1981 年 4 月在成都召开的"经济管理体制改革理论与实践问题讨论会"上的发言，发表于 1981 年《中国经济年鉴》。

义的经济管理体制。

我国经济管理的现行体制有许多弊病，这是大家清楚的。怎样解决这些问题，用什么形式把国民经济的活动合理地组织起来，包括企业内部按什么原则组织起来，企业与企业之间按什么原则组织起来，国家如何进行集中统一的领导，使生产关系适应生产力发展的要求，这应当是体制改革最终要达到的目的。

经过改革，将来的体制是什么样的模式？这是大家所关心的。不少同志担心会改成资本主义。国外有的专家、学者也用这种眼光看我们的改革。我认为，我们所坚持的改革方向，绝不是资本主义，恰恰相反，而要坚持社会主义的方向。改革后的体制究竟是什么模式呢？马克思和恩格斯早年关于联合体的设想，很好地回答了这个问题。他们指出，企业应当是自由平等的生产者的联合体，社会经济则是这一切联合体的大联盟、社会成员按照共同的合理的计划，自觉地从事社会劳动。这个设想既体现了社会主义经济的民主，也体现了社会主义经济的集中和统一。列宁也说过，应该把民主集中制应用到经济领域。我认为，以这些设想作为我们改革的指导思想和目标，是完全符合四项基本原则的。

实现社会主义的经济民主，是社会主义经济发展的必然要求。国外的经济学家认为，苏联的经济体制模式为集权型，南斯拉夫为分权型。集权分权实质上也就是集中与民主的关系。社会主义革命胜利后，把资本主义的自由经济改造为社会主义的统一经济，在一定时期采取集权制，是有它的历史必要性的。我国革命胜利后也采用了苏联的集权模式。但经济的进一步发展，就暴露出这种只讲集中的体制的弱点，它使社会主义经济失去了活力。南斯拉夫首先突破这一点，开辟了自己的道路。但它过于放弃集中，看来也有缺陷。我们吸取这两方面的经验教训，可以走出一条新的路子，这就是正确处理民主与集中的关系，在民主的基础上集中。如果从更广阔的范围看，社会主义民主问题，又是当前国际共产主义运动中的根本问题。这个问题不解决，就很难发挥社会主义制度的优越性，也就不可能最终战胜资本主义。经济民主是政治民主的基础，实行经济制度的民主改革，把民主集中制正确运用到经济领域，是社会主义发展的客观要求。

针对过去过分集中的弊病，改革必然要从民主化入手，以企业为本位，把它从被束缚的状态解放出来。这是建立在集体主义基础上的解放，是意义十分重大的历史行动。而建立一个社会主义的新型的民主集中制的经济体制，则是这场改革的根本实质。

二　企业是自由平等的生产者的联合体

我国经济在现阶段必然还要实行多种经济成分的并存。但个体经济不是主要的成分，主要的经济实体将是集体经营的企业。全民所有制企业和集体所有制企业，在所有制上尽管不同，但都是自由平等的劳动者的集体，是社会主义经济的基本单位。实行社会主义经济民主，首先必须解放企业，承认它是一个相对独立的商品生产者，具有相对独立的经济权益，我们的改革正是从这里开始，也必须由此开始。但是，我们的企业毕竟不同于资本主义企业，这里不存在占有生产资料的资本家。所以，它应该是自由平等的生产者的联合体。如果说资本主义的经济民主是以个人主义的私有制为基础，那么，实行社会主义的经济民主则是以集体主义的公有制为基础。

承认企业是相对独立的商品生产者，才能真正发挥出社会主义的优越性。在现行体制下，在全民所有制企业里，我们说劳动者与生产资料相结合，是从整个阶级的角度而言的。具体到一个企业，劳动者感觉不出来他们是生产资料的主人，甚至觉得和雇佣劳动差不多。为什么生产关系更先进的全民企业，职工的积极性往往反而不如集体企业高，原因就在这里。我们承认企业是相对独立的商品生产者，具有生产资料的使用权，对于劳动成果有一定的支配权，有助于解决这个问题。全民企业是否必须退到集体所有制呢？我看也不必要。全民所有制企业实行全民所有、集体经营，集体对经营成果负责，同样可以使劳动者和生产资料直接结合。而生产资料的全民性质则有利于国家统一领导国民经济，有它的极大优越性。两种所有制并存：一种是全民所有、集体经营，即由国家委托给企业这个自由平等的生产者联合体共同负责经营管理；一种是集体所有、集体经营。两者同是集体经营，但因为所有权不同，也会有差别。这个差别集中表现在对盈亏的责任上。集体企业应当是完全意义的自负盈亏。全民企业则是盈亏责任制，"盈"由国家与企业共同分享，"亏"也应按一定比例分担。

这里有一个问题值得研究：对全民、集体和个体的生产资料的限额是否应该有个规定，避免利用生产资料而全部占有由生产资料而形成的级差收益。

企业的相对独立性，主要表现为具有相对独立的经济权益。所谓自主权实际上包括"权"和"益"两个内容。首先是"权"的问题。从整个社会经济来说，应当以企业为本位，在民主的基础上建立国家的集中的领导。从企业内部讲，同样要按照民主集中制的原则来组织，由全体职工行使企业的自主权，不能像苏联那样按一长制的原则搞体制改革，只是扩大经理的权限。所以，体制改革在扩大企业自主权的同时，必然要进一步解决企业内部的民主集中制问题。改革企业内部的管理制度，应当以职工代表大会为最高权力机构，实行真正的民主管理，同时以厂长为集中指挥者，二者结合构成民主集中的体制。

其次是"益"的问题。要实行全面的物质利益原则。首先企业的盈亏要在国家与企业之间合理分配，使企业的利益和企业集体所付出的劳动贡献大小相一致。实质上也就是对企业集体实行按劳分配，然后在企业内部按小集体和个人实行按劳分配。这样就会把职工个人的物质利益与企业生产经营的成果联系起来。国家、企业与个人之间利益的合理分配，是经济民主集中制原则在经济利益上的体现。只有这样，才能充分调动广大劳动者的积极性。

三　企业的联合和联合体的大联盟

以企业为基本单位，整个社会经济也要走民主联合的道路。联合化是生产社会化的必然要求。问题在于按照什么原则，采取什么形式？我认为，同样要按照民主集中制的原则进行联合。

1. 企业与企业的联合。生产力的发展，要求按照专业化协作的原则把经济活动组织起来。在这个意义上，体制改革和工业改组有直接联系。

企业联合的组织原则，应当是民主集中制。资本主义的联合是通过竞争，进行吞并，自发地发展起来的。社会主义有可能按照客观规律促进联合的实现。1979 年和 1980 年的经验告诉我们，只靠行政命令，或者只靠自愿进行联合都有问题，必须把二者结合起来：依靠行政力量推动联合，同时按经济规律实现联合。实行联合还需要行政干预，但行政干预的主要任务是去打破部门和地区的界限，不然就搞不起来。联合要在自愿互利的基础上，同时依靠行政力量来推动，这就是民主集中原则的体现。在联合体内部也必须贯彻民主集中制，松散的联合体或联合公司可以实行董事会或者联合委员会领导下的经理负责制。

联合的形式，应当是多种多样。有几个概念要区别清楚。专业化协作是一回事，联合又是一回事。搞协作，不一定都要组织联合体；组织联合体也并非都要采取公司的形式，更不一定都办成托拉斯式的高度集中的公司。有松散的联合，也有紧密的联合，要适应生产力的发展水平，要看经济效果，不能"一刀切"。

我们说"企业"，指的是一个独立经营，独立核算的经济实体。松散的联合，参加者保持自己的独立地位，本身仍是一个企业；联合体发展成为一体化的公司，由公司独立核算，公司成为企业，所属工厂成为公司的分支机构，这时工厂就不再是企业。前者的民主管理机构是董事会或管理委员会；后者的民主管理机构则是职工代表大会。但大的公司，也可以实行分级管理。这些都体现了民主集中制的原则。

2. 行业的联合。我认为行业的联合是一种管理的联合。行业组织叫协会也好，同业公会也好，都不是经济实体。但它应当是一种民主的管理组织，由参加的企业选举理事会、理事长而组成。参加者有应有的权利，也必须遵守应尽的义务，受到行业规定的制约。它可以部分取代自上而下的行政管理，有利于打破地区、部门的界限。每个企业都有加入或退出协会的自由，可以加入一个或者同时加入几个有关的协会。

协会在企业与企业之间、企业与政府之间起桥梁和纽带作用。它的职能是进行全行业的规划，向行政主管部门提出建议；协商制定产品标准、价格及其他共同遵守的规则；组织企业之间的协作，协商各企业之间的经济利益；进行技术交流、情报交流，开展咨询服务业务；在培养人才，引进技术等方面进行合作；等等。

现在有一种说法，实行全行业留成，把行业组织看成一种经济实体，这是值得商榷的。如果行业组织可以对所属单位进行利益调剂，应当说它实际上是一种公司，而不是上述性质的行业组织。

3. 经济中心——区域联合。经济中心是以一个城市（或集镇）为中心，进行跨行业的区域联合。它不同于行政区划，也区别于地方行政机构，是又一种管理的联合，应当建立在行业联合的基础之上。它可以设想是一个民主选举的经济委员会，由各行业协会参加。由于不同的行业协会集聚在一起，自然就形成许多具有特色和优势的经济中心。其职能是处理一些带共同性的经济问题，协调各经济联合体之间和行业组织之间的关系，处理一些共同性的问题，它可以更大地取代现在由各级行政机构执行的职能。它也可能是一个半官方的经济民主管理的组织。

从企业的联合，行业的联合，到经济中心的建立，就可以把经济组织网络化，也可以说是把一切联合体组成一个大联盟。但是这个大联盟是建立在民主基础上的，因而体现着社会主义经济民主的本质。有了行业组织和经济中心组织，政府管理经济的机构就可以大大简化，而且逐步实现政企分离。

四　国家对社会经济的统一领导

实现社会主义的经济民主，并不是只讲民主，不讲集中，而是在民主的基础上，建立国家对社会经济的统一领导。也就是说，要在搞活微观经济的同时，加强对宏观经济的控制。当前体制改革还只是初步的改革，宏观的控制没有相应跟上，因而出现某些问题，这是不奇怪的。问题在于研究如何跟上，推进改革，不能遇到问题就想退回老路去。

不少人把宏观控制理解为就是计划调节，并把它和市场调节相对立，有些人又把计划调节和指令性计划等同起来，因此加强宏观控制似乎就是加强计划调节，而加强计划调节又等于下指令性计划。这些看法是值得商榷的。我认为宏观控制不等于计划调节，更不等于就是下指令性计划。控制的内容涉及社会经济的全过程，控制的方法也包括行政的方法、经济的方法，或者两者的结合，并非单靠一纸计划所能解决。

社会主义经济是计划经济，对国民经济实行计划管理，是社会主义经济的特色。所谓计划管理，它包含着两个职能：一是计划，二是控制。计划是行动的目标，是人们按照客观规律对经济发展的一种设想。它应当建立在科学预测的基础上，但毕竟带有主观性。因此就计划的本义来说，它只能是一种指导性的东西。但是，社会主义经济必须由国家代表总体劳动者进行统一领导，制定一个经过综合平衡，比较符合经济按比例发展要求的计划，作为全体劳动者自觉实现的统一目标，是完全必要的。

计划作为一个集体的意志，不可能靠自发而实现。要实现或接近实现，不能不由国家对经济过程进行必要的调节和控制。但是制定计划是一回事，在计划指导下对宏观经济进行控制又是一回事。控制要采取多种手段，从多方面进行，而不是靠一纸计划来解决。现在所实行的指令性计划，实质上是用行政命令对物资等进行的一种控制，它只是各种控制手段中的一种，尽管它是十分重要的一种控制，但仅仅靠这一项控制，并不能保证计划目标的全面实现。

宏观控制至少有以下一些方面需要建立，并使其系统化：

1. 行政管理。我们说政企要分离，只是说政府不直接指挥企业的经济活动，并非说政府就不管经济，也不是说就不需要行政管理。相反，行政管理是宏观控制的一个重要手段。它至少有以下一些重要内容：（1）企业注册：新企业的开办，老企业经营方向的重大改变，都应当由有关部门审查批准，然后由工商行政管理部门登记注册，这是保证经济按比例发展的一个重要环节。（2）各种专门规定的制定：例如，有关环境保护、安全生产、劳动保护、标准化、专利、市场管理等的具体规定，这是所有企业必须遵循的准则。（3）行政组织管理：在行业协会、经济中心等民主管理组织的基础上，还必须有政府的主管部门。企业开业和经营范围的审查，重大技术改造和扩建方案的审批，计划和统计的归口，企业经理（或厂长）的任命或资格审查，等等，都需要有主管机关进行控制。

2. 法制管理。国家要制定各项经济政策，除了通过行政管理实施外，其中有些长远性的方针、政策，要用法律形式固定下来，进行法制管理。如企业法、环保法、安全法、税法，以及对贪污、行贿、重大事故和重大浪费的法律制裁等。

3. 重点建设。重点的建设项目，不但要按计划进行，而且必须要由国家直接组织进行，建成后再交企业职工负责经营管理。

4. 物资管理。为了保证计划目标的实现，国家直接控制若干产品的生产与流通还是必要的，但在方法上应采取国家订货形式来代替所谓指令性计划。它和下指令性指标的不同，在于订货是一种经济行为，由物资或商业部门代表国家与企业签订合同，明确双方的经济责任。对企业来说，国家订货、非国家订货以及自销、推销等，都是满足市场需要。只不过国家订货是最稳定的市场，而优先完成国家订货任务，又是社会主义企业应尽的义务。

5. 资金管理。全民所有制企业的全部资金归全民所有，所谓企业有"自有资金"是说不通的。为了加强资金的统一管理，实行政企分离，可以考虑全部资金采取贷款形式，由国家银行管理，用利息控制资金的运用。

这里顺便说一下实行利润留成或税后留利，对企业几项基金的处理问题。

现在把企业留成的几项基金，都看成是企业的收益，似乎都归企业所有，这是不妥当的。各项基金应按照它们的性质加以区分，并采取不同的方法进行控制。

生产发展基金有两种用途：其中一部分用于零星挖、革、改和科研、试制等，应在成本中分摊，不必作为基金的一部分。如果必要，可向银行申请短期贷款解决；另一部分用于重大技术改造或扩建，它的性质是国家建设基金的再分配，企业有使用权，但没有所有权。这部分基金暂时不用可存入建设银行，也可以提前使用而向银行贷款，用后期的提成偿还。这部分基金应改名为"生产建设基金"，限额以上的使用方案要经过审批，建成投产后转为企业的固定资产归全民所有。为了使企业有较大的灵活性，建设项目的限额标准可以适当提高。

集体福利基金也有两部分，一部分用于职工直接消费，如各种补贴、零星福利费用等，应改由下述的分红基金支出；一部分用于住房、医院等福利建设，它的性质是国家社会福利基金的再分配，企业也只有占用权，没有所有权，而且要有有偿使用的办法。这部分基金应改名为"福利建设基金"，以区别于一般福利费用。

奖励基金应正名为分红基金，在进一步改革中，这部分基金也可能包括工资基金在内成为职工消费基金，它是企业集体的劳动报酬。它可用于两方面：一是直接分配给职工个人；一是用作集体的福利费用，如医院、托儿所的经费等。这项基金才是真正的企业收益，它归企业全体职工所有。

各项基金作了以上性质的划分，国家才有可能把对积累与消费的控制，落实到企业基层。企业实行盈亏责任制，主要应体现为分红基金的增减或一定比例的反扣，企业为此要从分红基金中留出一部分后备基金。

6. 劳动管理。劳动力的调剂也是宏观控制的一个主要手段。要建立并发挥劳动公司的作用，使它成为劳动力吞吐和培训的经济组织。企业的职工可分为三类：一部分是固定职工，一部分是合同工，一部分是临时工。后两部分由劳动公司提供。经过一定年限的考察，企业可从中选用固定职工。如果国家今后有条件实行失业补贴，也可由劳动公司来管理。

宏观经济的控制包括的内容很多，除了以上所述外，还有物价管理，税收调节等，都是重要的手段，就其内容来说是一些经济杠杆，但就其形式而言，又是通过物价部门、税务部门的行政管理。

总之，国家制定的计划是发展经济的目标，通过以上管理进行控制，使计划目标得以实现或接近实现。计划是全面的：在物资的生产和流通上，它既包括了国家直接控制部分，也包括不直接控制部分；在国民收入的分配上，既包括国家直接控制部分，又包括企业可以支配的部分和直接消费的部分。这样的计划管理同样体现了既有集中，又有民主，既有纪律，又有自由的原则。因此可以认为体制改革的实质，或者说它的最终目标是实现社会主义的经济民主，也就是把民主集中制的原则运用到经济领域。这样的经济管理体制，充分体现社会主义的原则，而且也只有在社会主义公有制的条件下才有可能实现。

社会主义经济民主与行业协会[*]

  随着城市经济体制改革的进行,行业协会的组织在我国开始兴起。几年来由于党中央、国务院领导同志的倡导和客观需要,全国出现了若干全国性的行业协会和更多的地方性的行业协会。工会系统推动建立的同行业竞赛组织,也顺应形势的要求,逐步发展成为行业协会。这些协会,几年来都做了大量工作,为政企职责分开,发展经济的横向联系进行了探索,并取得许多宝贵的经验。但是,行业协会究竟是个什么性质的组织?它和政府部门的行业管理是什么关系?它和企业又是什么关系?等等问题,还缺乏一致的认识,需要在理论上进一步探讨,在实践上进一步探索,使这一具有重大意义的组织形式,能在城市经济体制改革中发挥更大的作用。下面谈几点个人的粗浅看法。

---

 * 原载 1985 年 1 月 10 日《经济日报》。

我国经济体制改革的实质是充分发扬
社会主义的经济民主

党的十二届三中全会关于经济体制改革的决定，制定了以城市为重点的整个经济体制改革的伟大纲领。《决定》指出：我们改革经济体制，是在坚持社会主义制度的前提下，改革生产关系和上层建筑中不适应生产力发展的一系列相互联系的环节和方面；是要建立起具有中国特色的、充满生机和活力的社会主义经济体制，促进社会生产力的发展。《决定》还指出，城市企业生产和经营的积极性、主动性、创造性能否充分发挥，8000 多万职工的积极性、主动性、创造性能否充分发挥，是一个关键问题。并指出：具有中国特色的社会主义，首先应该是企业有充分活力的社会主义。因此，增强企业的活力是经济体制改革的中心环节，要求围绕这个中心环节，主要解决好两个方面的关系问题，即确立国家和全民所有制企业之间的正确关系，扩大企业自主权；确立职工和企业之间的正确关系，保证劳动者在企业中的主人翁地位。《决定》还指出，确立这两方面的正确关系，是以城市为重点的整个经济体制改革的本质内容和基本要求。

综上所述，我认为经济体制改革的一个重要实质，就是充分发扬社会主义的经济民主。这一点，是邓小平同志早就指出过的。他在 1978 年《解放思想，实事求是，团结一致向前看》这篇极其重要的讲话中，明确指出"民主是解放思想的重要条件"。对经济体制改革，他是从发扬经济民主的角度提出问题的。他说："我想着重讲讲发扬经济民主的问题。现在我国的经济管理体制权力过于集中，应该有计划地大胆下放，否则不利于充分发挥国家、地方、企业和劳动者个人四个方面的积极性，也不利于实行现代化的经济管理和提高劳动生产率。应该让地方和企业、生产队有更多的经营管理的自主权。"接着他强调指出，当前最迫切的是扩大厂矿企业和生产队的自主权。使每一个工厂和生产队能够千方百计地发挥主动创造精神；还指出，同样要切实保障工人农民个人的民主权利，包括民主选举、民主管理、民主监督，要使每个工人农民都对生产负责任、想办法。

五年多来的改革实践证明，邓小平同志的这些指导思想是完全正确的。党的十二届三中全会决定，把确立国家和企业、企业和职工这两个关系，调动企业和职工的积极性、主动性、创造性，作为经济体制改革的本质内容和基本要求，体现了邓小平同志的这些指导思想。建立充满生机和活力的社会主义经济体制，实质上也就是充分发扬社会主义的经济民主。也可以说，是把民主集中制运用到经济领域，改变过去片面强调集中、忽视民主，造成整个经济体制僵化的做法。

发扬社会主义经济民主，需要自下而上逐步完善。从层次来看，最基层的经济民主是在企业内部建立又有民主，又有集中的领导制度，充分发挥职工代表大会的民主管理作用，切实保障职工真正当家作主的主人翁地位，同时在民主管理的基础上建立集中决策和统一指挥的厂长负责制。职工民主管理企业是社会主义企业的性质所决定的，它又是社会主义经济民主的基础。在确定企业是一个相对独立的商品生产者和经营者地位之后，必须认真实行职工对企业的民主管理，否则就不可能充分调动亿万职工群众的积极性、主动性和创造性。

企业的民主管理是社会主义经济民主的基础。在这个基础上进一步完善和发扬经济民主，还要建立以企业为单位的行业民主管理，也就是建立行业协会，它和政府的行业管理部门，构成上一层次的民主集中关系。在行业民主管理的基础上，还可能在一个城市里，以各个行业协会为单位，组织经济联合会之类的组织和城市的经济综合管理部门，构成更上一层的民主集中关系。到那个时候，我们社会主义的经济民主就更加完善，必将进一步发挥社会主义的优越性，促进社会生产力的更大发展。

政企职责分开和行业民主管理

党的十一届三中全会就已指出，经济体制改革要克服党政企不分、以党代政、以政代企的现象。党的十二届三中全会进一步明确指出，按照政企职责分开，简政放权的原则进行改革，是搞活企业和整个国民经济的迫切需要。

过去国家对企业管得太多太死，主要原因在于把全民所有同国家机构直接经营企业混为一谈，企业成为政府机关的附属机构，按照行政系统，依靠行政手段管理企业，压抑了企业的生机和活力。实行政企分开，并不是说政府不再管企业，政府和企业完全脱钩，而是明确政府对企业职责，给予企业以自主经营、自我改造、自我发展、自负盈亏的独立自主权。因此政府必须放权，把理应由企业自主的经营管理权放给企业。通过"放权"，就可以"简政"，把许多不应该和不必要由政府管的事精简掉。以上这些原则，十二届三中全会的决定都作了说明和规定。但是如何正确理解和实施这些规定，当前也存在一些具体问题。

首先遇到一个放权放给谁的问题。

几年来由于传统的依靠行政手段管理企业的习惯没有改过来，实行工业改组和企业联合，没有很好贯彻国务院关于"保护竞争，促进联合"的指示，各部门、各地方依靠行政手段组建了许多行政性公司，特别是在这两年进行机构改革中，把一些政府的管理机构换个招牌，改组为一个或几个公司。这些公司貌似企业，实际上仍然是政府的管理机构。如果说本来的政企不分表现为"以政代企"，换了招牌之后，则是"以企代政"，并没有改变政企不分的实质。因此实行简政放权就发生了放权放给谁的问题，如果把这些公司算做企业，把权放给公司，就等于没有放权。这是当前各地普遍在争论的一个问题。

党的十二届三中全会明确指出："全国性和地区性的公司，是在国民经济发展的需要和企业互有需要的基础上建立的经济联合组织，它们必须是企业而不是行政机构，不能因袭过去的一套办法，而必须学会现代科学管理方法。"

这里说得很清楚，公司必须是企业，不能是行政性的。而公司作为经济联合组织，一个重要的前提是建立在国民经济发展的需要和企业互有需要的基础上，而不是依靠行政命令把一些经济上并无联系、更无相互需要的企业，用"装口袋"的办法硬统在一起。按照《决定》的要求，这些不符合经济发展规律客观要求的行政性公司，在改革中是必然要改组或解体的，这又是当前各地普遍在议论的一个重大问题。

这里我们需要分析一下：为什么过去在精简机构中，会普遍出现把政府机构换招牌改组成行政性公司的现象？除了传统的靠行政手段直接经营管理企业的习惯外，一个重要原因就在于政企在职责上如何划分不明确。究竟哪些事该管？哪些事不该管？不该管的事交给谁？这些问题都不明确，就匆忙为精简机构而精简。

社会主义国家有领导和组织整个国民经济活动的职能。实行简政放权，并不是说政府机构就不再有管理经济的职能。所谓放权，主要是把企业的经营管理权放还给企业，但在放权的同时也还有留权的问题。今后中央和省级政府机关，一般不再直接主管企业，把主管权下放给中心城市或县，但在中心城市或县仍然要有全民企业的主管机关。这些主管机关不能像过去那样，直接经营管理企业，但有权管理企业的发展方向，向企业下达国家计划，任免企业的主要负责人等。这些职权是不应该下放的。过去把这些本应由政府行使的职权交给行政性公司，是造成公司性质混乱的重要原因。

按照政企职责分开的原则实行简政放权，把应该由企业自主的经营权放还给企业，政府的工作当然也相应地大大精简，这是简政的主要内容。但是过去政府机关还包揽了许多同行业的公共事务。这些事务和政府的职权并无直接关系，但又不是单个企业都能承担得了的事。比方说，领导干部的任免是企业主管机关的职权，至于领导干部的培训则和职权无关，这是可以由任何教育组织来承担的事。又如劳动竞赛、质量评比、技术与管理经验的交流和推广以及某些集体福利事业（如职工医院）等等，都是与政府职权没有直接联系的事务。实行简政，完全可以把这些公共事务精简掉。过去在机构改革中，简单地撤销政府机构。由于一些由政府包揽的公共事务，不可能都下放给单个的企业，因此促成了采取行政性公司的办法，把这些公共事务都交给公司。现在既然明确公司不能是行政性的，必须在自愿互利的原则下建立企业性的公司，同一个行业就可能通过自由联合而组成许多个公司。同一行业有许多公司，属于同行业的公共事务又交给谁呢？仍然是个问题。

解决这个问题的惟一的合理的途径，就是由企业自愿加入，建立民主自治的行业协会，由协会把同行业的公共事务承担起来。行业协会和行政性公司在性质上、任务上都完全不同，它既不是一个经济实体，又不是政府机构，也不代行政府的职权，因此不会再有政企不分的弊病。

行业协会的性质和任务

行业协会既不是经济实体，又不是政府机构，它是一个什么性质的组织呢？我认为，行业协会是一种以企业为单位，自愿联合组成，并实行民主自治的社会团体（或者说是社会经济团体也可以）。它和企业管理协会、质量管理协会等研究和交流管理经验的学术团体，在性质上也是不同的。

行业协会的特点是自愿联合、民主自治。它的章程由加入的企业共同商定，领导机构由选举产生，经费主要由会员企业交纳的会费负担。企业可以自由加入，也可以自由退出。同一个企业可以自愿加入一个或几个有关的协会。例如，纺织机械厂，既可以加入纺织方面的协会，又可以加入机械方面的协会。但加入后，作为协会的会员，则必须遵守协会章程，履行应尽的义务，同时享受应有的权利。

行业协会的任务主要有两个方面：一是对会员起服务的作用，包括组织情报、信息的收集和交流，传播推广先进的技术与管理经验，组织人才的培训和开发，组织产供销的协作，开展竞争评比活动，举办集体福利事业，推动对外经济技术合作，以及在法律上维护企业的合法权益、调解企业之间的纠纷，等等。另一方面是沟通政府与企业之间的联系，并接受政府的咨询。例如，政府在制定有关行业的方针政策和法令时，可以征询行业协会的意见；行业协会也可以主动对政府采取的措施提出建议或批评。政府制定行业的发展规划、产品价格、技术标准等，也可以委托协会起草，经政府审定后由政府颁发执行。行业协会是个社会团体，它不能代替政府的行业管理。政府还应当有行使政府职权的行业管理部门。但行业协会可以代表会员企业和政府行业管理部门之间，形成一种民主集中的关系。政府的行业管理机构，行使政府行业管理的职权，这体现了集中的一面，但政府要充分发挥行业协会的民主作用，使政府的集中决策建立在广泛民主的基础上。

行业协会不仅在它内部实行民主管理，而且对政府发挥经济民主的作用。因此它是发扬社会主义经济民主的一种重要形式。为此，我建议我国的行业协会统一命名为"行业民主管理协会"，以体现社会主义经济民主的特色。

充分发挥工会组织在社会主义建设中推动经济民主的作用

行业民主管理协会作为一种实现社会主义经济民主的社会团体，它的组建要不要经过政府的审批？要不要有挂靠部门或领导部门？这是当前需要研究解决的现实问题。

我国目前还没有制定《社团组织法》，行业民主管理协会的建立还只能采取由一定的政府部门审批的办法。但是由政府部门审批，并不一定就要挂靠于政府部门，或由政府部门领导。为了贯彻政企职责分开和简政放权原则，把行业民主管理协会挂靠政府行业管理部门，或由政府部门领导，很可能形成新的政企不分。在机构改革中，有些政府机关改头换面组成行政性公司，也可能又改头换面改组为行业协会，把"以政代企"变为"以企代政"，再变为"以会代政"，其结果都不利于贯彻政企职责分开的原则。

几年来的实践经验证明，凡是行业协会真正由企业自愿联合实行民主自治的，都有很大的生命力。不但经费、编制可以自己解决，而且组织灵活，工作也有实效。如果行业民主管理协会仍然由政府机关主管，很可能又成为政府机关的附属物，失去经济民主的特色。

工会是党领导下的工人阶级的群众组织。在社会主义现代化建设的历史时期，工会担负着组织和教育职工群众为实现四化而斗争的历史任务。工会在企业中的重要任务之一，是在企业党委领导下推动企业的职工民主管理，这是我国工会在历史新时期的新发展。但是，工会的任务是否就只能局限于推动企业内部的民主管理呢？我认为还可以进一步发挥工会推动经济民主的作用，不仅推动企业的民主管理，也推动行业的民主管理。因为劳动人民当家作主并不限于企业，行业的民主管理是企业民主管理的延伸。企业工会只是工会的基层组织，在它的上面还有产业工会、地方工会和全国总工会。产业工会可以推动行业的民主管理，将来地方工会还可以推动城市的经济民主管理。

产业工会推动行业的民主管理，和企业工会推动企业民主管理一样，它并不取代民主管理的组织，企业工会作为职工代表大会的办事机构，为职工代表大会服务。对推动企业的民主管理发挥了作用。同样，产业工会可以作为行业民主管理协会的挂靠部门，为行业民主管理协会服务。

把推动社会主义经济民主的重任交给工会系统，是赋予工会以新的历史任务，将使我国工会在建立具有中国特色的社会主义的过程中，走出自己的道路，实践将证明这样做不但能充分发挥工会在历史新时期的作用，而且对推动社会主义经济民主也会起重要的作用。

党的十二届三中全会决定指出："中国共产党人以不断推动社会发展和进步为自己的历史使命。在反动统治下，我们党领导广大人民群众进行革命，为推翻旧制度而奋斗；在人民当家作主的社会主义制度下，我们党领导广大人民群众自觉地进行改革，为建设高度文明、高度民主的社会主义现代化强国而奋斗。"

高度民主，包含了社会主义的经济民主。经济体制改革必将进一步完善和发展我国的社会主义经济民主。自下而上地建立行业民主管理协会，将是发展社会主义经济民主的一个重要步骤。

经济民主论*
——纪念党的十一届三中全会召开十周年

改革十年,回顾历史,环顾世界,究竟我们改革追求的目标是什么?可以用一句话来回答,那就是要走出一条有中国特色的社会主义道路。这条道路的具体模式是什么?就经济模式来说,经过几年的理论探讨和实践探索,党的十二届三中全会作出了明确的回答,是实行有计划的社会主义商品经济。

以商品经济取代传统的产品经济,在体制上引起一系列根本性的变革。在经济的运行机制上,要以市场机制取代行政机制,当然不是完全不要行政机制;在经济的组织上,要实行经济民主,当然也不是不要集中,而是在高度民主的基础上,建立新的集中统一,从经济的管理体制来说,改革的核心问题可以说是实行社会主义的经济民主。

邓小平同志1978年提出经济管理体制改革,就是从发扬经济民主出发的。他说:"我想着重讲讲发扬经济民主的问题。现在我国的经济管理体制权力过于集中,应该有计划地大胆下放,

---

* 原载《改革》1989年第1期,《经济日报》于1989年1月6日发表了该文摘要。

否则不利于充分发挥国家、地方、企业和劳动者个人四个方面的积极性，也不利于实行现代化的经济管理和提高劳动生产率。"①在这里，小平同志明确提出"发扬经济民主"这一命题，十年来的改革客观上朝着这个方向走，遗憾的是我们在理论和实践上，没有把它作为改革经济管理体制的中心指导思想，在某些具体环节上忽视甚至背离这一思想。本文就此发表一些不成熟的见解，就教于广大读者。

一　社会主义商品经济和资本主义商品经济的区别何在

回答这个问题，在概念上要稍作分析。我们正在进行中的经济体制改革，有时又把它称为经济管理体制改革，实际上这两者是含义不同、但又紧密联系的两项改革内容。经济运动是一种客观现象，采取什么样的经济运动形式，存在着不以人们意志为转移的客观规律，违反规律就必然要受到惩罚。探索这方面的改革，应当称为"经济体制改革"。它的任务是改变不符合客观规律的经济运动形式，以适应和推进社会生产力的发展。对经济活动进行组织和管理，是人们施加于经济运动的主观行为，如果这些行为符合经济运动的客观规律，就会起促进作用，反之则会起阻碍甚至促退的作用。"经济管理体制改革"指的是这方面的改革。现在我们已习惯把"经济体制改革"作为一个总的概念来运用，当然也可以。但必须认识在这个总概念之内，实际上包含着有主客观差异的两个不同的小概念。

商品经济是一种经济运动形式，具有客观性。它是人类进行社会分工的产物，和人类的社会制度没有直接关系。在原始共产

① 《邓小平文选》，人民出版社1983年版，第135页。

主义社会后期，就出现了简单的商品生产与交换；以后在奴隶社会、封建社会都得到很大的发展，到了资本主义社会，发展到高级阶段。但资本主义商品经济未必就是商品经济的最高阶段或最后阶段，完全有可能经过孕育成长的社会主义商品经济，会成为更高形态的商品经济。现在我们为了论证实行社会主义商品经济的必要性和必然性，常常说"商品经济是不可逾越的历史阶段"。这个说法并不完全确切。它会给人们一个印象，似乎我们今天搞商品经济是为了"补课"，补完这一课，很快又要进入到取消商品的历史阶段。其实商品经济的寿命可能还长得很，今天我们固然有"补课"任务，但这只是起步，不排斥后来居上，创立起一个比资本主义商品经济更高形态的社会主义商品经济。从历史的发展规律看，这绝不是什么幻想。

今天要问社会主义商品经济和资本主义商品经济有什么根本的区别，想从商品经济的运行机制去寻找区别点，我看很难，如果说有区别，我认为区别不在运行机制上，而在它的组织结构或组织体制上。

物质和运动是哲学上的两个基本概念。辩证唯物论认为世界上没有不是物质的运动，也没有不在运动中的物质。经济运动也是一种运动，这个运动也必然依托于它的载体。

商品经济的运行机制是商品经济运动的形式，包括市场上的等价交换，价值规律与供求规律，竞争机制……都是实行商品经济必然存在的运动形式。但这些运动不可能是超物质的，要有它的载体，就像天体运动要以星体为载体一样。同样的运动，可以有不同的载体参与运动。

商品经济作为一种经济运动形式，它的运行机制具有客观规律性，很难区分社会主义和资本主义。特别是在国际市场上，不同社会的参与者，只能按照共同的国际市场规则行事。因此要从运行机制中寻找区别是不可能的。

但是，作为商品经济运动的载体，它的性质以及它的组织结构，可以有区别。进入同一市场的商品生产者和交换者，可以是社会主义的，也可以是资本主义的。这些运动载体的性质及其内外部的社会关系，可以截然不同。就像球类比赛一样，在同一球场上，可以有不同的球队，按照统一的比赛规则进行竞赛。球队是有区别的，比赛规则是统一的。

党的十三大报告中指出："社会主义商品经济同资本主义商品经济的本质区别，在于所有制基础不同。"这是一个极其重要的论断。所有制不是商品经济的运行机制，而是商品生产者与交换者的性质，以及由它而形成的各种社会关系。它是商品经济运动载体的区别，而不是商品经济运行机制的区别。

在理论上作出上述的区分非常必要，首先可以回答我们的改革究竟是姓"社"还是姓"资"的问题。

在改革中事实上存在着两种极端的思想倾向：一些同志囿于传统的社会主义观念，把商品经济等同于资本主义经济，一看到采取相同于资本主义商品经济的一些范畴和办法，就为走资本主义道路而担忧；也有一些同志热衷于汲取资本主义商品经济的经验，而不屑于考虑还应坚持哪些社会主义的基本原则。产生这两种极端的思想倾向，其共同的问题都是对商品经济的共性和社会主义的特性这两者如何结合，缺乏必要的分析与思想。

二 社会主义公有制与经济民主

我们说，改革是社会主义制度的自我完善和发展。坚持走社会主义道路并不是一种类似宗教信念的坚持，而是对历史发展科学分析而得出的结论。我国几十年的社会主义实践，既有成功的经验，也有失败的教训。由于缺乏历史经验和"左"的指导思想影响，过去有许多作为，名为社会主义，实际是背离社会主义。例如，在分配上搞平均主义，就不能说它是社会主义的按劳分配。在公有制上搞"一大二公"、"穷过渡"，超越历史发展阶段，也不是与生产力发展相适应的社会主义。另外还有一些理论本身的缺陷，例如，认为社会主义就可以消灭商品与货币，实践证明是行不通的，是带有空想色彩的社会主义，因此对社会主义有必要重新认识，但是作为社会主义最基本的特征，以公有制取代私有制，它所具有的优越性是无可否定的。尽管这种优越性由于没有找到恰当的实施体制而未能充分发挥出来。

社会主义以公有制取代私有制，主要目的无非是两个方面：一是在宏观经济上，建立以公有制为基础的社会经济，才有可能克服生产社会化和生产资料私有性的矛盾，有计划地分配和利用资源，使社会经济得到协调发展；二是在微观经济上，使劳动者成为生产资料的主人，改变资本统治劳动、"物"统治"人"的反常现象，从而使生产力中最活跃的因素——人——的积极性获得解放。

以上这两个目的，从经济组织的角度来看，它的实质就是实现经济民主，把经济行为的主体，由个体转化为群体。宏观经济依靠人民民主决策，使其符合劳动者的整体利益；微观经济更是依靠劳动者的自由联合、自主经营而充分调动劳动者的积极性和创造性。

公有制的本义是以经济民主取代经济专制，以公平分配取代剥削，但在群体的内部，民主和集中是相对而并存的。只讲民主，不讲集中，任何的集体行为都将是不可能的。反之，如果只讲集中，不讲民主，集中就会转化为专制，失去公有制的本意。不幸我们过去的体制恰恰是片面强调集中，忽视以至无视民主，或者搞形式上的民主，使公有制的优越性得不到充分的发挥。

我们曾经把全民所有制列为公有制的最高形式，并且由国家行使全民的所有权，实际上成为国家所有制。从理论上讲，全民所有制就是全体劳动者所有，似乎已经实现了劳动者作为生产资料主人的公有制原则；在实践上当然也完全不同于私有制，尽管劳动者个人利益和国家利益之间存在某些矛盾，毕竟不同于私有制的剥削。但是，由于国家实行自上而下、高度集中的统制，劳动者在生产中实际上仍处于客体地位，并没有真正解决劳动者与生产资料之间谁统治谁的问题，这就大大削弱了公有制本来应有的优越性。

为了发挥公有制在宏观经济管理上的优越性，对社会经济实行集中统一的计划管理是完全必要的。但是我们过去把经济的计划管理上升为"计划经济"这一大概念，不但把它和商品经济相对立，而且实行高度集中和无所不包的指令性计划，实质上成为国家主宰一切的"统制经济"，和公有制的民主性完全背道而驰，造成整个社会经济活动的僵化。

按劳分配本来是一种依靠劳动者自创自收、民主平等的社会主义分配制度，同样由于无视它的民主性，采取了由国家自上而下对劳动者进行按劳"付酬"的做法，劳动者有如国家的雇工，不但造成"大锅饭"、"铁饭碗"等弊端，更重要的还在于不能消除劳动者的雇佣观念，使按劳分配失去它的积极意义。

实践上诸如上述的这些严重偏差，就其思想根源来说，就在于没有认识到公有化的实质是民主化，社会主义最根本的优越性也在于它的民主性，首先要实行社会主义的经济民主，把亿万劳动者的积极性、创造性最大限度地调动起来，成为推动生产力发展的强大动力。能达到这样的目的，才能表明公有制优越于私有制，社会主义优越于资本主义。不发达的社会经济依靠这个优越性，才能以较快的速度赶上发达的社会经济，以至后来居上，超过发达的社会经济。

三　劳动与劳动的联合

"劳动创造世界"这一马克思主义的观念是无可否定的。但是有一种片面理解，把劳动限于直接从事物质生产的体力劳动，一说劳动者就意味着指的是体力劳动的工人，这种有意识或无意识的见解是错误的。所谓"劳动创造世界"，包括人类的各种创造物质财富和精神财富的有益劳动，包括脑力劳动与体力劳动，就在物质生产过程中，也包括直接生产和间接生产的各种劳动。

资本主义的伟大功绩是把劳动者从封建的人身依附的枷锁中解放出来，实现了人的第一次解放，资本主义思想的先驱者，提出了以个人为本位的"人本主义"思想，宣扬个人的独立与自由，人与人之间的平等、博爱关系，等等，为建立以个人主义为基础的资本主义私有制，奠立了思想基础。新的社会经济制度，必然要求政治的保护。从《人权宣言》的发布到资产阶级革命的胜利，实现了资本主义社会的创建。

个人主义是资本主义的思想基础，它对激励人的积极性起了不可磨灭的伟大历史作用，至今也仍然是资本主义进步与发展的力量源泉。但是随着社会分工的不断发展，社会协作也相应发展，人与人之间必须结成大大小小的社会关系。绝对的个人主义是不可能的，鲁宾逊的故事深刻地说明了这一点。因此资本主义尽管还在继续发展，它不可避免地、越来越严重地产生个人与集体、个人与社会的尖锐矛盾。生产社会化与生产资料私有性的矛盾，正是这些矛盾的主要表现之一。这就产生了以公有制为特征的社会主义思想，而且在复杂的历史进程中，诞生了一批试行社会主义制度的国家。当然，这一新生的婴儿不可能是完美成熟的，他的某些机能可能不如青壮年，甚至也不如接近衰亡的老年人，但他毕竟预示着未来。

和资本主义相对立的社会主义，它的思想基础是集体主义、群体主义。它绝不抹杀个人的独立与自由，但认为个人必须通过自由的联合，结成不同层次、不同规模的集体或群体。个人的力量只有结成集体或群体，才形成更强大的力量；个人自由也只有形成集体或群体的联合行为，才成为改造世界的更大的自由。不同层次的集体组织和群体意识的形成，使人由个体人转化为集体人，将是人的第二次解放。

劳动是人类求生存、求发展、改造自然、改造社会以及自身的基本行为。人类劳动从来都是集体的、社会的行为。但是从原始共产主义社会进入私有制社会以后，这种集体行为都是被强制的。资本主义给予个人以自由，但是作为无产者的所谓自由，充其量只是选择雇主的自由。只有劳动者自由联合成为生产的主体，才能取得真正的自由。有了这样的自由，作为生产力主要因素的劳动者的全部聪明才智才会迸发出来。

马克思、恩格斯在总结巴黎公社的历史经验时，充分肯定了当时工人所创立的经济组织原则，即企业是自由平等的生产者的联合体，整个社会经济则是这些联合体结合而成的大联盟。这里体现了两个大层次的劳动联合，[1] 以微观经济的劳动者联合体为基础，构筑起宏观经济的劳动者大联盟。100多年前工人阶级在革命实践中的伟大构想，反映了社会主义民主经济的思想。这样一个经济组织的构想，能否适用于我们今天实行社会主义商品经

---

① 关于两个层次的联合劳动，林子力同志作过系统的阐述，见林子力：《社会主义经济论》第二卷，经济科学出版社1986年版，第337—403页。

济体制呢？我认为是完全可以的。前面已经说过，商品经济的运行机制可以依托于不同的载体。企业作为商品生产单位可以是资本主义的商品生产单位，也可以是社会主义的商品生产单位。而社会主义的商品生产单位必须是"自由平等的生产者的联合体"，才能充分体现社会主义的特性。由一切联合体结合成的大联盟，构成社会主义宏观经济的组织，它必然也要充分体现社会主义的经济民主，实行在高度民主的基础上适当集中，改变过去由国家高度集中而形成的"统制经济"的组织形式。在社会主义商品经济的基础上，通过两个大层次的劳动联合，实现社会主义的经济民主，绝不是什么"乌托邦"的幻想。

四　企业的经济民主

社会主义经济以公有制为基础，实行多种所有制形式并存。这就是说，除了公有制之外，还允许少量私有制的存在。所谓以公有制为基础或为主体，应当是就社会资本的总量而言，即在社会资本总量之中，公有资本所占的比重大大超过私有资本。一个企业也可以是多种所有制共存，只要在企业资本总量中，公有资本占主要部分，这个企业就是公有制企业。本文所论述的对象是社会主义公有制企业，不涉及私有企业的问题。

企业是社会经济的"细胞"体。它是社会生产力的发生地，又是社会生产关系的直接体现者。经济体制改革必须以企业为立足点、出发点和归宿点。毫无疑问，实行社会主义经济民主，也必须以企业的经济民主为基石。

企业的经济民主包含着两个方面的内容：一是企业作为一个整体，它的性质和它在整个社会经济体系中的地位问题；二是企业内部各项制度的民主化问题。前者问题的核心是国家与企业的关系；后者问题的核心是企业与职工的关系。

1．企业的性质与地位

企业作为一个整体，它是一个独立的经济实体。在社会主义商品经济体系中，它是一个独立的商品生产和经营单位，实行自主经营，自负盈亏，自我积累，自我发展。在市场上，它以一个独立的商品生产者身份参与交换，和其他企业平等竞争，公平交易。在法律上，经过注册成为企业法人，以它所拥有的法人财产承担民事责任，享有法律所规定的权利与义务。

社会主义国家对一切的公私企业，都要进行一般的行政管理，包括经济计划的指导、经济行为的监督等等，毫无疑问，社会主义公有制企业要接受政府的行政管理。但是企业和政府之间不应存在隶属关系，也不需要隶属关系的主管部门。如果还有所谓主管部门，那只能是面向一切企业的行业管理部门，而不是隶属部门。

企业的资产归投资者所有。全民的资产应当设置全民资产管理部门行使所有权。为了彻底实行政企分开，克服过去政府直接干预企业的弊端，同时也为了发扬社会主义的经济民主，可以考虑由各级人民代表大会设立专门委员会，领导若干投资公司或资产经营公司，作为法人财团，用企业化的经营方式，负责全民资产的投资和管理，并对已投资的全民资产行使所有权。

2．企业的所有制

社会主义公有制企业是公有资产或资本占主要地位的企业。所谓公有资产或公有资本，可以包含多种形式的公有成分：（1）全民所有成分：它是全国劳动者所共有的资产或资本。它的所有权属于全民，由全民所有制的投资公司或资产经营公司代表全民行使所有权。（2）企业集体所有成分：它是企业全体劳动者共有的资产或资本，它的所有权属于企业劳动集体，由企业职工代表大会行使所有权。（3）企业职工所有成分：它是企业每一个正式职工的定额投资。本企业职工既参与劳动，又参加投资，属于合作性质，因此也是公有成分。它和前项企业集体所有不同，前者是全体职工共有，后者是全体职工合有。共有是"板块"式的集体所有，合有是"拼块"式的集体所看。"板块"是不可分割的，所有权属于职工全体；"拼块"是可分割的，所有权属于职工个人，但两者却属于公有性质。

公有制企业以以上公有资产为主体，不排斥也吸收少量社会上的私人投资，或与私有经济联合。只要私有成分在资本总额中不占主要地位，企业仍属于公有制企业。

社会主义公有制企业的所有制，实行以上三种公有成分的混合，有的企业是全民成分占主导地位，有的企业则是企业集体成分占主导地位（如同现有的"大集体"企业），或职工合作成分占主导地位（如同现有的"小集体"企业）。现行的全民所有制企业，增设企业集体股和职工个人股，是企业资产的民主化，即使全民资产仍占主导地位，也能增进劳动者在企业中的主人翁责任感，有利于调动劳动者的积极性。如果企业集体成分和职工合作成分占主导地位，即使全国大部分企业成为集体与合作所有制企业，不但丝毫无损于我国社会的社会主义性质，而且可以使全民资本有计划地投向关键性的重点企业，这样，将更有利于社会经济的协调发展。

3. 企业的劳动制度

企业是人与物两种要素组成的。所有制说明了物的要素组成方式和人与物的关系，劳动制度指的是人的组成方式，它是企业民主化的基础。公有制与私有制的根本区别在于谁是企业的主体。社会主义的一个基本观念，认为劳动者是企业的主体，劳动者之间则是自由平等的联合，因此说"企业是自由平等的生产者的联合体"。如果否定了这一点，社会主义就失去它的立足点。

按照上述这一基本观点，从人的角度看，企业的概念应当是一个劳动集体。个别劳动者可以自由选择，自愿加入某一个劳动集体，而劳动集体也有权选择自己的成员。

劳动集体一旦组成，在它的内部必然实行民主制，即少数服从多数，个人服从整体。这种关系将以"劳动公约"来体现。个别劳动者不接受公约的制约，只能退出集体，而不能违反公约；劳动集体对不遵守公约的个别劳动者，也可以解除他的成员关系。

劳动集体是一个群体，它的统一行动必然要有一个卓越的领袖来领导集体，可以采取选举、招聘等方式，民主产生自己的领袖，并实行民主集中制，形成集体行动的权威。

按照上述原则建立企业的劳动制度，企业劳动集体可以有三个不同层次的成员，它的主体是经过集体选择的正式工；其次是新加入集体的合同工。个别劳动者经过和劳动集体的相互选择而加入集体，可以和集体签订合同，合同期满经过集体审定和个人自愿，可以转为正式工，成为劳动集体的正式成员，也可以延续合同或解除合同。再其次是按照临时契约，短期参加企业劳动的临时工。这三种不同层次的成员，对企业的权责有所不同，但在按劳分配上一视同仁，同工同酬。

在社会主义商品经济体制下，劳动力是不是商品，是一个有争议的理论问题。我们说商品经济在运行机制上很难区分社会主义与资本主义，要有区分只是在组织结构和组织体系上。劳动者是组织的基础，劳动力是不是商品，是生产关系问题，不是商品经济的运行机制问题。在社会主义初级阶段，既然允许私有经济的存在和发展，劳动者自愿受雇于私有企业，客观上就存在劳动力是商品的情况。但是劳动者自愿加入公有制企业的劳动集体，成为企业主体的一个成员，共同劳动，共同创造收益，也共同承担经营失误以至失败的风险。他的收入取决于集体劳动成果和个人的劳动贡献，不取决于市场供求所形成的劳动力价格，因此他的劳动力不是商品。他加入或退出某一个劳动集体，是入伙或退伙行为，不是出卖劳动力的行为。

4. 企业的经营制度

企业经营决策的民主化，是企业经济民主的重要体现。企业既然是"自由平等的生产者的联合体"，劳动者是企业的主体，必然要集体承担企业生产经营的权利与义务。企业的重大经营决策必须集体通过，然后才能"有福同享，有祸同当"，集体承担生产经营的责任。

公有制的重要目的在微观上是实现劳动者与生产资料的直接结合。在所有制上，全民所有体现了全国劳动者对生产资料的占有，对企业劳动者来说，是间接的结合，不是直接的结合。在企业中增设企业集体所有和职工合作所有，使资产民主化，增加了劳动者与生产资料直接结合的成分，有利于劳动者在直接关心企业资产的损益和有效利用。但是，劳动者和生产资料的结合不完全取决于所有制，还取决于对生产资料支配的经营制度。按照所有权和经营权分离的原则，所有者将所有的资产授权给经营者负责经营，经营者就取得对生产资料的支配权。即使是单一的全民所有制企业，如果职工在生产经营上有战略决策权，也能部分地体现劳动者和生产资料的直接结合，它将有利于劳动者对生产经营效果的直接关心。

企业的经营决策有无必要和可能由劳动者集体决策，这是一个有很大争议的问题。但这又是一个对社会主义再认识的重大的理论与实际问题。目前相当普遍的观点是把企业领导人（厂长、经理）一个人看做经营者，认为实行厂长负责制，就只能是由厂长一个人享有企业全部经营决策的权利与义务。形成这种思潮是对长期实行党委领导下的厂长负责制，厂长处于有责无权状况的一个否定，但是忽视了由此而引起厂长与职工群众之间的矛盾问题。

社会化大生产的企业，没有一个高度集中的指挥权威是不利的，这个道理一百年以前恩格斯在著名的《论权威》一文里就作了充分论证。但是民主决策和集中指挥是不矛盾的。即使是私有制的现代资本主义企业，在经营决策上也逐步由个人决策转向集体决策。资本主义企业以资本为主体，所谓集体决策当然主要是资本代理人（董事会）的集体决策。但是在劳资对立的资本主义制度下，也越来越需要解决劳动者的积极性问题，因此，职工参与管理的体制已经在许多资本主义国家盛行。社会主义企业应该进一步实行以劳动者为主体的集体决策。

企业的经营决策可以分为三个层次：最高层次是有关发展方向等方略性的决策。在社会主义制度下，这种决策权还应属于所有者，不能像资本主义股份公司那样，所有权与经营权全部分离。我们在公有制中保持全民所有制成分，正是为了运用全民所有权对某些重要的企业的发展方向进行必要的控制。中间层次的决策是企业的战略决策，包括企业年度以上的生产经营计划、技术改造规划，和重大规章制度的制定等等，这些重大决策由企业领导人提出方案，经过职工代表大会讨论通过，成为劳动集体的意志，然后依靠全体劳动者群策群力加以实施。第三个层次的决策是战术性的日常经营决策。毫无疑问这种决策应当完全授权给企业领导人，并且全体劳动者要服从这一权威的集中统一的指挥。

实行上述分层次、在民主决策基础上高度集中的厂长负责制，把企业的管理权威和劳动者主人翁地位统一起来，既符合社会主义公有制的本义，也符合重视人际关系和群体行为的现代管理科学原理。

在法律上企业是独立的法人，法人要有主体。资本主义企业的法人主体（体现在法人机关上）是资本所有者及其代理人，社会主义企业以劳动集体为法人主体，以劳动集体所拥戴的领袖——厂长或经理为法人代表。建立这样的具有社会主义特征的法人制度也是理所当然的。

5. 企业的分配制度

企业的分配指的是企业劳动集体所创造的新增价值的分配和再分配。企业所创造的商品价值，扣除物化劳动所转移的价值之后，所余部分是新增价值。它的分配首先要履行向国家纳税的义务，然后一部分实行按劳分配，用于劳动者个人和集体的消费；一部分作为对投资者鼓励的利润，分配给资产的所有者。

在商品经济条件下实行按劳分配，只能采取"两级按劳分配"的办法，即在新增价值中按不同行业规定一定的分配比例（百分之几），用于对劳动集体的按劳分配。比例数是相对不变的，绝对数则随着新增价值大小而浮动，多劳多得，少劳少得，上不封顶，下不保底。这是一级按劳分配。然后，在劳动集体内部，再按个人的劳动贡献大小，进行再分配，这是二级按劳分配。国家或国家通过行业组织规定企业一级按劳分配的比例数，以此调控国民收入中消费基金所占的比重，但不干预企业内部的再分配，使消费基金的分配民主化。

企业新增价值除以上按劳分配外，所余部分作为利润在投资的所有者之间进行分配。全民所有部分取得的利润，成为全民的积累，由投资公司或资产经营公司集中后进行再分配，可以再投资给本企业，也可以投向其他需要发展的企业。企业集体所有部分取得的利润，是企业集体的积累，成为企业的自我积累，用于企业的自我改造与发展。职工合作部分取得的利润，分配给职工个人，作为投资的收益，同时鼓励职工再投资，扩大个人的积累。如果企业还吸收部分社会上私人的投资，私人股东按股分红或表现为股票在市场上升值，收益归私有者自行支配。

如果企业亏损，不但所有投资者都要受损，而且劳动集体也不能取得按劳分配的收入，只能运用预提的后备金维持职工生活。如果破产则按《破产法》处理。

五　社会的经济民主

企业的经济民主是社会主义经济民主的基础。在这个基础上要逐步建立和逐步形成一整套社会经济民主的组织体系，包括以下内容：

1. 行业的经济民主

同行业的企业以及各种经济实体，都有必要组成自愿加入的行业协会。这种协会不是经济实体（区别于企业集团），也不能是变相的政府机构，而是一个以企业为成员的民主自治团体，在政府与企业之间起着桥梁与纽带的作用。

行业协会的主要职能是为会员企业服务，包括提供市场信息、组织人员培训、交流技术与管理经验、举办全行业的福利设施（如医院）等等。它在民主集中制的原则下，可以制定某些行规、行法要求会员遵守，也可以协议制定技术标准、工资标准以及商品、劳务浮动价格等等。它可以代表会员企业对政府的政策、法令提出批评与建议，也可以接受政府的咨询或委托，草拟有关行业发展规划，等等。对会员企业之间的经济纠纷，可以进行内部协调，也可以设立法律机构为会员企业提供法律咨询及律师，等等。它的经费主要依靠会员企业交纳会费及咨询收入，它的领导机构由会员民主选举产生。一个企业可以自愿加入几个行业协会，如纺织机械厂既可加入纺织协会，又可加入机械协会。如果企业有自销业务，还可以加入商业企业的行业协会（或商会）。

行业协会作为民间的民主自治的组织，原则上应自下而上自行组建，各地的行业协会可以自愿联合组成跨地区以至全国性的协会。

2．城市的经济民主

城市是商品经济的活动中心。大中小城市即大中小的经济中心。在城市里集中了各行各业的经济组织，因此可以也有必要在行业协会组织的基础上，建立城市的经济民主组织，可以叫做某城市的"经济联合会"。这种经济联合会不是行业协会的上级机构，而是各行业协会自愿加入，作为协调各行业共同有关的经济事务的民主自治组织。和行业协会相对应的政府机构是行业管理部门，和经济联合会相对应的政府机构则是综合管理部门（如计委、经委、财政、税收等部门）。

经济联合会的职能及其组织，类似行业协会，但内容则是跨行业的公共事务。

3．全国的经济民主

社会的经济民主以各地的行业协会（包括商会、农会等）和经济联合会为基础。有无必要在这个基础上建立全国的经济民主组织，要和政治体制改革联系起来作进一步的研究。但是行业协会自下而上的自由联合，必然会出现跨地区以至全国性的行业自治组织。和这些全国性行业协会相对应的政府机构将是中央的行业管理部门。有了这样的民间行业组织，可以承担大量的行业公共事务，既有利于发扬经济民主，又有利于精简政府机构。但行业的民主组织不能取代行使政权的政府部门。例如，它可以接受政府的委托，通过民主协作，起草行业发展规划的方案，但是审定批准则属于政府的职权。它对政府的政策可以提出批评、建议，但政策的制定与修改则属于政府的职权。行业协会和政府行业管理部门两者之间职能区分不能混淆。

各大中小城市建立了行业协会的联合会或经济联合会，是城市综合的经济民主组织，它是否也可以自下而上组成全国性的经济联合会？我认为这样做没有必要。如果进而形成上下级关系，反而会妨碍经济民主化的作用。但是中央综合管理部门（如计委、经委）在制定全国经济计划或重大政策措施的时候，向各地经济联合会广泛征求意见，或召开有各地经济联合会代表参加的全国经济工作会议，都是实行宏观经济民主决策的有效措施。如果制定国民经济计划，先广泛征求各地经济联合会的意见，再经过全国经济工作会议的民主讨论，然后提请政治民主的全国人民代表大会审议，因为它有经济民主的基础，可能会更切合实际，也更有利于计划的实现。

社会主义的经济民主，立足于企业的经济民主。企业真正成为"自由平等的生产者的联合体"，上述的社会经济民主就构成以联合体为基础的大联盟，形成自下而上完整的经济民主的组织体系。

六　经济民主与政治民主

经济基础决定上层建筑，是马克思主义的基本原理。在社会主义民主制度的建设上，经济民主将是政治民主的基础。政治体制改革的核心问题是建设社会主义的民主制度，使我国成为高度民主、高度文明的社会主义社会，这将是一个艰巨复杂的历史进程。当前应当首先着力于社会主义经济民主的建设，同时相应地解决与经济民主直接联系的关于党组织、政权组织和工会组织的职能问题。

党的十一届三中全会就提出了必须解决党政不分、政企不分的问题。这些年随着经济体制改革的发展，这方面进行了若干改革，特别是在确立企业内部的党、政、工关系上，有了很大的改革。但是，从微观到宏观的整体看，还没有形成一个明确而完整的体系，有待于在今后政治体制改革中进一步完善。下面谈几点粗浅意见。

1. 政企分开与政府管理经济的职能

任何国家都有一定程度的管理经济的职能。社会主义以公有制为基础，国家更有条件发挥统一领导和协调国民经济建设与发展的重大作用。过去的毛病是片面强调集中统一，忽视经济民主，使整个经济活动僵化，阻碍了生产力的发展。经过这些年的探讨和探索，明确了两个原则：一是政企分开，两权分离；二是减少直接控制，扩大间接控制，实行"国家调节市场，市场引导企业"。但这两项原则的具体实施还存在不少问题。

政企分开的原则早已明确，但在现实经济生活中，政企实际上还分不开。以后又提出所有权与经营权分离的原则，使政企分开有了进一步发展，但也还没有最终解决政企分开问题。现在来看，原因在于全民所有制企业的所有权仍由政府代表全民来行使，客观上必然导致政企无法彻底分开。因此需要进一步提出政（政府机关）资（全民资产）分开，才有可能真正实行政企分开和两权分离。

国家管理经济的职能可以分解为三个部分：一是对经济活动的一般行政管理，包括制定经济政策与法律，制定经济技术发展计划，制定经济技术标准，对经济实体进行注册登记，对经济活动进行监督，等等。管理的对象是不区别所有制的各种企业的经济实体。二是对经济活动进行必要的间接控制，包括运用税收、利率、汇率以及重要物资的吞吐等经济杠杆，对市场进行必要的调控，引导企业及其他经济实体的行为，使其符合或接近国家预定的计划目标。这种调控的对策，也是不分所有制的各类企业和经济实体。三是对全民所有的资产进行管理，行使全民资产的所有权。这种管理的对策只限于有全民资产的企业。它是区别于一般行政管理的特殊的财产管理。现在的弊病在于这两类不同性质的管理混合在一起，把政府职能和股东职能混为一体，因此政企也就无法最终分开。

解决上述矛盾的有效途径，是把行使全民资产的所有权从政府职能中分解出来，由全国人民代表大会和各级人民代表大会设立"全民资产管理委员会"管理全民资产。在委员会下设立综合的和专业的投资公司或资产经营公司，作为法人财团，承担全民资产的经营管理工作。这些公司也是法人企业，根据人大确定的方针和国家计划的指导，进行投资和现有资本的经营。它有责任完成规定的资本盈利率，并以所获利润进行再投资。它以股东的身份对有投资的企业进行控股，享有股东的所有权。

实行政资分离后，政府对企业只行使一般行政管理，不行使全民资产的所有权。政府可以在综合管理部门之外设行业管理部门，但都是面向所有企业，而不是全民所有制企业的隶属部门。一切企业和政府都没有隶属关系。企业的产权则属于各种性质的股东。有全民投资的企业则由全民资产经营公司担任股东。两权分离是企业内部股东对企业独立经营的授权问题，与政企分开是两个不同性质的范畴。只有这样做，政企才能彻底分开，企业才能真正成为独立的商品生产者和经营者，使社会主义经济纳入正常的商品经济的运行轨道。也只有这样做，政府才成为超脱于所有制的对整个国民经济进行管理和调控的权力机构。政府的财政应实行"公共财政"，把税收用于公共开支和对公共设施的投资，不用于对盈利性企业的投资。这样，对于社会主义社会"投资饥饿症"的通病，将是一服有效的治疗剂。

2. 党政分开与党的领导作用

社会主义的革命与建设，都离不开共产党的领导，这一点是不能动摇的。但是党在不同的历史时期，对于不同的历史任务，必须采取不同的领导方式，才能更有效地发挥领导作用。在革命战争时期以及社会主义建设初期，实行党政一体化的领导方式，有它客观的必要性。但是在今天，历史任务变了，党的领导方式也必须改变，提出党政分开的原则是完全正确的。

党作为政治组织和作为经济组织的企业，以及作为政权组织的政府，都有质的差别。党组织不能代替经济组织，也不能代替政权组织，但是党又要充分发挥它的政治思想的领导作用，以保证国家和各项事业沿着社会主义的道路发展。

现在在企业内部已明确企业的党组织不干预企业的行政和生产经营工作，而在思想政治上发挥保证监督作用。但是如何发挥这种作用，在具体操作上还缺乏经验。长期习惯于党政不分的党的工作者，在这一变革中，常常认为自己手中无"权"，就说不上什么保证监督。其实不然，从我们党的历史经验看，在我们党处于地下时期，不但没有政权，而且在许多非党的机关、团体、企事业中，也都处于无权地位。但是由于党的思想、政策的正确性，依靠党的模范品格，通过密切联系群众，受群众的拥护，我们党却有力量发动许多声势浩大的群众运动，实质上起了强大的领导作用，为什么在今天反而认为无能为力呢？

就一个企业来说，党组织发挥它的政治思想领导作用，完全可以和发扬企业的经济民主结合一致。具体的组织方式可以设想如下：（1）党组织首先全力做好党内的思想建设和组织建设，使每一个党员在品德上、思想上与行为上成为群众的楷模。做不到这一条，就不可能在群众中树立起党的威信。（2）发动每一个党员去关心群众、联系群众，使党员成为群众所信赖的知心人。有了这一条，才有可能依靠党员去教育群众、引导群众，并及时向党反映广大群众的呼声。（3）积极推动企业的经济民主，正确对待企业中民主与集中的关系，依靠党员带动群众，正确行使民主权利，严格执行民主集中制，尊重和维护厂长经理的管理权威。（4）充分发挥职工代表大会的民主决策作用。要求职工代表中的党员代表起模范作用，依靠党员代表联系非党代表，共同贯彻党和国家的方针政策，关心企业的发展，在发展经济、提高效益的前提下，不断改善职工生活，使国家、企业、职工三者利益得到兼顾。（5）在取得职工群众的真心拥护的情况下，党组织的领导人可能被选举担任职工代表大会的主席，就更有条件直接领导企业的民主管理，对企业的重大决策做出正确的决定，并带领全厂职工为实现企业的发展目标而群策群力。（6）党组织本身更要民主化，原则上党的书记应改变上级任免为民主选举，认真执行党内的民主集中制。小企业可不设党的专职干部，大中型企业如果配备必要的专职人员，其工资、奖金应由党费开支，另立系统，和企业脱钩。这样，党组织才能成为超脱于行政的政治组织。

实行以上体制，如果多数党员不能在群众中起模范作用，党组织以及书记不受群众的拥戴，在经济民主中就会被群众所抛弃。如果出现这种情况，上级党组织就要解散这个企业的党组织，进行整顿或重建。以上这种党的领导方式，可以说是把地下党的活动方式，公开运用到社会主义建设的"地上"来。它既符合党政分开原则，又能真正发挥党的领导作用。

3．工会组织在经济民主中的作用

工会是职工群众的组织。在革命时期，工会的任务是在党的领导下，组织亿万职工群众为推翻旧社会制度而斗争；在今天社会主义建设时期，工会的任务应当是在党的领导下，组织亿万职工群众，当家作主，为建设新的社会制度而斗争。因此工会组织当前和今后的中心任务，将是为建立和推动社会主义经济民主而发挥它的组织作用。

目前在企业里，工会已经自然地成为职工代表大会的日常工作机构，这种做法完全符合上述任务的要求。如果企业党组织的书记，受群众拥戴被选为职工代表大会主席，工会主席则可能被选为职工代表大会的副主席，就更有利于在党领导下做好企业民主管理的组织工作。

在企业经济民主的基础上，自下而上地建立行业的经济民主和城市的经济民主，工会的行业工会和城市的总工会，也可以像在企业里一样，成为行业和城市经济民主的积极组织者和服务者。

七　结束语

以上这些主张，很可能有些同志会不加分析地认为是南斯拉夫工人自治模式的翻版；同时还可能用简单的逻辑推理，认为南斯拉夫今天遇到的困难是工人自治体制造成的，因此推断这些主张是不可取的。本来对另一个社会主义国家改革的评论，不应该成为本文的内容。但是为了答辩上述这种疑虑，不能不在这里说几句题外的话。①

---

① 关于我对南斯拉夫的看法，可参阅我 1983 年 10 月访南后所写的《南斯拉夫的自治制度和当前经济困难》一文，发表于《工业经济管理丛刊》1984 年第 3 期。

　　首先我认为对任何问题的判断，都不能凭印象、凭臆断，应当遵循"具体问题，具体分析"的辩证唯物主义原则，在充分调查研究的基础上做出科学的分析与判断。

　　南斯拉夫是最早进行改革的社会主义国家，在铁托同志领导下，30多年的改革取得了极大成功。就经济的发展来说，人均国民收入从1950年的100多美元，提高到1980年的2620美元，就足以证明改革的成效。但是铁托去世后，由于种种主客观原因，经济面临极大困难。我认为根本原因并不在于工人自治，而在于地方主义、民族主义的强化，使联邦在宏观经济上失控。如果要汲取南斯拉夫的教训，最重要的一点应当是防止过分扩大地方权限而造成地方分割、各自为政，破坏了社会主义的统一市场和中央的集中调控。

　　南斯拉夫的经济困难，还由于许多宏观决策，如能源政策、农业政策等等的失误，这些和经济体制没有直接的联系。就工人自治体制来说，也不是完全没有毛病。例如，在所有制上实行社会所有制，也并没有解决劳动者与生产资料直接结合问题。特别是在1965年以后所采取的某些措施，如把自治的基本单位，从企业（联合劳动组织）降到分厂、车间（联合劳动基层组织），影响了企业的完整性，等等。但是，尽管如此，我们还应当看到南斯拉夫改革的理论与实践，有它正确、合理的一面。苏联和东欧一些社会主义国家的改革，都肯定了企业由劳动集体自治这一基本原则，正是汲取南斯拉夫工人自治正面经验的一种表现。

　　至于我上述的经济民主化的主张，和南斯拉夫的工人自治体制也有很大的不同：在所有制上，我不赞成抽象的社会所有制，也不全盘否定全民所有制。相反是主张在劳动共有制的基础上，更有效地发挥全民所有制在公有制中的主导作用。在经营制度上，我不赞成工人委员会主宰一切，而是主张由劳动集体行使战略决策权，在这一民主决策的基础上，建立高度集中的厂长负责制，使管理权威与职工主人翁地位相统一。在分配制度上，我主张"两级按劳分配"，对劳动集体的按劳分配要进行比例控制，而不是完全放任；在积累的分配上，主张企业有自我积累的固定来源，同时鼓励职工入股和增加个人积累。等等这些，都和南斯拉夫工人自治体制有很大的不同。但是，把企业看成是"自由平等的生产者联合体"，由一切联合体组成全国的大联盟，这一马克思主义的社会主义的经济民主思想，无疑和南斯拉夫以及苏联、保加利亚等民主自治的主张是有共同点的。

我们的国家是从半封建、半殖民地社会，经过革命而走上社会主义道路。几千年的封建制度所形成的意识和传统，是我们建设社会主义和进行改革极其沉重的历史包袱。伟大的五四运动曾提出科学与民主的口号，但这两大任务在民主革命中并未完全实现，成为我们在社会主义初级阶段还必须继续完成的艰巨任务。发扬民主，学习科学，这就涉及在创建有中国特色的社会主义历史进程中，如何对待封建主义和资本主义这两种非社会主义的思想与传统势力问题。对于封建主义所留给我们的种种无形枷锁，必须彻底反掉，才可能逐步建立起社会主义的民主制度。对资本主义要一分为二，既要防止它们腐朽的阴暗面对我们的侵蚀，又要学习它所积累的科学知识与经验，包括科学技术的知识，管理的经验以及商品经济的运行机制和国家管理商品经济的经验。这一矛盾的两个方面，学习将是主要方面。承认商品经济的共性，"学习资本主义"就不是什么大逆不道的口号。但是同时要寻求和坚持社会主义的特征，发挥社会主义所固有的优越性，才能走出一条有中国特色的社会主义道路。

建立社会主义的民主制度和社会主义的商品经济体制，都必须首先实行社会主义的经济民主。这就是本文的结论。

企业文化与经济民主*

企业文化的提出是个很新的问题。

为什么要搞企业文化？要从几个方面看：

第一，深化企业改革的需要

我们现在都讲企业改革，什么是企业改革？我认为至少有两方面的内容，一是确立企业的社会主义模式；二是企业管理的现代化。我国企业现在的管理水平是比较落后的，相当多的企业管理还缺乏章法，有些企业注意了管理，但还停留在泰罗制的水平上。泰罗的所谓科学管理是美国管理三个阶段中的第一个阶段，是资本主义早期阶段的一套办法。30年代以后资本主义，企业开始重视人际关系，以后发展为行为科学，提出以人为中心的管理思想以及提出建立企业文化，等等。但我们有些企业对此了解不多，对新的管理理论不重视。美国有个著名的现代管理学家到中国讲学，讲人本主义，重视人的作用，实行以人为中心的管理等。我们的听众觉得没意思，他灰心地回

* 原载1989年2月3日《广州日报》。

去了。香港报纸发表了一篇评论，说内地企业和现代管理格格不入。他讲的现代管理思想为什么不能为我们的听众所接受呢？因为我们熟悉的还是泰罗制那一套。泰罗制那一套简单讲，可以说是"大棒加胡萝卜"：一方面用计件工资等刺激工人，一方面是强化劳动纪律再加上用时间分析把动作规定死等。从管理思想来讲，那一套是把职工看成像机器一样的"生产人"，或者只知道追求高工资的"经济人"，而不懂得职工是个"社会人"，职工并不是单纯追求金钱收入，他们还有社会方面、心理方面的需要，包括安全感、归属感、受人尊重，人与人之间的友情，以及事业的兴趣和成就，等等。只讲泰罗制那一套，是一种落后的、资本主义初期的管理思想。我们有的同志要么不懂管理，懂得管理也只是掌握这么一点，和我们社会主义现代化的要求很不适应。我们要建设一个社会主义的企业模式，在公有制的生产关系基础上，恰恰最有条件实施以人为中心的现代化管理，而我们许多同志却把泰罗制看成是管好企业的惟一准绳，所以使资本主义的现代管理学家都感到诧异。社会主义企业在组织结构上要有社会主义特色，这个特色就是以职工为主体，发扬职工的主人翁作用，在这个基础上实行管理现代化。管理现代化并不就是使用计算机、运用数字模式等，其中最重要的是管理思想现代化。广东为什么比较早开展企业文化，因为广东的改革和开放走前一步，很自然会要求企业管理也向新的阶段发展。因而企业文化应运而生。

第二，企业文化的建设是精神文明建设的需要

我们实行改革，旧的东西在破除，新的体制还未完全形成。我们实行对外开放，西方的一些好的东西引进来了，同时也会进来一些苍蝇蚊子。在这种情况下，我们中华民族的精神支柱到底

是什么？现在正处在一个思想动荡的危机阶段。但是中华民族有几千年的民族文化基础，不会因为有这么一点动荡，优秀的中华民族文化就会全部丧失。

我们实行社会主义，走了很大的弯路，但社会主义的意识也不可能一下子都被抹掉。这两大优势会使我们渡过这个动荡阶段，建立起中华民族的新文化。企业文化将是这个新文化的基础。搞企业文化，从它的目的、任务来讲，不能看得太狭隘。企业文化搞好了，一定会促进我们的生产力发展，但也不能单纯算经济账，一说企业文化就要讲产值、利润提高了多少。写文章经常会"一果多用"，生产发展了，那几个数字可以用在各种总结上，总结什么都是那几句，因为搞了企业文化，什么东西翻了几番。我看，不必那么简单地联系。搞好企业文化，必然是会促进生产力，但它毕竟还有更宽广更深刻的意义，其中包括为建设中华民族新文化奠定基础。企业是工人阶级的集中地。工人阶级是先进的阶级，先进的文化也要在这个地方诞生。对企业文化的任务、目标看得更深更大一点，就不会那么急功近利，就会看到企业文化是精神文明建设的需要。

第三，企业文化的建设也是对外开放的需要

在广东出现企业文化建设这样的好现象，有它的特殊意义。有些人认为对外开放很有必要，有很多好处，但也有很多怀疑，担心西方那些肮脏的东西会涌进来。沿海是开放地区，它将是中西文化的汇合点。开放地区最容易吸收西方优秀的东西，如果能把中西优秀的东西结合起来，就能使改革和开放取得更大的成效。广东是最早开放的地区，如果能广泛吸收西方的优秀文化，又发扬民族的传统文化，形成自己一套现代社会主义的企业文化，而且是百花齐放，百花争艳，外国来的人，内地来的人都将

从这个地区看到，开放的结果，并不像他们所想象的那样，必然走向完全西化。

企业文化建设要有社会主义的特色，必须和企业民主相结合

社会主义商品经济同资本主义商品经济究竟区别何在？社会主义同资本主义能不能和平共处？最近我有篇论文《经济民主论》，对这个问题作了论述。我提出商品经济要分成两个方面，一个是它的运行机制，一个是它的载体。商品经济从它的运行机制来讲，不可能也不应该区分社会主义和资本主义。如价值规律，你不能分社会主义的价值规律和资本主义的价值规律。供求规律也是这样，竞争机制也是这样，没有必要非把社会主义竞争改为竞赛，改一个词不能成为区别。运行机制不应该区别，也不能区别，否则我们怎能进入国际市场呢？社会主义能和资本主义共处，正因为我们都实行商品经济，可以按国际规则进行平等交易。

但是商品经济的载体不但可以有区别，而且必须有区别。企业就是一个载体，资本主义企业和社会主义企业必须有区别。如果把这个区别放弃了，那我们的改革还有什么社会主义呢？国内国外都许多人从现象看问题，看到我们讲市场机制，也搞股份制，等等，就认为我们的改革实际上是搞资本主义，只不过不好意思，才把它叫做中国式的社会主义。如果我们把载体的区别放弃了，上面这句话恰恰是说对了，那么我们不如实事求是干脆宣布搞资本主义算了。我国处于社会主义初级阶段，可以允许有少量资本主义成分的存在，但社会主义企业仍将占主体地位。

社会主义的商品经济应当有什么特征呢

我认为主要的特征就是实行社会主义的经济民主。它以企业民主为基础，进而实行行业的经济民主，城市的经济民主到全国

的经济民主。而经济民主又是政治民主的基础，最终形成从经济到政治的完整的社会主义民主体制。

企业经济民主的特征，就是职工是企业的主体

对于资本主义企业来讲，资本是企业的主体，职工是被雇佣的客体。社会主义实行公有制的一个根本目的就在于使劳动者成为生产资料的主人，成为企业的主体，不坚持这一点，就谈不上还有什么社会主义。现代资本主义企业由于劳资对立限制了生产力的发展，被迫重视人际关系，采取了许多调和劳资矛盾的措施，包括实行职工参与制，鼓励职工持股，为了形成归属感实行终身雇佣制，等等，以调动职工的积极性。特别是由于科学技术进步，企业的劳动结构发生变化，脑力劳动的比重越来越大，还靠过去那种"大棒加胡萝卜"的办法来控制已经不灵了，才被迫采取以上措施。比较发达的资本主义国家，白领阶层（脑力劳动者）已占多数，蓝领阶层（体力劳动者）占少数。白领职工搞研究、搞设计，给他规定每天的定额怎么规定？必须依靠人的自觉。所以管理从泰罗制阶段转移到运用行为科学，重视人际关系，讲团队精神、群体行为等。这些发展是有它的客观规律的。我们社会主义恰恰是最有条件发挥职工群众积极性的，而我们过去没有发挥，是片面强调集中，忽视民主的结果。首先是企业没有自主权，而企业职工事实上如同国家的雇工，并没有真正成为企业的主体，职工和企业没有形成一个利益共同体。过去我们根本忽视企业家的作用，现在开始强调企业家的作用，这是一大进步。企业家是企业的灵魂和核心。没有一批优秀的企业家，企业是不可能搞好的。但企业家如果变成资本主义早期那样的老板，和职工的关系变成老板和伙计那样的雇佣关系，这样的企业家不是现代社会主义的企业家，而是早期的资本主义企业家。这

样做，在某些小企业，少数私有制企业中，也许行得通，但在社会主义公有制的大、中型企业是行不通的。因为我们毕竟搞了几十年的社会主义，职工是社会主义企业的主人，这个观念已深入人心，如果还搞资本主义初期的那一套，职工会产生逆反心理。现在搞个人承包，职工成了合同的一方，厂长作为合同的另一方，这些做法都会强化职工的雇佣观念，引起很大的对立，有些企业的效益不高，其中很重要的是这个原因。在一个企业里，每个职工，包括厂长经理在内，是"要我干"还是"我要干"，如果都是要我干，积极性是不会充分调动的。搞企业文化同样有这个问题。一个厂提出一个代表企业精神的口号，是自上而下提出，还是依靠职工民主而形成，效果将会有很大的不同。口号要真正成为群体意识和群体行为，用命令是不行的，要建立在企业民主的基础上，才能真正形成企业精神。

对于民主，我们过去往往是领导提出一个主观的东西，然后征求一下大家的意见，最后仍由领导拍板，这叫做集中指导下的民主，其实不是真正的民主。在民主基础上集中，才是真正的民主，企业文化的核心问题是要形成一个具有强大内聚力的群体意识，和群体的行为规范，它只有真正是大家的愿望，而且集中了大家的意志，才行得通。英明的企业领导，应实行来自群众，最后又回到群众中去的原则。

当前职工群众最关心的首先还是经济问题。文化是属于意识形态范畴的东西，它必须建立在经济基础上。建设企业文化必须以经济民主为前提，解决职工群众在生产经营活动中的责、权、利问题。实行经济民主，必须使企业成为全体职工的利益共同体。应该使职工对企业的重大问题有决策权，而不能仅仅是审议权，然后要求全体职工对生产经营的效果共同承担风险，承担责任。职工的利益要和企业的生产经营成果相联系。责、权、利三结合，才能使职工成为企业的真正主人。在这个基础上，你号召搞企业文化，必然齐心合力，大家积极、主动地参与，成为自觉的行为。如果说经济民主是老虎，再搞好企业文化就是如虎添翼。抓好这两建设，社会主义的优越性必将充分体现，企业也必将充满生机与活力而腾飞。

关于对外开放

过渡地区论*
——试论香港的未来地位与深圳特区的发展战略

一 问题的提出

香港如何收回及其未来的地位问题正在拟议中,建设经济特区的经验也正在总结中。深圳是毗邻香港的特区,也是这几年发展比较快的一个特区。深圳这个特区如何发展,必须联系收回香港问题一起考虑,才能制定出一个对整个国民经济发展有战略意义的发展规划。

1980 年人大常委会批准了《广东省经济特区条例》,规定"为发展对外经济合作和技术交流,促进社会主义现代化建设,在广东深圳、珠海、汕头三市分别划出一定区域,设置经济特区"。从这个条例的内容看,这些特区都属于出口加工区性质。对于深圳来说,以后虽然又规定为综合经济特区,但实际工作仍以发展出口加工为主。联系到香港未来地位问题,深圳有它的特

---

* 1982 年 9 月写的一份内部研究报告。

殊性，是否也按一般出口加工区来建设，是值得探讨的问题。

深圳毗邻香港，引进外资搞出口加工，有它的有利条件，只要政策适当，可以比较快地建设起来。但也正因为它毗邻香港这样一个强大的资本主义地区，它的建设不能只考虑加工出口，应当联系收回香港的战略部署，把它的建设和发挥香港的作用结合起来考虑，才能对我国整个国民经济建设，产生更大的意义。

"收回主权，保持繁荣"是我们对香港未来地位已确定的方针。香港的主权必须收回，这是毫无疑问的。至于什么时候收回，香港人士关心 1997 年的租约问题，我们不承认过去的不平等条约，没有必要以 1997 年为期，可以在 1997 年之前，也可以在这以后。收回后如何管理？可以完全收回直接管理，也可以采取某种过渡形式；这些主动权完全操之在我。现在值得研究的是"保持繁荣"应采取什么方式方法？

香港收回如果不能保持现在的繁荣，除了在政治上解决了主权问题外，在经济上对我国经济建设的作用是不大的；如果能继续保持现在的繁荣，则不仅解决了主权问题，而且可以通过它有计划地利用国际资本来为我服务，作用将是很大的。但是，要保持现在的繁荣状况，就必须让它现行的资本主义经济活动方式继续下去。这在理论上就要作出一个回答：社会主义国家，为什么可以在相当长的时期里，保存一块以资本主义经济为主的地区？否则国内许多人会想不通，国外的人也会认为所谓"保持繁荣"只是我们一时的策略，说变就变，靠不住。国际资本没有继续留在香港的信心，香港也就难以继续保持繁荣。

对香港收回要有一个明确的战略部署，才好考虑毗邻香港的深圳特区的发展战略。深圳这个特殊的特区，它的战略目标应当为收回香港作准备。它的长远规划应当考虑到香港收回后如何协调配合。就目前来说，它应当为利用资本主义经济积累经验，并作出示范。如果我们在理论上能够把社会主义国家可以允许存在一个资本主义经济地区的道理讲清楚，又以深圳特区作为示范，将表明我们是在坚持马克思列宁主义的基本原则的前提下，走一条中国式的社会主义建设的新道路。我们说将来香港"收回主权，保持繁荣"就是有根有据的了。

现在台湾正在看我们如何处理香港问题，香港又在看我们如何处理特区。尽管特区是经济特区，还不是特别行政区，我们采取什么样的建设方针，对香港、对台湾都会有极大的政治影响。因此深圳特区的建设应当有一个从政治到经济的发展战略。

二　过渡地区论

香港如果收回主权，同时维持它资本主义的经济活动方式，在我们社会主义国家的国土上，就出现一片仍以资本主义经济为主的地区。在收回后相当长一个时期里，这个地区不但国家资本主义成分不可能占多数，民族资本也不占主要地位，而是一个国际资本自由活动的舞台。这样一个地区算什么地区？我认为可以叫做"过渡地区"。

在社会主义国家的统治下，可否存在一个或几个以资本主义经济为主的过渡地区，马克思主义经典作家没有直接论述过。正像列宁当年谈到"社会主义制度下的国家资本主义"时所说的："连马克思对这一点也只字未提，没有留下一段可以引证的确切的文字和无可反驳的指示就去世了。因此现在我们必须自己来找出路。"①

但是，马克思主义经典作家关于历史唯物主义的基本理论，

---

① 《列宁全集》第33卷，第244页。

关于两种社会制度之间可以有一个过渡时期的思想，以及半个多世纪以来的革命实践，可以为"过渡地区"的存在提供必要的论据。

马克思、恩格斯早年曾设想，从资本主义经过革命，可以直接实现共产主义。后来才考虑到共产主义要有初级阶段、高级阶段之分，也就是说，要有一个社会主义的过渡阶段。

列宁在十月革命后的社会实践中，认识到在一个小农经济还占主导地位的国度里，无产阶级取得革命胜利，还不可能立即实现社会主义，提出了以国家资本主义作为"中间站"的过渡思想，并采取了一些其他的过渡措施。

我们党以毛泽东同志为代表的老一辈革命家，把马克思列宁主义和中国革命实践相结合，创立了"新民主主义"学说，比较系统地论证了革命发展的阶段论；在革命胜利后，又成功地运用了列宁关于国家资本主义的思想，实现了资本主义工商业的社会主义改造。

以上理论和历史实践的发展，都没有离开历史唯物主义的基本原理，只是证明了历史发展的客观规律性。先进的阶级只能按照客观规律去推动历史的前进，才能取得成功；任何超越历史规律的主观行动，只能遭到失败。我国在三大改造及其以后的某些过去"左"的做法，给国民经济发展带来的挫折和损失，是反面的证明。

在社会的变革中，两种社会形态之间，必须有一个过渡阶段，已由上述理论和实践所证明。因此"过渡时期"的概念已被人们所理解、所接受。但是，过渡阶段或过渡时期，是就时间的过渡性而言的。可不可以从时间的过渡引申出空间的过渡，说明在两种社会制度之间可以存在一个"过渡地区"呢？这是一个新的概念，如果不做点分析，人们就不容易理解和接受。

　　我们知道，时间和空间是矛盾的统一体。爱因斯坦曾经从自然科学的角度论证了这个问题。实际上，从社会历史的演变来看，同样也是如此，既然存在时间的过渡，也就必然存在着空间的过渡。

　　历史发展的阶段性，可以有两种不同的演进形式：一种是"跃进式"的，阶段与阶段之间连续发展，但前后两个阶段之间是截然分开的，形成上一阶段到下一阶段"跳跃式"的发展。这是一种假设的发展形式，在历史上还很难找到典型的例证。按照这个假设的形式，从资本主义到共产主义的发展，就应当是截然分开的三个阶段的连接（形式如下图）：资本主义完全消灭后进入社会主义，将来到了某个时期，一夜之间进入共产主义。

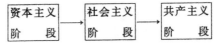

　　另一种是"演进式"的。它也是从一个阶段到另一个阶段连续发展，但阶段之间不是截然分开。主要特点表现为中间过渡阶段是一个"此消彼长"的演变历程（形式如下图）：

社会主义阶段

资本主义 阶　　段	社会主义成分	社会主义成分	社会主义成分	共产主义 阶　　段
	非社会主义 成　　分	非社会主义 成　　分	非社会主义成分	

　　实践经验表明，历史发展的阶段性，只能"演进式"的过渡，不可能是"跃进式"的过渡。当然，过渡的因素是复杂的，绝不仅仅只是经济成分的演变；就经济成分而言，社会主义成分与非社会主义成分之中，也还包括许多不同的形式，情况十分复杂。但是这种"演进式"的过渡，在中间阶段，必然是一个多

种经济形式并存而又"此消彼长"的发展阶段。

过渡阶段既然是多种经济形式并存的阶段，时间的过渡性必然表现为空间的过渡性。也就是说，在同一个社会地区里，存在不同经济形式的空间。即使社会主义成分占主导地位，在社会主义经济实体的周围空间，还会有非社会主义经济实体的存在。所谓多种成分、多种形式的"并存"，就是空间的并存。

不同经济成分的并存，可能有三种形式：一种是"掺杂式"的并存。也就是说，在全国各个地区，各种经济成分都是星罗棋布、犬牙交错地交织在一起。因为社会主义公有制占主导地位，这种"并存"并不影响社会主义的社会性质。一种是"区域式"的并存。即允许个别地区非社会主义成分占主要地位，成为一种社会主义国家中的"过渡地区"。因为全国多数地区是社会主义成分占主导地位，允许个别这种"过渡地区"的存在，同样不会影响全国社会的社会主义性质。第三种则是上述两种形式的并存。也就是说，全国各个地区都允许有少量非社会主义成分的存在，同时在全国范围内，还允许个别地区是非社会主义成分为主，作为"过渡地区"而存在。尽管这两种形式并存，就全国社会的整体来说，社会主义成分仍占主导地位，因此也不影响社会主义的社会性质。

以上还只是孤立地就一个国家内部所作的分析。如果不是把一个国家封闭起来、孤立起来，而是把它放在国际范围来分析，在社会主义国家和资本主义世界之间，也可能需要一个"过渡地区"。这种"过渡地区"又有一层新的重要意义。

在生产力落后的国家里，进行社会主义革命与建设，之所以需要一个过渡时期，其中一个很重要的原因，在于要利用资本主义所积累的力量，包括它的文化、技术、人才和资金等，来为发展社会生产力而服务。列宁主张以国家资本主义形式作为过渡的

"中间站"，其主要原因就在于此。利用资本主义的遗产，当然不限于利用本国民族资本，也包括利用国外的国际资本。列宁所设想的"租让制"，就是要利用国际资本来为国内建设服务。

我们建设社会主义，主要靠自力更生，这个方针必须肯定。但是自力更生不等于闭关锁国，与世隔绝。世界经济已经发展到高度国际化的程度，任何一个国家的经济活动，都不能不考虑国际因素。我们以自力更生为基础，如果善于利用国际条件，从国外引进先进的技术和装备，正确地运用国外资本和人才来为我国实现四化服务，只能有利于加速我国现代化的进程。从长远看，我们不但要利用国际资本，还要采取"打出去"的方针，发挥本国优势，使我们在国际市场上占一定的地位，逐步做到在国际经济生活中具有一定的举足轻重、左右形势的力量，才充分显示出社会主义经济的优越性。我们决不走称霸世界的道路，但在经济领域中最终证明社会主义优胜于资本主义，则是我们肩负的历史任务，而这一伟大的历史任务，只能通过扩大国际经济交往来实现。

开展国际经济技术交流，有不同的方式。可以派人到世界各地去建立经济机构，直接和各国打交道。但这要耗费大量人力、物力，而且形成稳定的经济联系，也不是三五年所能做到。如果我们在边境有一个集中的"交易地"，而且有条件把各国的经济力量吸引到这里来，对我们扩大国际交流当然是十分有利的。

这样一个交易地，如果在外国统治下（如现在的香港），我们也可以利用它，但要受到外国势力的控制；如果是我国自己的就更有条件，利用它来为我们的经济发展服务。这种地区也是一种"过渡地区"，但这个"过渡"却有两层意思：从长远说，五十年或一百年，它最终也是要过渡为社会主义成分为主的经济地区，因此也具有时间过渡的意义；但在相当长的时期内，它还只是在空间的意义上，起着一种"中间地带"的作用。它是一个社会主义国家和资本主义世界集中联系的纽带，是我们通向世界的"桥梁"（就物资交流而言）和"窗口"（就信息交流而言）。从近期来说，它将有利于我们利用国际资本的力量来为我服务；从远期看，当我们经济力量逐步强大之后，它又会成为我们影响国际经济的一个枢纽。香港正是作为这种性质的"过渡地区"的理想地。

三　香港的地位与作用

香港、九龙被英国占领，是我国历史上的一个耻辱。但是它在国际经济中已形成的地位，对我国今后的经济建设却有重要的作用。应当说，这是我们忍受百年耻辱后应得的补偿。我们要善于利用它，使过去的坏事转化为今后的好事。

香港是个天然不冻港，水深港阔，而且地理位置适中。100多年来，它作为一个自由贸易港，逐步发展成为亚洲、太平洋地区的贸易、金融、交通、旅游和通讯的重要中心之一。收回主权后，保持它的特点，发挥它已经具有的优势，加上我国日益壮大的经济力量作它的后盾，它在国际经济中的地位必将更加突出。利用它作为我们通向世界的过渡地区，将是十分有利的。

第一，它是亚洲、太平洋地区的国际贸易中心，对外贸易在资本主义世界占第 16 位，在亚洲地区仅次于日本而占第 2 位；它是亚洲地区最大的贸易转口港，转口的国家和地区达 157 个。收回后，我们不但要使它本身的对外贸易继续扩大，更重要的是要通过它来建立我国和世界各地的贸易联系，借以扩大全国的对外贸易。

第二，它是国际金融中心之一，是世界第三大黄金市场

（仅次于伦敦、纽约），第四大国际银团贷款筹备场所（仅次于伦敦、纽约、东京）。收回后，我们不但要利用它逐步建立我国银行在国际金融中的重要地位，而且利用它来为全国引进外资服务。

第三，香港因为是个自由港，引进外国先进技术和装备方便，我们不但要继续利用这个有利条件，提高香港本身工业在国际市场上的竞争能力，而且可以通过它及时掌握世界技术情报，为全国引进技术服务。

第四，它是资本主义世界第七大港、第三大货柜运输中心和国际十大空运中心之一。它拥有通向世界各地的现代化通讯设施。利用它的交通和信息联系的优越条件，不仅有利于我国对外物资交流，更重要的是通过它掌握国际市场的情报和信息，这是我们扩大对外经济交流必不可少的重要条件。

第五，香港工业有它的特色，纺织业、制衣业、玩具工业、电子工业、造船业等都在国际上占重要地位。收回后，一方面要让香港本身继续发挥它的优势，除了上述产业外，还应发展新兴产业；另一方面还要在全国经济发展规划的协调配合下，运用内地资源的支援，进一步扩大它在国际市场上的地位，同时也带动国内某些产业的发展。

第六，香港拥有一批熟悉国际贸易、国际金融和工商业经营管理的人才，有适应国际市场竞争的经验，我们不但可以利用这些人才为全国实现四化服务，而且可以运用"过渡地区"的特殊条件，吸引世界各地优秀人才，特别是华裔人才，到这个地区来为我服务。

第七，香港又是一个旅游和购物中心，每年游客超过250万人。收回后，不但要进一步发展香港的商业和旅游业，而且可以和内地的旅游业结合起来，以促进全国旅游业的发展。

我们收回香港的主权后，要保持它的繁荣，要取得以上的经济效益，都必须维持它现行的资本主义的经济活动方式。正如列宁在十月革命后考虑在俄国实行租让制时所说的：我们应当根据资本主义的关系来证明这些条件是资本家可以接受的，并且对他们是有利的，同时我们自己也应当从这里面得到好处。维持和发展这样一个资本主义方式的过渡地区，对国际资本有利，但对加速我国四化建设更有利，因此它是符合全国人民利益的。为了使国际资本安心留在香港，有必要及早确定并采取一定的方式，预示我国对香港未来地位的方针、政策。

（以下内容"四、深圳特区的发展战略"，"五、建设深圳特区的十项措施"略）

把汕头市建成潮汕侨乡经济特区*

对经济发展战略问题，我个人很少研究，对汕头市的调查研究也不够，只能谈一点粗浅的认识和想法。

一 对制定社会经济发展战略的一般认识

经济发展战略应当是社会经济发展战略，包括经济发展和社会发展两方面。这对沿海开放城市更为必要。因为对外开放城市，一方面在经济上引进，一方面也会发生许多经济以外的社会问题。因此在经济建设的同时，还有社会的建设问题，发展战略要从两方面来考虑。

发展战略不同于规划，更不同于计划。研究一个地区的经济发展战略，当然要在详细调查研究的基础上进行，但战略本身不一定要面面俱到。制定规划则要详细，计划更要详细、具体。战略是决策，是纲领，是指导制定规划的。战略的重要意义和灵魂

　　* 1984年5月在汕头经济发展战略问题讨论会上的讲话，发表于1984年5月28日《汕头日报》。

在于决定取舍，对发展目标要有取有舍，有所为有所不为。从空间方面看，要有重有轻、有点有面，重点发展什么，点面如何结合；从时间看，要有先有后，哪个先行，哪个后行，应找出由此及彼的发展规律，作出决策。所以要有取有舍。如果面面俱到，把所有的问题都放在同一位置上，就不成其为战略了。

制定战略，按照逻辑应分几个层次进行：

（1）从实际出发，研究内、外部条件，分析优势、劣势，以此作为战略的基础；

（2）根据具体条件，决定战略的目标、方针；

（3）根据确定的目标，制定战略部署，包括发展的步骤、措施，以实现目标。

制定战略，在方法上有两种：

（1）基础法：根据内、外条件，优势、劣势，从现有基础出发，制定发展的方针和措施，争取达到尽可能高的目标；

（2）目标法：先定目标，然后创造条件达到目标。

开放城市和特区，主要任务是要引进外力来进行建设，它的发展在很大程度上取决于外部因素。我们全国是计划经济为主，市场调节为辅。特区则只能是市场调节为主，因为它受国际市场的影响。因此，采取目标法制定战略就靠不住，主要还要用基础法，分析自己的优势、劣势，确定发展的方向，力争取得最大的成效。

（一）如何分析汕头的内、外部条件和优势、劣势

1. 优势、劣势和内、外部条件不是等同的概念，优、劣势是相对比较而言。确定优、劣可同世界比，假如汕头拥有某种世界所少有的稀有金属，这对世界来讲，是优势。同全国比，例如，汕头有众多的华侨、外籍华人，其他地区无法与我们比，这

是我们在国内的一种优势。同全省比，有的是在省内的优势。可见，优势、劣势是对比出来的。至于汕头自己内部的经济结构，某种产业在本市占主要地位，但在全省、全国不见得为优势。因为比重再大，在省内、国内，并不一定就比别的地方强，问题在于有没有特色。内部结构的比重是一种内部条件，可以作为发展的依据，但并不等于优势。总之，内外部条件同优劣势不是一个概念。

2. 历史上的优势不等于现在的优势，现在的优势又不等于将来的优势。如抽纱产品现在是优势，今后的需要是否会下降呢？南海石油现在谈不上优势，将来则很可能成为一种优势。制定战略要有预见、预测，要有长远的眼光，不能完全以现在的情况来作出对未来的判断。

3. 抓主要环节、主要矛盾。因为要有取舍，在优势中就要抓主要环节。我认为汕头最突出的优势是华侨和外籍华人众多，因为其他地方很少能有此优势。资金短缺是普遍的困难，但汕头过去经济发展慢，这个问题更突出一些，而能源、交通等又取决于资金，因此最突出的劣势是缺资金。

（二）根据具体条件，选择战略目标，制定战略方针

战略目标有两种，一种是质的目标，一种是量的目标。我们整个国家以翻两番为战略目标，是否各地也都要同样以翻两番为战略目标？如果各部门、各地区都以翻两番为战略目标，那么现在的经济比例就不需要调整了，都按原来的规模、结构齐步走，一起翻两番，翻的结果，比例上还是现在的比例。这是值得考虑的问题。另外，战略目标应当以质的目标为主，还是以量的目标为主，也要分析。沿海开放城市，其利用外资、引进技术、市场调节为主等，经济发展在很大程度上取决于"外"，《汕头经济发展战略初步设想》提出"抓开放，促开发"的方针是很正确的。这个《设想》还指出，从历史上看，从发挥优势看，都同"外"字有关，这个判断也很对。外资能否引进，不取决于我们的计划，所以以量为目标是靠不住的。我认为，开放地区的战略目标应以质的目标为主，不强求量的规定。按预定的方针发展，以后必有量的结果，可能翻两番，也可能翻五番，翻一番。对汕头来讲，制定质的目标更为重要，因为全国现有四个特区，汕头发展较慢，现又开放了 14 个沿海港口城市，这就必然要有竞争。汕头如何扬长避短，发挥优势，克服劣势，确定一个有特色的战略目标是个关键问题。目标是否选择得好，在和其他对外开放地区的竞争中作用巨大。

我建议整个汕头市建成一个以侨乡为特色的、对外开放的经济特区。如果这样考虑，战略目标可定为：把汕头市建成工农商并举、内外贸结合、多层次、多功能、以侨乡为特色的对外开放的经济特区。这样的战略目标才能体现出在战略上是有所取有所舍。取什么？侨乡是汕头市的特色。为什么叫侨乡特区？因为最大优势是华侨多，最大劣势是缺资金，依靠侨资来建设特区就成为汕头市的主要战略目标。

引进侨资要考虑如何吸引？引进要有吸引力。汕头最大的引力是侨乡。要充分发扬华侨爱国爱乡的光荣传统，要使侨胞有情、有名、有利。暂时我们投资环境不够好，"有利"不明显，就要充分运用"有情、有名"的吸引力。历史证明，潮汕侨胞是有强烈的爱国爱乡感情的，只要我们热情、诚恳地对待侨胞，即使利小甚至无利他们也愿意投资，支援家乡建设。

（三）根据目标，制定战略部署

如果战略目标是以特区为基础，特区又以侨乡为特色，在战略部署上就要解决几个关系问题。

1. 以特区为中心，如何带动周围地区，即点和面的关系问题。首先，特区范围不能太小，如果特区还是1.6平方公里，则实在不能成为特区。至少应扩大到原市区，包括岩石等在内。考虑到更好地对外开放，发挥特区的作用，从特区到周围地区可以考虑分为三线：特区为第一线，可以作为综合性的自由港，人员、资金、商品进出自由，开前门，关后门，海关后撤到第二线，围绕特区的几个县、市为二线，可以成为开发区，再往外为三线。广东、福建都有特殊政策，三线地区也有一些特殊政策。这三线，具有不同的经济水平，形成三个阶梯，生活水平由高到低。从行业来讲，一线着重发展工商业，二线主要搞农业；一线主要搞知识密集的行业，二线则主要搞劳动密集的行业。从社会组织程度来讲，二线比一线组织得更严密。三线的部署有利于对外开放，有利于特区带动周围地区经济的发展。

2. 自力更生与外援的关系。整个国家的建设方针是自力更生为主，外援为辅。对外开放城市，特别是特区的方针，应采取"外力为主，自力为先"。引进外资、技术、人才，引进越多，成绩越大。但外力为主有个过程，不能坐等，要先靠自身力量来发展，这就是靠"自力为先"。要把"投资少、周转快，收效快"的产业先发展起来，如农业、轻工业、组织劳务出口、工艺美术等，靠政策，靠体制改革就可很快发展起来。但要更快地根本改变面貌，实现现代化，还要靠引进外力。

3. 社会与经济的关系。建设侨乡特区，在搞经济建设的同时必须着重考虑社会建设。两个文明并重，社会、经济并举。要调动世界上几百万潮汕侨胞爱国爱乡的热情，必须抓好侨乡的社会建设。引进侨资不一定光是用来办工厂，也可以用来投资搞社会建设。

为了实现上述的战略目标，要做的工作很多，从何开步走？首先是大力落实侨务政策，改变干部作风，然后提出一个侨乡特区的建设规划，大力向侨胞宣传，这是首先要做，也是首先可以做到的事。

二　经济特区的性质和意义

把汕头的发展战略和发展特区联系在一起，这就需要对经济特区的性质，建设特区的意义，有个共同的认识。

（一）建立特区的意义

建立特区的意义很重大，它包含着走什么样的具有中国特色的社会主义道路问题。

在一个生产力落后的国家进行社会主义革命和社会主义建设，必然会遇到如何处理资本主义的问题。这可以说是国际共产主义运动半个多世纪以来，在理论上、实践上不断探索的一个重大问题。列宁提出无产阶级革命可以首先在资本主义比较薄弱的环节突破，进行了十月革命并取得胜利。列宁在理论上的创造，十月革命的实践，出现了在生产力水平落后的国家进行社会主义革命和建设的先例。革命胜利后，遇到许多困难，列宁实行了新经济政策。新经济政策中，强调了发展商品经济，考虑到在生产力落后的国家中，如何处理和利用资本主义的问题。他创造性地提出了国家资本主义的设想，想利用国内外资本主义的力量，来为无产阶级服务，建设社会主义。这可以说是对马克思主义的一个重大发展。

我国进行无产阶级革命，毛主席创立了新民主主义革命的理论，不是把民族资产阶级作为革命的对象，而是作为同盟者。革命胜利后，提出了对资产阶级利用、限制、改造的方针，而且创造了像公私合营等国家资本主义的形式，也是对马克思主义一个很重要的发展。后来，一系列"左"的政策，违背了生产关系必须适应生产力的原理，给我们的经济发展造成很大损失。党的十一届三中全会，纠正了过去"左"的错误，提出了经济体制改革。经济体制改革中一个非常重要的方面是实行多种经济成分、多种经济形式并存，强调发展集体所有制，并发展个体经济作为公有制的补充。同时实行对外开放，利用国际资本积累的资金、技术、人才来为四化服务。特区是这一系列方针政策下的产物。邓小平同志又提出了"一个国家、两种制度"的理论，宪法也规定了设特别行政区，允许台湾、香港回归祖国后，制度不变，生活方式不变等。这也是马克思主义在理论上、实践上的重大突破。

从上述一系列理论与实践的发展，可以说明对外开放以及建立特区的根据：

1. 革命发展阶段论，走历史必由之路；

2. 社会主义为共产主义初级阶段，是一个过渡时期，也可以说是一个时代，必然是多种经济成分并存；

3. 社会主义国家为少数，周围存在资本主义世界，现代经济发展成为国际经济，必然要同国际资本打交道，闭关自守只能拖延发展的进程；

4. 生产力水平较低的国家，缺少资金、技术，可以利用资产阶级积累的资金、技术，为我服务，如果为此给资本家一定利益，也可以说是对资产阶级的赎买；

5. 社会主义公有制占主要地位，允许少量资本主义成分存在，不影响整个社会性质；

6. 社会主义同资本主义交往，必然带进一些不健康的东西。

这是一场战斗，不应害怕。对社会主义有信心，就要引进来，打出去。打开大门，只想人家进来，未想到自己出去，实际上是用闭关自守的思想来指导开放政策。我们实行引进来，正是为了打出去。在经济上要打入国际市场，在政治上要以事实表明社会主义的优越性。

所以建设特区在政治上、经济上都有重大意义，它涉及社会主义如何对待和处理资本主义这一重大问题。

（二）特区的性质

特区对我们国家发展经济起什么作用？从这个角度来讲，我认为，特区是社会主义国家与资本主义国家的一个过渡地区。过去我们讲过渡都是讲过渡时期，都是把过渡用在时间概念上。我认为时间概念可以转化为空间概念，我这里说的过渡地区是就空间来说，也可以说是中间地区，或者说是桥梁地区，或者说是社会主义与资本主义直接的交往地区。这样的过渡地区，从它的社会性质，从它的经济成分来讲，我认为特区是国家资本主义地区，就是说要把国家资本主义这个概念扩大，过去我们说国家资本主义，就是讲一个企业，实质上也可以用到整个地区，整个地区也可以是国家资本主义地区。那为什么说是个过渡地区呢？前面我们已经讲了，社会主义作为一个历史过程来看，它是资本主义到共产主义的过渡阶段。时间的过渡，它必然要转化为空间的过渡。在自然科学上，也是这样。爱因斯坦的相对论，就使得时间与空间统一起来。时间的过渡，必然体现为空间的过渡，也就是说，在空间上，必然存在一个过渡的形式。在那里必然是多种经济成分并存。这种多种经济成分并存，不但有全民所有制、集体所有制，也可以包含有国家资本主义、资本主义成分存在。这个空间的并存，有三种不同的形式：

1. 渗杂式。不仅特区，各地都可引进外资，允许中外合营或外资独资经营等。这里一个饭店，那里一个工厂，在社会主义的国土上，到处都有这种东西存在，形成一种渗杂式的并存。

2. 区域式。即拿出一片地方，让合资、独资的企业集中在一块。我们现在的经济特区就属于这种性质，在这一片上，允许国家资本主义成分比较集中的存在。

3. 既有一片，又有零散的渗杂在一块。将来，14 个开放城市的开发区就是这样。它是成片的，但不排斥在其他地方，有个别零星的，所以是渗杂式和区域式两者混合的一种形式。

空间并存可以有这三种形式，但是不管哪种形式，都是在社会主义国家的管辖之下，只要是在社会主义管辖之下，并为社会主义建设服务的资本主义，都可以认为是国家资本主义。因为不管是渗杂式的，还是区域式的，对整个国家来讲，都是少量的，是很小的，局部的，所以不影响整个国家的社会主义性质。国家资本主义这个概念就扩大了。比如在特区里头，我们不能认为中外合资的才叫国家资本主义，独资经营的也应当算是国家资本主义成分，因为它也是在我们政府的管辖之下，不但服从我们的法律规定，而且也直接为我们实现四化服务。所以像公私合营、中外合营，是国家资本主义企业。独资经营只要在我们国家管辖之下，也是国家资本主义企业。好多国家资本主义企业，成片地放在一个地区，就是国家资本主义地区。

由于特区是国家资本主义地区，所以必然有它特殊的经济规律。因为你让资本家来投资，就必然要让他有利可图。而且许多事情，需要按资本主义的常规来办，我们和国际上的资本主义打交道，也是这样。我们不可能要求资本家按我们的那一套来办。因此，在特区，它的一些经济规律就不一样，就须采取特殊政策。如在全国，我们是计划经济为主，市场调节为辅，但是国家资本主义地区，就不能计划经济为主，只能是市场调节为主。在全国讲，是自力更生为主，争取外援为辅，但在这些地区，我们要力争引进，所以是"外力"为主。不管怎样，特区企业是在我们国家管辖之下，为社会主义建设服务的。所以，它的性质不同一般的资本主义，只能是国家资本主义。

在边境设置这样的特区，列宁在实行新经济政策时，他也曾这样设想过，但没有实现。我们有这样一些在边境设立的特区，就等于我们社会主义国家与资本主义国家，建立了一道桥梁，有利于我们引进来，也有利于我们打出去，有这样一个特区，和没有特区是大不一样的。

（三）侨乡特区的特点

我建议把潮汕建设成为一个侨乡特区，这个特区应有什么特点？刚才说了特区的作用，就是使社会主义与资本主义发生交往。和资本主义交往，有几种不同的对象，首先是纯粹外国人的资本，其次是在外国的华人资本，此外，还有本国的民族资本。香港、澳门、台湾，那里的本国同胞的资本就是民族资本。和资本主义交往，就有这三个对象。建设侨乡特区，就是要走一条特殊的道路，以海外华人资本，包括一部分民族资本作为主要对象，建立一个中间交往地区，这是一个特殊对象的特区。建立侨乡特区既有它特殊的意义，又有它特殊的有利条件。因为海外华人都有爱国爱乡的思想，海外潮汕人更加强烈。据说世界上潮汕人还建立了国际联系机构，去年还在泰国举行了第二次国际潮团联谊年会。海外潮汕人爱乡的思想是很浓厚的，都有寻根认同的感情。过去由于"左"的政策，阻碍了祖国和海外华人的联系。现在建立这样一个特区，既是经济交往的桥梁，又是文化交往的窗口，这就为海外潮汕人与祖国自由来往提供一个中间地带。因此，建立侨乡特区，不仅有经济意义，而且有重大的政治意义。

三　对汕头建成侨乡特区的具体建议

（一）侨乡特区的任务及其作用

既然我们要引进侨资，引进技术，就应同时考虑侨胞与我们双方的利益，而且要把对侨胞的好处放在首位，越是这样，越有吸引力。

为了建设侨乡特区，为侨胞和海外华人提供与祖国之间发展经济文化联系的中间地区，它应满足侨胞与海外华人的十大需要：

1．满足侨胞，外籍华人旅游观光、怀念故乡的需要。

2．休养、医疗的需要。资本主义国家医疗费用很贵，很多侨胞可到祖国治病。我们不能什么事都想挣华侨的钱，把他们看成摇钱树，到哪里都敲竹杠，这些是最伤感情的。应该在许多方面给予优惠，显示出社会主义国家与资本主义不一样。我们可以把一些好的医生集中到这里来，汕头大学可以办医学院，为侨胞医疗服务创造条件。

3．教育子女。海外的华侨，都希望他们的子女不要忘本。有些地方不办华语学校，以致华人子弟学华语很难。在特区要满足这个需要。不仅要让他们学中国话、潮州话，而且也可以在这里深造。如汕头大学，应为侨胞子女服务，收较低的教育费用。

4．方便他们与家人、乡亲团聚。华侨经常要回到家乡去，但那里一般物质条件较差。办了侨乡特区，他们回乡后，可把家人、乡亲带到特区来，在生活条件较好的环境中团聚增加他们返乡的乐趣。

5．满足侨胞照顾侨眷的愿望。很多侨胞回国投资，都想为自己的家乡或亲属创造一点就业的机会，这是"两利"的，我们要提供方便。

6. 为侨胞落叶归根、回祖国定居创造条件。假若没有特区这样一个中间地带，一回国就回到社会主义制度之下，既不习惯，又害怕。有这样一个可自由来往的中间地区，他们就可以放心。这样就会有更多的人回来定居，同时帮助祖国建设。

7. 提供安葬祖先的地方。不但为生者，而且为死者也提供落叶归根的条件。许多侨胞希望把自己的祖辈安葬在故土。

8. 为侨胞提供办工厂、办事业的有利条件。

9. 结合创业，侨乡特区还可成为华侨办企业的安全地带。

10. 留名传世。华侨在特区创业是对祖国的贡献，应让那些成功的创业者在家乡留名传世。

作为侨乡特区，要创造条件，满足侨胞上述的十大需要，这就给侨胞一个极大的吸引力。对我们国家、侨乡来讲，就是要依靠侨胞爱国爱乡的热情，从海外引进资金、人才、技术、管理经验，为家乡现代化，为祖国现代化做出贡献。所以办这样一个特区，既对侨胞有利，也对祖国有利。这就是侨乡特区的任务。

为此，建设侨乡特区必须经济建设和社会建设并举，既起经济桥梁的作用，又起社会文化窗口的作用。物质文明与精神文明要并重。侨乡特区既要显示出地方的特色、民族的特色，同时也显示出社会主义的精神文明。

（二）建设具有潮汕资源特点的工农商业

汕头市实行市管县后，是一个工农商的综合体。工农商三者的发展都要立足在潮汕资源的特点上。资源不仅包括汕头市的资源，也包括以汕头市为中心、周围经济区的资源，如南海的石油，也可看做是汕头市的资源特点。建设具有潮汕资源特点的工农商业，要采取五个方针：

1. 立足于本地区和周围的资源条件，形成自己的产业群落。例如，水果是汕头的资源特点，发展了水果，就可发展罐头、饮料；甘蔗可发展制糖，糖与水果结合起来又可搞糖果、罐头等。也就是说，在水果资源的基础上，要重点发展食品工业，还要发展传统食品，形成产业群。假设南海石油资源确定后，汕头可成为石油的后方基地，可在石油资源的基础上，发展石油化工、轻化工等一套产业群。

2. 人口多是汕头的特点，既是好事又是坏事。劳动力充足，但就业就困难。人口多利用得好就是好事，利用得不好就是坏事。所以，发展工农业要采取劳动密集与技术密集相结合的方针。

3. 要把传统的产业与新兴的产业结合起来。既要发展高精尖的产业，又不能丢掉传统产业，而且还要先从传统产业的发展、改造、提高入手，不能片面考虑一头。

4. 汕头交通、能源比较困难，要努力克服，但它总是一个薄弱的环节。因此，发展工业应采取"轻小型、低能耗、少污染"的方针。产品轻小型可减轻运输困难。从技术革命发展来考虑，企业也要走小型化的发展方向。能源一方面要开发，一方面要节约，采取技术密集、劳动密集的方针有可能降低能耗，如发展电子工业，工艺工业等。少污染很重要，潮汕山明水秀，是旅游胜地，不能让污染给破坏了。南海石油资源如确定，在汕头建立石油基地，应采取坚决的措施，克服污染问题，在与外商谈判签订合同时，一定要求解决污染问题，包括空气和海水污染，这个问题不能让步。

5. 必须一开始就把科研与生产结合起来。新兴产业是新技术，需科研作前导，传统产业也需先进技术加以改造。所以应重视科研与生产的结合。童大林同志主张搞国际蔬菜研究中心，这很好。应当使工业、农业各种产业都建立相应的科研机构，采用新技术、改造老产业。

按照上述这几个原则、方针，潮汕可以发展的东西很多。究竟是叫三个基地好呢，还是四个、五个基地好？我看怎么叫都无所谓，关键是根据自己资源特点与优势，确定向哪些方面去发展。第一，要发挥自然资源的优势，发展农、林、牧、渔业，包括海洋的养殖业、渔业，这个优势肯定要发展。第二，在农业的基础上，发展食品、轻工、饲料等工业，这就形成一系列产业群。第三，要发挥矿藏优势。从汕头本身来讲，矿藏不多，但也有一些。南海的石油等，也可以看成潮汕的矿藏优势。根据这些优势，发展石油化工、有色金属、建筑材料等产业。第四，要发挥劳力资源的优势，其中一个重要的出路就是搞劳务出口。汕头的建筑业已有一定基础，假如劳务出口以搞建筑为中心，结合建材工业的发展，就可以把建筑业作为主要的发展行业。一方面潮汕本身的建设需要大量的建筑，同时可以向海外和内地输出潮汕的建筑力量，结合输出建材。第五，发挥传统的工艺美术优势，发展工艺美术工业。第六，要利用潮汕旅游资源，发展旅游业，跟着旅游业而来的是服务业，宾馆、餐厅等。潮州菜很有名，应该建立具有地方风味的餐厅等。第七，发挥侨胞优势，发展新技术。固然，潮汕侨胞多数从事商业，他们本身不一定就是技术专家、科学家等。但是，在资本主义社会，他们有资本，就能把技术引到这里来。所以，要依靠侨胞的力量，发展新技术的产业，来迎接新的技术革命。

商业怎么办？通过改革，城市都要发挥经济中心的作用。这一点，汕头和一般的中心城市一样，可以成为贸易中心，而且可以成为外贸的港口。这方面的发展，因为受交通条件限制，不太可能超过广州、深圳。但是可以结合侨乡的特点，发挥土特产的贸易中心作用。譬如说，可不可以在这里建立规模比较大的华南土特产贸易中心大楼，使海外侨胞、华人从这里可以买到华南这一带的各种土特产，使汕头成为土特产的购物中心。

（三）进行具有地方特色的城市建设与基础建设

1. 交通、能源是最大的困难，要解决这个问题，需要大量的投资。除了自行筹集资金外，也要考虑引进侨资。一方面过去侨胞有支援家乡进行城市建设的传统，另一方面很多城市建设、基础建设是可以通过收费来收回投资的，也是有利可图的，即使不是大利，至少也是低利。从交通来讲，作为侨乡特区，首先要发展对外的交通，其次才是对内的交通。因为首先要使侨胞、外籍华人回来容易。现在人家说去美国只要一天，回到汕头得好几天。首先得解决这个问题，让侨胞很容易地回到家乡，加深了感情，然后才谈得上其他问题。所以，首先必须解决飞机场、海运、电讯的问题。其次，再发展对内的交通，包括铁路、高速公路等。这些都可以在引进侨资上想些办法。

2. 解决能源问题，也要想办法利用外资。

3. 城市建设，既然要建为侨乡特区，就必须有个通盘的规划。整个特区分为三线，特区内部和特区外围应该适当分工。特区内部也必须分区建设住宅区、游览区、文化区、工业区、农业区等，要有个规划。在规划中，对老市区、村落，不要把它全部拆掉翻新，也不要新老建筑完全渗杂在一起，要保留一部分完整的，成为游览的内容，另建新的市区，这才有侨乡的特色。要是把老汕头拆完了，人家回来一看，跟外国城市一样，就失去了侨乡的特色。农村也是如此，建设新的农村，也要保留一些完整的旧的村镇。唐山地震是全世界有名的地震，地震以后很快恢复建设，地震痕迹一点也没有了。南斯拉夫有个城市马其顿，也发生过地震，后来建设成为现代化城市，但保留了一块地方，就是原来的火车站。火车站地震时，钟楼歪了，没倒下来，钟也停了，恰恰是五点多钟，即是地震的时间，把周围地震的痕迹都保留下来，现在成了一个旅游胜地。大家一看，哟！地震就是这个样子，而且从钟楼还可以看到当时是几点钟地震的。在建设潮汕侨乡特区中，也应注意这一点，把旧的城区粉刷一新保留下来。另外，有的同志建议潮州也要作为一个古城保留下来，我也赞成。

（四）进行具有侨乡特色的生活、文化建设

这方面很重要，要不然就不叫侨乡特区了。要满足海外华人、华侨的十大需要，就要在特区进行具有侨乡特色的生活、文化建设。

1. 发展教育、科研。这里的科研还包括社会科学，譬如对中国以及潮汕地区的历史、地理、文学艺术等方面的研究。这里的教育事业不能都办成和各地一样的大学、中学，有些学校要有双重任务，既培养本地人才，又培养侨胞子弟，而且把为侨胞、侨眷提供教育条件摆在重要的位置。现在已经有了汕头大学，它应成为潮汕特区的最高学府，既是教育的最高学府，也是科研的最高学府。汕头大学应该为引进来，也为打出去服务。我主张汕头大学有一部分科系请"洋"人来办"洋"学堂，国内别的大学不能这样做，汕头大学可以这样做。为什么呢？我们都知道，西方的学校，譬如经济方面的商学院等，完全是适应资本主义那一套需要来办的，如果我们国内普遍都来办这样的学校，不适应国内的需要。但在特区就不一样，它是国家资本主义地区，它要和资本主义打交道。有一个外籍学者提了意见说，你们派那么多留学生到外国去，花那么多钱，还不如在特区、香港办一些西方

式的像样的学校，比出国留学方便、省钱，为什么不让教员到这里来教，非得让学生跑出去学呢？我认为讲得有道理，所以我主张汕头大学有些科系可以完全西化。当然，要研究中国历史、潮州史、中医中药等还得按自己的特点由自己办。至于理工、商业、经济这些方面某些科系可以完全按西方的办法办。但要按西方的学校办某个科系，就应全部搬过来，例如按哈佛大学的办法办管理系等，不要搞得不中不西四不像。侨胞子女毕业后不一定留在国内，可能还要回到国外去，可以适应国外的需要，而我们也需要和国外打交道，学国际贸易等，也可以在这里学。这样的教育、科研就有侨乡的特点。

2. 发展医疗卫生事业。要建设很好的医院、疗养院，并与旅游结合起来，以良好的医疗条件和较低的医疗费用为侨胞、侨眷服务。

3. 建设住宅区。在香港，房地产是个大产业。要建设侨乡特区，同样要抓房地产。要搞住宅区，要建设各种形式的住宅，有高级的住宅，有一般的公寓，也有很高级的别墅式住宅。根据侨乡特区的特点，还可建立各种会馆，各县都可依靠侨胞在这里建立会馆：潮州会馆、揭阳会馆等等，这便于侨胞与其家属团聚。这些建筑可以是现代化的高楼大厦，有的也可以是地方特色的。即使是高楼大厦，也可以吸收一些地方特色，这些都可以吸引侨资来建设。同时，应该有敬老院，还可以像国外一样搞老年公寓。敬老院是福利设施，老年公寓是自费的，可以长期住，也可短期住。老年人可以到老年公寓，里头有服务员侍候他，许多老年人住在一起，不那么寂寞。海外侨胞，年老了可以来住老年公寓，也可以把他们家乡里的一些老年侨眷接来住老年公寓。这就形成有地方特色的住宅区。

4. 大力兴建各种博物馆、纪念馆、文化馆、科学宫、少年宫等。特别是博物馆可以有地方特色。譬如说，可以搞一个潮汕历史博物馆。这些搞起来，对侨胞回来观光旅游就很有好处。现在旅游业的发展已不是单纯游山玩水，很多旅游者是为了吸取知识。特别是侨乡，大家回来是为了寻根认同，要了解自己祖先生活的地方，包括它的历史、地理情况等。假若有潮汕历史博物馆、自然博物馆等，就可以吸引华侨旅游。还可以搞纪念馆，满足侨胞留名传世的需要。那些对潮汕建设有贡献的侨胞，应当在纪念馆里展出他们的事迹；侨胞在海外创业取得成就，或者在海外对侨居国做出贡献的人物，也可以上纪念馆，使得有成就的海外潮汕人的业绩，不但在外留名，在他的家乡也留下纪念。这样对鼓励侨胞就可以起到很大的作用。这些建设，都可吸引侨资或捐献来实现。

5. 建公墓、陵园。把满足侨胞安葬故土的需要和建公园结合起来。不要把公墓搞得阴森森的，可以设计一些很漂亮的墓群，既是人们游览之地，又是纪念祖先之地，祖先安眠在那里，经常有些后代人在周围游览、休憩，祖先也不寂寞。出售这些墓地，也可以收回很大一笔资金。

6. 关于宗教问题。除了有些传统的有名的庙宇可以修复之外，也可允许侨胞在特区中建设少量新的、建筑比较精美的庙宇。这不是提倡迷信吗？我看，这是宗教自由的一个表现，也是满足侨胞需要的一个途径，又可增加旅游资源。这可以由侨胞捐献来搞。同时也兴建传播科学知识的科学宫、水族馆、少年宫等。这些文化、生活建设是很重要的环节，搞好了，对海外侨胞就会有很大的吸引力，可以调动他们努力建设家乡的巨大积极性。

7. 具有社会主义特色的社会组织建设。特区作为社会主义的窗口，要体现社会主义的优越性，应该搞社会主义的社会组织建设。

（1）在特区里要建立高度的社会民主。我们有人民代表大会、政协等，在这里政协也可以叫另外一个名字，如叫参议会。参议会允许居住在特区的外籍居民参加，可以对市政提出批评、建议等，但权力机构则是人代会，这样可以发扬民主，显示出社会主义社会具有高度民主的优越性。

（2）要有严密的社会组织。如搞好居民组织，使居民安居乐业，发挥互助作用，并依靠群众搞好治安。这也是社会主义的特色。

（3）要有普及的社会福利。包括公费医疗、养老、失业救济等，根据经济力量的发展，逐步提高福利水平。开始的福利水平低一点也不要紧，但要显示出在这个地方具有安全幸福的社会主义特色。将来若有条件，可以对整个特区居民实行普遍的公费医疗。既然北欧那些国家都做得到，为什么我们做不到呢！只要我们经济力量发展了，可以逐步地搞，但首先是普及，以后才是提高。

（4）要有良好的社会风尚、精神文明。我们的职工、居民，要形成一支有理想、有道德、有文化、有纪律的队伍。特别是干部队伍，应该是一支精明强干、廉洁奉公的队伍。我主张对干部采取"高官厚禄"政策，同时又严惩贪污。政府各级干部宁可工资高一点，但不要与企业的经济利益挂钩。宁可工资高，待遇高，但要求要严格，对贪污、行贿等要严惩，形成良好的社会风尚，体现社会主义祖国不同于资本主义社会。

8. 关于资金的筹集问题。筹集资金的渠道很多，但关键还是引进侨资。有几种情况可分别考虑：一种是属于工、农、商业的建设项目，主要要吸引侨资独资经营或合资经营等。当然也可以"内联"，欢迎内地来投资。还可以考虑建立投资开发公司，发行股票。因为海外的侨胞并不都是大资本家，而爱国之心多数人都有。如果发行股票，使那些没有大资本的人也可以为家乡建设做贡献。第二种是文化建设，博物馆、纪念馆等等，主要是吸引侨胞来捐赠，就像李嘉诚先生捐赠建汕头大学一样。第三种是关于市政基础建设，也可以吸引侨资来建设。如建设高速公路、跨海桥梁等，在使用中收费。香港的地下隧道，没几年就把投资都收回了。这样，就可以吸引侨资来办。基础建设的投资也可以考虑建立"潮汕侨乡特区开发公司"，发股票，欢迎侨胞投资。可以按一定的投资额安排侨眷到特区定居，也不必规定自带粮票，购议价粮就行了。市政建设、基础建设都等我们自筹资金太慢了，采取以上办法吸引侨资就会快得多。

9. 如果这些设想大致可行的话，我们可以作出详细的规划，经省、中央原则批准后，可以广泛向海外侨胞进行宣传。同时还要采取一些动员和组织的措施来推动实现。我建议成立一个"潮汕侨乡特区建设咨询委员会"（或叫顾问委员会）。特区的发展规划等，可以提请咨询委员会审议。而这个咨询委员会，可以吸收一些侨领和国内外专家参加。还要成立特区建设开发公司和投资公司。有了规划，要广泛开展宣传。可以搞个建设规划展览馆，搞个大模型，凡是回来的侨胞都可以请来看看。

以上这些设想，近期不一定能马上产生很大效果，但作为一个战略目标定下来之后，应该坚定不移地朝预定的目标走。战略是一个原则性的、纲领性的规定，经过反复议论，确定下来后应该是不变的。至于规划、计划则可以因时、因地制宜，随时调整。

上面这些只是想说明一个意思：汕头的发展战略，必须以特区为核心，汕头发展战略就是特区的发展战略，两者要一致起来，并要找出自己的特点。所以，我提议把汕头市建成潮汕侨乡经济特区。

关于建立中国南部沿海
经济合作区的设想[*]

一　世界经济发展趋势及其对中国的影响

20 世纪 90 年代将是世界经济格局大改组的年代。第二次世界大战后，形成了以美国和苏联为首的世界两大集团，由于亚洲日本和几个新兴工业化国家和地区的兴起、欧洲德国等经济的恢复和发展，80 代已呈现美、亚、欧三足鼎立的多极化趋势。就太平洋与大西洋对比而言，相当多的学者都预测今后世界经济的重心将由大西洋向太平洋转移，认为 21 世纪将是太平洋世纪。不久前欧洲在政治上发生巨变，这个估计有了疑问，但是世界经济走向多中心、多极化将是无疑的。

在群雄并起的世界经济格局中，国际之间的竞争必将更加剧烈。有人说，第三次世界大战将是经济大战。各个国家和地区，自觉或不自觉都在为迎接这一巨大的挑战而采取措施。如何在 21 世纪这种新形势下，使自己的国家、民族能兴旺发达，立于

　　* 原载中国台北《中国论坛》1991 年 31 卷第 5 期。

不败之地，是每一个有远见的政治家、经济家不得不深思熟虑的重大战略问题。

在这样一个新的世界经济格局下，一个国家或地区，想只靠自己单枪匹马地独立应战，显然是难以应付的。因此世界经济走向区域化、集团化是必然的趋势。欧洲一体化即将具体形成，北美正在进行联合，中南美、大洋洲以至非洲部分地区，对经济集团化都在积极酝酿之中。亚太地区情况十分复杂，尽管也提出了这样或那样的设想，但距离具体的实现还很遥远。在这一大形势、大趋向面前，我们中国，包括台湾、香港、澳门、大陆在内，人口占世界 1/5 以上的大国怎么办？是每一个渴望民族振兴的人不能不焦虑的问题。建立区域经济的目的无非两条：一是在国际市场的激烈争夺中，建立区域内部的共同市场。尽管每一个共同体都宣称实行对外开放，但实际上不可避免地都会采取排他性的贸易保证措施，以占有区域内的市场；二是通过联合聚集力量，发展高科技的新兴产业，使它能在国际市场上保持竞争的优势。前者是"守"，后者是"攻"，通过攻守结合取胜。

世界经济区域化、集团化的发展，对于未能进入区域集团的国家或地区，特别是对于缺乏资源、内需有限、经济主要依赖国际市场的国家或地区，将是一个严重的挑战或威胁。对于中国，包括台湾、香港、澳门在内，当然也将发生很大影响。但是中国是个大国，不同于缺乏资源与内需有限的小国。如果我们能把自身的力量有效地联合起来，不但有条件应付这一挑战，还有可能把挑战变为机遇，在 21 世纪实现中华民族的振兴。

中国包括台湾、香港、澳门，作为一个整体来看，我们具有多方面的优势：首先中国地大、人多，是一个潜在的巨大市场，有极大的内需可以发掘。中国不但劳动力资源丰富，而且拥有相当齐备的物资资源。大陆拥有为数可观的科技人才，还没有充分发挥作用，而且已经掌握的一些尖端技术，还没有很好地转化为民用。台湾、香港拥有比较雄厚的资金和一批技术与管理人才。台湾、香港、澳门有通向各国的经济贸易网络，特别是和东南亚各国以及日本、美国有密切联系。中国北疆与苏联远东地区和朝鲜半岛以及日本毗邻，有着长期自然的联系。因此中国完全有条件，首先把自身的优势力量联合起来作为基础，然后在平等互利的原则上，联合周围的国家和地区，组成某种程度的区域联合，以适应世界经济格局的变化。

二 中国南部沿海地区经济合作的必要性与可能性

以中国为基础形成亚太地区的经济中心之一，这种前景是完全可能的。它的前提是把大陆、台湾、香港、澳门的优势有效地结合成一个整体的优势。如果不是这样，而是各自为战，则都存在着各自难以克服的弱点。大陆尽管有着巨大的潜在市场，拥有丰富的劳力资源和物资资源以及某些高技术的优势，但缺乏资金、技术和国际贸易的网络；台湾拥有资金、技术和国际网络的优势，但缺乏市场、劳力、资源，特别是由于依赖国际市场，更容易受到区域化、集团化经济格局的掣肘。香港作为国际贸易、金融中心，它的兴衰又和大陆、台湾、澳门经济的发展分不开；它作为大陆通往国际的桥梁，大陆经济越兴旺，香港的地位与作用就越重要。台湾与香港的经济结构向技术密集型转化，还可以充分运用大陆以国家为后盾的强大科技力量。这一切都说明"合则优，分则劣"，在中国内部加强经济联合是完全必要的。

台湾、香港、澳门都在中国南部沿海，它们和大陆的经济联合，由于历史、地理等各种条件，势必首先和毗邻的大陆沿海省、市联合。事实上闽台之间、粤港澳之间的经贸合作已经取得很大的发展，说明这种联合不仅是必要的，而且是完全可能的。问题在于如何更有战略目标、更有计划、更有效地推进这种联合。

80年代中国大陆实行改革、开放取得了举世瞩目的成就。当前面临一些困难，是发展过快、发展不平衡的前进中的困难。通过治理整顿，深化改革，将进一步改革，进一步对外开放，来战胜各种困难。

从战略上说，我国对外开放，不仅要在沿海开放，而且要把沿海、沿边连接起来，并带动内地，实行全方位的对外开放。由于我国幅员广大，国土的边界线长，在国家的四周必然会形成若干个对外开放区和开放地带。南部沿海地区，包括台湾、福建、广东、海南、香港、澳门、广西在内，是目前对外开放发展最快的地区。东北以苏联远东地区、朝鲜半岛以及日本为主要对象，正在形成一个面向东北亚的开放地区。华东以上海浦东为中心，以长江和陇海铁路为纽带，也将形成一个重要的华东开放区。西北、西南沿边的边境贸易方兴未艾，可以预见也会形成一定规模的对外开放区。但是，在这样一个全方位对外开放的格局中，南部沿海地带所形成的对外开放区，有着特殊的重大意义。这个地区是我国经济最发达的地区之一，它包含了已经成为国际贸易和金融中心的香港、还包含了和国际经济紧密联系的台湾省，它是我国通向国际，特别是联系东南亚各国的桥梁，因此它必然成为我国对外开放最重要的基地之一。有人把这一地区的海岸称为"中国的黄金海岸"是不无道理的。如果说中国的未来可能成为亚太地区的经济中心之一，它的中心点坐落在哪里？从内部外部的各种条件来看，这个中心点有可能是坐落在这条开放地带。把中国南部沿海地区组成一个经济的区域联合体，其重大意义即在于此。

所谓经济区域联合体，还不同于完全一体化的经济共同体。这个联合体，在政治上存在着两种社会制度，在经济上部分地区是独立的，但这并不妨碍在经济上实行互补互利的紧密合作。对整个中国来说，它所起的作用将是"优势互补，劣势互消，形成拳头，带动内地，伸向世界"使中华民族在经历了无数灾难之后，能够重振雄风，屹立于世界民族之林。

三 关于建立中国南部沿海经济合作区的战略措施

建立中国南部沿海经济合作区是一项重大的战略决策，如果能取得各有关方面的共识，必须采取若干战略措施以促其逐步实现。

第一，消除政治观念上的分歧，解除阻碍经济合作的各种人为的障碍。我国政府提出"一国两制"的方针，为国家和平统一开辟了道路，为社会主义与资本主义两种制度在一个国家内和平共处创造了先例。香港、澳门在这一方针指导下将顺利回归祖国，海峡两岸还存在着观念上的分歧，但是两岸之间人民的交往、经济的合作已经成为不可阻挡的潮流。台湾当局逐步放宽限制是明智的决策，但是，面临世界经济格局的迅速变化，我们希望台湾当局能以民族利益为重，进一步捐弃成见，至少能早日实现"三通"，以消除促进经济合作不必要的人为障碍。

第二，制定全方位对外开放的发展战略与具体政策。要根据国内外实际情况，在沿海、沿边大致划分若干对外开放区，分别确定不同的发展目标，并实行"外开内联"，带动内地，伸向世界。在全方位开放的原则指导下，还应重点扶持和加速我国南部沿海经济合作区的形成，以此带动全方位的对外开放。

第三，十年来在沿海、沿边地区建立经济特区、开放区，已取得成功的经验，但也还存在某些"特区不特"的现象。有必要在总结经验的基础上，进一步完善对特区的特殊政策，包括放开"一线"、管好"二线"，使特区成为对外开放的前沿阵地，充分发挥其"基地"、"桥梁"、"窗口"和改革"试验地"的作用。

第四，统一制定和完善对台湾、香港、澳门和大陆之间经贸合作的优惠政策。为了加速南部沿海经济合作区的形成，应由有关方面共同研究制定合作区内的互惠办法，以增强区内实力和在国际市场上的竞争力。

第五，依靠大陆、台湾、香港、澳门的优势结合，采取各种联合形式组建若干特大型的跨国集团公司，使其在国际市场上占有一定的地位。

第六，在南部沿海经济合作区内联合建立科技开发区，运用国内科技力量，同时引进国外科技力量，为发展新兴产业创造条件。

第七，发掘国内潜在的市场关键在于促进大陆内地的资源开发和经济发展，要创造条件，依靠大陆、台湾、香港、澳门的联合力量，共同开发内地资源，改造内地企业。只有内地富裕起来，潜在的巨大市场才能转化为现实的巨大市场。

第八，南部沿海经济合作区尽管还不是一体化的经济共同体，但仍有必要也有可能在产品结构、产业结构上进行合理分工，协调发展。可以考虑建立一个有权威的协调机构，通过经常的协商，提出政策性建议，供有关方面的决策层参考。

关于以北疆五省区为基地发展
对苏经贸合作的研究报告[*]

一　发展对苏经贸合作的重要意义

我国与苏联的远东、西伯利亚和中亚地区有着 7000 多公里的边境线，两国交往历史悠久，在商品、资源、技术、劳动力等方面存在着现实的互补互求。但目前我国与苏联之间的双边贸易额只占我国对外贸易额的 3% 和苏联对外贸易额的 1%，这与两个毗邻大国的经济实力和各自经济发展的需要是不相称的。当前，国际国内环境为我国发展同苏联的经贸合作提供了有利时机，加快这一进程，不仅具有重要的经济意义，而且具有重要的政治意义。

从经济方面来讲，发展对苏经贸合作，首先，可以直接促进我国北部边疆省区的经济发展，达到兴边富民的目的；其次，以北疆地区作为桥梁和窗口，可以带动全国对苏经贸合作的发展，

　　* 原载《对苏贸易战略策略研究》，黑龙江人民出版社 1991 年版。署名深圳综合开发研究院课题组。

形成全方位对外开放的格局；再次，可以为我国参与东北亚的区域经济合作奠定基础。

就政治方面而言，发展对苏经贸合作，可以有力地推动沿边省区少数民族经济的发展，加强民族团结，达到稳定边疆、巩固国防的目的。而且如果我们能用先进的技术、优质的产品和良好的信誉与苏联发展经贸合作，必将在政治上对苏联人民产生影响，使他们通过事实看到社会主义还是大有作为的，从而不轻易放弃社会主义道路，或者从偏离社会主义的道路上转回来。

二　发展对苏经贸合作的战略构想

从总体看，我国目前经济技术水平还不高，自我发展的资金、资源等仍很短缺，在开拓苏联市场、发展对苏经贸合作中，与西方发达国家和亚太地区的南朝鲜、我国港台等新兴的工业化地区相比，我们在技术、资金以及产品质量等方面都处于不利的竞争地位。然而，我国北疆省区毕竟与苏联具有江路相通、村寨相连的地缘优势和人力资源优势，以及贸易往来的历史渊源。尤其是我国北疆地区丰富的劳动力资源适应苏联的寒冷气候，可以解决苏联在开发远东和西伯利亚中劳动力严重短缺的困难。这些因素使我国发展对苏经贸合作关系具备了现实的优势。因此，目前我们亟须抓住时机，从宏观上制定出对苏经贸合作的战略决策，并有计划地付诸实施。我们认为战略的指导思想应当是：着眼长远、稳步前进；由近及远、由点及面；互补互利、讲求效益；抓住机遇、协调发展。

第一，着眼长远、稳步前进。对苏经贸合作一定要树立长远的战略目标，不能因为苏联市场目前暂时的短缺和经济暂时的困难，采取短视的做法，向其倾销低劣商品，损害自己的声誉。而必须努力提高我们的产品质量，以质取胜，树立良好的产品形象和企业形象。在具体工作中要注意不能急于求成，盲目铺摊子，而要突出重点，稳扎稳打，以求在苏联市场上立稳脚跟，占住阵地。

第二，由近及远、由点到面。在对苏经贸合作的空间推进策略上，首先应着眼于开拓苏联远东和西伯利亚这一片大有可为的市场，并积极参与这一地区的经济技术开发，以此为立足点，逐步向中亚地区发展。在具体的推进方式上，则采取由"点"到"线"再到"面"的策略，利用双方已开通的口岸，利用边境地区中心城市之间以及大型企业之间对应的合作关系，率先建立进入苏联的滩头阵地，由此向苏联的纵深地区推进。

第三，互补互利、讲求效益。在对苏经贸合作中，应树立进出并重的思想，实行双向投资、双向合作；在贸易形式和经济技术合作中，要充分利用多重结算方式和多种合作形式；在对苏劳务输出中，不能只搞低层次的劳务输出，应结合技术与管理的合作，发展高层次的劳务输出，尽可能组织成建制的劳务输出；不论哪一种合作都要求得实效，并遵循互惠互利的经贸关系原则。

第四，抓住机遇、协调发展。苏联目前商品严重短缺，改革的前景还很渺茫，和西方的合作一时也难以对接，这些都为我们进入苏联市场、拓展对苏经贸合作创造了现实的机遇。苏联地方政府已经多次明确表示愿意采取工程承包、合资企业等方式，在远东地区加强同中方合作。我们必须及时抓住这些现实机遇，不可坐失良机。

从总体上来说，发展对苏经贸合作应当是全国对外开放的重要战略之一，因此必须纵向和横向协调各方面的力量。在纵向协调方面，主要是理顺国贸、地贸和边贸的关系，要充分认识国贸、地贸和边贸各自的优势，从互补的角度出发，制定同步发展的战略措施。在横向协调方面，北疆省区应努力贯彻"南联北开"方针，加强同沿海省区和内地的横向联合，把沿海和内地作为自己发展对苏经贸关系的后盾和腹地，发挥对苏经贸的桥梁与窗口作用。

三　充分发挥北疆省区在开展对苏经贸合作中的基地作用

从 17 世纪下半叶开始，我国北疆各省区就与沙俄开始了民间互市贸易。1949 年中华人民共和国成立后，边境贸易得到较大发展。从 1967 年起两国边贸中断 15 年。1982 年 4 月经两国政府换文，恢复了双方边民盼望已久的边境贸易，使北疆各省区的对苏经贸合作得到了迅速的发展。近年来双边易货贸易额成倍增长，经贸伙伴不断增多；经济技术合作拓展迅速，劳务出口不断增加；口岸基础设施建设得到加强，水陆空立体运输网络初步形成；北疆省区对苏贸易的组织管理机构不断健全，外贸队伍素质有所提高。对苏经贸合作，为国家节省了外汇，增加了收入，并逐步成为沿海和内地开展对苏经贸合作的桥梁和窗口。因此有必要也有可能以北疆五省区作为基地，通过发展边贸，为进一步开展对苏经贸合作创造条件。

但是，当前在中苏边贸中也存在着不容忽视的问题：

第一，我方顺差较大。1989 年，北方五省区过货金额只及易货合同的 1/5，我方顺差约 1.5 亿瑞士法郎。

第二，1989 年整顿外贸公司中收缩过猛，边境省区的一些地区性中心城市素质较好的外贸公司被取消了经营权。

第三，我方出口商品质量和外贸业务人员、劳务人员素质还较差。

第四，管理权限的划分和一些具体政策不够灵活，在一定程度上也束缚了边贸的发展。

第五，缺乏较高层次的管理协调机构，使对苏边贸难以发挥出整体优势。

四　发展对苏经贸合作的对策性建议

第一，北疆各省区应积极发挥作为对苏经贸的桥梁与窗口作用，鼓励外地企业来北疆投资办厂，在区域性中心城市（如哈尔滨、乌鲁木齐）建立面向全国的对苏经贸人员、管理人员和劳务人员培训基地。

第二，在中央主管部门指导下，由各有关省区和各有关部门联合组建一个高层次的"对苏经贸合作协会"，作为中央与地方、沿边与内地和沿海对苏经贸的纵向横和联合与协调的组织，沟通信息，协调国家有关政策的实施，共同研究解决对苏经贸合作中遇到的问题。

第三，加快边境重点口岸基础设施的建设，扩大水陆空运输能力。重大项目应纳入国家计划，或采取集资方式争取尽早施工。

第四，在加强中央对地方进行政策、法规管理的前提下，合理划分管理权限。一是授权北疆省区同苏联的边疆州、区、自治共和国和区域性中心城市共同制定长期合作规划和年度合作计划，以建立稳固的经贸合作关系；二是按项目内容和规模，分级下放经济技术合作审批权，将一定规模以下和一些季节性较强的劳务承包和工程承包项目以及第三产业的服务项目审批权，下放给各省区政府或口岸城市；三是适当放宽进出口许可证的管理，对凡是苏方需要出口许可证管理，而我方市场又紧缺的商品，可取消进口许可证的控制，对国内积压的长线产品，可取消出口许可证的控制。

　　第五，完善和调整必要的边贸政策，继续实行边贸关税减半的优惠政策。

作者主要论著目录

一 专著与文集

机械工人基本数学（第一分册） 机械工业出版社，1954年8月

机械工人基本数学（第二分册） 机械工业出版社，1954年12月

机械工业与国家工业化 通俗读物出版社，1956年5月

生产作业计划讲话 工人出版社，1958年

技术进步和我国社会主义建设 人民出版社，1958年3月

为什么工农业要同时并举 天津人民出版社，1958年7月

企业全面整顿讲话 中国社会科学出版社，1983年6月

经济体制改革和企业管理若干问题的探讨 上海人民出版社，1984年

论社会主义的企业模式 经济科学出版社，1984年6月，1998年9月被评选为影响新中国经济建设的10本经济学著作之一并由广东经济出版社再版

蒋一苇选集 山西人民出版社，1986年12月

从企业本位论到经济民主论 北京周报出版社，1988年10月

我的经济改革观 经济管理出版社，1993年6月

二　主编

陈然烈士传略　重庆出版社，1983 年 6 月

工业经济与企业管理　机械工业出版社，1983 年 6 月

首都钢铁公司经营管理考察　中国财政经济出版社，1983 年 6 月

成都量具刃具厂经营管理考察　中国财政经济出版社，1985 年 4 月

工业企业管理学（《经济管理》刊授联合大学教材）　经济管理出版社，1985 年 8 月

中国式企业管理的探讨　经济管理出版社，1985 年 11 月

工业组织体制改革　经济管理出版社，1986 年

上海机床厂经营管理考察　经济管理出版社，1986 年 6 月

经济体制改革与市场开拓　经济管理出版社，1986 年 11 月

第二汽车制造厂经营管理考察　经济管理出版社，1987 年 9 月

中国社会主义工业企业管理研究　经济管理出版社，1988 年 5 月

古代管理思想与中国式管理　经济管理出版社，1989 年 1 月

企业集团概论　中国劳动出版社，1991 年 3 月

企业民主管理的理论与实践　中国劳动出版社，1991 年 3 月

股份经济辞典　中国发展出版社，1992 年 7 月

大陆、台湾、香港学者研讨经济改革，经济发展，经济合作　经济管理出版社，1993 年 6 月

三　论文

科学建设需要和平，立即停止内战　《科学与生活》1946 年创刊号

我们对政治的一种看法　《科学与生活》1946 年第 2 期

居里夫人的人格　《人物杂志》1946 年第 5 期

理想、学业、拜金主义　《彷徨》1947 年第 7 期

充分发挥潜在能力是当前工业

生产的重要课题　《科学与技术通讯》1951 年第 10 期

坚决贯彻厂长会议的精神和原则　《机械工业》1955 年第 13 期社论

反对虚夸和骄傲　《机械工业》1956 年第 14 期社论

企业工作中的群众运动问题《学习》1957 年第 8 期

解放思想，破除迷信，向四个现代化进军!——纪念毛泽东同志诞辰 85 周年　《经济管理》1979年第 1 期

搞专业化协作必须按客观规律办事　《经济管理》1979 年第 1 期

实现工作中心的转移贵在行动《经济管理》1979 年第 2 期

搞好经济调整，为实现四个现代化奠定稳固的基础　《经济管理》1979 年第 5 期

正确认识新的八字方针　《经济管理》1979 年第 6 期

整顿企业管理中值得注意的两个问题　《经济管理》1979 年第 7 期

讲求经济效果是人类经济生活的基础　《光明日报》1980 年 5月 15 日

鼓励竞争，保护竞争　《工人日报》1980 年 6 月 3 日

经济体制改革需要进一步研究的问题　《经济管理》1980 年第 8 期

小集体的内部分配问题　《文汇报》1980 年 10 月 9 日

企业领导体制有两种提法，哪种提法合理?　《经济管理》1980年第 9 期

坚持自愿互利原则，促进企业联合　《经济管理》1980 年第 9 期

正确处理公司与工厂的关系——关于常州拖拉机公司的调查《经济管理》1981 年第 2 期

关于加强和改善党对企业的领导　《经济管理》1981 年第 7 期

企业的全面整顿是建设性的整顿　《人民日报》1982 年 2 月16 日

开展企业的全面整顿，促进国民经济的根本好转　《经济管理》1982 年第 2 期

工业企业的全面整顿是贯彻执行国民经济八字方针的重要环节《经济学周报》1982 年 3 月 1 日

为建立中国的管理学派而努力《财经问题研究》1982 年第 3 期

谈速度与经济效益　《光明日报》1982 年 4 月 17 日

完善经济责任制，抓好三项建设　《工厂管理》1982 年第 3 期

关于工业管理体制改革的一些问题　1982 年 3 月 26 日在国务院经济研究中心讨论会上的发言

从重庆几个联合体的实践经验看如何发挥中心城市的作用　《经济管理》1983 年第 7 期

全面而系统地改，坚决而有秩序地改　《经济管理》1983 年第 3 期

发挥中心城市作用与经济体制改革　《经济体制改革》1983 年创刊号

关于提高企业素质的若干理论问题　《经济研究》1983 年第 11 期

谈企业素质　《工人日报》1983 年 10 月 10 日

要赞扬那些为改革者鸣锣开道的人　《经济参考》1984 年 4 月 26 日

民主和法制是加强企业民主管理的关键　《工人日报》1984 年 9 月 25 日

论企业管理的共性与个性　《经济工作者学习资料》1984 年第 15 期

如何正确看待和学习先进经验

《人民日报》1984 年 6 月 1 日

城市改革与放权简政　《经济体制改革》1984 年第 5 期

改革不是瞎闹，需要理论指导　《中国青年报》1984 年 10 月 30 日

实行奖金不封顶需要进一步解决的几个问题　《中国劳动》1984 年第 11 期

关于"科学与生活"、"彷徨"、"人物杂志"三个外围的史实　《重庆党史研究资料》1984 年第 8 期

在经济工作中要重视"概念"问题　《经济工作通讯》1984 年第 17 期

再论社会主义企业的领导制度　《红旗》1984 年第 24 期

为什么要把增强企业活力作为经济体制改革的中心环节　《企业思想政治工作》1985 年第 2、3、4 期连载

人事制度的一项改革——对实行聘任制的一些初浅认识　《人才资源》1985 年第 3 期

正确处理公司问题是当前体制改革的重要环节　《中国经济体制改革》1986 年第 1 期

谈谈树立职工的主人翁思想问

者的命运共同体　《中国工运》1989 年第 5 期

坚决执行"一个中心两个基本点"的基本路线　《改革》1989 年第 5 期

对大型骨干企业不仅要搞活而且要救活　《经济日报》1989 年 11 月 17 日

我国现阶段企业的主要经营方式——承包制　《经济体制改革》1990 年第 4 期

完善股票市场　发展股份经济（代发刊词）　《股市动态分析》1990 年创刊号

是因势利导还是因噎废食　《改革》1990 年第 5 期

论计划经济与市场调节的具体结合　《经济日报》1990 年 12 月 7 日

论国有资产的价值观　《经济研究》1991 年第 2 期

怎样看待股份制　《上海工业经济报》1991 年 4 月 23 日

质量——市场与效益的牛耳　《中国技术与监督报》1991 年 8 月 24 日

全心全意依靠工人阶级搞好搞活大中型企业　《工人日报》1992 年 2 月 25 日

增强国营企业活力必须从治本上解决四个问题（在七届人大五次会议上的发言，1992 年写于空军总医院）　《经济日报》1992 年 3 月 14 日

坚持改革　配合改革　开拓新的金融业务　《新金融》月刊1992 年第 3 期

深化企业改革必须实行四个分开　《人民日报》1992 年 7 月 11 日

真正地实现"一、四、五"企业改革才能深化　《环球企业信息》1992 年第 8 期

评我国现行的企业劳动制度　《经济日报》1992 年 11 月 10 日

建立社会主义市场经济体制的关键是进行产权制度的改革　《经济导刊》1993 年第 3 期

作者年表

蒋一苇，原名蒋炜，原籍福建省福州市。

1920 年

2 月 14 日　出生于湖北省武汉市一个职员家庭。

1933 年 9 月—1937 年 2 月

在汉口第一中学上初中。

1937 年

4 月　考入南昌航空机械学校机械士班，"七七"事变后随学校迁往成都。

1938 年

4 月　毕业后分配到广西南宁国民党空军总站当机械士。

1939 年

4 月　随航空总站迁往柳州。

1940 年

2 月　毅然脱离国民党空军，改名蒋一苇，在柳州友人家中躲避国民党的追捕，并自学高中课程。

4 月　又迁往桂林。

1941 年

9 月　在桂林考入广西大学数理系。

1942 年

8 月　因家中经济困难中断学业，到桂林青年中学当数学教师。

1943 年

9 月　回广西大学数理系复学。

1944 年

8 月　因日寇入侵广西，与家人一起逃难，由桂林经柳州、贵阳，于年底到重庆。

1945 年

1—10 月　在重庆慰劳全国抗战将士总会宣传组当干事。在此期间与新华日报社党组织取得联系，在党的领导下开展革命工作。

11 月　创办《科学与生活》杂志，任主编。

1946 年底

《科学与生活》停刊，改办《彷徨》杂志，任主编。

1947 年

4 月　与陈然、刘熔铸等同志一起创办《挺进报》。

1948 年

1 月 1 日　加入中国共产党，任《挺进报》特别支部宣传委员。

4 月　《挺进报》遭破坏，由重庆转移至香港，向中共南方局汇报情况。7 月至 10 月在香港道风山神学校当临时文化教员。

10 月　由南方局安排在香港生活书店负责科学技术书刊的编辑工作。

1949 年

3 月　在北京三联书店任科学技术书刊编辑组组长，主编《科学技术通讯》、《机械工人》等刊物。

1950 年

被选为全国科学普及协会常务委员兼宣传部副部长。6 月任科学技术出版社社长兼总编辑。

1953 年

1 月　在第一机械工业部办公厅任编辑室主任，主编《机械工业》刊物。后兼任政策研究室副主任、一机部党组秘书。

1957 年

反右运动中在一机部任整风办公室理论组副组长。运动结束后任政策研究室主任。

1958 年

下半年遭到批判。

1959 年

3 月　被错划为"漏网右派"，受到开除党籍及降职、降级、降薪的处分。

1959 年 4 月—1964 年 4 月

被下放在郑州砂轮厂工作。先是在车间劳动，后任车间核算员、统计员、调度员等职。

1962 年

1 月　任厂运输科副科长。

1963 年初

调厂部企业整顿办公室，主持制定规章制度。

1964 年

4 月　调任石家庄电机制造学校财务会计专业主任。

1966 年

8 月　因"文化大革命"被停止工作遭受批斗。

1969 年 9 月—1976 年 12 月

在校办工厂劳动，后任校办工厂

生产教育科科长，负责工厂管理工作。

1975 年

2 月　在石家庄市机械局办企业管理培训班，培训干部两千多人次。

1977 年

1—5 月　参加第一机械工业部企业管理培训工作。

1977 年 7 月—1978 年 7 月

在大庆参加《大庆经验的政治经济学考察》一书的编写工作。

1978 年

9 月　到中国社会科学院工业经济研究所任副所长、学术委员会委员、《经济管理》杂志副主编兼总编辑，中国社会科学院研究生院教授。12 月错划为"漏网右派"的冤案得到平反改正，恢复了党籍。

1980 年

5 月　任工业经济研究所所长。

1980—1990 年

任国务院学位委员会第一届、第二届经济学科评议组成员。

1981 年

被选为中国工业企业管理教育研究会副会长。任《中国经济年鉴》总编辑。

1982 年

12 月　兼任国务院经济研究中心常务干事。

1984 年

任经济管理出版社社长、总编辑。

1986 年

被聘为中国社会科学院研究生院企业管理专业博士生导师。

1987 年

12 月　任重庆社会科学院院长，《改革》杂志主编。

1987 年底

被选为第七届全国人民代表大会代表。

1988 年

3 月　被选为第七届全国人大主席团成员及法律委员会委员。

年内任综合开发研究院（中国·深圳）常务副理事长、理事。被选为中国工业经济协会副会长兼工业经济管理研修中心学术部主任。

1989 年

任中国经济技术研究咨询公司专家委员会主任。

1991 年

1 月　任中国企业改革与发展研究会会长。任深圳市无线电工贸公司工厂管理委员会主任。

1993 年

1 月 25 日　因病逝世。终年七十二岁。